中国高级工商管理丛书

财务报告与分析

（第三版）

陆正飞 编著

图书在版编目(CIP)数据

财务报告与分析/陆正飞编著. —3版. —北京:北京大学出版社,2020.6
(中国高级工商管理丛书)
ISBN 978-7-301-25337-3

Ⅰ. ①财⋯　Ⅱ. ①陆⋯　Ⅲ. ①会计报表—会计分析　Ⅳ. ①F231.5

中国版本图书馆CIP数据核字(2020)第094518号

书　　　名	财务报告与分析(第三版) CAIWU BAOGAO YU FENXI(DI-SAN BAN)
著作责任者	陆正飞　编著
责 任 编 辑	李　娟
标 准 书 号	ISBN 978-7-301-25337-3
出 版 发 行	北京大学出版社
地　　　址	北京市海淀区成府路205号　100871
网　　　址	http://www.pup.cn
微信公众号	北京大学经管书苑(pupembook)
电 子 信 箱	em@pup.cn
电　　　话	邮购部 010-62752015　发行部 010-62750672　编辑部 010-62752926
印 刷 者	天津中印联印务有限公司
经 销 者	新华书店 787毫米×1092毫米　16开本　25印张　577千字 2009年2月第1版　2014年9月第2版 2020年6月第3版　2020年6月第1次印刷
定　　　价	62.00元

未经许可,不得以任何方式复制或抄袭本书之部分或全部内容。
版权所有,侵权必究
举报电话: 010-62752024　电子信箱: fd@pup.pku.edu.cn
图书如有印装质量问题,请与出版部联系,电话: 010-62756370

丛书编委会

主任委员 赵纯均　郑绍濂

副主任委员 仝允桓　吴世农　张维迎　席酉民　徐二明

主　　编 仝允桓　吴世农　陆正飞

编　　委 （按姓名汉语拼音排序）

陈　收　陈晓红　戴国强　董大海　贾建民
蓝海林　李国津　李维安　李新春　李燕萍
李延喜　李一军　李　垣　刘　星　王重鸣
王方华　王　华　翁君奕　武常岐　杨　丹
伊志宏　尤建新　于　立　曾　勇　张金隆
张　维　张新民　张屹山　赵曙明

丛书序言

在我国高校 MBA 教育项目成功开办十周年后,国务院学位委员会于 2002 年 7 月正式批准我国 30 所高校开办 EMBA 教育项目。从此,一批具有高层管理经验的企业家、董事长和总经理等纷纷报考高级工商管理硕士研究生,再次走进高校,开始他们的学习生涯。在工作之余,继续学习。他们刻苦钻研,深究理论,联系实际,探讨改革,在课堂上提出许多中国特有的、具有理论挑战性的管理问题。这批具有丰富实践经验、勤于探索的学生与高校的管理学院之间形成了实践和理论的互动,推动了我国高校管理学院在教学、科研方面的改革和创新。

自清华大学、北京大学、复旦大学、上海交通大学、西安交通大学、厦门大学和南京大学等 30 所高校开办 EMBA 教育项目以来,EMBA 教育特有的学习和培养模式深受国有企业、外资公司和民营企业高级管理人员的欢迎。他们当中不乏硕士、博士,不乏高级工程师、高级经济师等,但他们有着与众不同的学习目标——不为学历为学习,不为文凭为求知,不为自己为企业,不为现在为未来。我国 30 所高校的管理学院,在国务院学位委员会的领导下,由全国 MBA 教育指导委员会组织全国著名专家学者,借鉴国际上 EMBA 教育的经验,结合中国国情,认真设计和制订了 EMBA 教育项目的培养方案、课程体系和管理办法;密切注意 EMBA 教育中出现的问题,提出和制定了相应的政策和管理规范;设计和制定了 EMBA 教育基本教学规范和教学质量评估方案,并对全国 30 所招收 EMBA 研究生的高校进行了教学质量评价。这些举措有力地推动了我国 EMBA 教育的健康发展。

五年多来,在各高校管理学院的努力之下,EMBA 教育的总体发展趋势良好,并涌现了一批优秀的 EMBA 教师。他们按照我国 EMBA 研究生培养方案中的课程体系和教学要求,借鉴全国重点高等院校和国际一流大学 EMBA 课程教学的经验,根据 EMBA 学生的特点,精选教学内容,结合典型案例,善于联系实际,授课生动活泼,深受学生欢迎。他们丰富的教学经验,是我国管理教育的一笔宝贵财富。为此,北京大学出版社在全国 MBA 教育指导委员会的支持下,邀请国内一流 EMBA 院校的负责人和活跃在 EMBA 教学一线的知名学者组成"中国高级工商管理丛书"编委会,遴选国内一流 EMBA 院校中在 EMBA 教育领域已积累丰富经验、深受学生欢迎的知名教师为各书作者,组织撰写和出版"中国高级工商管理丛书"。

本系列丛书针对企业高层管理者在现代管理思想、领导能力、综合决策方面的实际需要,强调管理理论的知识整合和决策导向,注重使用通俗易懂的语言和国内外典型案例,讲授涉及企业全局性、战略性、前瞻性等方面的管理问题,使广大企业高层管理人员能尽快掌握系统的工商管理理论要点和分析决策方法,结合企业管理实践进行有效的管理决策。本系列丛书具有如下特点：

1. 实用性。本系列丛书参照 EMBA 培养方案和课程体系，以全国重点高等院校和国际一流大学所开设的 EMBA 主干课程为基础，邀请具有丰富教学经验的知名专家学者，鼓励他们在教学内容、教学组织等方面有所突破及创新，同时结合国情，根据我国高层管理人员的管理实践需要，精选教学内容和案例，设计和撰写适合我国高层管理人员实际需要的教材。丛书充分吸收了中国企业管理的智慧和经验，具有突出的中国特色。

2. 思想性。本系列丛书针对企业高层管理人员在企业实际运作中面临的企业组织、公司治理、竞争力、财务、资本运作、人力资源、营销、生产和运作等战略性问题，在准确、精练地阐述每个领域的基本理论的同时，结合在中国本土的各类企业的实践，深入挖掘管理实践背后的理论观点和思想内涵，注重启发读者的思维，使读者既能掌握先进的现代管理理念，又能增强解决实际问题的能力。

3. 广泛性。本系列丛书坚持"学以致用，学以致道"的原则，旨在为企业高层管理人员提供一整套系统、实用的企业管理理论和分析方法，为其发现、分析和解决企业各类战略决策问题服务。由于语言通俗易懂，理论突出重点而简练，分析精辟而独到，案例经典且有借鉴价值，因此本系列丛书不仅适合作为 EMBA 研究生主干课程的教材，同时也适合作为国际通行的高级管理人员培训项目(Executive Development Program，EDP)或企业高级管理人员自学的教材。

此外，本系列丛书将在出版基础教材的同时，推出教学课件，包括教学演示文稿(PPT)、思考与练习题参考答案和案例分析示范等配套教辅材料，以尽可能地方便教师使用。

基于此，我谨代表编委会真诚地向各位读者推荐这套丛书，并希望这套丛书在今后能够持续地吸收来自读者的意见和建议，在可以预见的将来成为不仅能够充分地满足国内读者学习高层管理知识的需要，同时也因为它日益完善的本土特色有朝一日成为国外读者了解和学习中国高层管理知识的首选。

赵纯均
全国 MBA 教育指导委员会常务副主任

第三版前言

本书第二版自出版以来，又已多次重印，读者对本书给予了充分的肯定。许多使用本书的教师都认为，本书的结构和内容安排合理，配套教学资料也为教师提供了很大的便利。同时，在一些细节问题上，读者也提出了一些非常有价值的改进建议。

本次修订(即第三版)主要是根据读者的建议、最近几年企业会计准则和实务的发展变化以及作者近几年对相关问题的研究而进行的。为了便于教师的使用，教材的基本结构并未作太大的调整，主要变化有两个方面：(1) 全书由第二版的14章增加为15章。本次修订所增加的第14章"财务报告分析：集团企业"，主要介绍和讨论合并报表与母公司报表信息的有用性、同业竞争与盈余信息质量、集团企业的现金分布与代理成本、集团企业的过度投资等集团企业财务分析专题。第二版中的第14章"财务报告分析：其他专题"则改为第三版中的第15章。(2) 对第4、5两章的内容组织方式进行了调整，由第二版按"流动性资产项目与非流动性资产项目"区分，调整为按"投资性资产项目与经营性资产项目"区分。

就具体内容而言，重点修订的是第二版内容中那些已不符合当前社会经济环境、法律法规、会计准则和信息披露制度的方面。此外，无论是概念阐释、原理讨论还是实例分析，都作了全面的修改、完善和更新；各章的教学案例资料，绝大多数作了修订、更新或增补。特别需要说明的是，本书第二版自始至终以四川长虹2012年度财务报告为蓝本，并将其中的相关内容穿插在全书适当的章节之中，第三版则变更为以格力电器2018年度财务报告为蓝本，并将其中的相关内容穿插在全书适当的章节之中。

在本次修订过程中，北京大学光华管理学院博士后王瑜博士，为各章教学案例的修订、更新和增补以及部分章节修订内容的校阅，作了大量细致的工作，在此表示衷心的感谢！

最后，衷心感谢北京大学出版社编辑李娟女士对本书修订提出的意见和建议，也衷心感谢使用本书的同行老师和读者长期以来对本书的厚爱，以及对本书提出的改进建议。

陆正飞

2019年仲夏于北京大学光华管理学院

第二版前言

本书第一版自出版以来,已多次重印,并获得读者的充分肯定。许多使用本书的教师都认为,本书的结构和内容安排合理,配套教学资料也为教师提供了很大的便利。同时,在一些细节问题上,读者也提出了一些非常有价值的改进建议。

本次修订(即第二版)主要是根据读者的建议、最近几年会计准则和实务的发展变化以及作者对相关问题理解和认识的变化而进行的。为了便于教师的使用,教材的基本内容和结构并未作大的调整与改变,重点修改的是第一版内容中那些已不符合当前社会经济环境、法律法规、会计准则和信息披露制度的方面。全书由原来的13章增加为14章。本次修订所增加的第14章"财务报告分析:其他专题",主要介绍和讨论现金流分析、财务失败预测与业绩评价三个专题。第1—13章的基本结构未作重大改变。但是,在一些具体的方面,还是作了适当的修改、补充或调整,主要包括:(1)修改了各章的具体内容,无论是概念阐释、原理讨论还是实例分析,都作了全面的修改、完善和更新;(2)各章章后的教学案例资料,绝大多数作了修订、更新或增补。

北京大学出版社编辑李娟女士对本书的修订也提出了很好的建议,在此表示衷心的感谢。同样也衷心感谢使用本书的同行老师和读者长期以来对本书的厚爱,以及对本书提出的改进建议。

陆正飞

2013年冬于北京大学光华管理学院

第一版前言

书名,有时可能只是反映了作者的用词偏好,但更多的则是反映了作者对书中所将涉及内容的概括和提炼。与本书同类教材的名称大凡有"财务报表分析""财务报告分析""财务报表与分析""财务报告与分析"等。本书定名为"财务报告与分析",试图反映以下两个特点:

第一,本书将在介绍和讨论公司"财务报告"的基础上,进一步介绍和讨论"财务报告'分析'",而不是仅仅讨论"财务报告分析"问题。如此安排的基本考虑是:(1)教材服务于教学需要。尽管教师可以在教学过程中根据具体教学需要对教材内容进行删减或补充,但教材的基本内容结构如若与教学需要相距甚远,于教师和学员都不便。(2)教学需要取决于教学对象的特征。如果教学对象业已系统地掌握了财务报告理论和/或实务,那么,就不必再花太多时间讨论"财务报告"本身,而可以直接讨论财务报告信息的分析和利用。但是,如果教学对象对财务报告的理论和实务知之甚少或不够系统,那么,在讨论如何分析利用财务报告信息之前,必先介绍和讨论财务报告信息的含义及特征,否则,日后他们分析财务报告时误用财务报告信息都浑然不知。

第二,本书使用"财务报告"概念,而非"财务报表"概念。"财务报告"与"财务报表",一字之差,含义相近,实际工作中也常混用。然而,严格来讲,它们之间有着重大差别:财务报表,通常就是指资产负债表、利润表、现金流量表和所有者权益变动表等由会计准则(或称财务报告准则)所规定编报的四张报表;而财务报告,除包括四张财务报表之外,还包括其他许多相关内容,诸如会计政策与会计估计及其变更的说明、财务报表中各主要项目的解释和审计报告等。虽然财务报表已经反映了公司财务状况的各个主要方面,但其反映的内容是高度"浓缩"的,因此,如果只是阅读这四张财务报表而不同时阅读财务报告中的其他部分,就如同"看报看题,看树看皮"一样肤浅。

笔者认为,只有充分理解了财务报告信息的含义,才可能在财务报告分析的过程中恰当利用财务报告信息,从而才能使财务报告分析免于成为纯粹的数字游戏。换言之,正确理解财务报告信息的含义,比起掌握必要的财务报告分析方法和技术,对于得到正确的分析结论所具有的重要性,一点儿不会逊色。

本书共设置13章。其中,第1—3章为第一部分,主要介绍和讨论财务报告的若干基本问题,包括财务报告的理论基础、制度框架和财务报表体系。通过这一部分内容的学习,读者能够理解财务报告信息需求与供给的机理,了解财务报告编报的法律和制度基础,并初步熟悉财务报表体系及报表内容结构。第4—9章为第二部分,主要介绍和讨论财务报告的解读,包括对流动资产项目、非流动资产项目、负债与权益项目、利润表项目、现金流量表项目和合并财务报表项目的解读。通过这一部分内容的学习,读者能够充分理解财务报告中各项数据的会计含义——既能明了财务报告中各主要项目按会计准则要求"理应"如何列报,又能意识到公司财务报告中各主要项目的实际列报所可能存在的扭曲或操纵。第10—13章为第三部分,主要介绍和讨论财务报告分析问题,包括财务报告分析的方法基础、流动性和偿债能力分析、盈利性分析和股东利益分析。通过对这一部分内容的学习,读者能够正确掌握、合理运用财务报告分析的方法和技术,认识和理解财务报告数据之间的关联性,并借以透视公司财务状况的各个侧面。

为了方便教与学,本书在各章后面附了专业词汇、思考题和教学案例。专业词汇以汉英对照方式列出,便于在阅读相关英文书刊时对照使用。思考题用来让读者回顾和总结各章主要教学内容,并引导读者思考上市公司财务报告及财务报告分析实践中遇到的一些典型问题。教学案例多为根据中国上市公司披露的年度财务报告中的相关资料编写,以使读者对财务报告的解读与分析更为真切。同时,这些教学案例都提供了资料来源,便于读者在案例分析过程中搜集更多的相关资料。特别是,本书自始至终以四川长虹2007年度财务报告为蓝本,将其中的相关内容穿插在全书适当的章节之中,既便于读者在学习过程中适时增加一些关于所学部分的感性认识,又能够使其在读完全书之后对四川长虹2007年度财务报告形成一个整体的认识。

在最近的几年间,我国财务报告与分析的法律法规和制度环境发生了重大变化:证券法与公司法的相继修订,新企业会计准则的发布和实施,上市公司信息披露内容和格式准则的修订,等等。在本书的编写过程中,笔者尽最大努力正确理解这些新修订、新发布的法律法规和制度,并将其体现于本书的各相关部分。因此,除非笔者对某些规定出现理解上的偏差,否则,本书业已很好地反映了最新法律法规和制度规定,以及最新财务报告和分析实务。

本书主要适用于:有着丰富的商业经验但未必具有系统的财务报告理论知识和实务经验的高层管理者(诸如EMBA、EDP学员等),有着一定的商业经验和会计学知识的管理者(诸如MBA学员等),修读了"基础会计学"的本科学生,以及其他读者。

感谢北京大学光华管理学院博士研究生祝继高同学在汉英对照专业词汇表的编写,以及部分教学案例资料的搜集、整理和编写方面给予的帮助;感谢中国人民大学商学院支晓强博士在本书第9章校订方面给予的帮助;感谢北京大学出版社林君秀女士、李娟女士为本书编辑和出版所付出的辛勤劳动。

最后,热切期望本书的读者,以及使用本书作为教材的同行,能够对本书可能存在的问题提出中肯的批评和建设性的意见,以便我们在修订再版时予以完善。邮件请发至:zflu@gsm.pku.edu.cn。

陆正飞

2008年秋于北京大学光华管理学院

目　　录

第1章　财务报告:理论分析 ･･････････････････････････････････････(1)
　1.1　企业的利益相关者 ･･(3)
　1.2　财务报告信息的需求者 ･･････････････････････････････････････(4)
　1.3　财务报告信息的特征 ･･(6)
　1.4　财务报告信息的有用性 ･･････････････････････････････････････(7)
　1.5　财务报告信息披露的利益与成本 ･･････････････････････････････(9)
　　专业词汇 ･･(11)
　　思考题 ･･(11)

第2章　财务报告:制度框架 ････････････････････････････････････(13)
　2.1　相关法律规定 ･･(15)
　2.2　企业会计准则 ･･(20)
　2.3　年度报告内容与格式准则 ････････････････････････････････････(22)
　　专业词汇 ･･(26)
　　思考题 ･･(26)
　　附录 ･･(26)

第3章　财务报告:概念框架与报表体系 ･･････････････････････････(43)
　3.1　财务报告目标与会计信息质量特征 ････････････････････････････(45)
　3.2　财务会计假设与原则 ･･(47)
　3.3　财务会计报表体系 ･･(52)
　　专业词汇 ･･(59)
　　思考题 ･･(60)
　　附录 ･･(61)

第4章　财务报告解读:投资性资产项目 ･･････････････････････････(99)
　4.1　金融资产 ･･(101)
　4.2　长期股权投资 ･･(110)
　4.3　投资性房地产 ･･(114)
　　专业词汇 ･･(116)

思考题 ··· (117)
　　教学案例 ··· (117)

第5章　财务报告解读：经营性资产项目 ·· (121)
　5.1　应收款项 ··· (123)
　5.2　存货 ··· (129)
　5.3　固定资产 ··· (138)
　5.4　无形资产 ··· (149)
　　专业词汇 ··· (152)
　　思考题 ··· (154)
　　教学案例 ··· (154)

第6章　财务报告解读：负债与权益项目 ·· (163)
　6.1　流动负债 ··· (165)
　6.2　非流动负债 ··· (168)
　6.3　股东权益 ··· (171)
　　专业词汇 ··· (176)
　　思考题 ··· (176)
　　教学案例 ··· (177)

第7章　财务报告解读：利润表项目 ·· (179)
　7.1　收入 ··· (181)
　7.2　成本、税金及费用 ··· (184)
　7.3　所得税 ··· (187)
　　专业词汇 ··· (191)
　　思考题 ··· (191)
　　教学案例 ··· (191)

第8章　财务报告解读：现金流量表项目 ·· (195)
　8.1　现金流量表概述 ··· (197)
　8.2　现金流量表的列报要求 ··· (198)
　8.3　经营活动现金流量的编制——直接法和间接法 ······································· (200)
　8.4　现金流量表的其他问题 ··· (203)
　　专业词汇 ··· (208)
　　思考题 ··· (209)
　　教学案例 ··· (209)

第9章　财务报告解读：合并财务报表 ·· (215)
　9.1　企业合并日的报表合并 ··· (217)

9.2 合并日后的报表合并 ······ (225)
　9.3 外币报表的折算 ······ (234)
　专业词汇 ······ (236)
　思考题 ······ (236)
　教学案例 ······ (237)

第10章　财务报告分析：方法基础 ······ (249)
　10.1 财务报告分析的评价标准 ······ (251)
　10.2 消除规模差异影响的方法：同型报表与财务比率 ······ (253)
　10.3 异常现象的处理办法：负的分母与极端值 ······ (257)
　10.4 财务报告数据与会计方法 ······ (259)
　专业词汇 ······ (261)
　思考题 ······ (262)

第11章　财务报告分析：流动性与偿债能力 ······ (263)
　11.1 短期资产流动性分析 ······ (265)
　11.2 短期偿债能力分析 ······ (271)
　11.3 长期偿债能力分析 ······ (273)
　专业词汇 ······ (278)
　思考题 ······ (278)
　教学案例 ······ (278)

第12章　财务报告分析：盈利性 ······ (285)
　12.1 以销售净额为基础的盈利性分析 ······ (287)
　12.2 以资产为基础的盈利性分析 ······ (289)
　12.3 以净资产为基础的盈利性分析 ······ (291)
　12.4 资产周转效率分析 ······ (292)
　12.5 杜邦分析体系 ······ (293)
　专业词汇 ······ (294)
　思考题 ······ (294)
　教学案例 ······ (295)

第13章　财务报告分析：股东利益 ······ (301)
　13.1 每股收益分析 ······ (303)
　13.2 市盈率与市净率分析 ······ (307)
　13.3 关于股东利益的其他财务比率 ······ (309)
　专业词汇 ······ (310)
　思考题 ······ (310)
　教学案例 ······ (310)

第 14 章　财务报告分析：集团企业 ·· (317)
　14.1　合并报表与母公司报表信息的有用性 ·· (319)
　14.2　同业竞争与盈余信息质量 ·· (325)
　14.3　集团企业现金分布与代理成本 ·· (332)
　14.4　集团企业的过度投资 ·· (339)
　　专业词汇 ··· (344)
　　思考题 ·· (344)
　　教学案例 ··· (344)

第 15 章　财务报告分析：其他专题 ·· (355)
　15.1　现金流量分析 ·· (357)
　15.2　财务分析与财务危机预测 ·· (358)
　15.3　业绩评价模式 ·· (360)
　　专业词汇 ··· (364)
　　思考题 ·· (364)
　　教学案例 ··· (365)

主要参考书目 ·· (371)

货币时间价值计算系数表 ·· (375)

第 1 章　财务报告：理论分析

1.1 企业的利益相关者

企业的组织形式包括独资、合伙和公司三种。其中,公司是现代企业最具有代表性的组织形式。公司是依法组建的法人企业,包括有限责任公司和股份有限公司。有限责任是公司制企业区别于独资企业及合伙企业的首要特点。所谓有限责任,就是公司股东以其出资额或所持公司股份为限对公司债务承担责任。两权分离是公司制企业的又一主要特点。所谓两权分离,就是企业所有权与经营权的分离,所有者(股东)通过股东大会提名并形成董事会,再由董事会任命总经理和副总经理等高层管理者,企业的日常经营管理交由管理层。

在市场经济条件下,企业的经营目标往往是多元的,但其中最根本、最主要的追求应该是盈利。这是因为,没有利润,股东——企业的基本出资人——就实现不了投资回报。但是,对于现代企业而言,实现盈利从而满足股东利益并非其唯一的追求。企业还必须同时满足以下利益相关者的利益要求:

(1) 债权人。银行等债权人也是企业经营和发展所需资金的重要提供者。从数量上看,企业使用各类债权人的资金,甚至多于股东提供的资金。例如,就中国非金融类上市公司的平均状况而言,最近十年间公司负债与资产之比(即资产负债率)在50%以上。既然使用了债权人的资金,企业就有必要保护债权人的基本利益,即通过实现盈利并有效控制负债风险,确保负债利息支付和本金偿还。如果债权人的利益不能得到有效保护,轻则会导致企业进一步负债融资困难或融资成本上升,重则会导致债权人提起破产清算的要求或直接接管企业。而这些都是企业和股东(尤其是大股东)所不愿意看到的。

(2) 员工。劳动力是企业生产经营所必需的基本生产要素之一。企业只有在满足员工最起码的利益要求即支付合理的劳动报酬之后,才可能有效地开展生产经营,从而实现盈利,满足股东等出资人的利益。尤其是在两权分离的条件下,企业的日常经营管理是由职业经理人承担的,而经理人努力的结果又主要归于股东等出资人,这样就产生了经理人与股东之间的利益冲突。这就需要对经理人进行必要的激励。因此,经理人就成为员工中的一个特殊组成部分。

(3) 政府。作为行使社会管理职能的政权机构,政府也需要从企业获取利益,主要是税收和就业两个方面的利益。与此同时,政府也需要适当干预企业行为,如通过产业政策、财政政策和货币政策等宏观调控手段,影响企业的经营和财务决策行为。因此,政府也就成了企业的利益相关者。

(4) 消费者。消费者之所以成为企业的利益相关者,主要是因为消费者需求的发展与变化会迫使企业在改进产品和服务质量、确保消费者安全等方面花费更多。因此,静态地看,消费者利益要求与股东利益要求是存在冲突的;但从动态角度看,只有满足了消费者的利益要求,企业才有可能为股东等投资者赚取长期利益。

(5) 社会公众。自20世纪70年代以来,西方发达国家要求企业承担社会责任的呼声日益高涨。在我国,经济和社会的发展也对企业提出了日益增加的社会责任要求。如果企业忽视社会责任,就会遭到社会公众的谴责和反对,从而破坏企业在公众心目中的形象,那么,从长期看,其自身的发展也必然会受到限制。企业的社会责任主要包括提供平等的就业机会、保护生态环境、确保产品安全以及履行其他社会义务(如捐助教育、卫生等社会公益事业)等方面。

综上所述,尽管满足股东利益要求是企业的基本责任,但现代企业的利益相关者还包括债权人、员工、政府、消费者及社会公众等。

1.2 财务报告信息的需求者

信息是供决策使用的。现代企业的财务报告信息,对于需要作出企业经营和财务决策的"内部人"(经理人),以及需要基于企业盈利情况和财务状况作出相关决策的"外部人"(股东和债权人等),都是一个基本的信息来源。

为了对企业实施有效的管理,经理人需要得到关于企业盈利情况和财务状况的信息。经理人需要财务报告信息的原因之一就在于,在他们与股东签订的合同中,或者企业关于经理人的薪酬方案中,包含了基于财务报告信息的条款。例如,假设薪酬方案规定:如果企业在计划年度完成预算利润指标,那么经理人的薪酬与上年实际薪酬持平;如果企业在计划年度实现的利润超过预算利润指标,那么超额利润部分的20%作为对经理人的奖励。在这样的薪酬方案下,经理人关心财务报告信息,意在关心自身的报酬。

在日常经营管理过程中,经理人需要财务报告信息,更多的时候不是直接为了薪酬,而是为了改善经营和管理效率。无论是为了进行融资和投资等财务决策分析,还是为了进行采购、生产和销售等方面的经营决策分析,经理人都离不开财务报告信息。例如,在考虑是否继续通过发行债券或银行借款等方式进行负债融资时,经理人需要了解企业当前的负债水平或利息支付能力,以判断负债融资的安全性。又如,在进行采购决策分析时,经理人需要了解库存原材料和库存产品信息,以做到既满足生产和销售的需要,避免因缺货而导致的停工待料或销售机会损失,又尽可能减少不必要的资金占用,节省资金成本,降低资金风险。

不仅作为企业"内部人"的经理人需要企业的财务报告信息,作为"外部人"的股东和债权人等也同样需要企业的财务报告信息。就股东而言,其所要作的决策主要是关于企业股票的买、卖或持有。而要作出这些决策,最为基础也最为重要的工作便是分析和评估企业股票的投资价值。为此,股东就需要获取企业的许多财务报告信息,诸如企业在一定时期(比如一个年度)内实现的销售收入和利润、以往期间的销售收入和利润(以便通过前后期间的比较反映变化趋势),以及企业所从事的经营业务未来发展前景的预测分析数据。类似地,就债权人而言,其所要作的决策主要是可否及以何种条件向企业提供贷款。为此,债权人就需要获取企业的相关财务报告信息,诸如目前的负债水平和利息支付能力、目前的盈利水平和未来的变化趋势,以及企业的资产质量和周转效率等,以分析和判断企业的信贷风险。

当然,无论是经理人还是股票投资者或债权人,都还可以作进一步的细分。企业内部处于不同管理层级的经理人,需要的财务报告信息不甚相同。一般地,越是处于更高层级的经理人(如总经理),越需要全面分析和评估企业的财务状况,因而更多需要的是关于企业全局的、总括性的财务报告信息;越是处于较低层级的经理人(如基层部门经理或业务单元经理),则越需要分析和评估企业某一部分、某一侧面的财务状况,因而更多需要的是关于该部分和该方面的更为明细的财务报告信息。类似地,不同类型的股票投资者所关注的财务报告信息也不尽相同:长期股票投资者更关注股票的投资价值,需要作比较严谨的价值分析,因而需要获取和运用能够反映企业长期盈利能力和未来现金流状况的财务报告信息;而那些更强调短期获利的股票投资者(投机者),则不是十分看重企业股票的投资价值,更多关心的是企业某些重要财务报告信息(如每股收益)发布的信号意义。不同类型的债权人所关注的财务报告信息也会不太一样:短期债权人更关注企业的短期资产流动性和短期偿债能力,因而反映这些能力的财务报告信息(诸如流动资产和流动负债及其结构信息)是最为必要的;而长期债权人更关注企业未来较长时期内能否保持正常的还本付息能力,因而那些能够反映这些能力的财务报告信息(诸如盈利能力、负债水平及负债期限结构等)就显得尤为重要。

综上所述,企业财务报告信息的需求者主要有两大类,即企业的"内部人"(各个层面的经理人)和"外部人"(股东和债权人)。但是,除了这些基本的财务报告信息需求者,还有一些企业利益相关者,诸如企业的客户及供应商、政府部门、一般员工,以及为企业利益相关者或其中的某一部分利益相关者提供专业性服务的中介机构,诸如证券分析机构,也都需要获取企业的财务报告信息。下面重点说明客户和供应商以及政府部门等利益相关者为什么需要企业的财务报告信息。

客户和供应商是一种相互的关系,也就是通常所称的上下游关系。传统上,在客户选择供应商或供应商选择客户的过程中,人们比较多关注的是上游或下游企业对于本企业而言在业务方面的可依赖性如何。诚然,业务方面的可依赖性确实是十分重要的,否则,双方就不能成为商业上的合作伙伴。但是,如果要问这种业务上的可依赖性从长期来看取决于什么,显然就不能说仅仅取决于上游或下游企业的业务能力本身了。事实上,上下游企业能否成为本企业长期过程中可依赖的合作伙伴,很重要的一个条件便是该企业财务上的持续性和稳健性。如果一个企业的盈利是不能长期持续的,或者一个企业的财务状况是很不稳健的,那么,一旦失去财务能力,业务的进一步发展就失去了财务基础,因而这样的上下游企业从长期来看就未必是一个很好的合作伙伴。因此,客户与供应商相互之间都应该关注对方的盈利情况和财务状况,以及它们的变化趋势,这就需要获取对方的财务报告信息。

政府部门之所以需要企业的财务报告信息,通常出于以下几种原因:① 征税的需要。政府从企业征收的税收主要包括增值税、消费税及所得税等。税收征管过程中税基的确定,都需要以财务报告信息为计算基础。② 签订和执行合同的需要。例如,政府以货币资金或其掌握的其他资源投入企业时,就需要签订合同,以确定政府从企业获取利益的途径和方式。为此,政府部门就需要获取并利用企业的财务报告信息,作出分析和判断。③ 政府政策制定及政府干预的需要。政府在制定有关经济政策,尤其是财税和金融政策时,需要考虑企业当前的财务状况和由此决定的承受能力。例如,政府在决定调高利率或税率时,就需要根据企业财务报告信息估计企业的承受能力。类似地,政府在采取其他干预措施时,也需要作出这些方面的判断。例如,政府在判断是否有必要限制新的潜在投资者进入某一产业领域时,需要判断该产业领域当前的竞争是否已经过度;而衡量竞争是否过度的一个重要依据,就是该产业领域中企业的平均盈利水平是否处于一种偏低的状况,以至于严重影响了该产业的健康发展。

1.3 财务报告信息的特征

上一节所讨论的各利益相关者需要财务报告信息的具体动机虽各不相同,但事实上存在一个共同的原因:他们都希望通过获取和分析利用财务报告信息,更好地维护和实现其在企业中应享有的利益。然而,各利益相关者之间往往又存在着一定的利益冲突。这些利益冲突主要包括:

(1) 股东与债权人之间的利益冲突。在负债水平较高的情况下,股东将具有强烈的动机去从事那些尽管成功机会甚微但一旦成功就获利颇丰的投资。因为如果这些投资成功,股东将获得大部分收益;而若失败,则债权人承担大部分损失。

(2) 经理人与股东之间的利益冲突。由于经营者只是被雇用的,其目的也是实现自身利益的最大化,因此,实际控制着企业经营的经营者未必总是自觉地追求"股东财富最大化"。这就产生了股东与经理人之间的利益冲突。

(3) 不同类别股东之间的利益冲突。由于控股股东除能够与中小股东一样获取按股份比例分配的红利等利益之外,还可以通过各种方式获取控制权私有利益,从而使得不同类别的股东之间也产生了利益冲突。

(4) 不同类别债权人之间的利益冲突。这是由企业负债形式的多样性所引起的。例如,有些负债是有担保或抵押的,有些负债则无担保或抵押;不同的负债,在偿还时的优先顺序也可能是不一样的。因此,企业不同类别的债权人在从企业分享利益和为企业承担风险方面就存在着差异。

(5) 消费者与企业投资者之间的利益冲突。例如,为了保障消费者利益,企业实施质量保证,进而在财务会计处理中计提产品质量保证准备金,这将导致股东当期可分配利润的下降。

(6) 政府与企业投资者之间的利益冲突。例如,税收的增加,就业人数的增加,以及员工最低薪酬标准的提高,都有利于政府工作的开展,但会增加企业的经营成本,从而减少属于投资者的利益。

(7) 社会公众与企业投资者之间的利益冲突。例如,当企业在治理污染、捐助教育和卫生等公益事业等方面进行更多投入时,社会公众会从中受益,但企业投资者的当前利益会受到影响。

企业各利益相关者之间的利益冲突,会对财务报告信息特征的形成产生重要影响。这是因为,财务报告信息是各利益相关者决策的基础。为此,各利益相关者都希望能够获得有助于保护自身利益的财务报告信息。例如,债权人往往更关心企业资产的流动性及偿债能力,而股东则通常更关心企业的盈利性,因此,债权人就希望财务报告更充分地揭示企业资产流动性及偿债能力方面的信息,而股东则希望财务报告更充分地揭示企业盈利性方面的信息;社会公众往往希望企业更好地承担社会责任,因而呼吁企业更多地揭示其履行社会责任情况的信息,而企业管理当局则并不一定希望这么做,因为过多地承担社会责任义务,意味着当前利润的减少,从而影响其报酬水平;股东希望企业如实披露财务报告信息,以便准确预测企业未来利润和现金流,从而恰当评估股票价值,而经理人为了自身利益,很可能进行一定的盈余管理;政府为了确保税收来源,往往宁愿企业报告更多而非更少的利润,但企业投资者的想法则相反;股东和债权人等外部人更多需要的是有助于判断企业投资价值和财务风险的信息,而企业经理人等内部人更多需要的则是有助于其进行经营和财务决策的信息。

由上可见,财务报告信息需要满足相互之间存在一定利益冲突的企业各利益相关者的共同需要。为此,首先需要分清谁是最主要的财务报告信息需求者,从而财务报告信息首先应该满足这些最主要的信息需求者的要求,其次还需要尽可能兼顾到其他的财务报告信息需求者的信息需求。当主要需求者和其他需求者之间的信息需求难以兼顾时,财务报告披露的信息以首先满足主要需求者的信息需求为原则,但同时可以别的补充性的方式,使其他信息需求者的信息需求也能基本得到满足。实践中的通常做法是,当公开披露的财务报告信息不能很好地满足经理人等内部人的需求时,企业通过管理会计系统灵活地为经理人提供各种形式的、并不公开披露的财务报告信息;当公开披露的财务报告信息不能很好地满足政府税收征管的需要时,政府税务部门在计算有关税收时可以在财务报告信息的基础上,根据税法和税制规定作必要的调整。

分析至此,我们可以发现,尽管财务报告信息披露政策制定过程中也会兼顾其他信息需求者的信息需求,但当存在冲突时,则以首先满足投资者的信息需求为原则。投资者之外的其他财务报告信息需求者,则需通过其他途径和方式获取其所需的财务报告信息。也就是说,现代企业公开披露的财务报告信息,主要是为了维护投资者的利益。因此,现代企业公开披露的财务报告信息的基本特征是:财务报告信息重在反映企业盈利能力和偿债能力,以利于股东评估企业股票的投资价值和债权人评估企业的负债风险。

1.4 财务报告信息的有用性

财务报告信息的基本作用主要有两个:一是通过为投资者提供与决策相关的财务报告信息,形成能够有效控制逆向选择行为的机制;二是通过为投资者提供不易被经理人操纵的可靠的财务报告信息,用于经理报酬契约等目的,以有效控制道德风险问题。

所谓逆向选择,其基本特征是交易双方中的一方较另一方掌握了更多、更真实的信息,即交易双方之间存在信息不对称,从而使处于信息劣势地位的一方不愿意按处于信息优势地位一方的报价进行交易。在投资者与企业经理人之间,企业经理人很可能会利用其"内部人"的地位,较投资者掌握关于企业当前财务状况和未来发展趋势的更多、更真实的信息。经理人这样做的主观动机,当然是想利用其信息优势谋取私人利益。很显然,投资者为了避免因信息不对称而遭受损失,会改变其投资决策,即在购买企业发行的有价证券时会慎之又慎,对企业报出的证券发行价格总是持怀疑态度。投资者如此行为的结果,就会使得投资者与企业之间的交易变得不顺畅、不正常,企业拟发行的有价证券就难以按正常的价格销售。因此,控制逆向选择行为的一种有效手段,便是将企业内部信息通过一定的途径和方式可靠地转化为外部信息,财务报告信息的披露即为一例。

所谓道德风险,其基本特征是交易双方中的一方不能观察到另一方采取的可能影响其利益的行为,后者(处于"暗处"的一方)就可能采取措施侵害前者的利益。就上市公司而言,投资者(股东和债权人)很难清楚地观察到企业经理人工作的努力程度和效率。当经理人的行为在一定程度上不可观察时,企业一旦出现令投资者不满意的问题,经理人就会将问题归因于那些他们不可控制的因素。此外,经理人还可以利用其信息提供者的地位,通过向投资者提供虚假信息,夸大成绩或掩盖问题,骗取私人利益。为了尽可能控制经理人可能存在的道德风险问题,作为外部人的投资者有必要探寻能用来恰当地衡量经理人努力程度和业绩的工具。这种业绩衡量工具最为必要的一个特征便是客观与可靠。经过审计鉴证的财务报告信息,总体而言应该是具备这一特征的。

除财务报告信息之外,投资者还可以通过其他途径获取评判企业投资价值和负债风险的基础信息。例如,投资者可以从一些经济研究机构发布的研究报告和统计资料中获得与企业相关的宏观经济信息和产业信息,可以从证券交易所获得公司股票价格和交易量信息,可以从企业竞争对手和客户那里了解他们对企业优势与劣势的看法,可以从媒体报道中了解企业取得的成绩、存在的问题及未来的发展趋势,等等。但是,相对于这些竞争性信息来源而言,财务报告信息具有自身的相对优势,主要体现在以下几个方面:

(1) 财务报告信息更直接地与投资者的经济利益相关。财务报告信息的主要内容是关于企业盈利情况和财务状况的信息,诸如净利润、每股收益、负债水平和经营现金流等,这些信息直接反映了投资者可以从企业分享的利益情况,以及所须承担的风险状况。而上述其他信息来源向投资者提供的信息,要么偏于宏观,从而与投资者的经济利益具有比较间接而非直接的联系;要么虽然也是关于企业微观层面的信息,但未必是具体的财务性信息,从而对投资者所关注的企业盈利情况和财务状况具有间接的影响,但并非直接关于企业盈利情况和财务状况的系统描述。

(2) 财务报告信息是一种更为可靠的信息来源。企业管理当局编制的财务报告,必须经独立注册会计师的审计鉴证之后方能对外呈报,这就从制度上保证了财务报告信息产生过程的中立性,而中立性是确保财务报告信息具有可靠性的一个重要条件。投资者从其他途径获得的与企业财务状况相关的信息,很少具有这样严格的审计程序,从而使得经过审计的财务报告信息在可靠性方面具有相对优势。当然,在实践中,无论是西方发达国家,还是如中国等处于转型经济时期的新兴市场国家,或多或少都存在一些财务造假现象,一定程度上的盈余管理更非偶然。但是,历史事实告诉我们,随着上市公司内外部治理的逐步完善,严重的财务造假现象在众多上市公司中已只是个别现象,而一定程度的盈余管理虽然对财务报告信息的质量具有一定的负面影响,但这种影响通常不足以严重影响投资者对企业价值和风险的判断。因此,财务报告信息尽管有缺陷,但相对于其他信息来源而言,总体上可能还是更为可靠的。

(3) 财务报告信息是一种成本较低的信息来源。就上市公司而言,公开披露财务报告信息是一项法定义务。财务报告事实上是一种公共产品,不仅企业现有投资者可以获得,潜在的投资者也可以获得。因此,企业编制和披露财务报告的成本,尽管总额不小,但分摊到每一个财务报告信息使用者身上的数额就非常有限了。

(4) 财务报告信息是一种相对更为及时的信息来源。就大多数财务报告项目而言,及时性似乎是一个问题,而不是其优势。但是,财务报告中可能提供的前瞻性和预测性信息,以及资产负债表日后事项对公司财务状况产生的影响的信息,有助于增强财务报告信息的及时性。事实上,企业年度财务报告通常在会计年度结束之后两三个月左右的时间内披露。按照我国信息披露制度的要求,最迟必须在4月末之前披露。因此,即便是那些反映历史交易的财务报告信息,总体而言也基本是及时的。当然,我们说财务报告信息是相对比较及时的信息来源,还有一个非常重要的理由,那就是会计准则和注册会计师审计都要求企业及时确认已发生的经济业务。尤其是,稳健性原则的贯彻使得"坏消息"得到了更为及时的反映,公允价值计量规则的采用则使得交易性金融资产等项目的账面价值更及时地反映了其市场价值的变化。

1.5 财务报告信息披露的利益与成本

信息披露是联结股票市场资金供给方和需求方的重要纽带,信息披露的质量理应受到股票市场各类参与者的高度重视。

首先,从股票市场资金供给方(即投资者)的行为来看,已有研究表明,在其他条件既定的情况下,投资者要求的回报率与预期的风险水平成正比,即未来收益的风险越大,投资者要求的回报率越高;而公司通过提高信息披露质量,可以降低投资者评估股票价值时考虑的风险水平,从而降低所要求的投资回报率。增加披露还可以降低分析师对公司有关情况进行预测的不确定性,从而使公司获得更多分析师的关注,分析师之间的预测分歧也将变得更小,相应地,也将降低投资者对公司风险的评估。

其次,从股票市场资金需求方(即上市公司)的行为来看,已有研究表明,公司通过增加信息披露可以减少与投资者之间的信息不对称,使潜在投资者更愿意投资于公司,或者使股票的交易成本降低,从而增强股票的流动性,降低投资者要求的回报率。

财务报告信息披露在给企业带来一定利益的同时,也会使企业发生一些成本,主要包括:处理和提供信息的成本、因信息披露而引起诉讼的成本、披露导致竞争劣势从而产生的成本、政治成本以及管理行为受到限制引起的成本。

1. 处理和提供信息的成本

处理和提供信息的成本包括收集、处理、审计、传输以及解释财务报告信息过程中所发生的各项成本。企业为信息披露而发生的成本,最终是由其所有者承担的。

较之于非上市企业,上市公司信息披露的要求更高,处理和提供信息所发生的成本也更高。首先,从财务报告信息的收集和处理环节看,我国上市公司与非上市企业执行的会计准则/制度还不完全一样,总体而言上市公司执行的会计准则有着更高的要求,因而上市公司财务报告信息的收集和处理成本会更高一些。其次,从审计角度看,上市公司的财务报表审计通常也比非上市企业更为严格,因而上市公司所需支付的审计费用往往往显著高于行业和规模类似的非上市企业。最后,从财务报告信息的传输和解释角度看,由于上市公司的股东众多且分散,因而在这方面也会比非上市企业产生更多的成本。因此,仅从降低处理和提供财务报告信息成本的角度考虑,公司不希望财务报告信息处理和提供的技术过程变得过于复杂。美国《萨班斯-奥克斯利法案》的实施导致一些原本在美国证券市场上市的公司的退出,就很好地说明了这个道理。

2. 诉讼成本

诉讼成本有广义和狭义之分。广义的诉讼成本包括因投资者指责信息披露不充分而引起的诉讼成本、因指控信息误导而引起的诉讼成本,以及因错误指控而引起的诉讼成本。狭义的诉讼成本则仅仅指因错误指控而引起的诉讼成本。在分析财务报告信息披露成本问题时,诉讼成本应采用狭义的概念。这是因为,信息披露不充分和信息误导引起的诉讼成本并非有效信息披露引起的诉讼成本,只有因错误指控而引起的诉讼成本才是有效信息披露导致的。也就是说,在前两种诉讼事件中,问题的关键并不在有效信息本身;如果信息已经充分披露或正确披露,诉讼事件就不会发生。实际中,许多错误指控都是针对股价暴跌而提出的。如果没有股价暴跌,同样的信息披露就不会引起指控;同样是股价暴跌,但如果没有特定的信息披露,也不会引起指控。

错误指控频繁发生,会使企业花费巨额成本,包括诉讼费、立案费、结案费、公关费以及因分散了管理人员的精力而发生的损失等。由错误指控导致的诉讼成本,无论于被起诉公司还是于整个经济,都是一个消极因素。问题在于,随着政府监管机构对上市公司财务报告信息披露要求的日益提高,公司财务报告信息披露的内容越来越多,也越来越具体,而信息披露得越多、越具体,就越容易引起错误指控。例如,对于一个多品种经营的公司而言,如果只需披露总成本,则比较容易做到准确;若要求分别按各品种披露经营成本,就难以做到准确,因为此时需要将那些共同费用在各品种之间进行分摊。这种共同费用的分摊,即便管理当局没有进行操纵的主观动机,也很难完全做到客观、公正和准确。又如,如果财务报告信息披露比较简单地采用历史成本信息,就比较容易做到客观和准确,从而较少被错误指控;若按照公允价值披露,投资者与管理当局在公允价值是否公允的问题上就很可能有不同的理解,从而就更有可能受到错误指控。因此,仅从规避错误指控及其所将引起的诉讼成本的角度来考虑,公司会宁愿选择比较简单、笼统的披露政策。

3. 竞争劣势

并非所有财务报告信息的披露都会导致竞争劣势。通常来看,可能导致竞争劣势的信息主要有以下三种类型:有关技术和管理创新方面的信息,包括生产过程、更为有效的质量改进技术及营销技巧等;有关战略、计划及策略方面的信息,包括计划中的产品开发、新的市场目标等;有关经营方面的信息,包括分部门的销售成本和生产成本、生产效率等。以生产效率信息为例,诸如单位产品生产所消耗的各种要素成本等生产效率方面的具体信息,对于投资者分析企业的生产和经营效率,判断企业成本水平的未来趋势,从而评估企业的投资价值,事实上是一种十分有用的信息。然而,国内外信息披露制度通常不会强制性地要求上市公司披露此类信息,也鲜有自愿披露此类信息的公司。究其原因,主要就是因为该类信息的披露将使竞争者了解到企业的竞争优势所在,从而采取有针对性的办法展开竞争,最终使披露该类信息的企业原有的竞争优势逐步丧失。

上述类型信息的披露是否真正导致企业的竞争劣势,还取决于以下四个因素:信息的使用者、信息的类型、信息的详细程度及披露的时间。例如,限于向资本供给者提供信息一般不会导致竞争劣势,而同样的信息如果披露给同行,则可能导致竞争劣势。当资本供给者同时也是同行竞争者时,向投资者披露上述信息导致竞争劣势的可能性就很大了。

4. 政治成本

所谓政治成本,是指当公司(尤其是垄断性公司)显示出过高的盈利水平时,政府就可能采取一定的办法使公司积累的财富部分地转移至政府手中,并直接或间接地将其再分配给其他利益团体。为了避免发生政治成本,公司会尽可能采取保守的会计政策等手段,使账面显示的盈利水平不至于过高。美国在20世纪70年代后期对石油公司征收"超额利润税",部分原因就在于石油公司在此前若干年报告的利润增长得太快。

5. 管理行为受限制

有些信息披露后,可能会给公司管理层此后的管理行为带来一定的限制。例如,公司若在年初披露了预测的每股收益,就会给管理层带来一种压力,即必须在该年度采取措施,实现预测的每股收益。为此,管理层有时就可能不得不采取一些短期行动,如放弃某些有助于提高公司长期价值但会导致本年利润减少的战略行动。

综上所述,财务报告信息披露虽然从总体上讲会给企业带来利益,但是考虑到其可能导致的上述成本,如何做到适当披露便成为上市公司面临的一个重要问题。与此同时,政府监管机构在制定上市公司信息披露制度时,也必须充分考虑这些披露成本,不能不顾企业和股东的整体利益而提出过于严苛的披露要求。

专业词汇

利益相关者(Stakeholders)　　　　债权人(Lender)
股东(Shareholder)　　　　　　　管理当局(Management)
投资者(Investor)

思考题

1. 财务报告信息服务于哪些利益主体?谁是其中最主要的服务对象?为什么?
2. 财务报告信息为什么有助于控制逆向选择和道德风险?
3. 财务报告信息披露的成本主要有哪些?

第 2 章　财务报告：制度框架

2.1 相关法律规定

2.1.1 《证券法》的相关规定

《中华人民共和国证券法》(以下简称《证券法》),最早是1998年12月29日第九届全国人民代表大会常务委员会第六次会议通过的。现行《证券法》,是2019年12月28日第十三届全国人民代表大会常务委员会第十五次会议第二次修订的。

《证券法》第五章"信息披露",对上市公司的信息披露作出了如下规定:

(1) 第七十八条规定,发行人及法律、行政法规和国务院证券监督管理机构规定的其他信息披露义务人,应当及时依法履行信息披露义务。信息披露义务人披露的信息,应当真实、准确、完整,简明清晰,通俗易懂,不得有虚假记载、误导性陈述或者重大遗漏。证券同时在境内境外公开发行、交易的,其信息披露义务人在境外披露的信息,应当在境内同时披露。

(2) 第七十九条规定,上市公司、公司债券上市交易的公司、股票在国务院批准的其他全国性证券交易场所交易的公司,应当按照国务院证券监督管理机构和证券交易场所规定的内容和格式编制定期报告,并按照以下规定报送和公告:① 在每一会计年度结束之日起四个月内,报送并公告年度报告,其中的年度财务会计报告应当经符合本法规定的会计师事务所审计;② 在每一会计年度的上半年结束之日起二个月内,报送并公告中期报告。

(3) 第八十条规定,发生可能对上市公司、股票在国务院批准的其他全国性证券交易场所交易的公司的股票交易价格产生较大影响的重大事件,投资者尚未得知时,公司应当立即将有关该重大事件的情况向国务院证券监督管理机构和证券交易场所报送临时报告,并予公告,说明事件的起因、目前的状态和可能产生的法律后果。前款所称重大事件包括:① 公司的经营方针和经营范围的重大变化;② 公司的重大投资行为,公司在一年内购买、出售重大资产超过公司资产总额百分之三十,或者公司营业用主要资产的抵押、质押、出售或者报废一次超过该资产的百分之三十;③ 公司订立重要合同、提供重大担保或者从事关联交易,可能对公司的资产、负债、权益和经营成果产生重要影响;④ 公司发生重大债务和未能清偿到期重大债务的违约情况;⑤ 公司发生重大亏损或者重大损失;⑥ 公司生产经营的外部条件发生的重大变化;⑦ 公司的董事、三分之一以上监事或者经理发生变动,董事长或者经理无法履行职责;⑧ 持有公司百分之五以上股份的股东或者实际控制人持有股份或者控制公司的情况发生较大变化,公司的实际控制人及其控制的其他企业从事与公司相同或者相似业务的情况发生较大变化;⑨ 公司分配股利、增资的计划,公司股权结构的重要变化,公司减资、合并、分立、解散及申请破产的决定,或者依法进入破产程序、被责令关闭;⑩ 涉及公司的重大诉讼、仲裁,股东大会、董事会决议被依法撤销或者宣告无效;⑪ 公司涉嫌犯罪被依法立案调查,公司的控股股东、实际控制人、董事、监事、高级管理人员涉嫌犯罪被依法采取强制措施;⑫ 国务院证券监督管理机构规定的其他事项。公司的控股股东或者实际控制人对重大事件的发生、进展产生较大影响的,应当及时将其知悉的有关情况书面告知公司,并配合公司履行信息披露义务。

(4) 第八十一条规定,发生可能对上市交易公司债券的交易价格产生较大影响的重大事件,投资者尚未得知时,公司应当立即将有关该重大事件的情况向国务院证券监督管理机构和证券交易场所报送临时报告,并予公告,说明事件的起因、目前的状态和可能产生的法律后果。前款所称重大事件包括:① 公司股权结构或者生产经营状况发生重大变化;② 公司债券信用评级发生变化;③ 公司重大资产抵押、质押、出售、转让、报废;④ 公司发生未能清偿到期债务的情况;⑤ 公司新增借款或者对外提供担保超过上年末净资产的百分之二十;⑥ 公司放弃债权或者财产超过上年末净资产的百分之十;⑦ 公司发生超过上年末净资产百分之十的重大损失;⑧ 公司分配股利,作出减资、合并、分立、解散及申请破产的决定,或者依法进入破产程序、被责令关闭;⑨ 涉及公司的重大诉讼、仲裁;⑩ 公司涉嫌犯罪被依法立案调查,公司的控股股东、实际控制人、董事、监事、高级管理人员涉嫌犯罪被依法采取强制措施;⑪ 国务院证券监督管理机构规定的其他事项。

(5) 第八十二条规定,发行人的董事、高级管理人员应当对证券发行文件和定期报告签署书面确认意见。发行人的监事会应当对董事会编制的证券发行文件和定期报告进行审核并提出书面审核意见。监事应当签署书面确认意见。发行人的董事、监事和高级管理人员应当保证发行人及时、公平地披露信息,所披露的信息真实、准确、完整。董事、监事和高级管理人员无法保证证券发行文件和定期报告内容的真实性、准确性、完整性或者有异议的,应当在书面确认意见中发表意见并陈述理由,发行人应当披露。发行人不予披露的,董事、监事和高级管理人员可以直接申请披露。

(6) 第八十三条规定,信息披露义务人披露的信息应当同时向所有投资者披露,不得提前向任何单位和个人泄露。但是,法律、行政法规另有规定的除外。任何单位和个人不得非法要求信息披露义务人提供依法需要披露但尚未披露的信息。任何单位和个人提前获知的前述信息,在依法披露前应当保密。

(7) 第八十四条规定,除依法需要披露的信息之外,信息披露义务人可以自愿披露与投资者作出价值判断和投资决策有关的信息,但不得与依法披露的信息相冲突,不得误导投资者。发行人及其控股股东、实际控制人、董事、监事、高级管理人员等作出公开承诺的,应当披露。不履行承诺给投资者造成损失的,应当依法承担赔偿责任。

(8) 第八十五条规定,信息披露义务人未按照规定披露信息,或者公告的证券发行文件、定期报告、临时报告及其他信息披露资料存在虚假记载、误导性陈述或者重大遗漏,致使投资者在证券交易中遭受损失的,信息披露义务人应当承担赔偿责任;发行人的控股股东、实际控制人、董事、监事、高级管理人员和其他直接责任人员以及保荐人、承销的证券公司及其直接责任人员,应当与发行人承担连带赔偿责任,但是能够证明自己没有过错的除外。

(9) 第八十六条规定,依法披露的信息,应当在证券交易场所的网站和符合国务院证券监督管理机构规定条件的媒体发布,同时将其置备于公司住所、证券交易场所,供社会公众查阅。

（10）第八十七条规定，国务院证券监督管理机构对信息披露义务人的信息披露行为进行监督管理。证券交易场所应当对其组织交易的证券的信息披露义务人的信息披露行为进行监督，督促其依法及时、准确地披露信息。

《证券法》第十三章"法律责任"中的第一百九十七条，对上市公司信息披露方面的违规行为的法律责任作出了如下规定：

（1）信息披露义务人未按照本法规定报送有关报告或者履行信息披露义务的，责令改正，给予警告，并处以五十万元以上五百万元以下的罚款；对直接负责的主管人员和其他直接责任人员给予警告，并处以二十万元以上二百万元以下的罚款。发行人的控股股东、实际控制人组织、指使从事上述违法行为，或者隐瞒相关事项导致发生上述情形的，处以五十万元以上五百万元以下的罚款；对直接负责的主管人员和其他直接责任人员，处以二十万元以上二百万元以下的罚款。

（2）信息披露义务人报送的报告或者披露的信息有虚假记载、误导性陈述或者重大遗漏的，责令改正，给予警告，并处以一百万元以上一千万元以下的罚款；对直接负责的主管人员和其他直接责任人员给予警告，并处以五十万元以上五百万元以下的罚款。发行人的控股股东、实际控制人组织、指使从事上述违法行为，或者隐瞒相关事项导致发生上述情形的，处以一百万元以上一千万元以下的罚款；对直接负责的主管人员和其他直接责任人员，处以五十万元以上五百万元以下的罚款。

2.1.2 《公司法》的相关规定

《中华人民共和国公司法》(以下简称《公司法》)，最早是1993年12月29日第八届全国人民代表大会常务委员会第五次会议通过的。现行《公司法》，是2018年10月26日第十三届全国人民代表大会常务委员会第六次会议第四次修正的。

《公司法》第八章"公司财务、会计"，对上市公司的财务与会计行为作出了如下规定：

（1）第一百六十三条规定，公司应当依照法律、行政法规和国务院财政部门的规定建立本公司的财务、会计制度。

（2）第一百六十四条规定，公司应当在每一会计年度终了时编制财务会计报告，并依法经会计师事务所审计。财务会计报告应当依照法律、行政法规和国务院财政部门的规定制作。

（3）第一百六十五条规定，有限责任公司应当依照公司章程规定的期限将财务会计报告送交各股东。股份有限公司的财务会计报告应当在召开股东大会年会的二十日前置备于本公司，供股东查阅；公开发行股票的股份有限公司必须公告其财务会计报告。

（4）第一百六十六条规定，公司分配当年税后利润时，应当提取利润的百分之十列入公司法定公积金。公司法定公积金累计额为公司注册资本的百分之五十以上的，可以不再提取。公司的法定公积金不足以弥补以前年度亏损的，在依照前款规定提取法定公积金之前，应当先用当年利润弥补亏损。公司从税后利润中提取法定公积金后，经股东会或者股东大会决议，还可以从税后利润中提取任意公积金。公司弥补亏损和提取公积金后所余税后利润，有限责任公司依照本法第三十四条的规定分配；股份有限公司按照股东持有的股份比例分配,但股份有限公司章程规定不按持股比例分配的除外。股东会、股东大会或者董事会违反前款规定,在公司弥补亏损和提取法定公积金之前向股东分配利润的,股东必须将违反规定分配的利润退还公司。公司持有的本公司股份不得分配利润。

(5) 第一百六十七条规定,股份有限公司以超过股票票面金额的发行价格发行股份所得的溢价款以及国务院财政部门规定列入资本公积金的其他收入,应当列为公司资本公积金。

(6) 第一百六十八条规定,公司的公积金用于弥补公司的亏损、扩大公司生产经营或者转为增加公司资本。但是,资本公积金不得用于弥补公司的亏损。法定公积金转为资本时,所留存的该项公积金不得少于转增前公司注册资本的百分之二十五。

(7) 第一百六十九条规定,公司聘用、解聘承办公司审计业务的会计师事务所,依照公司章程的规定,由股东会、股东大会或者董事会决定。公司股东会、股东大会或者董事会就解聘会计师事务所进行表决时,应当允许会计师事务所陈述意见。

(8) 第一百七十条规定,公司应当向聘用的会计师事务所提供真实、完整的会计凭证、会计账簿、财务会计报告及其他会计资料,不得拒绝、隐匿、谎报。

(9) 第一百七十一条规定,公司除法定的会计账簿外,不得另立会计账簿。对公司资产,不得以任何个人名义开立账户存储。

《公司法》第十二章"法律责任",对上市公司违反《公司法》中有关财务与会计规定的行为的法律责任作出了如下规定:

(1) 第二百零一条规定,公司违反本法规定,在法定的会计账簿以外另立会计账簿的,由县级以上人民政府财政部门责令改正,处以五万元以上五十万元以下的罚款。

(2) 第二百零二条规定,公司在依法向有关主管部门提供的财务会计报告等材料上作虚假记载或者隐瞒重要事实的,由有关主管部门对直接负责的主管人员和其他直接责任人员处以三万元以上三十万元以下的罚款。

(3) 第二百零三条规定,公司不依照本法规定提取法定公积金的,由县级以上人民政府财政部门责令如数补足应当提取的金额,可以对公司处以二十万元以下的罚款。

2.1.3 《会计法》的相关规定

《中华人民共和国会计法》(以下简称《会计法》),最早是1985年1月21日第六届全国人民代表大会常务委员会第九次会议通过的。现行《会计法》,是2017年11月4日第十二届全国人民代表大会常务委员会第三十次会议第二次修正的。

《会计法》第二章"会计核算",对《会计法》适用的所有单位的会计核算提出了一般性要求,主要包括:

(1) 第二十条规定,财务会计报告应当根据经过审核的会计账簿记录和有关资料编制,并符合本法和国家统一的会计制度关于财务会计报告的编制要求、提供对象和提供期限的规定;其他法律、行政法规另有规定的,从其规定。财务会计报告由会计报表、会计报表附注和财务情况说明书组成。向不同的会计资料使用者提供的财务会计报告,其编制依据应当一致。有关法律、行政法规规定会计报表、会计报表附注和财务情况说明书须经注册会计师审计的,注册会计师及其所在的会计师事务所出具的审计报告应当随同财务会计报告一并提供。

(2)第二十一条规定,财务会计报告应当由单位负责人和主管会计工作的负责人、会计机构负责人(会计主管人员)签名并盖章;设置总会计师的单位,还须由总会计师签名并盖章。单位负责人应当保证财务会计报告真实、完整。

《会计法》第三章"公司、企业会计核算的特别规定",专门就公司、企业的会计核算作出了更为具体的规定,主要包括:

(1)第二十五条规定,公司、企业必须根据实际发生的经济业务事项,按照国家统一的会计制度的规定确认、计量和记录资产、负债、所有者权益、收入、费用、成本和利润。

(2)第二十六条规定,公司、企业进行会计核算不得有下列行为:① 随意改变资产、负债、所有者权益的确认标准或者计量方法,虚列、多列、不列或者少列资产、负债、所有者权益;② 虚列或者隐瞒收入,推迟或者提前确认收入;③ 随意改变费用、成本的确认标准或者计量方法,虚列、多列、不列或者少列费用、成本;④ 随意调整利润的计算、分配方法,编造虚假利润或者隐瞒利润;⑤ 违反国家统一的会计制度规定的其他行为。

《会计法》第六章"法律责任",对违反《会计法》规定的行为的法律责任作出了如下规定:

(1)第四十二条规定,违反本法规定,有下列行为之一的,由县级以上人民政府财政部门责令限期改正,可以对单位并处三千元以上五万元以下的罚款;对其直接负责的主管人员和其他直接责任人员,可以处二千元以上二万元以下的罚款;属于国家工作人员的,还应当由其所在单位或者有关单位依法给予行政处分:① 不依法设置会计账簿的;② 私设会计账簿的;③ 未按照规定填制、取得原始凭证或者填制、取得的原始凭证不符合规定的;④ 以未经审核的会计凭证为依据登记会计账簿或者登记会计账簿不符合规定的;⑤ 随意变更会计处理方法的;⑥ 向不同的会计资料使用者提供的财务会计报告编制依据不一致的;⑦ 未按照规定使用会计记录文字或者记账本位币的;⑧ 未按照规定保管会计资料,致使会计资料毁损、灭失的;⑨ 未按照规定建立并实施单位内部会计监督制度或者拒绝依法实施的监督或者不如实提供有关会计资料及有关情况的;⑩ 任用会计人员不符合本法规定的。有前款所列行为之一,构成犯罪的,依法追究刑事责任。会计人员有第一款所列行为之一,情节严重的,五年内不得从事会计工作。有关法律对第一款所列行为的处罚另有规定的,依照有关法律的规定办理。

(2)第四十三条规定,伪造、变造会计凭证、会计账簿,编制虚假财务会计报告,构成犯罪的,依法追究刑事责任。有前款行为,尚不构成犯罪的,由县级以上人民政府财政部门予以通报,可以对单位并处五千元以上十万元以下的罚款;对其直接负责的主管人员和其他直接责任人员,可以处三千元以上五万元以下的罚款;属于国家工作人员的,还应当由其所在单位或者有关单位依法给予撤职直至开除的行政处分;其中的会计人员,五年内不得从事会计工作。

(3)第四十四条规定,隐匿或者故意销毁依法应当保存的会计凭证、会计账簿、财务会计报告,构成犯罪的,依法追究刑事责任。有前款行为,尚不构成犯罪的,由县级以上人民政府财政部门予以通报,可以对单位并处五千元以上十万元以下的罚款;对其直接负责的主管人员和其他直接责任人员,可以处三千元以上五万元以下的罚款;属于国家工作人员的,还应当由其所在单位或者有关单位依法给予撤职直至开除的行政处分;其中的会计人员,五年内不得从事会计工作。

(4) 第四十五条规定,授意、指使、强令会计机构、会计人员及其他人员伪造、变造会计凭证、会计账簿,编制虚假财务会计报告或者隐匿、故意销毁依法应当保存的会计凭证、会计账簿、财务会计报告,构成犯罪的,依法追究刑事责任;尚不构成犯罪的,可以处五千元以上五万元以下的罚款;属于国家工作人员的,还应当由其所在单位或者有关单位依法给予降级、撤职、开除的行政处分。

(5) 第四十六条规定,单位负责人对依法履行职责、抵制违反本法规定行为的会计人员以降级、撤职、调离工作岗位、解聘或者开除等方式实行打击报复,构成犯罪的,依法追究刑事责任;尚不构成犯罪的,由其所在单位或者有关单位依法给予行政处分。对受打击报复的会计人员,应当恢复其名誉和原有职务、级别。

《会计法》是我国会计工作的根本大法,其在保障社会主义市场经济中各利益主体的权益和会计机构及会计人员的合法权益等方面发挥着重要作用。但是,由于其适用范围的广泛性,《会计法》对企业会计工作所提出的要求只能是那些共同和基本的方面。为此,必须以《会计法》的基本精神为指引,不断完善会计准则和会计制度,不断强化会计监管。

2.2 企业会计准则

在我国,《企业会计准则》是由财政部会计准则委员会根据有关法律、法规的规定制定的。企业会计准则由基本准则和具体准则组成。基本准则是关于会计业务处理的基本要求,是对会计核算的基本前提、记账方法、一般原则和会计信息质量要求、会计要素及财务报表的基本规定。具体准则是对各会计要素和具体、特殊的经济业务或会计事项的会计处理所作的具体规定。基本准则是制定具体准则的理论依据和指导原则,具体准则是基本准则在处理具体会计业务中的应用。

我国的《企业会计准则》是1992年11月颁布的,1993年7月1日起施行,适用于设在我国境内的所有企业。我国投资、设在境外的企业,向国内有关方面编报财务报告时,也应按照其规定办理。

2006年2月15日发布的修订后的《企业会计准则——基本准则》,包括十一章五十条,内容涉及总则、会计信息质量要求、资产、负债、所有者权益、收入、费用、利润、会计计量、财务会计报告和附则。发布的具体准则共计38项,包括原有16项具体准则的修订,以及22项初次发布的具体准则。它们是[①]:

《企业会计准则第1号——存货》(修订)

---

① 凡是有"修订"字样的,是指2005年年底之前就已有的,2006年经过了修订;其他没有特别说明的,则是2006年初次发布的。

《企业会计准则第 2 号——长期股权投资》(修订)
《企业会计准则第 3 号——投资性房地产》
《企业会计准则第 4 号——固定资产》(修订)
《企业会计准则第 5 号——生物资产》
《企业会计准则第 6 号——无形资产》(修订)
《企业会计准则第 7 号——非货币性资产交换》(修订)
《企业会计准则第 8 号——资产减值》
《企业会计准则第 9 号——职工薪酬》
《企业会计准则第 10 号——企业年金基金》
《企业会计准则第 11 号——股份支付》
《企业会计准则第 12 号——债务重组》(修订)
《企业会计准则第 13 号——或有事项》(修订)
《企业会计准则第 14 号——收入》(修订)
《企业会计准则第 15 号——建造合同》(修订)
《企业会计准则第 16 号——政府补助》
《企业会计准则第 17 号——借款费用》(修订)
《企业会计准则第 18 号——所得税》
《企业会计准则第 19 号——外币折算》
《企业会计准则第 20 号——企业合并》
《企业会计准则第 21 号——租赁》(修订)
《企业会计准则第 22 号——金融工具确认和计量》
《企业会计准则第 23 号——金融资产转移》
《企业会计准则第 24 号——套期保值》
《企业会计准则第 25 号——原保险合同》
《企业会计准则第 26 号——再保险合同》
《企业会计准则第 27 号——石油天然气开采》
《企业会计准则第 28 号——会计政策、会计估计变更和差错更正》(修订)
《企业会计准则第 29 号——资产负债表日后事项》(修订)
《企业会计准则第 30 号——财务报表列报》
《企业会计准则第 31 号——现金流量表》(修订)
《企业会计准则第 32 号——中期财务报告》(修订)
《企业会计准则第 33 号——合并财务报表》
《企业会计准则第 34 号——每股收益》
《企业会计准则第 35 号——分部报告》
《企业会计准则第 36 号——关联方披露》(修订)
《企业会计准则第 37 号——金融工具列报》
《企业会计准则第 38 号——首次执行企业会计准则》

上述 38 项具体准则可以归纳为三个大类,即通用会计交易和事项的确认及计量准则(第 1—4、6—9、11—24、28—30、38 号),通用的财务报告和披露准则(第 31—37 号),

以及特殊行业准则(第5、10、25—27号)。上述企业会计准则体系,自2007年1月1日起首先在上市公司施行,并逐步扩大实施范围,以实现由会计制度到会计准则的平稳转换。2006年修订后的企业会计准则的主要特点可以概括为以下几个方面:① 体现了与国际财务报告准则的趋同;② 引入了公允价值计量的要求;③ 规范了企业合并、合并财务报表等重要的会计事项;④ 规范了新的会计业务(如投资性房地产等),原有的表外项目纳入表内核算(如衍生金融工具等);⑤ 增加了与重要的特殊行业有关的准则(如金融工具、原保险合同、再保险合同、石油天然气开采、生物资产等);⑥ 对资产减值准备提取和转回的具体规定;⑦ 披露要求更为严格、具体。

2007年12月6日,内地与香港签署了两地会计准则等效的联合声明,实现了两地会计准则的等效。2008年11月14日,欧盟证券委员会决定,自2009年至2011年年底的过渡时期内,欧盟将允许中国证券发行者在进入欧洲市场时使用中国企业会计准则,表明其已认可中国企业会计准则与国际会计准则等效。

近年来,财政部一直致力于我国企业会计准则标准体系的建设,并与国际会计准则保持持续趋同,随之进行修订与完善。2014年,发布了修改的《企业会计准则——基本准则》。具体准则方面,2014年,发布了新制定的《企业会计准则第39号——公允价值计量》《企业会计准则第40号——合营安排》《企业会计准则第41号——在其他主体中权益的披露》,以及新修订的《企业会计准则第2号——长期股权投资》《企业会计准则第9号——职工薪酬》《企业会计准则第30号——财务报表列报》《企业会计准则第33号——合并财务报表》《企业会计准则第37号——金融工具列报》;2017年,发布了新制定的《企业会计准则第42号——持有待售的非流动资产、处置组和终止经营》,以及新修订的《企业会计准则第14号——收入》《企业会计准则第16号——政府补助》《企业会计准则第22号——金融工具确认和计量》《企业会计准则第23号——金融资产转移》《企业会计准则第24号——套期会计》《企业会计准则第37号——金融工具列报》;2018年,发布了新修订的《企业会计准则第21号——租赁》;2019年,又发布了新修订的《企业会计准则第7号——非货币性资产交换》《企业会计准则第12号——债务重组》。

自1993年进行会计改革以来,我国企业会计准则从无到有,迄今已形成了由1项基本准则和42项具体准则组成的较为完整的企业会计准则体系。

2.3 年度报告内容与格式准则

根据《公开发行证券的公司信息披露内容与格式准则第2号——年度报告的内容与格式》(2017年修订)的规定,年度报告正文应包括:① 重要提示、目录和释义;② 公司简介和主要财务指标;③ 公司业务摘要;④ 经营情况讨论与分析;⑤ 重要事项;⑥ 股份变动及股东情况;⑦ 优先股相关情况;⑧ 董事、监事、高级管理人员和员工情况;⑨ 公司治理;⑩ 公司债券相关情况;⑪ 财务报告;⑫ 备查文件目录。年度报告摘要应包括:① 重要提示;② 公司基本情况;③ 经营情况讨论与分析。

根据现行准则规定,年度报告正文需要披露的内容中,对于财务报表分析特别重要的内容包括但不限于：

（1）本准则的规定是对公司年度报告信息披露的最低要求；对投资者投资决策有重大影响的信息，不论本准则是否有明确规定，公司均应当披露。

（2）由于国家秘密、商业秘密等特殊原因导致本准则规定的某些信息确实不便披露的，公司可以不予披露，但应当在相关章节详细说明未按本准则要求进行披露的原因。中国证监会认为需要披露的，公司应当披露。

（3）公司应当采用数据列表方式，提供截至报告期末公司近3年的主要会计数据和财务指标，包括但不限于：总资产、营业收入、归属于上市公司股东的净利润、归属于上市公司股东的扣除非经常性损益的净利润、归属于上市公司股东的净资产、经营活动产生的现金流量净额、净资产收益率、每股收益。

（4）公司应当采用数据列表方式，分季度提供营业收入、归属于上市公司股东的净利润、归属于上市公司股东的扣除非经常性损益后的净利润、经营活动产生的现金流量净额。如上述财务指标或其加总数与公司已披露季度报告、半年度报告相关财务指标存在重大差异的，应当说明主要原因。

（5）公司在披露"归属于上市公司股东的扣除非经常性损益后的净利润"时，应当同时说明报告期内非经常性损益的项目及金额。

（6）公司应当披露报告期内核心竞争力（包括核心管理团队、关键技术人员、专有设备、专利、非专利技术、特许经营权、土地使用权、水面养殖权、探矿权、采矿权、独特经营方式和盈利模式、允许他人使用自己所有的资源要素或作为被许可方使用他人资源要素等）的重要变化及对公司所产生的影响。如发生因核心管理团队或关键技术人员离职、设备或技术升级换代、特许经营权丧失等导致公司核心竞争力受到严重影响的，公司应当详细分析，并说明拟采取的相应措施。

（7）鼓励公司披露管理层在经营管理活动中使用的关键业绩指标。可以披露指标的假定条件和计算方法以及公司选择这些指标的依据，重点讨论与分析指标变化的原因和趋势。关键业绩指标由公司根据行业、自身特点，选择对业绩敏感度较高且公司有一定控制能力的要素确定。

（8）公司应当结合行业特征和自身实际情况，分别按行业、产品及地区说明报告期内公司营业收入构成情况。对于占公司营业收入或营业利润10%以上的行业、产品或地区，应当分项列示其营业收入、营业成本、毛利率，并分析其变动情况。对实物销售收入大于劳务收入的公司，应当按行业口径，披露报告期内的生产量、销售量和库存量情况。若相关数据同比变动在30%以上的，应当说明原因。公司应当披露已签订的重大销售合同截至本报告期的履行情况。

（9）公司应当披露本年度营业成本的主要构成项目，如原材料、人工工资、折旧、能源和动力等在成本总额中的占比情况。如果涉及商业秘密的，公司可以仅披露占比最高或最主要的单个项目。

（10）公司应当披露主要销售客户和主要供应商的情况，以汇总方式披露公司向前5名客户销售额占年度销售总额的比例，向前5名供应商采购额占年度采购总额的比例，以及前5名客户销售额中关联方销售额占年度销售总额的比例和前5名供应商采购额中关联方采购额占年度采购总额的比例。鼓励公司分别披露前5名客户名称和销售额，前5名供应商名称和采购额,以及其是否与上市公司存在关联关系。

(11) 公司应当说明本年度所进行研发项目的目的、项目进展和拟达到的目标,并预计对公司未来发展的影响。公司应当披露研发人员的数量、占比及其变动情况;说明本年度研发投入总额及占营业收入的比重,如数据较上年发生显著变化,还应当解释变化的原因;应当披露研发投入资本化的比重及变化情况,并对其合理性进行分析。

(12) 若本期公司利润构成或利润来源的重大变化源自非主要经营业务,包括但不限于投资收益、公允价值变动损益、资产减值、营业外收支等,应当详细说明涉及金额、形成原因、是否具有可持续性。

(13) 公司应当详细介绍主要子公司的主要业务、注册资本、总资产、净资产、净利润,本年度取得和处置子公司的情况,包括取得和处置的方式及对公司整体生产经营和业绩的影响。如来源于单个子公司的净利润或单个参股公司的投资收益对公司净利润影响达到10%以上,还应当介绍该公司主营业务收入、主营业务利润等数据。若单个子公司或参股公司的经营业绩同比出现大幅波动,且对公司合并经营业绩造成重大影响的,公司应当对其业绩波动情况及其变动原因进行分析。

(14) 对本年度内投资收益占净利润比例达50%以上的公司,应当披露投资收益中占比在10%以上的股权投资项目。

(15) 公司应当披露近3年(包括本报告期)的普通股股利分配方案(预案)、资本公积金转增股本方案(预案);同时,列表披露近3年(包括本报告期)普通股现金红利分配的金额及占归属于上市公司普通股股东的净利润的比例。

(16) 公司发生控股股东及其关联方非经营性占用资金情况的,应当充分披露相关的决策程序,以及占用资金的期初金额、发生额、期末余额、占用原因、预计偿还方式及清偿时间。

(17) 公司应当披露报告期内发生的重大关联交易事项。若对于某一关联方,报告期内累计关联交易总额高于3 000万元(创业板公司披露标准为1 000万元)且占公司最近一期经审计净资产值5%以上,应当按照发生关联交易的不同类型分别披露。

(18) 与日常经营相关的关联交易,至少应当披露以下内容:关联交易方、交易内容、定价原则、交易价格、交易金额、占同类交易金额的比例、结算方式;可获得的同类交易市价,如实际交易价与市价存在较大差异,应当说明原因。大额销货退回需披露详细情况。

(19) 资产或股权收购、出售发生的关联交易,至少应当披露以下内容:关联交易方、交易内容、定价原则、资产的账面价值、评估价值、交易价格、结算方式及交易对公司经营成果和财务状况的影响情况,交易价格与账面价值或评估价值差异较大的,应当说明原因。如相关交易涉及业绩约定的,应当披露报告期内的业绩实现情况。

(20) 公司与关联方共同对外投资发生关联交易的,应当至少披露以下内容:共同投资方、被投资企业的名称、主营业务、注册资本、总资产、净资产、净利润、重大在建项目的进展情况。

(21) 公司与关联方存在债权债务往来或担保等事项的,应当披露形成原因,债权债务期初余额、本期发生额、期末余额,及其对公司的影响。

(22) 在报告期内发生或以前期间发生但延续到报告期的托管、承包、租赁其他公司资产或其他公司托管、承包、租赁公司资产的事项,且该事项为公司带来的损益额达到公司当年利润总额的10%以上时,应当详细披露有关合同的主要内容,包括但不限于:有关资产的情况、涉及金额、期限、损益及确定依据,同时应当披露该损益对公司的影响。

(23)报告期内履行的及尚未履行完毕的担保合同,包括担保金额、担保期限、担保对象、担保类型(一般担保或连带责任担保)、担保的决策程序等。对于未到期担保合同,如果报告期内发生担保责任或有证据表明有可能承担连带清偿责任,应当明确说明。

(24)公司应当披露报告期内公司及其子公司对外担保(不含对子公司的担保)的发生额和报告期末的担保余额,以及报告期内公司及其子公司对子公司提供担保的发生额和报告期末的担保余额。

(25)公司应当披露全部担保总额及其占公司净资产的比例,并分别列示:公司及其子公司为股东、实际控制人及其关联方提供担保的余额,公司及其子公司直接或间接为资产负债率超过70%的被担保对象提供的担保余额,以及公司及其子公司担保总额超过公司净资产50%部分的金额。

(26)公司应当按照下列类型分别披露报告期内委托理财的资金来源、发生额、未到期余额及逾期未收回金额情况。具体类型包括但不限于银行理财产品、券商理财产品、信托理财产品、其他类(如公募基金产品、私募基金产品)等。

(27)对于单项金额重大的委托理财,或安全性较低、流动性较差、不保本的高风险委托理财,应披露委托理财发生额、未到期余额及逾期未收回金额的具体情况。公司若就该项委托计提投资减值准备的,应当披露当年度计提金额。若委托理财出现预期无法收回本金或存在其他可能导致减值的情形,预计对公司具有较大影响的,公司应当说明对财务状况或当期利润的影响。

(28)公司应当披露公司实际控制人的情况,并以方框图及文字的形式披露公司与实际控制人之间的产权和控制关系。实际控制人应当披露到自然人、国有资产管理机构,或者股东之间达成某种协议或安排的其他机构或自然人,包括以信托方式形成实际控制的情况。

(29)如实际控制人通过信托或其他资产管理方式控制公司,应当披露信托合同或者其他资产管理安排的主要内容,包括信托或其他资产管理的具体方式,信托管理权限(包括公司股份表决权的行使等),涉及的股份数量及占公司已发行股份的比例,信托或资产管理费用,信托资产处理安排,合同签订的时间、期限及变更、终止的条件,以及其他特别条款等。

(30)如不存在实际控制人的情况,公司应当就认定依据予以特别说明。

(31)如公司最终控制层面存在多位自然人或自然人控制的法人共同持股的情形,且其中没有一人的持股比例(直接或间接持有下一级控制层面公司的股份比例)超过50%,各自的持股比例比较接近,公司无法确定实际控制人的,应当披露最终控制层面持股比例在10%以上的股东情况;如公司没有持股10%以上的股东,则应当披露持股比例5%以上的股东情况。

(32)对于董事、监事和高级管理人员获得的股权激励,公司应当按照已解锁股份、未解锁股份、可行权股份、已行权股份、行权价以及报告期末市价单独列示。

(33)报告期内若发现公司内部控制存在重大缺陷的,应当披露具体情况,包括缺陷发生的时间、对缺陷的具体描述、缺陷对财务报告的潜在影响、已实施或拟实施的整改措施、整改时间、整改责任人及整改效果。

（34）财务报表包括公司近两年的比较式资产负债表、比较式利润表和比较式现金流量表，以及比较式所有者权益（股东权益）变动表和财务报表附注。编制合并财务报表的公司，除提供合并财务报表外，还应当提供母公司财务报表。

专业词汇

证券法（Security Law）
公司法（Company Law）
会计法（Accounting Law）
会计准则（Financial Accounting Standards）
会计制度（Accounting System）
信息披露（Information Disclosure）

思考题

1. 《证券法》规定的上市公司财务会计信息披露义务主要有哪些？
2. 《公司法》规定的会计处理基本要求主要有哪些？
3. 《会计法》规定公司、企业会计核算中不得发生的行为有哪些？
4. 自 2007 年 1 月 1 日实施新的《企业会计准则》以来，我国具体会计准则又新增了哪几项？哪些具体会计准则又进行了重大修订？

附录

公开发行证券的公司信息披露内容与格式准则第 2 号
——年度报告的内容与格式（2017 年修订）①

第一章 总 则

第一条 为规范上市公司年度报告的编制及信息披露行为，保护投资者合法权益，根据《公司法》《证券法》等法律、法规及中国证券监督管理委员会（以下简称中国证监会）的有关规定，制定本准则。

第二条 根据《公司法》《证券法》在中华人民共和国境内公开发行股票并在证券交易所上市的股份有限公司（以下简称公司）应当按照本准则的要求编制和披露年度报告。

第三条 本准则的规定是对公司年度报告信息披露的最低要求；对投资者投资决策有重大影响的信息，不论本准则是否有明确规定，公司均应当披露。

鼓励公司结合自身特点，以简明易懂的方式披露对投资者特别是中小投资者决策有用的信息，但披露的信息应当保持持续性，不得选择性披露。

第四条 本准则某些具体要求对公司确实不适用的，公司可以根据实际情况在不影响披露内容完整性的前提下做出适当修改，并说明修改原因。

第五条 由于国家秘密、商业秘密等特殊原因导致本准则规定的某些信息确实不便披露的，公司可以不予披露，但应当在相关章节详细说明未按本准则要求进行披露的原因。中国证监会认为需要披露的，公司应当披露。公司在编制和披露年度报告时应当严格遵守国家有关保密的法律法规，不得泄

---

① 此处仅列示了正文，未包括附件（年度报告摘要披露格式和退市情况专项报告格式）。

露国家保密信息。

第六条 在不影响信息披露完整性和不致引起阅读不便的前提下,公司可以采取相互引证的方法,对年度报告相关部分进行适当的技术处理,以避免不必要的重复和保持文字简洁。

第七条 公司年度报告的全文应当遵循本准则第二章的要求进行编制和披露。

公司年度报告摘要应当遵循本准则第三章的要求,并按照附件的格式进行编制和披露。

第八条 同时在境内和境外证券市场上市的公司,如果境外证券市场对年度报告的编制和披露要求与本准则不同,应当遵循报告内容从多不从少、报告要求从严不从宽的原则,并应当在同一日公布年度报告。

发行境内上市外资股及其衍生证券并在证券交易所上市的公司,应当同时编制年度报告的外文译本。

第九条 公司年度报告中的财务报告应当经具有证券期货相关业务资格的会计师事务所审计,审计报告应当由该所至少两名注册会计师签字。

第十条 公司在编制年度报告时应当遵循如下一般要求:

(一)年度报告中引用的数字应当采用阿拉伯数字,货币金额除特别说明外,通常指人民币金额,并以元、千元、万元、百万元或亿元为单位。

(二)公司可以根据有关规定或其他需求,编制年度报告外文译本,同时应当保证中外文文本的一致性,并在外文文本上注明:"本报告分别以中、英(或日、法、俄)文编制,在对中外文文本的理解上发生歧义时,以中文文本为准。"

(三)年度报告封面应当载明公司的中文名称、"年度报告"字样、报告期年份,也可以载明公司的外文名称、徽章、图案等。年度报告的目录应当编排在显著位置。

(四)公司可以在年度报告正文前刊载宣传本公司的照片、图表或致投资者信,但不得刊登任何祝贺性、恭维性或推荐性的词句、题字或照片,不得含有夸大、欺诈、误导或内容不准确、不客观的词句。

(五)公司编制年度报告时可以图文并茂,采用柱状图、饼状图等统计图表,以及必要的产品、服务和业务活动图片进行辅助说明,提高报告的可读性。

(六)公司编制年度报告应当遵循中国证监会上市公司行业分类的有关规定,公司可以增加披露所使用的其他的行业分类数据、资料作为参考。

第十一条 主板(含中小企业板)公司应当在每个会计年度结束之日起4个月内将年度报告全文刊登在中国证监会指定网站上;同时年度报告摘要只需选择在一种中国证监会指定报纸上刊登,刊登篇幅原则上不超过报纸的1/4版面,也可以刊登在中国证监会指定网站上。

创业板公司应当在每个会计年度结束之日起4个月内将年度报告全文和摘要刊登在中国证监会指定网站上;同时只需选择在一种中国证监会指定报纸上刊登"本公司×××年度报告及摘要已于×年×月×日在中国证监会指定的信息披露网站上披露,请投资者注意查阅"的提示性公告。

公司可以将年度报告刊登在其他媒体上,但不得早于在中国证监会指定媒体披露的时间。

第十二条 在年度报告披露前,内幕信息知情人不得泄露内幕信息,或利用内幕信息牟取不正当利益。

第十三条 公司应当在年度报告披露后,将年度报告原件或具有法律效力的复印件同时置备于公司住所、证券交易所,以供社会公众查阅。

第十四条 公司董事会、监事会及董事、监事、高级管理人员应当保证年度报告内容的真实、准确、完整,不存在虚假记载、误导性陈述或重大遗漏,并承担个别和连带的法律责任。

如有董事、监事、高级管理人员对年度报告内容存在异议或无法保证其真实、准确、完整的,应当单独陈述理由。

第十五条 中国证监会对特殊行业公司信息披露另有规定的,公司应当遵循其规定。

行业主管部门对公司另有规定的,公司在编制和披露年度报告时应当遵循其规定。

第二章 年度报告正文

第一节 重要提示、目录和释义

第十六条 公司应当在年度报告文本扉页刊登如下重要提示：公司董事会、监事会及董事、监事、高级管理人员保证年度报告内容的真实、准确、完整，不存在虚假记载、误导性陈述或重大遗漏，并承担个别和连带的法律责任。

公司负责人、主管会计工作负责人及会计机构负责人（会计主管人员）应当声明并保证年度报告中财务报告的真实、准确、完整。

如有董事、监事、高级管理人员对年度报告内容存在异议或无法保证其真实、准确、完整的，应当声明××无法保证本报告内容的真实、准确、完整，并说明理由，请投资者特别关注。同时，单独列示未出席董事会审议年度报告的董事姓名及原因。

如执行审计的会计师事务所对公司出具了非标准审计报告，重要提示中应当声明××会计师事务所为本公司出具了带强调事项段或其他事项段的无保留意见、保留意见、否定意见或无法表示意见的审计报告，本公司董事会、监事会对相关事项已有详细说明，请投资者注意阅读。

如年度报告涉及未来计划等前瞻性陈述，同时附有相应的警示性陈述，则应当声明该计划不构成公司对投资者的实质承诺，投资者及相关人士均应当对此保持足够的风险认识，并且应当理解计划、预测与承诺之间的差异。

第十七条 公司应当提示需要投资者特别关注的重大风险，并提示投资者注意阅读。

第十八条 公司应当提示经董事会审议的报告期利润分配预案或公积金转增股本预案。

第十九条 公司应当对可能造成投资者理解障碍以及具有特定含义的术语作出通俗易懂的解释，年度报告的释义应当在目录次页排印。

年度报告目录应当标明各章、节的标题及其对应的页码。

第二节 公司简介和主要财务指标

第二十条 公司应当披露如下内容：

（一）公司的中文名称及简称，外文名称及缩写（如有）。

（二）公司的法定代表人。

（三）公司董事会秘书及证券事务代表的姓名、联系地址、电话、传真、电子信箱。

（四）公司注册地址，公司办公地址及其邮政编码，公司网址、电子信箱。

（五）公司选定的信息披露媒体的名称，登载年度报告的中国证监会指定网站的网址，公司年度报告备置地。

（六）公司股票上市交易所、股票简称和股票代码。

（七）其他有关资料：公司聘请的会计师事务所名称、办公地址及签字会计师姓名；公司聘请的报告期内履行持续督导职责的保荐机构或财务顾问的名称、办公地址以及签字的保荐代表人或财务顾问主办人的姓名，以及持续督导的期间。

第二十一条 公司应当采用数据列表方式，提供截至报告期末公司近3年的主要会计数据和财务指标，包括但不限于：总资产、营业收入、归属于上市公司股东的净利润、归属于上市公司股东的扣除非经常性损益的净利润、归属于上市公司股东的净资产、经营活动产生的现金流量净额、净资产收益率、每股收益。

同时发行人民币普通股及境内上市外资股或（和）境外上市外资股的公司，若按不同会计准则计算的净利润和归属于上市公司股东的净资产存在重大差异的，应当列表披露差异情况并说明主要原因。

公司应当采用数据列表方式，分季度提供营业收入、归属于上市公司股东的净利润、归属于上市公司股东的扣除非经常性损益后的净利润、经营活动产生的现金流量净额。如上述财务指标或其加总数与公司已披露季度报告、半年度报告相关财务指标存在重大差异的，应当说明主要原因。

公司在披露"归属于上市公司股东的扣除非经常性损益后的净利润"时,应当同时说明报告期内非经常性损益的项目及金额。

第二十二条 公司主要会计数据和财务指标的计算和披露应当遵循如下要求:

(一)因会计政策变更及会计差错更正等追溯调整或重述以前年度会计数据的,应当披露会计政策变更的原因及会计差错更正的情况,并应当同时披露调整前后的数据。

(二)对非经常性损益、净资产收益率和每股收益的确定和计算,中国证监会另有规定的,应当遵照执行。

(三)编制合并财务报表的公司应当以合并财务报表数据填列或计算以上数据和指标。

(四)如公司成立未满3年,应当披露公司成立后完整会计年度的上述会计数据和财务指标。

(五)财务数据按照时间顺序自左至右排列,左起为报告期的数据,向右依次列示前一期的数据。

第三节 公司业务概要

第二十三条 公司应当简要介绍报告期内公司从事的主要业务,包括但不限于以下内容:

(一)报告期内公司所从事的主要业务、主要产品及其用途、经营模式、主要的业绩驱动因素等内容,应当重点突出报告期内发生的重大变化。

(二)报告期内公司所属行业的发展阶段、周期性特点以及公司所处的行业地位等。

第二十四条 公司应当简要介绍报告期内公司主要资产发生的重大变化,包括但不限于股权资产、固定资产、无形资产、在建工程等。若境外资产占比较高的,应当披露境外资产的形成原因、资产规模、运营模式、收益状况等。

第二十五条 公司应当披露报告期内核心竞争力(包括核心管理团队、关键技术人员、专有设备、专利、非专利技术、特许经营权、土地使用权、水面养殖权、探矿权、采矿权、独特经营方式和盈利模式、允许他人使用自己所有的资源要素或作为被许可方使用他人资源要素等)的重要变化及对公司所产生的影响。如发生因核心管理团队或关键技术人员离职、设备或技术升级换代、特许经营权丧失等导致公司核心竞争力受到严重影响的,公司应当详细分析,并说明拟采取的相应措施。

第四节 经营情况讨论与分析

第二十六条 公司经营情况讨论与分析中应当对财务报告数据与其他必要的统计数据,以及报告期内发生和未来将要发生的重大事项,进行讨论与分析,以有助于投资者了解其经营成果、财务状况及未来可能的变化。公司可以运用逐年比较、数据列表或其他方式对相关事项进行列示,以增进投资者的理解。披露应当遵守以下的原则:

(一)披露内容应当具有充分的可靠性。引用的数据、资料应当有充分的依据,如果引用第三方的数据、资料作为讨论与分析的依据,应当注明来源,并判断第三方的数据、资料是否具有足够的权威性。

(二)披露内容应当具有充分的相关性。公司应当充分考虑并尊重投资者的投资需要,披露的内容应当能够帮助投资者更加充分地理解公司未来变化的趋势。公司应当重点讨论和分析重大的投资项目、资产购买、兼并重组、在建工程、研发项目、人才培养和储备等方面在报告期内的执行情况和未来的计划。

(三)披露内容应当具有充分的关联性。分析与讨论公司的外部环境、市场格局、风险因素等内容时,所述内容应当与公司的经营成果、财务状况具有足够的关联度,应当充分考虑公司的外部经营环境(包括但不限于经济环境、行业环境等)和内部资源条件(包括但不限于资产、技术、人员、经营权等),结合公司的战略和营销等管理政策,以及公司所从事的业务特征,进行有针对性的讨论与分析,并且保持逻辑的连贯性。

(四)鼓励公司披露管理层在经营管理活动中使用的关键业绩指标。可以披露指标的假定条件和计算方法以及公司选择这些指标的依据,重点讨论与分析指标变化的原因和趋势。关键业绩指标由公司根据行业、自身特点,选择对业绩敏感度较高且公司有一定控制能力的要素确定。

(五)讨论与分析应当从业务层面充分解释导致财务数据变动的根本原因及其反映的可能趋势,而不能只是重复财务报告的内容。

（六）公司应当保持业务数据统计口径的一致性、可比性，如确需调整的，公司应当披露变更口径的理由，并同时提供调整后的过去1年的对比数据。

（七）语言表述平实，清晰易懂，力戒空洞、模板化。

第二十七条 公司应当回顾分析在报告期内的主要经营情况。对重要事项的披露应当完整全面，不能有选择地披露。公司应当披露已对报告期产生重要影响以及未对报告期产生影响但对未来具有重要影响的事项等。内容包括但不限于：

（一）主要经营业务。应当包括(但不限于)收入、成本、费用、研发投入、现金流等项目，需要提示变化并分析变化的原因。若公司业务类型、利润构成或利润来源发生重大变动，应当详细说明。

1. 收入与成本：公司应当结合行业特征和自身实际情况，分别按行业、产品及地区说明报告期内公司营业收入构成情况。对于占公司营业收入或营业利润10%以上的行业、产品或地区，应当分项列示其营业收入、营业成本、毛利率，并分析其变动情况。对实物销售收入大于劳务收入的公司，应当按行业口径，披露报告期内的生产量、销售量和库存量情况。若相关数据同比变动在30%以上的，应当说明原因。公司应当披露已签订的重大销售合同截至本报告期的履行情况。

公司应当披露本年度营业成本的主要构成项目，如原材料、人工工资、折旧、能源和动力等在成本总额中的占比情况。如果涉及商业秘密的，公司可以仅披露占比最高或最主要的单个项目。

如果因子公司股权变动导致合并范围变化的，应当提供上年同口径的数据供投资者参考。若报告期内业务、产品或服务发生重大变化或调整，公司应当介绍已推出或宣布推出的新产品及服务，并说明对公司经营及业绩的影响。

公司应当披露主要销售客户和主要供应商的情况，以汇总方式披露公司向前5名客户销售额占年度销售总额的比例，向前5名供应商采购额占年度采购总额的比例，以及前5名客户销售额中关联方销售额占年度销售总额的比例和前5名供应商采购额中关联方采购额占年度采购总额的比例。鼓励公司分别披露前5名客户名称和销售额，前5名供应商名称和采购额，以及其是否与上市公司存在关联关系。属于同一控制人控制的客户或供应商视为同一客户或供应商合并列示，受同一国有资产管理机构实际控制的除外。

2. 费用：若报告期内公司销售费用、管理费用、财务费用等财务数据同比发生重大变动的，应当结合业务模式和费用构成，说明产生变化的主要驱动因素。

3. 研发投入：公司应当说明本年度所进行研发项目的目的、项目进展和拟达到的目标，并预计对公司未来发展的影响。公司应当披露研发人员的数量、占比及其变动情况；说明本年度研发投入总额及占营业收入的比重，如数据较上年发生显著变化，还应当解释变化的原因；应当披露研发投入资本化的比重及变化情况，并对其合理性进行分析。

4. 现金流：结合公司现金流量表相关数据，说明公司经营活动、投资活动和筹资活动产生的现金流量的构成情况，若相关数据同比发生重大变动，公司应当分析主要影响因素。若报告期公司经营活动产生的现金净流量与报告期净利润存在重大差异的，公司应当解释原因。

（二）若本期公司利润构成或利润来源的重大变化源自非主要经营业务，包括但不限于投资收益、公允价值变动损益、资产减值、营业外收支等，应当详细说明涉及金额、形成原因、是否具有可持续性。

（三）资产及负债状况。若报告期内公司资产构成（货币资金、应收款项、存货、投资性房地产、长期股权投资、固定资产、在建工程、短期借款、长期借款等占总资产的比重）同比发生重大变动的，应当说明产生变化的主要影响因素。鼓励公司结合各项营运能力和偿债能力的财务指标进行分析。

公司应当披露截至报告期末的主要资产被查封、扣押、冻结或者被抵押、质押，必须具备一定条件才能变现、无法变现、无法用于抵偿债务的情况，以及该等资产占有、使用、受益和处分权所受到限制的情况和安排。如相关事项已在临时报告披露且无后续进展的，仅需披露该事项概述，并提供临时报告披露网站的相关查询索引。

（四）投资状况。公司应当介绍本年度投资情况，分析报告期内公司投资额同比变化情况。

1. 对报告期内获取的重大的股权投资，公司应当披露被投资公司名称、主要业务、投资份额和持股比例、资金来源、合作方、投资期限、产品类型、预计收益、本期投资盈亏、是否涉诉等信息。

2. 对报告期内正在进行的重大的非股权投资，公司应当披露项目本年度和累计实际投入情况、资金来源、项目的进度及预计收益。若项目已产生收益，应当说明收益情况；未达到计划进度和收益的，应当说明原因。

3. 对报告期内持有的以公允价值计量的境内外股票、基金、债券、信托产品、期货、金融衍生工具等金融资产的初始投资成本、资金来源、报告期内购入或售出及投资收益情况、公允价值变动情况等进行披露。

（五）重大资产和股权出售。公司应当简要分析重大资产和股权出售事项对公司业务连续性、管理层稳定性的影响。公司应当说明上述事项是否按计划如期实施，如已实施完毕，应当说明其对财务状况和经营成果的影响，以及所涉及的金额及其占利润总额的比例；如未按计划实施，应当说明原因及公司已采取的措施。

（六）主要控股参股公司分析。公司应当详细介绍主要子公司的主要业务、注册资本、总资产、净资产、净利润，本年度取得和处置子公司的情况，包括取得和处置的方式及对公司整体生产经营和业绩的影响。如来源于单个子公司的净利润或单个参股公司的投资收益对公司净利润影响达到10%以上，还应当介绍该公司主营业务收入、主营业务利润等数据。若单个子公司或参股公司的经营业绩同比出现大幅波动，且对公司合并经营业绩造成重大影响的，公司应当对其业绩波动情况及其变动原因进行分析。

主要子公司或参股公司的经营情况的披露应当参照上市公司经营情况讨论与分析的要求。对于与公司主业关联较小的子公司，应当披露持有目的和未来经营计划；对本年度内投资收益占净利润比例达50%以上的公司，应当披露投资收益中占比在10%以上的股权投资项目。

若主要子公司或参股公司的经营业绩未出现大幅波动，但其资产规模、构成或其他主要财务指标出现显著变化，并可能在将来对公司业绩造成影响，也应当对变化情况和原因予以说明。

（七）公司控制的结构化主体情况。公司存在其控制下的结构化主体时，应当介绍公司对其控制权方式和控制权内容，并说明公司从中可以获取的利益和对其所承担的风险。另外，公司还应当介绍结构化主体对其提供融资、商品或劳务以支持自身主要经营活动的相关情况。公司控制的结构化主体为《企业会计准则第41号——在其他主体中权益的披露》中所规定的"结构化主体"。

第二十八条 公司应当对未来发展进行展望。应当讨论和分析公司未来发展战略、下一年度的经营计划以及公司可能面对的风险，鼓励进行量化分析，主要包括但不限于：

（一）行业格局和趋势。公司应当结合自身的业务规模、经营区域、产品类别以及竞争对手等情况，介绍与公司业务关联的宏观经济层面或行业环境层面的发展趋势，以及公司的行业地位或区域市场地位的变动趋势。公司应当结合主要业务的市场变化情况、营业成本构成的变化情况、市场份额变化情况等因素，分析公司的主要行业优势和困难，并说明变化对公司未来经营业绩和盈利能力的影响。

（二）公司发展战略。公司应当围绕行业壁垒、核心技术替代或扩散、产业链整合、价格竞争、成本波动等方面向投资者提示未来公司发展机遇和挑战，披露公司发展战略，以及拟开展的新业务、拟开发的新产品、拟投资的新项目等。若公司存在多种业务的，还应当说明各项业务的发展规划。分析和讨论应当提供数据支持，并说明数据来源。

公司对未来发展战略的披露，应当结合投资者关注较多的问题，以及公司现阶段所面临的特定环境、公司所处行业及所从事业务特征来进行。重点对公司未来主要经营模式或业务模式是否会发生重大变化，新技术、新产品的开发计划及进展，产能扩张、资产收购等重大投资计划，投资者回报安排等发展战略、发展步骤进行有针对性的描述，以助于投资者了解公司未来发展方向及经营风格。

（三）经营计划。公司应当回顾总结前期披露的发展战略和经营计划在报告期内的进展，对未达到计划目标的情况进行解释。若公司实际经营业绩低于或高于曾公开披露过的本年度盈利预测20%以上的，应当从收入、成本、费用、税负等相关方面说明造成差异的原因。公司应当披露下一年度的经营计划，包括(但不限于)收入、费用、成本计划，及下一年度的经营目标，如销售额的提升、市场份额的扩大、成本下降、研发计划等，为达到上述经营目标拟采取的策略和行动。公司应当同时说明该经营计划并不构成公司对投资者的业绩承诺,提示投资者对此保持足够的风险意识,并且应当理解经营计划与业绩承诺之间的差异。公司应当披露维持公司当前业务并完成在建投资项目所需的资金需求,对公司经营计划涉及的投资资金的来源、成本及使用情况进行简要说明。

(四) 可能面对的风险。公司应当针对自身特点,遵循关联性原则和重要性原则披露可能对公司未来发展战略和经营目标的实现产生不利影响的风险因素(例如政策性风险、行业特有风险、业务模式风险、经营风险、环保风险、汇率风险、利率风险、技术风险、产品价格风险、原材料价格及供应风险、财务风险、单一客户依赖风险、商誉等资产的减值风险,以及因设备或技术升级换代、核心技术人员辞职、特许经营权丧失等导致公司核心竞争能力受到严重影响等),披露的内容应当充分、准确、具体,应当尽量采取定量的方式分析各风险因素对公司当期及未来经营业绩的影响,并介绍已经或计划采取的应对措施。

对于本年度较上一年度的新增风险因素,公司应当对其产生的原因、对公司的影响以及已经采取或拟采取的措施及效果等进行分析。若分析表明相关变化趋势已经、正在或将要对公司的财务状况和经营成果产生重大影响的,公司应当提供管理层对相关变化的基本判断,尽可能定量分析对公司的影响程度。

第五节　重要事项

第二十九条 公司应当披露报告期内普通股利润分配政策,特别是现金分红政策的制定、执行或调整情况,说明利润分配政策是否符合公司章程及审议程序的规定,是否充分保护中小投资者的合法权益,是否由独立董事发表意见,是否有明确的分红标准和分红比例,以及利润分配政策调整或变更的条件和程序是否合规、透明。

公司应当披露近3年(包括本报告期)的普通股股利分配方案(预案)、资本公积金转增股本方案(预案);同时,列表披露近3年(包括本报告期)普通股现金红利分配的金额及占归属于上市公司普通股股东的净利润的比例。公司以其他方式进行现金分红的,应当单独披露该种方式计入现金分红的金额和比例。

公司应当披露报告期内现金分红政策的制定及执行情况,并对下列事项进行专项说明:

(一) 是否符合公司章程的规定或者股东大会决议的要求;
(二) 分红标准和比例是否明确和清晰;
(三) 相关的决策程序和机制是否完备;
(四) 独立董事是否履职尽责并发挥了应有的作用;
(五) 中小股东是否有充分表达意见和诉求的机会,中小股东的合法权益是否得到了充分保护等。

对现金分红政策进行调整或变更的,还应当对调整或变更的条件及程序是否合规和透明等进行详细说明。

对于报告期内盈利且母公司可供普通股股东分配利润为正但未提出普通股现金利润分配方案预案的公司,应当详细说明原因,同时说明公司未分配利润的用途和使用计划。

优先股股息分配政策及分配情况按第七节的要求进行披露。

第三十条 公司应当披露报告期内履行完毕的,以及截至报告期末尚未履行完毕的,由公司实际控制人、股东、关联方、收购人以及公司等承诺相关方作出的以下承诺事项,包括但不限于:股权分置改革承诺、收购报告书或权益变动报告书中所作承诺、资产重组所作承诺、首次公开发行或再融资所作承诺、股权激励时所作的承诺,以及其他对公司中小股东所作承诺。公司董事会应当说明上述承诺事项在报告期内的履行情况,详细列示承诺方、承诺类型、承诺事项、承诺时间、承诺期限、承诺的履行情况等。如承诺超期未履行完毕的,应当详细说明未完成履行的原因及下一步的工作计划。

如公司资产或项目存在盈利预测,且报告期仍处在盈利预测期间内,公司董事会、相关股东和负责持续督导的中介机构应当就资产或项目是否达到原盈利预测及其原因作出说明。同时,公司应当提供原盈利预测的相关披露查询索引。

第三十一条 公司发生控股股东及其关联方非经营性占用资金情况的,应当充分披露相关的决策程序,以及占用资金的期初金额、发生额、期末余额、占用原因、预计偿还方式及清偿时间。

公司应当同时披露会计师事务所对资金占用的专项审核意见。

第三十二条 公司年度财务报告被会计师事务所出具非标准意见审计报告的,公司应当就所涉及事项作出说明。

公司作出会计政策、会计估计变更或重大会计差错更正的,公司应当披露变更、更正的原因及影响,涉及追溯调整或重述的,应当披露对以往各年度经营成果和财务状况的影响金额。如涉及更换会计师事务所,应当披露是否就相关事项与前任会计师事务所进行了必要的沟通。

同时适用境内外会计准则的公司应当对产生差异的情况进行详细说明。

第三十三条 公司应当披露年度财务报告审计聘任、解聘会计师事务所的情况,报告期内支付给聘任会计师事务所的报酬情况,及目前的审计机构和签字会计师已为公司提供审计服务的连续年限,年限从审计机构与公司首次签订审计业务约定书之日起开始计算。

公司报告期内若聘请了内部控制审计会计师事务所、财务顾问或保荐人,应当披露聘任内部控制审计会计师事务所、财务顾问或保荐人的情况,报告期内支付给内部控制审计会计师事务所、财务顾问或保荐人的报酬情况。

第三十四条 年度报告披露后面临暂停上市情形的公司,应当披露导致暂停上市的原因以及公司拟采取的应对措施。年度报告披露后面临终止上市情形的公司、因重大违法面临暂停上市或终止上市风险的公司和已披露主动退市方案的公司,应当单独披露退市情况专项报告,并提醒投资者予以关注。

第三十五条 公司应当披露报告期内发生的破产重整相关事项,包括向法院申请重整、和解或破产清算,法院受理重整、和解或破产清算,以及公司重整期间发生的法院裁定结果及其他重大事项。执行重整计划的公司应当说明计划的具体内容及执行情况。如相关破产事项已在临时报告披露且后续实施无变化的,仅需披露该事项概述,并提供临时报告披露网站的相关查询索引。

第三十六条 公司应当披露报告期内重大诉讼、仲裁事项。已在上一年度报告中披露,但尚未结案的重大诉讼、仲裁事项,公司应当披露案件进展情况、涉及金额、是否形成预计负债,以及对公司未来的影响。对已经结案的重大诉讼、仲裁事项,公司应当披露案件执行情况。

如以上诉讼、仲裁事项已在临时报告披露且无后续进展的,仅需披露该事项概述,并提供临时报告披露网站的查询索引。如报告期内公司无重大诉讼、仲裁,应当明确说明"本年度公司无重大诉讼、仲裁事项"。

第三十七条 公司及其董事、监事、高级管理人员、控股股东、实际控制人、收购人在报告期内如存在被有权机关调查,被司法机关或纪检部门采取强制措施,被移送司法机关或追究刑事责任,被中国证监会立案调查或行政处罚、被市场禁入、被认定为不适当人选,被环保、安监、税务等其他行政管理部门给予重大行政处罚,以及被证券交易所公开谴责的情形,应当说明原因及结论。

报告期内公司被中国证监会及其派出机构采取行政监管措施并提出限期整改要求的,应当披露整改责任人、整改期限、整改措施,以及整改报告书的指定披露网站及日期。

第三十八条 公司应当披露报告期内公司及其控股股东、实际控制人的诚信状况,包括但不限于:是否存在未履行法院生效判决、所负数额较大的债务到期未清偿等情况。如相关事项已在临时报告披露且无后续进展的,仅需披露该事项概述,并提供临时报告披露网站的相关查询索引。

第三十九条 公司应当披露股权激励计划、员工持股计划或其他员工激励措施在本报告期的具体实施情况。如相关事项已在临时报告披露且后续实施无进展或变化的,仅需披露该事项概述,并提供临时报告披露网站的相关查询索引。

第四十条 公司应当披露报告期内发生的重大关联交易事项。若对于某一关联方,报告期内累计关联交易总额高于3 000万元(创业板公司披露标准为1 000万元)且占公司最近一期经审计净资产值5%以上,应当按照以下发生关联交易的不同类型分别披露。如已在临时报告披露且后续实施无进展或变化的,仅需披露该事项概述,并提供临时报告披露网站的相关查询索引。

(一)与日常经营相关的关联交易,至少应当披露以下内容:关联交易方、交易内容、定价原则、交易价格、交易金额、占同类交易金额的比例、结算方式;可获得的同类交易市价,如实际交易价与市价存在较大差异,应当说明原因。大额销货退回需披露详细情况。

公司按类别对报告期内发生的日常关联交易进行总额预计的,应当披露日常关联交易事项在报告期内的实际履行情况。

(二)资产或股权收购、出售发生的关联交易,至少应当披露以下内容:关联交易方、交易内容、定价原则、资产的账面价值、评估价值、交易价格、结算方式及交易对公司经营成果和财务状况的影响情况,交易价格与账面价值或评估价值差异较大的,应当说明原因。如相关交易涉及业绩约定的,应当披露报告期内的业绩实现情况。

(三)公司与关联方共同对外投资发生关联交易的,应当至少披露以下内容:共同投资方、被投资企业的名称、主营业务、注册资本、总资产、净资产、净利润、重大在建项目的进展情况。

(四)公司与关联方存在债权债务往来或担保等事项的,应当披露形成原因,债权债务期初余额、本期发生额、期末余额,及其对公司的影响。

(五)其他重大关联交易。

第四十一条 公司应当披露重大合同及其履行情况,包括但不限于:

(一)在报告期内发生或以前期间发生但延续到报告期的托管、承包、租赁其他公司资产或其他公司托管、承包、租赁公司资产的事项,且该事项为公司带来的损益额达到公司当年利润总额的10%以上时,应当详细披露有关合同的主要内容,包括但不限于:有关资产的情况,涉及金额、期限、损益及确定依据,同时应当披露该损益对公司的影响。

(二)重大担保。报告期内履行的及尚未履行完毕的担保合同,包括担保金额、担保期限、担保对象、担保类型(一般担保或连带责任担保)、担保的决策程序等。对于未到期担保合同,如果报告期内发生担保责任或有证据表明有可能承担连带清偿责任,应当明确说明。

公司应当披露报告期内公司及其子公司对外担保(不含对子公司的担保)的发生额和报告期末的担保余额,以及报告期内公司及其子公司对子公司提供担保的发生额和报告期末的担保余额。

公司应当披露全部担保总额及其占公司净资产的比例,并分别列示:公司及其子公司为股东、实际控制人及其关联方提供担保的余额,公司及其子公司直接或间接为资产负债率超过70%的被担保对象提供的担保余额,以及公司及其子公司担保总额超过公司净资产50%部分的金额。

公司担保总额包括报告期末公司及其子公司对外担保余额(不含对子公司的担保)和公司及其子公司对子公司的担保余额,其中子公司的担保余额为该子公司对外担保总额乘以公司持有该子公司的股权比例。

(三)公司应当按照下列类型分别披露报告期内委托理财的资金来源、发生额、未到期余额及逾期未收回金额情况。具体类型包括但不限于银行理财产品、券商理财产品、信托理财产品、其他类(如公募基金产品、私募基金产品)等。

对于单项金额重大的委托理财,或安全性较低、流动性较差、不保本的高风险委托理财,应披露委托理财发生额、未到期余额及逾期未收回金额的具体情况,包括:资金来源、受托机构名称(或受托人姓名)及类型、金额、产品期限、资金投向、报酬确定方式、参考年化收益率、预期收益(如有)、当年度实际收益或损失和实际收回情况;公司还应说明该项委托是否经过法定程序,未来是否还有委托理财计划。公司若就该项委托计提投资减值准备的,应当披露当年度计提金额。

若委托理财出现预期无法收回本金或存在其他可能导致减值的情形,预计对公司具有较大影响的,公司应当说明对财务状况或当期利润的影响。

若公司存在委托贷款事项,也应当比照上述委托行为予以披露。

如相关事项已在临时报告披露且无后续进展的,仅需披露该事项概述,并提供临时报告披露网站的相关查询索引。

(四)其他重大合同。列表披露合同订立双方的名称、签订日期、合同标的所涉及资产的账面价值、评估价值、相关评估机构名称、评估基准日、定价原则以及最终交易价格等,并披露截至报告期末合同的执行情况。临时报告已经披露过的情况,公司应当提供相关披露索引。

第四十二条 鼓励公司结合行业特点,主动披露积极履行社会责任的工作情况,包括但不限于:公司履行社会责任的宗旨和理念,股东和债权人权益保护、职工权益保护、供应商、客户和消费者权益保护、环境保护与可持续发展、公共关系、社会公益事业等方面情况。公司已披露社会责任报告全文的,仅需提供相关的查询索引。

第四十三条 鼓励公司结合自身生产经营情况、战略发展规划、人才与资源优势等开展各项精准扶贫工作,并积极披露报告期内履行扶贫社会责任的具体情况:

(一)精准扶贫规划。公司精准扶贫工作的基本方略、总体目标、主要任务和保障措施。

(二)年度精准扶贫概要。报告期内扶贫计划的总体完成情况、取得的效果等。如扶贫计划未完成的,应说明未按期完成的原因,以及后续改进措施。

(三)精准扶贫成效。分别披露公司报告期内在产业发展扶脱贫、转移就业脱贫、易地搬迁脱贫、教育扶贫、健康扶贫、生态保护扶贫、兜底保障、社会扶贫等方面取得的工作成果。

(四)后续精准扶贫计划。根据公司长期经营战略与扶贫规划,披露下一年度开展精准扶贫工作的计划,以及保障计划实现的主要措施等。

第四十四条 属于环境保护部门公布的重点排污单位的公司或其重要子公司,应当根据法律、法规及部门规章的规定披露以下主要环境信息:

(一)排污信息。包括但不限于主要污染物及特征污染物的名称、排放方式、排放口数量和分布情况、排放浓度和总量、超标排放情况、执行的污染物排放标准、核定的排放总量。

(二)防治污染设施的建设和运行情况。

(三)建设项目环境影响评价及其他环境保护行政许可情况。

(四)突发环境事件应急预案。

(五)环境自行监测方案。

(六)其他应当公开的环境信息。

公司在报告期内以临时报告的形式披露环境信息内容的,应当说明后续进展或变化情况。如相关事项已在临时报告披露且后续实施无进展或变化的,仅需披露该事项概述,并提供临时报告披露网站的相关查询索引。

重点排污单位之外的公司可以参照上述要求披露其环境信息,若不披露的,应当充分说明原因。

鼓励公司自愿披露有利于保护生态、防治污染、履行环境责任的相关信息。环境信息核查机构、鉴证机构、评价机构、指数公司等第三方机构对公司环境信息存在核查、鉴定、评价的,鼓励公司披露相关信息。

第四十五条 公司应当披露其他在报告期内发生的《证券法》《上市公司信息披露管理办法》所规定的重大事件,以及公司董事会判断为重大事件的事项。

如前款所涉重大事项已作为临时报告在指定网站披露,仅需说明信息披露指定网站的相关查询索引及披露日期。

第四十六条 公司的子公司发生的本节所列重大事项,应当视同公司的重大事项予以披露。

第六节 股份变动及股东情况

第四十七条 公司应当按以下要求披露报告期内的普通股股份变动情况:

(一)公司股份变动情况,按照中国证监会对公司股份变动报告规定的内容与格式进行编制。

(二)证券发行与上市情况

1. 介绍报告期内证券发行(不含优先股)情况,包括股票、可转换公司债券、分离交易的可转换公司债券、公司债券及其他衍生证券的种类、发行日期、发行价格(或利率)、发行数量、上市日期、获准上市交易数量、交易终止日期等。

2. 对报告期内因送股、转增股本、配股、增发新股、非公开发行股票、权证行权、实施股权激励计划、企业合并、可转换公司债券转股、减资、内部职工股上市、债券发行或其他原因引起公司股份总数及股东结构的变动、公司资产和负债结构的变动,应当予以说明。

报告期内优先股的股本变动、发行与上市情况按照第七节的要求予以披露。

3. 现存的内部职工股的发行日期、发行价格、发行数量等。

第四十八条 公司应当按照以下要求披露股东和实际控制人情况：

（一）公司股东数量及持股情况，按照中国证监会对公司股份变动报告规定的格式进行编制，应当披露以下内容：

1. 截至报告期末以及年度报告披露日前上一月末的普通股股东总数及表决权恢复的优先股股东总数（如有）。

2. 截至报告期末持有本公司5%以上股份的股东的名称、报告期内股份增减变动的情况、报告期末持股数量、所持股份类别及所持股份质押或冻结的情况。如持股5%以上的股东少于10人，则应当列出至少前10名股东的持股情况。如所持股份中包括无限售条件股份（或已上市流通股份）、有限售条件股份（或未上市流通股份），应当分别披露其数量。

如前10名股东之间存在关联关系或属于《上市公司收购管理办法》规定的一致行动人的，应当予以说明。

如有战略投资者或一般法人因配售新股成为前10名股东的，应当予以注明，并披露约定持股期间的起止日期。

以上列出的股东情况中应当注明代表国家持有股份的单位和外资股东。

（二）公司控股股东情况

若控股股东为法人的，应当披露名称、单位负责人或法定代表人、成立日期、主要经营业务等；若控股股东为自然人的，应当披露其姓名、国籍、是否取得其他国家或地区居留权、主要职业及职务。如报告期内控股股东发生变更，应当列明披露相关信息的指定网站查询索引及日期。

公司应当披露控股股东报告期内控股和参股的其他境内外上市公司的股权情况。

如不存在控股股东，公司应当予以特别说明。

（三）公司实际控制人情况

公司应当比照本条第二款有关控股股东披露的要求，披露公司实际控制人的情况，并以方框图及文字的形式披露公司与实际控制人之间的产权和控制关系。实际控制人应当披露到自然人、国有资产管理机构，或者股东之间达成某种协议或安排的其他机构或自然人，包括以信托方式形成实际控制的情况。

对实际控制人为自然人的，应当披露其过去10年曾控股的境内外上市公司情况。

如实际控制人通过信托或其他资产管理方式控制公司，应当披露信托合同或者其他资产管理安排的主要内容，包括信托或其他资产管理的具体方式，信托管理权限（包括公司股份表决权的行使等），涉及的股份数量及占公司已发行股份的比例，信托或资产管理费用，信托资产处理安排，合同签订的时间、期限及变更、终止的条件，以及其他特别条款等。

如不存在实际控制人的情况，公司应当就认定依据予以特别说明。

如公司最终控制层面存在多位自然人或自然人控制的法人共同持股的情形，且其中没有一人的持股比例（直接或间接持有下一级控制层面公司的股份比例）超过50%，各自的持股比例比较接近，公司无法确定实际控制人的，应当披露最终控制层面持股比例在10%以上的股东情况；如公司没有持股10%以上的股东，则应当披露持股比例5%以上的股东情况。

（四）其他持股在10%以上的法人股东，应当披露其名称、单位负责人或法定代表人、成立日期、注册资本、主要经营业务或管理活动等情况。

（五）公司前10名无限售流通股股东的名称全称、年末持有无限售流通股的数量和种类（A、B、H股或其他）。投资者通过客户信用交易担保证券账户持有的股票不应计入证券公司自有证券，并与其通过普通证券账户持有的同一家上市公司的证券数量合并计算。

如前10名无限售流通股股东之间，以及前10名无限售流通股股东和前10名股东之间存在关联关系或属于《上市公司收购管理办法》规定的一致行动人的，应当予以说明。

公司在计算上述持股比例时，仅计算普通股和表决权恢复的优先股股数。

（六）报告期末完成股权分置改革的公司应当按照中国证监会对公司股份变动报告规定的格式披露前十名股东中原非流通股股东持有股份的限售条件。

（七）报告期间,上市公司首次公开发行股票、再融资或者构成重组上市的重大资产重组申请或者相关披露文件存在虚假记载、误导性陈述或者重大遗漏,被中国证监会立案稽查的,应当披露控股股东、实际控制人、重组方及其他承诺主体股份限制减持情况。

第七节 优先股相关情况

第四十九条 发行优先股的公司披露年度报告时,应当以专门章节披露优先股有关情况,具体要求参见本准则第五十条至第五十四条的规定。如年度报告其他章节与上述规定要求披露的部分内容相同的,公司可以建立相关查询索引,避免重复。

第五十条 公司应当披露截至报告期末近3年优先股的发行与上市情况,包括公开发行或非公开发行的发行日期、发行价格和票面股息率、发行数量、上市日期、获准上市交易数量、终止上市日期、募集资金使用及变更情况等。

符合《上市公司重大资产重组管理办法》规定的条件发行优先股购买资产的,参照前款规定进行披露。

公司优先股股东数量及持股情况,按照中国证监会对公司股份变动报告规定的格式进行编制,应当披露以下内容:

（一）截至报告期末以及年度报告披露日前一个月末的优先股股东总数。

（二）截至报告期末持有本公司5%以上优先股股份的股东名称、报告期内股份增减变动的情况、报告期末持股数量、所持股份类别及所持股份质押或冻结的情况。如持股5%以上的优先股股东少于10人,则应当列出至少前10名优先股股东的持股情况。如股东所持优先股在除股息分配和剩余财产分配以外的其他条款上具有不同设置,应当分别披露其持股数量。

如前10名优先股股东之间,前10名优先股股东与前10名普通股股东之间存在关联关系或属于《上市公司收购管理办法》规定的一致行动人的,应当予以说明。

以上列出的优先股股东情况中应当注明代表国家持有股份的单位和外资股东。

第五十一条 公司应当披露报告期内优先股的利润分配情况,包括股息率及分配金额、是否符合分配条件和相关程序、股息支付方式、股息是否累积、是否参与剩余利润分配等。同时,列表披露近3年（含报告期）优先股分配金额与分配比例,对于因本会计年度可分配利润不足而累积到下一会计年度的差额或可参与剩余利润分配的部分应当单独说明。

优先股的利润分配政策调整或变更的,公司应当披露原因和变更的程序。报告期内盈利且母公司未分配利润为正,但未对优先股进行利润分配的,公司应当详细披露原因以及未分配利润的用途和使用计划。

如公司章程中涉及优先股分配的其他事项,公司应当予以说明。

第五十二条 报告期内公司进行优先股回购或商业银行发行的优先股转换成普通股的,应当按照以下要求披露相关的回购或转换情况:

（一）优先股的回购情况,包括回购期间、回购价格和定价原则、回购数量和比例、回购的资金总额以及资金来源、回购股份的期限、回购选择权的行使主体、对公司股本结构的影响等,并披露相关的程序。

（二）优先股的转换情况,包括转股条件、转股价格、转换比例、转换选择权的行使主体,对公司股本结构的影响等,并披露相关的程序。

第五十三条 报告期内存在优先股表决权恢复的,公司应当按照以下要求披露相关情况:

（一）公司应当披露相关表决权的恢复、行使情况,包括恢复表决权的优先股数量、比例、有效期间、对公司股本结构的影响等,并披露相关的决议与程序。如果存在公司章程规定的优先股表决权恢复的其他情形,应当予以说明。

（二）如前10名股东、持有5%以上股份的股东或实际控制人所持股份中包含表决权恢复的优先股,公司应当按照本准则第四十八条的规定单独披露表决权恢复的优先股涉及的股东和实际控制人情况。

第五十四条 公司应当披露对优先股采取的会计政策及理由,财务报表及附注中的相关内容应当按照中国证监会制定的有关财务报告规定进行编制。

第八节 董事、监事、高级管理人员和员工情况

第五十五条 公司应当披露董事、监事和高级管理人员的情况,包括:

(一) 基本情况。现任及报告期内离任董事、监事、高级管理人员的姓名、性别、年龄、任期起止日期(连任的从首次聘任日起算)、年初和年末持有本公司股份、股票期权、被授予的限制性股票数量、年度内股份增减变动量及增减变动的原因。如为独立董事,需单独注明。报告期如存在任期内董事、监事离任和高级管理人员解聘的,应当说明原因。

(二) 现任董事、监事、高级管理人员专业背景、主要工作经历,目前在公司的主要职责。董事、监事、高级管理人员如在股东单位任职,应当说明其职务及任职期间,以及在除股东单位外的其他单位的任职或兼职情况。上市公司应当披露现任及报告期内离任董事、监事和高级管理人员近三年受证券监管机构处罚的情况。

(三) 年度报酬情况

董事、监事和高级管理人员报酬的决策程序、报酬确定依据以及实际支付情况。披露每一位现任及报告期内离任董事、监事和高级管理人员在报告期内从公司获得的税前报酬总额(包括基本工资、奖金、津贴、补贴、职工福利费和各项保险费、公积金、年金以及以其他形式从公司获得的报酬)及其全体合计金额,并说明是否在公司关联方获取报酬。

对于董事、高级管理人员获得的股权激励,公司应当按照已解锁股份、未解锁股份、可行权股份、已行权股份、行权价以及报告期末市价单独列示。

第五十六条 公司应当披露母公司和主要子公司的员工情况,包括在职员工的数量、专业构成(如生产人员、销售人员、技术人员、财务人员、行政人员)、教育程度、员工薪酬政策、培训计划以及需公司承担费用的离退休职工人数。

对于劳务外包数量较大的,公司应当披露劳务外包的工时总数和支付的报酬总额。

第九节 公司治理

第五十七条 公司应当披露公司治理的基本状况,说明公司治理的实际状况与中国证监会发布的有关上市公司治理的规范性文件是否存在重大差异,如有重大差异,应当说明具体情况及原因。

公司应当就其与控股股东在业务、人员、资产、机构、财务等方面存在不能保证独立性、不能保持自主经营能力的情况进行说明。存在同业竞争的,公司应当披露相应的解决措施、工作进度及后续工作计划。

第五十八条 公司应当介绍报告期内召开的年度股东大会、临时股东大会的有关情况,包括会议届次、召开日期及会议决议刊登的指定网站的查询索引及披露日期,以及表决权恢复的优先股股东请求召开临时股东大会、召集和主持股东大会、提交股东大会临时提案的情况(如有)。

第五十九条 公司应当披露报告期内每位独立董事履行职责的情况,包括但不限于:独立董事的姓名,独立董事出席董事会的次数、方式,独立董事曾提出异议的有关事项及异议的内容,出席股东大会的次数,独立董事对公司有关建议是否被采纳的说明。

第六十条 公司应当披露董事会下设专门委员会在报告期内提出的重要意见和建议。存在异议事项的,应当披露具体情况。

第六十一条 监事会在报告期内的监督活动中发现公司存在风险的,公司应当披露监事会就有关风险的简要意见、监事会会议召开时间、会议届次、参会监事以及指定披露网站的查询索引及披露日期等信息;否则,公司应当披露监事会对报告期内的监督事项无异议。

第六十二条 鼓励公司详细披露报告期内对高级管理人员的考评机制,以及激励机制的建立、实施情况。

第六十三条 报告期内若发现公司内部控制存在重大缺陷的,应当披露具体情况,包括缺陷发生

的时间、对缺陷的具体描述、缺陷对财务报告的潜在影响、已实施或拟实施的整改措施、整改时间、整改责任人及整改效果。

公司若按要求披露内部控制自我评价报告的,应当提供相应的查询索引。

第六十四条 按照规定要求对内部控制进行审计的公司,应当提供相应的查询索引。若会计师事务所出具非标准意见的内部控制审计报告或者内部控制审计报告与董事会的自我评价报告意见不一致的,公司应当解释原因。

第十节 公司债券相关情况

第六十五条 公开发行公司债券的公司披露年度报告时,应当以专门章节披露公司债券相关情况,具体要求参见本准则第六十六条至第六十八条的规定。如年度报告其他章节与上述规定要求披露的部分内容相同的,公司可以建立相关查询索引,避免重复。公司发行多只公司债券的,披露本章节相关事项时应当指明与公司债券的对应关系。

第六十六条 公司应当披露所有公开发行并在证券交易所上市,且在年度报告批准报出日未到期或到期未能全额兑付的公司债券情况,包括:

(一)公司债券名称、简称、代码、发行日、到期日、债券余额、利率、还本付息方式,公司债券上市或转让的交易场所,投资者适当性安排,报告期内公司债券的付息兑付情况。

公司债券附发行人或投资者选择权条款、可交换条款等特殊条款的,公司应当披露报告期内相关条款的执行情况。

(二)债券受托管理人名称、办公地址、联系人及联系电话;报告期内对公司债券进行跟踪评级的资信评级机构名称、办公地址。

报告期内公司聘请的债券受托管理人、资信评级机构发生变更的,应当披露变更的原因、履行的程序、对投资者利益的影响等。

(三)公司债券募集资金使用情况及履行的程序、年末余额、募集资金专项账户运作情况,并说明是否与募集说明书承诺的用途、使用计划及其他约定一致。

(四)资信评级机构根据报告期情况对公司及公司债券作出最新跟踪评级的时间(预计)、评级结果披露地点,提醒投资者关注。

报告期内资信评级机构对公司及公司债券进行不定期跟踪评级的,公司应当披露不定期跟踪评级情况,包括但不限于评级机构、评级报告出具的时间、评级结论及标识所代表的含义等,并重点说明与上一次评级结果的对比情况。如评级发生变化,公司还应当披露相关变化对投资者适当性的影响。

报告期内资信评级机构因公司在中国境内发行其他债券、债务融资工具对公司进行主体评级的,应当披露是否存在评级差异情况。

(五)报告期内公司债券增信机制、偿债计划及其他偿债保障措施发生变更的,公司应当参照《公开发行证券的公司信息披露内容与格式准则第23号——公开发行公司债券募集说明书》第五节的有关规定披露增信机制、偿债计划及其他偿债保障措施的相关情况,说明变更原因,变更是否已取得有权机构批准,以及相关变更对债券持有人利益的影响。

公司债券增信机制、偿债计划及其他偿债保障措施未发生变更的,公司应当披露增信机制、偿债计划及其他偿债保障措施在报告期内的执行情况、变化情况,并说明相关变化对债券持有人利益的影响:

1. 提供保证担保的,如保证人为法人或者其他组织,应当披露保证人报告期末的净资产额、资产负债率、净资产收益率、流动比率、速动比率等主要财务指标(并注明相关财务报告是否经审计),保证人资信状况、累计对外担保余额以及累计对外担保余额占其净资产的比例;如保证人为自然人,应当披露保证人资信状况、代偿能力、资产受限情况、对外担保情况以及可能影响保证权利实现的其他信息;保证人为发行人控股股东或实际控制人的,还应当披露保证人所拥有的除发行人股权外的其他主要资产,以及该部分资产的权利限制及是否存在后续权利限制安排。公司应当着重说明保证人情况与上一年度(或募集说明书)披露情况的变化之处。

2. 提供抵押或质押担保的,应当披露担保物的价值(账面价值和评估值,注明评估时点)变化情况,已经担保的债务总余额以及抵/质押顺序,报告期内担保物的评估、登记、保管等情况。

3. 采用其他方式进行增信的,应当披露报告期内相关增信措施的变化情况等。

4. 公司制定偿债计划或采取其他偿债保障措施的,应当披露报告期内相关计划和措施的执行情况,与募集说明书的相关承诺是否一致等。

5. 公司设置专项偿债账户的,应当披露该账户资金的提取情况,与募集说明书的相关承诺是否一致等。

(六)报告期内债券持有人会议的召开情况,包括召开时间、地点、召开原因、形成的决议等。

(七)报告期内债券受托管理人履行职责的情况。受托管理人在履行职责时可能存在利益冲突情形的,公司应当披露采取的相关风险防范、解决机制。

公司应当说明受托管理人是否已披露报告期受托管理事务报告,以及披露(或预计披露)地址,提醒投资者关注。

第六十七条 公司应当披露公司的相关情况,包括:

(一)采用数据列表方式,披露截至报告期末公司近2年的下列会计数据和财务指标,包括但不限于:息税折旧摊销前利润、流动比率、速动比率、资产负债率、EBITDA全部债务比(息税折旧摊销前利润/全部债务)、利息保障倍数[息税前利润/(计入财务费用的利息支出+资本化的利息支出)]、现金利息保障倍数[(经营活动产生的现金流量净额+现金利息支出+所得税付现)/现金利息支出]、EBITDA利息保障倍数[息税折旧摊销前利润/(计入财务费用的利息支出+资本化的利息支出)]、贷款偿还率(实际贷款偿还额/应偿还贷款额)、利息偿付率(实际支付利息/应付利息)。

若上述会计数据和财务指标同比变动超过30%的,应当披露产生变化的主要原因。

(二)公司发行其他债券和债务融资工具的,应当披露报告期内对其他债券和债务融资工具的付息兑付情况。

(三)报告期内获得的银行授信情况、使用情况以及偿还银行贷款的情况(包括按时偿还、展期及减免情况等)。

(四)报告期内执行公司债券募集说明书相关约定或承诺的情况,并分析相关情况对债券投资者利益的影响。

(五)报告期内发生的《公司债券发行与交易管理办法》第四十五条列示的重大事项,说明该事项的最新进展以及对公司经营情况和偿债能力的影响。

如相关重大事项已在临时报告披露且无后续进展的,仅需披露该事项概述,并提供临时报告披露网站的相关查询索引。

第六十八条 公司债券的保证人为法人或者其他组织的,应当在每个会计年度结束之日起4个月内单独披露保证人报告期财务报表(并注明是否经审计),包括资产负债表、利润表、现金流量表、所有者权益(股东权益)变动表和财务报表附注,并指明保证人所担保公司债券的全称。

第十一节 财务报告

第六十九条 公司应当披露审计报告正文和经审计的财务报表。

财务报表包括公司近两年的比较式资产负债表、比较式利润表和比较式现金流量表,以及比较式所有者权益(股东权益)变动表和财务报表附注。编制合并财务报表的公司,除提供合并财务报表外,还应当提供母公司财务报表。

财务报表附注应当按照中国证监会制定的有关财务报告的规定编制。

第十二节 备查文件目录

第七十条 公司应当披露备查文件的目录,包括:

(一)载有公司负责人、主管会计工作负责人、会计机构负责人(会计主管人员)签名并盖章的财务报表。

(二)载有会计师事务所盖章、注册会计师签名并盖章的审计报告原件。

（三）报告期内在中国证监会指定网站上公开披露过的所有公司文件的正本及公告的原稿。

（四）在其他证券市场公布的年度报告。

公司应当将上述文件的原件或具有法律效力的复印件同时置备于公司住所、证券交易所，以供社会公众查阅。

第三章　年度报告摘要

第一节　重要提示

第七十一条　公司应当在年度报告摘要显要位置刊登如下（但不限于）重要提示：

"本年度报告摘要来自年度报告全文，为全面了解本公司的经营成果、财务状况及未来发展规划，投资者应当到证监会指定媒体仔细阅读年度报告全文。"

如有个别董事、监事、高级管理人员对年度报告内容的真实性、准确性、完整性无法保证或存在异议的，应当声明："××董事、监事、高级管理人员无法保证本报告内容的真实性、准确性和完整性，理由是：……，请投资者特别关注。"如有董事未出席董事会，应当单独列示其姓名。

如果执行审计的会计师事务所对公司出具了非标准审计报告，重要提示中应当增加以下陈述："×××会计师事务所为本公司出具了带强调事项段的无保留意见（或保留意见、否定意见、无法表示意见）的审计报告，本公司董事会、监事会对相关事项亦有详细说明，请投资者注意阅读。"

公司应当提示董事会决议通过的本报告期普通股及优先股利润分配预案。

第二节　公司基本情况

第七十二条　公司应当以简易图表形式披露如下内容：

（一）公司股票简称、股票代码、股票上市交易所（若报告期初至报告披露日期间公司股票简称发生变更，还应当同时披露变更前的股票简称）。

（二）公司董事会秘书及证券事务代表的姓名、办公地址、电话、电子邮箱。

第七十三条　公司应当对报告期公司从事的主要业务进行简要介绍，包括报告期公司所从事的主要业务和主要产品简介、行业发展变化、市场竞争格局以及公司行业地位等内容。

第七十四条　公司应当采用数据列表方式，提供截至报告期末公司近3年的主要会计数据和财务指标，包括但不限于：总资产、营业收入、归属于上市公司股东的净利润、归属于上市公司股东的扣除非经常性损益的净利润、归属于上市公司股东的净资产、经营活动产生的现金流量净额、净资产收益率、每股收益。

公司应当采用数据列表方式，分季度提供营业收入、归属于上市公司股东的净利润、归属于上市公司股东的扣除非经常性损益的净利润、经营活动产生的现金流量净额。如上述财务指标或其加总数与公司已披露季度报告、半年度报告相关财务指标存在重大差异的，应当说明主要原因。

表格中金额和股本的计量单位可采用万、亿（元、股）等，减少数据位数；基本原则是小数点前最多保留5位，小数点后保留两位。

第七十五条　公司应当披露报告期末及年报披露前一个月末公司普通股股东总数和表决权恢复的优先股股东总数，前10名股东情况，以方框图形式披露公司与实际控制人之间的产权及控制关系。

公司在计算上述持股比例时，仅计算普通股和表决权恢复的优先股股数。

第七十六条　公司应当披露报告期末公司优先股股东总数及前10名股东情况。

第七十七条　公司应当披露所有公开发行并在证券交易所上市，且在年度报告批准报出日未到期或到期未能全额兑付的公司债券情况，包括简称、代码、到期日、债券余额、利率，报告期内公司债券的付息兑付情况，资信评级机构对公司及公司债券作出的最新跟踪评级及评级变化情况，并采用数据列表方式，披露截至报告期末公司近2年的会计数据和财务指标，包括但不限于：资产负债率、EBITDA全部债务比（息税折旧摊销前利润/全部债务）、利息保障倍数[息税前利润/（计入财务费用的利息支出+资本化的利息支出）]。

第三节 经营情况讨论与分析

第七十八条 公司应当简要介绍公司报告期内的经营情况,主要围绕公司的市场份额、市场排名、产能和产量及销量、销售价格、成本构成等数据,尽量选择当期重大变化的情况进行讨论,分析公司报告期内经营活动的总体状况,并对以下方面予以提示:

(一)提示主营业务的经营是否存在重大变化。对占公司主营业务收入或主营业务利润10%以上的产品,分别列示其营业收入及营业利润,并提示其中是否存在变化。

(二)提示是否存在需要特别关注的经营季节性或周期性特征(如有)。对于业务年度与会计年度不一致的行业,鼓励披露按业务年度口径汇总的收入、成本、销量、净利润、期末存货的当期和历史数据。

(三)若报告期内公司的营业收入、营业成本、归属于上市公司普通股股东的净利润总额或者构成较前一报告期发生重大变化的,应当予以说明。

(四)面临暂停上市和终止上市情形的,应当披露导致暂停上市或终止上市的原因。

第七十九条 若与上一会计期间相比,公司会计政策、会计估计以及财务报表合并范围发生变化,或报告期因重大会计差错而进行追溯调整,应予以披露,并对其原因和影响数进行说明。

第四章 附 则

第八十条 本准则所称"控股股东""实际控制人""关联方""关联交易""高级管理人员""重大""累计"等的界定,按照《公司法》《证券法》等法律法规以及《上市公司信息披露管理办法》《优先股试点管理办法》等相关规定执行。

第八十一条 本准则所称"以上""以内"包含本数,"超过""少于""低于""以下"不含本数。

第八十二条 本准则自公布之日起施行。《公开发行证券的公司信息披露内容与格式准则第2号——年度报告的内容与格式(2016年修订)》(证监会公告〔2016〕31号)同时废止。

第3章 财务报告：概念框架与报表体系

3.1 财务报告目标与会计信息质量特征

3.1.1 财务报告目标

财务报告目标,指的是会计信息应该为谁提供服务和为其提供什么样的服务。会计信息的服务对象和服务质量,都是由企业组织及其环境特征所决定的。现代股份公司和证券市场的发展使得公司所有权与经营权高度分离,绝大部分股东不能直接参与公司的经营和管理。然而,股东为了保护自己的权益又不能不关注公司的经营和财务情况。因此,股东便成为现代公司会计信息的首要服务对象,尽管会计信息同时还要服务于银行等债权人、政府机构和社会公众等。

早在1973年,美国特鲁布拉德委员会(Trueblood Committee)就提出了一份研究报告——《会计报表的目标》。该报告提出会计报表有十二个不同层次的目标。其中,一个基本目标是制定经济决策,四个特殊目标指出会计报表必须满足企业外界不同报表使用者(包括股东、债权人、政府机构和社会公众)的要求,两个一般目标指出会计报表必须能够反映出企业盈利能力和会计责任的履行情况。

1978年,美国财务会计准则委员会发布的《财务会计概念公告第1号——企业财务报告的目标》,对上述特鲁布拉德报告的观点作了进一步的阐释,指出会计人员应当随着社会经济环境的变化,不断完善会计信息的质量,尽可能地满足报表使用者的信息需要。

尽管会计信息主要用于经济决策的观点业已得到广泛的认同,但是会计信息对于不同的决策者具有不同的用途。美国财务会计准则委员会着重研究了会计信息对于使用者的共同用途,并得出如下结论:企业的会计信息主要用于投资决策和信贷决策。这就意味着,会计不但起着资产保管的作用,即向投资者和债权人报告资产的有效利用情况,而且向未来及潜在的投资者和债权人提供预测企业未来盈利能力的信息。

我国《企业会计准则——基本准则》指出,财务会计报告的目标是向财务会计报告使用者提供与企业财务状况、经营成果和现金流量等有关的会计信息,反映企业管理层受托责任履行情况,有助于财务会计报告使用者作出经济决策。财务会计报告使用者包括投资者、债权人、政府及其有关部门和社会公众等。从上述规定可以看到,较之于过去所理解的财务会计报告目标,我国现行财务会计报告目标具有以下特点:

第一,财务会计报告应该提供的会计信息,不仅包括与企业财务状况和经营成果有关的会计信息,还包括与现金流量等有关的信息。

自1998年要求企业编制现金流量表以来,财务会计报告的使用者日益重视与现金流量有关的会计信息。尤其是上市公司财务会计报告的使用者,由于担心利润被操纵,逐渐增加了对现金流量信息的使用。研究表明,如果没有高质量的现金流与利润相伴随,利润本身的质量往往会受到投资者的怀疑。因此,财务会计报告强化现金流量信息的披露是十分必要的。

第二,财务会计报告不仅要反映管理层受托责任履行情况,还要有助于财务会计报告使用者作出经济决策。

受托责任观和决策有用观,是会计理论界讨论财务会计报告目标过程中形成的两大理论观点。在受托责任观下,财务会计报告的基本目标应该是以恰当的方式有效地反映资源受托者的受托经管责任及其履行情况。它强调实物资产的保护和资产价值的完整。按照这种观点,财务会计报告是一种控制和约束机制,协调着因"两权分离"而形成的资金提供者与企业经营者之间的利益关系。而在决策有用观下,财务会计报告的目标是向财务会计报告使用者提供对他们的经济决策有用的会计信息。受托责任观和决策有用观的产生有其各自的社会经济背景。受托责任观产生的基本社会经济背景是,资源的所有权与经营权是分离的,且资源的委托者与受托者之间的委托-代理关系是直接建立的。决策有用观产生的基本社会经济背景是,资源的所有权与经营权是分离的(这与前者相同),但资源的委托者与受托者之间的委托-代理关系不是直接建立的,而是通过资本市场间接建立的。

在我国,随着上市公司和资本市场的不断发展,决策有用观日益受到人们的重视。因此,我国企业会计准则强调财务会计报告应该同时满足反映受托责任履行情况需要和财务会计报告使用者的经济决策需要。

第三,财务会计报告的使用者,不仅包括传统强调的股东和债权人,还包括政府及其有关部门和社会公众等。

传统上,财务会计报告的使用者,在西方国家主要是指股东和债权人,在我国一向包括政府及其有关部门,也特别强调企业内部管理者。我国之所以一向包括政府及其有关部门,是由于企业多为国有,政府及其有关部门在与企业的关系中扮演着双重角色———一般意义上的政府和国有企业的所有者。之所以也特别强调企业内部管理者,是因为我国传统上没有独立意义上的管理会计,财务会计信息与管理会计信息浑然一体,如果不考虑企业内部管理者对会计信息的需要,财务会计报告就不能支持企业内部的管理决策和控制。但是,时至今日,企业内部管理者的信息需求,可以通过管理会计系统提供,故财务会计报告无须过多强调对于企业内部管理者的有用性。

无论在西方还是在我国,随着社会经济环境的不断发展和变化,企业的生存与发展不再仅仅依赖于股东和债权人等传统意义上的利益主体,也离不开诸如政府和社会公众等利益主体。财务会计报告是恰当处理与上述所有利益相关者之间利益关系的一种重要机制。例如,通过财务会计报告向外界披露企业在环境保护、社会捐助等方面所作出的努力和取得的成效,可以让社会公众了解企业履行社会责任的情况,从而使得那些社会责任履行比较好的企业能够得到社会公众的广泛支持。

3.1.2 财务会计信息质量特征:相关性与可靠性的权衡

关于会计信息使用者究竟需要什么样的会计信息,美国财务会计准则委员会认为,会计主要应提供有关企业财务状况和经营成果的信息。根据这些信息,投资者和债权人可以预测企业的未来盈利情况和支付能力。在此基础上,进一步提出两个问题:一是会计信息应具备的质量特征,二是哪些会计报表能够满足会计信息使用者的需要。

1980年,美国财务会计准则委员会发布的《财务会计概念公告第2号——会计信息的质量特征》认为,会计信息的质量特征是使会计信息有用的各种特征。会计信息的质量特征是一个有层次性的等级结构。其中,居于核心地位的是决策有用性。会计信息是为经济决策服务的,为此,就必须使会计信息易于理解。同时,会计信息还必须具备两种主要的质量特征,即会计信息的相关性和可靠性。进一步讲,如果会计信息是相关的,就必须是及时的,同时必须具有预测价值和/或反馈价值。如果会计信息是可靠的,就必须是真实反映的,同时必须是可验证的和中立的。还有就是可比性,它与相关性和可靠性相互作用,对信息的有用性起保证作用。此外,还有两个约束条件,即成本-利益比较和重要性。这就意味着,第一,有用的信息是否应该提供,取决于该信息的提供所带来的利益是否超过提供该信息所产生的成本;第二,会计信息中允许包括非重大的误差,只要这种误差不至于降低信息的有用性,不影响决策的正确性。

上述会计信息质量特征中最为关键的两个特征是相关性和可靠性。相关性和可靠性又可以进一步派生出许多组成部分:如果会计信息是相关的,它就必须是及时的,同时必须具有预测价值和/或反馈价值;如果会计信息是可靠的,它就必须是真实反映的,同时必须是可验证的和中立的。而且,相关性和可靠性这两个特征相互之间存在着冲突。例如,较之于完全采用历史成本标准,会计计量中部分地采用公允价值标准,能够使得会计信息的相关性得到增强,但是,如果公允价值的评估不够恰当,就可能使会计信息的可靠性受到一定程度的影响。因此,相关性与可靠性需要加以权衡。

3.2 财务会计假设与原则

3.2.1 财务会计的基本假设

财务会计的基本假设包括:会计主体假设、持续经营假设、会计分期假设和货币计量假设。

1. 会计主体假设

会计主体假设,也称会计实体假设,是指财务会计核算和报告的对象必须是一个独立组织。其目的是界定财务会计核算与报告的"空间"范围。这就是说,财务会计核算和报告的对象必须是明确而又具体的一个组织,该组织与其他组织或个人之间不应该有"模糊边界"。我国《企业会计准则——基本准则》第五条规定:"企业应当对其本身发生的交易或者事项进行会计确认、计量和报告。"这一规定意味着,就企业而言,某一特定企业的会计确认、计量和报告,应该也只能是该企业"本身"发生的交易或者事项,而不应该包含该企业之外的其他任何组织或个人(包括会计主体的所有者)发生的交易或事项,无论这些组织或个人与该企业有着多么密切的联系。只有这样,该企业所提供的财务会计报告,才是对该企业财务状况、经营成果及现金流量等方面的恰当表达。

然而,在会计核算和报告实践中,要做到准确划分会计主体,并为其保持高度独立的会计账簿记录,却不是一件容易的事情。例如,假设航空公司 A 和机场 B 同属于集团 H,A 因为使用 B 提供的服务而应该向 B 支付机场使用费。又假设当前 B 仅仅为 A 提供服务,亦即没有其他任何航空公司使用 B 的机场。那么,在这种情况下,A 应该向 B 支付的机场使用费,究竟应该根据 A 的起降架次计算,还是应该基于 B 的全部成本来计算?由于 A 和 B 同属于集团 H,因此,A 应该向 B 支付的机场使用费的计算确定,就可能不是完全的市场行为,而可能在一定程度上受到 H 的行政干预,因而未必是一个公允的价格。这样,无论是 A 还是 B,其作为会计主体的独立性都可能受到影响,从而使其会计核算和财务报告的结果未必是其经营结果及财务状况的真实写照。

会计学中所称的会计主体,通常主要是指营利性组织,即企业尤其是公司制企业,但事实上,会计主体也包括非营利性的独立主体,诸如政府机构、慈善机构、学校、医院等。另外,会计主体并非简单地等同于法律主体。无限责任性质的个人独资企业、分公司、企业集团等都不是法律主体,但它们都是或者都可能是会计主体。例如,企业集团,虽然集团中的每一个成员——母公司及子公司——都是独立的法律主体,但它们的"集合"即企业集团则并非独立的法律主体。然而,根据企业会计准则的要求,企业集团是需要编制合并财务报表的。这就表明,企业集团也是一个会计主体,即由多个具有独立法律主体地位的企业集合而成的经济实体。

2. 持续经营假设

我国《企业会计准则——基本准则》第六条规定:"企业会计确认、计量和报告应当以持续经营为前提。"持续经营假设的基本含义是,在可以预见的将来,为企业编制财务报告者假定企业将会按照当前的规模和状态继续经营下去,不会停业,也不会大规模削减业务。持续经营假设的主要目的是界定会计核算与报告的"时间"范围。在持续经营假设下,会计核算就应当以企业持续、正常的生产经营活动为前提。

财务会计之所以需要假定企业持续经营,就是因为只有在持续经营的假定前提下,跨期业务才可以在前后多个期间得以合理地确认、计量与报告。例如,财务报告中之所以不是将产品生产过程中所耗用的原材料和人工等制造成本记为当期费用,而是记为一项资产(产成品),就是因为在持续经营条件下,产成品将于以后期间的正常经营过程中得以销售并实现收入。类似地,企业购入或自行建造的诸如房屋、设备等所发生的支出之所以不是记作当期费用,而是记作固定资产并将其价值在未来一定时期内分期摊销,也是因为在持续经营条件下可以合理地预期这些固定资产能够服务于未来持续经营过程中的多个年度。

与持续经营相反的状态便是可能的清算状态,或曰有限存续状态。为避免误导财务报告使用者,有限存续企业在其财务报告中必须明确指出终止日期和清算方式。否则,财务报告使用者就会按常规将这些企业的财务报告数据理解为基于企业持续经营假设的价值。

3. 会计分期假设

对于持续经营中的会计主体而言,如果不进行会计分期,就只能到会计主体终止经营时方可核算出其经营成果和财务状况。所有权和经营权分离是现代企业的普遍特征,没有会计分期核算和报告,投资者就无法得到关于被投资企业财务状况和经营成果的及时信息,从而投资者利益也就无法得到有效保护。会计分期假设,也称会计期间假设,是指将企业的持续经营过程划分为一个个连续的、长度相等的期间,以定期报告企业的财务状况和经营成果。我国《企业会计准则——基本准则》第七条规定:"企业应当划分会计期间,分期结算账目和编制财务会计报告。会计期间分为年度和中期。中期是指短于一个完整的会计年度的报告期间。"

从财务会计发展历史来看,会计期间的长度并非一成不变。早在1673年,法国政府就统一规定了会计期间,即规定企业必须每两年编制一次资产负债表。目前,以一年作为会计期间已成为国际惯例。但是,在各国会计实务中,会计年度的起止时间不尽一致。在我国,《会计法》规定会计年度采用日历年度,即起始于每年公历1月1日,截止于每年公历12月31日。而在许多西方发达国家,会计年度的起止时间并非统一规定。例如,在美国,虽然比较多的企业的会计年度为公历1月1日至12月31日,但也有相当一部分企业的会计年度的起止时间广泛分布在其他各个月份。又如,在澳大利亚,比较多的企业的会计年度为公历7月1日至次年6月30日,但也有相当一部分企业的会计年度的起止时间广泛分布在其他各个月份。再如,在日本,比较多的企业的会计年度为公历4月1日至次年3月31日,同样也有相当一部分企业的会计年度的起止时间广泛分布在其他各个月份。

会计分期的重要意义在于使企业投资者能够得到及时的财务会计信息,从而有助于投资者根据及时的信息调整和改进投资决策。但是,会计分期也有副作用,即为企业操纵"期间"利润提供了机会。例如,在会计分期的情况下,为了报告企业的年度经营成果和年度末的财务状况,就必须对固定资产等长期资产的成本进行分期摊销。然而,如何进行分期摊销就成为十分敏感的问题:分多少年摊销?每年摊销的金额应该相同还是不同?对于这些问题,考虑到不同企业的固定资产情况不尽相同,会计准则无法作出硬性规定,企业可以根据会计准则的原则规定并结合实际情况进行折旧方法选择和折旧年限估计。这样,折旧计算就不能不带有一定的人为性,从而使得所报告的年度经营成果和年度末的财务状况受到会计方法选择及会计估计中所包含的主观因素的影响。换言之,企业就有机会通过会计方法选择及会计估计操纵会计确认和计量的结果。

4. 货币计量假设

货币计量假设的基本含义是,统一以货币度量、记录会计主体发生的交易或事项。我国《会计法》第十二条规定:"会计核算以人民币为记账本位币。业务收支以人民币以外的货币为主的单位,可以选定其中一种货币作为记账本位币,但是编报的财务会计报告应当折算为人民币。"我国《企业会计准则——基本准则》第八条规定:"企业会计应当以货币计量。"这些规定意味着,我国企业会计核算中的基本计量手段应该是人民币。企业日常核算可以采用人民币以外的其他某种货币进行计量,但财务会计报告中的计量单位应该是人民币。

货币计量假设的深层次含义还在于假定作为计量手段的货币,其自身的价值即"币值"是相对稳定的。会计实务中通常并不反映币值变化带来的影响。但是,在通货膨胀比较严重的情况下,西方国家的经验做法是要求企业提供按价格指数调整或按现行成本反映的补充性会计信息。

有些影响企业财务状况和经营成果的因素,诸如市场竞争能力、研究开发能力等,对于企业内外部信息使用者来说也很重要,但往往难以用货币来计量。为此,就需要在财务报告中补充披露有关非货币计量的信息,亦即非财务信息。

3.2.2 财务会计的基本原则

财务会计的基本原则主要包括:历史成本原则、(收入)实现原则、配比原则、一致性原则、充分揭示原则、稳健性原则、重要性原则和权责发生制原则。

1. 历史成本原则

历史成本原则的基本要求是,企业通过交易所获得的任何资产,都应该按该项资产获得时所支付的代价——现金支出加上非现金支出的现金等值——计价入账,且不得随意改变。这就意味着,企业拥有的任何资产,如果不是通过可以计量其成本的交易所获得的,就不能计价入账。例如,企业发展过程中逐渐形成的商誉,是多种因素综合作用的结果,而不是通过可计量其成本的具体交易获得的,因此,企业自创的商誉不可以计价入账。

在实际经济生活中,企业拥有的资产的市场价值往往会随时间而发生变化,从而使得按历史成本反映的资产账面价值背离资产的市场价值。因此,严格遵循历史成本原则而不反映资产市场价值的变化,就会导致资产负债表所反映的资产价值只能代表过去的状况,而不能代表现实的状况。但是,现代财务会计之所以总体上遵循历史成本原则,一个重要的考虑就是遵循历史成本原则可以避免因主观估计资产现行市场价值而导致的对财务会计信息可靠性的冲击,尽管历史成本原则在确保财务会计信息可靠性的同时,确实在一定程度上损害了财务会计信息的相关性。

在现代财务会计实践的发展过程中,人们不断意识到历史成本计量标准的局限性,进而尝试在某些类别资产计价问题上接受公允价值计量标准。如美国财务会计准则委员会要求交易性金融资产和可供出售金融资产以公允价值计量。我国于2007年起执行的企业会计准则,也有类似的要求。这些变化表明,历史成本原则在一定程度上得到了修正。不过,这些对历史成本原则的修正,至少在目前的财务会计实践中,还只是发生在少数资产项目的计价问题上。对于绝大多数资产项目的计价而言,依然需要遵循历史成本原则,不能随意使用公允价值计量标准。

2. (收入)实现原则

(收入)实现原则,也称收入确认原则,是指企业的收入应该在已实现时加以确认。所谓实现,是指由于销售商品或提供服务而引起的现金或现金索取权(如应收账款)的流入。例如,零售商店售出商品的同时就收到客户支付的现金,此时就可以确认收入。又如,在赊销情况下,销售方将所售商品交给了购买方,但购买方并未立即支付货款,而是根据双方约定在一段时间(如60天)之后支付货款。在这种情况下,尽管销售方在销售商品时尚未收到货款,但已经取得了收取货款的权利,就可以确认收入了。

收入确认是财务会计中的一个敏感问题。如果收入确认不可靠,期间利润的反映就有问题。收入确认所面临的不确定性程度,不仅取决于交易过程的形式,也依赖于交易过程所处的社会经济环境。例如,在西方国家的早期财务会计实践中,冶炼黄金的企业可以在黄金生产过程完成之后即确认收入,而不必等到黄金销售之后。之所以可以这样处理,主要是因为黄金的销售在当时的社会经济环境中几乎是没有任何风险的,也就是说,只要能够生产出来,就能够卖出去,且销售价格也相当稳定。但是,在现代社会经济环境中,情形已非如此,因此,即便像黄金这样的特殊产品,也得在销售之后方可确认收入。

2017年修订后的《企业会计准则第14号——收入》规定,企业应当在履行了合同中的履约义务,即在客户取得相关商品(或服务)控制权时确认收入。其中,取得相关商品(或服务)控制权,是指能够主导该商品(或服务)的使用并从中获得几乎全部的经济利益。

3. 配比原则

配比原则就是一定期间确认的收入与同期确认的费用应该相互匹配,以恰当地确认该期间的收益。根据这一原则,必须将相关联的收入与费用在同一会计期间确认入账。在会计分期的情况下,如果收入与费用不能恰当配比,就无法适当地核算出特定会计期间的收益。现代财务会计理论认为,期间收益必须客观、公允地反映企业在该期间的收益,不可以任意在前后会计期间进行收入和/或费用的转移。否则,财务会计信息使用者就无法发现各期收益的实际变动情况,从而也就无法根据企业过去的收益及其变动趋势来预测企业未来收益。

当然,在财务会计实践中,配比其实也只能是相对的配比。这是因为,有些费用很难说究竟与哪一项特定收入相关联。当有些费用无法与某项具体收入相配比,但确与当期经营活动相联系时,这类费用就被归于期间费用,在当期加以确认,从而与当期收入相配比。还有一些费用,并不仅仅与当期收入相关联,还可能与未来期间收入相关联,但该类费用的发生是否有助于实现未来收入很不确定,则通常就在本期确认为费用,与本期收入相配比。例如,本期发生的广告费用,很难判断会影响广告播出之后多长时间的销售,因而难以将广告费用与广告所带来的未来收入进行严格的配比,而是在广告发生当期确认为费用。

4. 一致性原则

一致性原则是指会计主体就某类经济业务或会计事项一旦选定了某种会计处理方法,在以后期间同类业务或事项的会计处理过程中,就不得随意变更会计处理方法;如若变更,则须有正当理由,并在财务报告中说明变更的情况、原因以及对企业财务状况和经营成果的影响。遵循一致性原则的基本目的是保持前后各期会计信息的可比性。

当然,一致性原则并不要求不同类型的业务或事项采用相同的会计方法。例如,企业的一些资产按历史成本计价,另一些资产按公允价值反映,并不违背一致性原则。

5. 充分揭示原则

充分揭示原则是指财务报告应当全面反映企业的财务状况和经营成果;对于重要的经济业务,应当单独反映。强调充分揭示,是为了防止那些会计准则未予具体规范但就特定会计主体而言确实重要的事项不作具体报告,从而影响投资者对该会计主体财务状况和经营成果的理解。

6. 稳健性原则

稳健性原则是指当会计处理面临不确定性时,宁愿低估而不是夸大净利润和净资产。具体来讲,稳健性包括以下两层含义:第一,只有在有把握或基本无风险时,才能确认收入从而增加净资产;第二,只要有合理的可能性,就应该确认费用从而减少净资产。所谓"有把握或基本无风险",不是说非得有百分之百的把握,而是指没有重大的风险。例如,建筑施工企业在按完工进度确认收入的情况下,只要未来收款风险不是太大,即便相应的款项尚未收到,也应该确认已完工部分的相应收入。所谓"只要有合理的可能性",是指存在比较大的可能性,而不是很有限的可能性。例如,刚采购的一批商品今后有可能无法正常出售,但这种可能性比较小,因此就没有理由将这批商品转为损失。

稳健性是现代财务会计的一个重要原则。遵循稳健性原则,可以使得财务报告所揭示的经营成果和财务状况不至于过于乐观,从而有助于财务报告使用者谨慎地理解企业的经营成果和财务状况。

必须注意的是,现代财务会计主张稳健,却又反对过度稳健。这是因为,过度稳健的会计处理,会使得企业资产价值的反映严重偏离实际市价。例如,对面临收款风险的应收账款计提必要的坏账准备是遵循稳健性原则的体现,但是,如果不顾实际风险状况而盲目增加坏账准备的计提金额,就会使得资产负债表上反映的应收账款净额严重小于应收账款的公允价值(即将来可收回的金额),从而不利于财务报告使用者正确认识企业的资产价值。

7. 重要性原则

重要性原则是指财务会计旨在向用户提供重要的财务信息。对于非重要事项,财务会计处理不必拘泥于上述各项原则,而可以采取一些简易、灵活的会计处理方法。例如,根据配比原则,费用应该与相关的收入事项相互配比。但是,有些金额很小的费用要素,就未必需要这样机械地处理。例如,单位价值较小的生产工具,可以不必作为固定资产入账,因而不必逐期进行折旧,而是作为低值易耗品,在领用时一次性转为费用,或者在领用时摊销一半,报废时再摊销另一半。这样处理,既不会严重影响企业经营成果和财务状况的公允表达,又可以大大减少财务会计核算成本和管理成本。

8. 权责发生制原则

所谓权责发生制原则,也叫应计制原则,是指不以现金收付时间,而以导致收入实现和费用发生的"行为"的发生时间为准来确认收入与费用的一种会计核算原则。遵循权责发生制原则的主要目的,是使财务会计确认与计量的结果能够比较恰当地反映企业一定期间经营努力的成果,从而既有助于业绩评价,又有助于分析预测。但其主要问题是,导致收益与现金流不一致,增大了企业财务管理的难度。例如,如果企业销售之后便确认收入,同时存在大量应收账款,那么账面反映出收入的时候却没有相应的现金流入,而有了账面收入和收益,企业就得交纳流转税(增值税等)及所得税,还会面临来自股东的红利分派要求。服务于业绩评价和未来利润预测是财务会计信息的重要目的,因此,企业会计核算必须遵循权责发生制原则。

3.3 财务会计报表体系

3.3.1 资产负债表

1. 概述

资产负债表是财务会计报表体系中的基本报表之一。资产负债表反映的是企业在某一特定时点上(会计期末)拥有的经济资源(资产)和承担的经济责任(负债和所有者权益)。由于资产负债表所反映的资产与负债及所有者权益,事实上是同一事物的两个侧面:资产是企业拥有的以各种形式存在的经济资源,负债及所有者权益是企业出资人(债权人和股东)对企业拥有的经济资源的求偿权,因此,资产与负债及所有者权益在数量上是恒等的,即存在平衡关系。

资产负债表的格式可以是账户式的,也可以是报告式的。账户式资产负债表,左边列示资产,右边列示负债及所有者权益;报告式资产负债表,上边列示资产,中间列示负债,下边列示所有者权益。资产负债表的项目分类和列示方式在不同国家不尽一致,但通行的做法是按照流动性进行分类和列示,即资产和负债都区分为流动性项目和非流动性项目,且将流动性项目列在前面,非流动性项目列在后面,以突出企业的流动性状况。

根据我国《企业会计准则第30号——财务报表列报》的规定,资产和负债应当分别流动资产和非流动资产、流动负债和非流动负债列示。资产满足下列条件之一的,应当归类为流动资产:① 预计在一个正常营业周期中变现、出售或耗用;② 主要为交易目的而持有;③ 预计在资产负债表日起一年内(含一年,下同)变现;④ 自资产负债表日起一年内,交换其他资产或清偿负债的能力不受限制的现金或现金等价物。流动资产以外的资产应当归类为非流动资产,并应按其性质分类列示。

负债满足下列条件之一的,应当归类为流动负债:① 预计在一个正常营业周期中清偿;② 主要为交易目的而持有;③ 自资产负债表日起一年内到期应予以清偿;④ 企业无权自主地将清偿推迟至资产负债表日后一年以上。流动负债以外的负债应当归类为非流动负债,并应按其性质分类列示。对于在资产负债表日起一年内到期的负债,企业有意图且有能力自主地将清偿义务展期至资产负债表日后一年以上的,应当归类为非流动负债;不能自主地将清偿义务展期的,即使在资产负债表日后、财务报告批准报出日前签订了重新安排清偿计划协议,该项负债仍应当归类为流动负债。此外,企业在资产负债表日或之前违反了长期借款协议,导致贷款人可随时要求清偿的负债,应当归类为流动负债。贷款人在资产负债表日或之前同意提供在资产负债表日后一年以上的宽限期,在此期限内企业能够改正违约行为,且贷款人不能要求随时清偿的,该项负债应当归类为非流动负债。

企业对资产和负债进行流动性分类时,应当采用相同的正常营业周期。企业正常营业周期中的经营性负债项目即使在资产负债表日后超过一年才予清偿的,仍应当划分为流动负债。

2. 资产

资产是指企业过去的交易或者事项形成的、由企业拥有或者控制的、预期会给企业带来经济利益的资源。其中,企业过去的交易或者事项,包括购买、生产、建造行为或其他交易或者事项;由企业拥有或控制,是指企业享有某项资源的所有权,或者虽然不享有某项资源的所有权,但该资源能被企业所控制;预期会给企业带来经济利益,是指直接或者间接导致现金和现金等价物流入企业的潜力。符合上述资产定义的资源,在同时满足以下条件时,确认为资产:① 与该资源有关的经济利益很可能流入企业;② 该资源的成本或者价值能够可靠地计量。那些符合资产定义,但不符合资产确认条件的项目,不应当列入资产负债表。

按照我国《企业会计准则第 30 号——财务报表列报》的规定,资产负债表中的资产类至少应当单独列示反映下列信息的项目:① 货币资金;② 以公允价值计量且其变动计入当期损益的金融资产;③ 应收款项;④ 预付款项;⑤ 存货;⑥ 被划分为持有待售的非流动资产及被划分为持有待售的处置组中的资产;⑦ 可供出售金融资产;⑧ 持有至到期投资;⑨ 长期股权投资;⑩ 投资性房地产;⑪ 固定资产;⑫ 生物资产;⑬ 无形资产;⑭ 递延所得税资产。

(1) 货币资金,是指可以立即用于支付的资金,主要包括现金(钞)、银行存款及其他货币资金。企业持有的、个人或外单位开出的可立即向银行兑现的即期或到期支票、银行本票、银行汇票、旅行支票等,通常也视同银行存款。其他货币资金则是指出于某种特定目的的存款,如外埠存款、信用证保证金存款、存出投资款等,以及在途货币资金。然而,那些原本属于货币资金,但在资产负债表日已经失去货币资金特征的资产项目,如被冻结的银行存款等,则应该将其从货币资金项目中排除,转列为其他流动资产(如果预期一年内能够解冻)或其他非流动资产(如果无法合理地预期一年内能够解冻)。

(2) 以公允价值计量且其变动计入当期损益的金融资产,包括:① 根据《企业会计准则第 22 号——金融工具确认和计量》第十九条的规定分类为以公允价值计量且其变动计入当期损益的金融资产;② 根据《企业会计准则第 22 号——金融工具确认和计量》第二十条的规定指定为以公允价值计量且其变动计入当期损益的金融资产;③ 根据《企业会计准则第 24 号——套期会计》第三十四条的规定在初始确认或后续计量时指定为以公允价值计量且其变动计入当期损益的金融资产。

(3) 应收款项,是指各种应收而未收的结算款项,主要包括应收账款、应收票据和其他应收款等。其中,应收账款是指一般商业信用销售过程中所形成的客户欠企业的购货款;应收票据是指在票据结算方式下所形成的客户欠企业的购货款或其他款项;其他应收款是指客户以外的其他单位或个人所欠企业的款项。

(4) 预付款项,是指在采购货物或接受服务之前预先支付给供应商的款项。

(5) 存货,是指企业在日常生产经营活动中持有的以备出售的产成品或商品、处于生产过程中的在产品、以备生产之用的材料和物料等。根据我国企业会计准则的规定,存货只有同时满足下列两个条件才能予以确认:① 与该存货有关的经济利益很可能流入企业;② 该存货的成本能够可靠地计量。

(6) 被划分为持有待售的非流动资产及被划分为持有待售的处置组中的资产。同时满足下列条件的非流动资产应当划分为持有待售:一是企业已经就处置该非流动资产作出决议;二是企业已经与受让方签订了不可撤销的转让协议;三是该项转让将在一年内完成。持有待售的非流动资产包括单项资产和处置组。被划分为持有待售的非流动资产应当归类为流动资产。

(7) 可供出售金融资产,是指企业初始确认时即被指定为可供出售的非衍生金融资产,以及没有划分为以公允价值计量且其变动计入当期损益的金融资产、持有至到期投资、贷款和应收款项的金融资产。

(8) 持有至到期投资,是指企业购买的准备持有至到期的投资。也就是说,企业在购买这些投资之后,并不准备在投资到期之前出售,而是准备在投资到期之后收回投资本金和投资收益。

（9）长期股权投资，是指企业长期持有的其他企业的股权，包括以现金支付取得的长期股权投资、以发行权益性证券取得的长期股权投资、投资者投入的长期股权投资、通过非货币性资产交换取得的长期股权投资、通过债务重组取得的长期股权投资及企业合并形成的长期股权投资。

（10）投资性房地产，是指为赚取租金或资本增值，或两者兼有而持有的房地产，包括已出租的土地使用权、持有并准备增值后转让的土地使用权及已出租的建筑物。

（11）固定资产，是指同时具备下列特征的有形资产：① 为生产商品、提供劳务、出租或经营管理而持有的；② 使用寿命超过一个会计年度。这里所称的使用寿命，是指企业使用固定资产的预计期间，或者该固定资产所能生产产品或提供劳务的数量。固定资产只有同时满足以下条件，才能予以确认：① 与该固定资产有关的经济利益很可能流入企业；② 该固定资产的成本能够可靠地计量。

（12）生物资产，是指有生命的动物和植物，包括消耗性生物资产、生产性生物资产及公益性生物资产。消耗性生物资产，是指为出售而持有的或在将来收获为农产品的生物资产，包括生长中的大田作物、蔬菜、用材林以及存栏待售的牲畜等。生产性生物资产，是指为产出农产品、提供劳务或出租等目的而持有的生物资产，包括经济林、薪炭林、产畜和役畜等。公益性生物资产，是指以防护、环境保护为主要目的的生物资产，包括防风固沙林、水土保持林和水源涵养林等。

（13）无形资产，是指企业拥有或者控制的没有实物形态的可辨认非货币性资产。主要包括专利权、非专利技术、商标权及著作权等。这里所称的可辨认，是指：① 能够从企业中分离或者划分出来，并能单独或者与相关合同、资产或负债一起，用于出售、转移、授予许可、租赁或者交换；② 源自合同性权利或其他法定权利，无论这些权利是否可以从企业或其他权利和义务中转移或者分离。无形资产在同时满足下列条件时，才能予以确认：① 与该无形资产有关的经济利益很可能流入企业；② 该无形资产的成本能够可靠地计量。

（14）递延所得税资产，是指因暂时性差异导致的应交所得税大于所得税费用之差额。

需要说明的是，已执行2017年新修订的企业会计准则的企业，金融资产分类为以摊余成本计量的金融资产、以公允价值计量且其变动计入其他综合收益的金融资产和以公允价值计量且其变动计入当期损益的金融资产，不再按可供出售金融资产和持有至到期投资项目列示，而是按交易性金融资产、债权投资、其他债权投资及其他权益工具投资等项目列示；原被划分为持有待售的非流动资产及被划分为持有待售的处置组中的资产，更名为持有待售的非流动资产或持有待售的处置组中的资产。

以上是比较常见的资产项目。此外，有些情况下资产负债表中还有其他一些资产项目。例如，保险公司的资产负债表上会有"应收保费"等项目；开发支出符合会计准则规定的资本化条件的公司，其资产负债表上会有"开发支出"项目；以超过被收购企业评估后净资产价值的价格收购其他企业之后，公司资产负债表上会有"商誉"项目。

3. 负债

负债是指企业过去的交易或者事项形成的、预期会导致经济利益流出企业的现时义务。所谓现时义务,是指企业在现行条件下已承担的义务。符合上述负债定义的义务,在同时满足以下两个条件时,确认为负债:① 与该义务有关的经济利益很可能流出企业;② 未来流出的经济利益的金额能够可靠地计量。

按照我国《企业会计准则第 30 号——财务报表列报》的规定,资产负债表中的负债类至少应当单独列示反映下列信息的项目:① 短期借款;② 以公允价值计量且其变动计入当期损益的金融负债;③ 应付款项;④ 预收款项;⑤ 应付职工薪酬;⑥ 应交税费;⑦ 被划分为持有待售的处置组中的负债;⑧ 长期借款;⑨ 应付债券;⑩ 长期应付款;⑪ 预计负债;⑫ 递延所得税负债。

(1) 短期借款,是指从银行等金融机构借入的、偿还期限短于一年(含一年)的借款,主要包括一般的经营周转借款、票据贴现借款、应收账款或存货抵押借款等。

(2) 以公允价值计量且其变动计入当期损益的金融负债,包括交易性金融负债和直接指定为以公允价值计量且其变动计入当期损益的金融负债。

(3) 应付款项,是指各种应付而未付的结算款项,主要包括应付账款、应付票据、应付股利、其他应付款等。其中,应付账款是指一般商业信用形式下的采购业务所形成的对供应商的欠款;应付票据是指票据(包括商业承兑票据和银行承兑票据)结算方式下形成的对供应商的欠款。

(4) 预收款项,是指提供商品或劳务之前从采购方收取的款项。

(5) 应付职工薪酬,是指应付而尚未支付给职工的薪酬。职工薪酬,是指企业为获得职工提供的服务或解除劳动关系而给予的各种形式的报酬或补偿。职工薪酬包括短期薪酬、离职后福利、辞退福利和其他长期职工福利。企业提供给职工配偶、子女、受赡养人、已故员工遗属及其他受益人等的福利,也属于职工薪酬。

(6) 应交税费,是指应交而未交的各种税款,主要包括应交增值税和应交所得税等。

(7) 被划分为持有待售的处置组中的负债,是指按转让协议约定随处置组一并转让并已转入持有待售明细科目的负债。已经执行 2017 年新修订的企业会计准则的企业,应列示为"持有待售的处置组中的负债"。

(8) 长期借款,是指从银行等金融机构或其他单位借入的、偿还期限长于一年的借款。在资产负债表上反映的长期借款,有可能既包括借款本金,又包括应计利息。是否包括利息,取决于长期借款的利息结付方式。

(9) 应付债券,是指企业发行的一年期以上的债券本金及应计利息。

(10) 长期应付款,是指各种期限在一年以上的应付而未付的款项,主要包括应付引进设备款、融资租赁应付款等。

(11) 预计负债,是指满足以下条件的、与或有事项相关的义务。该义务是企业承担的现时义务;履行该义务很可能导致经济利益流出企业;该义务的金额能够可靠地计量。预计负债应当按照履行相关现时义务所需支出的最佳估计数进行初始计量。所谓或有事项,是指过去的交易或者事项形成的,其结果须由某些未来事项的发生或者不发生才能决定的不确定事项。

(12) 递延所得税负债,是指因暂时性差异导致的应交所得税小于所得税费用之差额。

4. 所有者权益

所有者权益,也称股东权益,是指企业资产扣除负债后由所有者享有的剩余权益。所有者权益的来源包括所有者投入的资本、直接计入所有者权益的利得和损失及留存收益等。所谓直接计入所有者权益的利得和损失,是指不应计入当期损益、会导致所有者权益发生增减变动的、与所有者投入资本或向所有者分配利润无关的利得或损失。其中,利得是指由企业非日常活动所形成的、会导致所有者权益增加的、与所有者投入资本无关的经济利益的流入;损失是指由企业非日常活动所发生的、会导致所有者权益减少的、与向所有者分配利润无关的经济利益的流出。

按照《企业会计准则第30号——财务报表列报》的规定,资产负债表中的所有者权益类至少应当单独列示反映下列信息的项目:① 实收资本(或股本);② 资本公积;③ 盈余公积;④ 未分配利润。在合并资产负债表中,应当在所有者权益类单独列示少数股东权益。

(1) 实收资本或股本。实收资本是指非股份公司投资者的投入资本;股本是指股份公司投资者购买股票所交款项中相当于所购股票面额的部分。在股份有限公司中,股东以购买股票(股份)的方式出资。当股东以超过股票面额的价格购买股票时,股东实际缴入企业的资本,将区分为两个部分分别反映:实缴资本中相当于股票面额的部分计入"股本",而实缴资本中超过股票面额的部分计入"资本公积"。

(2) 资本公积,是指来源于盈利之外的公共性的资本积累,主要包括股票发行溢价和法定财产重估增值等。

(3) 盈余公积,是指企业按法规要求或自身发展需要从税后净利润中提取的利润积累。

(4) 未分配利润,是指企业历年已实现利润中留于以后年度分配或待分配的部分。

3.3.2 利润表

利润表,也称收益表或损益表,是汇总企业在一定时期内的经营成果的报表。利润表是一种动态报表。

利润是指企业在一定时期内取得的收入与同期发生的费用之差。其中,收入是指企业在日常活动中形成的、会导致所有者权益增加的、与所有者投入资本无关的经济利益的总流入。费用是指企业在日常活动中发生的、会导致所有者权益减少的、与向所有者分配利润无关的经济利益的总流出。利润主要是收入减去费用后的净额,还包括直接计入当期利润的利得和损失等。所谓直接计入当期利润的利得和损失,是指应当计入当期损益、会导致所有者权益发生增减变动的、与所有者投入资本或者向所有者分配利润无关的利得或损失。

利润表的列报必须充分反映企业经营业绩的主要来源和构成,有助于使用者分析判断净利润的质量及其风险,有助于使用者预测净利润的持续性。按照我国《企业会计准则第30号——财务报表列报》的规定,利润表至少应当单独列示反映下列信息的项目,但其他会计准则另有规定的除外:① 营业收入;② 营业成本;③ 税金及附加;④ 管理费用;⑤ 销售费用;⑥ 财务费用;⑦ 投资收益;⑧ 公允价值变动损益;⑨ 资产减值损失;⑩ 非流动资产处置损益;⑪ 所得税费用;⑫ 净利润;⑬ 其他综合收益各项目分别扣除所得税影响后的净额;⑭ 综合收益总额。金融企业可以根据其特殊性列示利润表项目。

(1) 营业收入,也称销售收入或劳务收入等,是指企业在一定期间内销售商品或提供服务的发票价格不含税总额,减去销售退回及折让等后的净额。所谓销售退回及折让,是指客户退回货物的销售价格及因商品有缺陷或存在其他不符合合同要求的问题而给予客户的价格折让。由于销售退回和折让的金额业已在销售形成时记为销售收入,因此在发生销售退回和/或折让时应该据以冲减销售收入。

(2) 营业成本,也称销售成本,是指已销售产品(商品)或劳务的生产(采购)成本,也就是存货成本的减少额。利润表中反映的销售成本的口径,取决于产品生产成本或商品采购成本的计算口径。以制造业企业为例,产品生产成本的计算口径是制造成本,即产品制造过程中发生的直接材料、直接人工及制造费用,但不包括生产过程之外的经营、管理及财务费用。因此,销售成本事实上并非为实现销售收入而发生的全部费用,而仅仅是为实现销售收入而发生在生产环节的费用。

(3) 税金及附加,是指除增值税以外的各种税金及附加税费。由于增值税是一种价外税,在发生时直接记为"应交税费"的增加,不计入营业收入,因此,本项目不包括增值税。

(4) 管理费用,也称一般及行政管理费用,是指企业行政管理活动过程和其他一般性活动中所发生的各种费用,诸如行政管理部门使用的固定资产的折旧费用、管理人员工资、差旅费用、日常办公费用等。

(5) 销售费用,也称营业费用,是指销售过程中发生的各种费用,如广告费用等。

(6) 财务费用,是指企业财务活动所发生的利息(净)支出及汇兑损益。财务费用的基本内容是负债利息支出。在财务会计实务中,由于存款的利息收入可以冲抵负债的利息支出,因而财务费用其实是利息支出与利息收入之差。另外,汇兑损益通常也计入财务费用,即汇兑收益冲抵财务费用,汇兑损失增加财务费用。

(7) 投资收益,是指企业对外投资所实现的净收益;若为净损失,则以负数表示。具体包括债权投资的利息收入、股权投资的股息(红利)收入、债权或股权投资的买卖差价收入等。

(8) 公允价值变动损益,是指在公允价值计量模式下,由于金融工具、投资性房地产等的公允价值变动而导致的损益。

(9) 资产减值损失,是指因计提资产减值准备而形成的损失。

(10) 非流动资产处置损益,是指处置固定资产等非流动资产而产生的损益,即非流动资产处置价值与账面价值之间的差额。

(11) 所得税费用,是指应计入本期损益的所得税费用。在财务会计利润与应税利润不一致的情况下,所得税费用未必简单地等于财务会计利润与所得税税率之乘积。

(12) 净利润,也称净收益,是指税前利润减去所得税费用之后的净额。它是归于所有股东分享的利润。

(13) 其他综合收益各项目分别扣除所得税影响后的净额。其他综合收益,是指企业根据其他会计准则规定未在当期损益中确认的各项利得和损失。

(14) 综合收益总额。综合收益,是指企业在某一期间除与所有者以其所有者身份进行的交易之外的其他交易或事项所引起的所有者权益变动。综合收益总额项目反映净利润和其他综合收益扣除所得税影响后的净额相加后的合计金额。

在利润表中,将公允价值变动损益、资产减值损失和非流动资产处置损益等项目单独列示,便于财务报表使用者将这些非经常性损益区别于经常性损益。

在合并利润表中,企业应当在净利润项目之下单独列示归属于母公司所有者的损益和归属于少数股东的损益,在综合收益总额项目之下单独列示归属于母公司所有者的综合收益总额和归属于少数股东的综合收益总额。

3.3.3 现金流量表与所有者权益变动表

现金流量表俗称"第三报表",是继资产负债表和利润表之后产生的第三张需要对外报告的财务会计报表。现金流量表是反映企业在一定会计期间现金流入和流出的报表。企业的现金流量可分为三类,即经营活动产生的现金流量、投资活动产生的现金流量和筹资活动产生的现金流量。现金流量表依次反映这三方面的现金流入量、流出量和净流量。有关现金流量表的详细情况,将在本书第8章中进行讨论。

所有者权益变动表反映企业在一定会计期间内由于各种原因导致的所有者权益各个项目的增减变化过程和结果。在上年年末所有者权益基础上,导致所有者权益发生变化的原因主要包括:会计政策变更与会计差错调整的影响、实现净利润、直接计入所有者权益的利得和损失、所有者投入和减少资本、利润分配及所有者权益内部结转。

我国现行企业会计准则下的财务会计报表格式参见本章附录。

专业词汇

会计主体假设(The Accounting Entity Assumption)
持续经营假设(The Going Concern Assumption)
会计分期假设(The Periodicity Assumption)
货币计量假设(The Monetary Assumption)
历史成本原则(Historical Cost Principle)
(收入)实现原则(Realization Principle)
配比原则(Matching Principle)
一致性原则(Consistency Principle)
充分揭示原则(Complete Disclosure Principle)
稳健性原则(Conservatism Principle)
重要性原则(Materialism Principle)
权责发生制(Accrual Basis)
资产负债表(Balance Sheet)
资产(Asset)
货币资金(Cash)
交易性金融资产(Financial Assets Held for Trading)
应收账款(Accounts Receivable)
预付款项(Prepayments)

存货(Inventory)
流动资产(Current Assets)
持有至到期投资(Held-to-maturity Investments)
可供出售金融资产(Available-for-sale Financial Assets)
长期股权投资(Long-term Equity Investments)
投资性房地产(Investment Property)
在建工程(Construction in Process)
固定资产(Fixed Assets)
生物资产(Biological Assets)
递延所得税资产(Deferred Income Tax Assets)
无形资产(Intangible Assets)
商誉(Goodwill)
负债(Liability)
流动负债(Current Liability)
短期借款(Short-term Loan)
交易性金融负债(Financial Liabilities Held for Trading)
应付款项(Accounts Payable)
预收款项(Advance Receipts)
应付职工薪酬(Employee Benefits Payable)
应交税费(Taxes and Dues Payable)
长期负债(Long-term Liability)
长期借款(Long-term Loan)
应付债券(Debenture Payables)
长期应付款(Long-term Accounts Payable)
预计负债(Estimated Liabilities)

或有事项(Contingency)
递延所得税负债(Deferred Income Tax Liabilities)
所有者权益(Owners' Equity)
股本(Capital Stock)
资本公积(Capital Reserves)
盈余公积(Surplus Reserves)
未分配利润(Undistributed Profit)
利润表(Income Statement)
营业收入(Sales or Other Operating Revenues)
销售折扣/现金折扣(Cash Discount)
销售退回(Sales Return)
销售折让(Sales Allowance)
营业成本(Cost of Goods Sold)
增值税(Value-added Tax)
期间费用(Period Expenses)
营业费用(Operational Expenses)
管理费用(General and Administrational Expenses)
财务费用(Financing Expenses)
投资收益(Investment Income)
公允价值变动损益(Sound Value Flexible Loss and Profit)
资产减值损失(Asset Impairment Loss)
所得税(Income Tax)
净利润(Net Income)
其他综合收益(Other Comprehensive Income)
所有者权益变动表(Statement of Changes in Owners' Equity)

思考题

1. 我国企业会计准则体现的财务会计报告目标主要有哪些特点？
2. 相关性与可靠性为什么需要权衡？如何权衡？
3. 简要说明资产负债表、利润表和现金流量表的基本框架。

附录

珠海格力电器股份有限公司 2018 年度财务报告

一、审计报告

审计意见类型	标准的无保留意见
审计报告签署日期	2019 年 04 月 26 日
审计机构名称	中审众环会计师事务所（特殊普通合伙）
审计报告文号	众环审字〔2019〕050129 号
注册会计师姓名	龚静伟、吴梓豪

审 计 报 告

众环审字〔2019〕050129 号

珠海格力电器股份有限公司全体股东：

一、审计意见

我们审计了珠海格力电器股份有限公司（以下简称"贵公司"）的财务报表，包括 2018 年 12 月 31 日合并及母公司的资产负债表，2018 年度合并及母公司的利润表、合并及母公司的现金流量表和合并及母公司的所有者权益变动表，以及财务报表附注。

我们认为，后附的财务报表在所有重大方面按照企业会计准则的规定编制，公允反映了贵公司 2018 年 12 月 31 日合并及母公司的财务状况以及 2018 年度合并及母公司的经营成果和现金流量。

二、形成审计意见的基础

我们按照中国注册会计师审计准则的规定执行了审计工作。审计报告的"注册会计师对财务报表审计的责任"部分进一步阐述了我们在这些准则下的责任。按照中国注册会计师职业道德守则，我们独立于贵公司，并履行了职业道德方面的其他责任。我们相信，我们获取的审计证据是充分、适当的，为发表审计意见提供了基础。

三、关键审计事项

关键审计事项是根据我们的职业判断，认为对本期财务报表审计最为重要的事项。这些事项的应对以对财务报表整体进行审计并形成审计意见为背景，我们不对这些事项单独发表意见。

（一）关联方关系及交易

关键审计事项	该事项在审计中是如何应对的
请参阅财务报告中附注（十二）4、附注（十二）5、附注（十二）6 及附注（十二）8 所示。2018 年度，贵公司向关联方采购原材料、固定资产等合计 357 734.27 万元，向关联方销售空调、智能装备等产品合计 3 114 347.05 万元。由于贵公司关联方交易金额重大，关联方关系及其交易披露的完整性以及关联交易的公允性将对经营业绩和信息披露构成重大影响，因此我们将关联方关系及其交易作为关键审计事项。	1. 我们了解、评估并测试了与识别和披露关联方关系及其交易相关的内部控制，并复核相应的内部控制设计及执行的有效性； 2. 我们获取管理层就关联方关系及其交易完整性等方面的声明，并获得管理层提供的关联方关系清单，将其与其他公开渠道获取的信息进行核对； 3. 我们复核重大的采购、销售和其他合同，以识别是否存在未披露的关联方，同时获取关联交易相关的董事会决议、股东会决议，检查关联交易决策权限和程序，判断关联交易的合法与合规性，以及是否经过恰当的授权审批； 4. 我们执行了抽样检查程序，对相应的交易协议、出库单、入库单据、销售发票、采购发票、销售收款、采购付款凭证进行检查，分析交易目的，判断交易双方在交易前后获得现金流量的方式、金额和风险是否发生实质性变化、交易是否具有商业实质，并结合函证等其他审计程序，验证关联交易的真实性； 5. 我们将关联方的销售、采购价格与非关联方同类产品的销售、采购价格或同类产品市场价格进行比较，判断关联交易价格的公允性； 6. 我们扩大了期后测试程序的范围，检查是否存在销售退回情况，以应对虚假销售； 7. 我们也复核了财务报告中附注（十二）4、附注（十二）5、附注（十二）6 及附注（十二）8 对关联关系及关联交易相关信息披露的充分性。

（二）递延所得税资产的确认

关键审计事项	该事项在审计中是如何应对的
请参阅财务报告中附注（五）25 及附注（七）17 所示。 截至 2018 年 12 月 31 日，贵公司合并资产负债表中列示了 1 134 957.37 万元的递延所得税资产。 递延所得税资产的确认依赖于管理层的重大判断，管理层在作出判断时需评估未来是否可以取得足够的应纳税所得额，以及未来产生上述应纳税所得额和转回可抵扣暂时性差异的可能性。 由于递延所得税资产的确认对合并财务报表的重要性，以及在预测未来应纳税所得额时涉及管理层的重大判断和估计，其中可能存在错误或潜在的管理层偏向的情况，因此我们将其识别为贵公司关键审计事项。	1. 我们测试了递延所得税资产确认相关的内部控制的设计和执行； 2. 我们邀请了税务专家加入团队，以协助我们从税务技术层面评估管理层的分析； 3. 我们获取管理层确定未来可利用税务利润的方法和重要假设，以及相应未来期间的财务情况预测，并评估其编制是否符合家电行业总体趋势及企业自身情况； 4. 我们将上年度管理层在预测时的估计与本年实际应纳所得税进行比较，以考虑管理层所作预测结果的历史准确性，并评价管理层对关键假设指标的选择是否存在管理层偏向的迹象； 5. 我们也复核了财务报告中附注（五）25 以及附注（七）17 对递延所得税资产相关信息披露的充分性。

（三）存货跌价准备的计提

关键审计事项	该事项在审计中是如何应对的
请参阅财务报告中附注（五）11、附注（七）7 及附注（七）43 所示。 截至 2018 年 12 月 31 日，贵公司合并资产负债表中存货账面价值 2 001 151.82 万元，其中存货账面余额 2 029 258.68 万元、存货跌价准备 28 106.86 万元。 存货跌价准备的确认取决于对存货可变现净值的估计，存货可变现净值的确定，要求管理层对存货的未来售价和至完工时将要发生的成本（如相关）、销售费用以及相关税费的金额进行估计。 由于存货和存货跌价准备的确认对合并财务报表的重要性，且存货跌价准备的计算过程复杂，以及在确定存货可变现净值时涉及管理层的重大判断、假设和估计，其中可能存在错误或潜在的管理层偏向的情况，因此我们将其识别为贵公司关键审计事项。	1. 我们测试了存货跌价准备确认相关的内部控制的设计和执行； 2. 我们评价了管理层计算可变现净值所涉及的重要判断、假设和估计，同时，我们查阅了管理层确定存货未来销售价格和至完工时发生的成本（如相关）、销售费用以及相关税金等事项的依据和文件； 3. 我们执行了检查、重新计算等审计程序，特别是对于存货可变现净值的确定我们根据相关数据进行了重新计算； 4. 我们通过对存货库龄情况进行分析性复核，以确定相应的存货跌价准备计提是否充分； 5. 我们对存货盘点进行了监盘，在监盘过程中，我们除了关注存货的真实性和准确性外，还重点关注了存货的使用状况，是否存在呆滞、残次等状况的存货，以评价存货跌价准备计提的充分性； 6. 我们也复核了财务报告中附注（五）11、附注（七）7 以及附注（七）43 对存货跌价准备相关信息披露的充分性。

四、其他信息

贵公司管理层对其他信息负责。其他信息包括贵公司 2018 年年度报告中涵盖的信息，但不包括财务报表和我们的审计报告。

我们对财务报表发表的审计意见不涵盖其他信息，我们也不对其他信息发表任何形式的鉴证结论。

结合我们对财务报表的审计，我们的责任是阅读其他信息，在此过程中，考虑其他信息是否与财务报表或我们在审计过程中了解到的情况存在重大不一致或者似乎存在重大错报。

基于我们已经针对审计报告日前获取的其他信息执行的工作，如果我们确定该其他信息存在重大错报，我们应当报告该事实。在这方面，我们无任何事项需要报告。

五、管理层和治理层对财务报表的责任

贵公司管理层负责按照企业会计准则的规定编制财务报表,使其实现公允反映,并设计、执行和维护必要的内部控制,以使财务报表不存在由于舞弊或错误导致的重大错报。

在编制财务报表时,管理层负责评估贵公司的持续经营能力,披露与持续经营相关的事项(如适用),并运用持续经营假设,除非管理层计划清算贵公司、停止营运或别无其他现实的选择。

治理层负责监督贵公司的财务报告过程。

六、注册会计师对财务报表审计的责任

我们的目标是对财务报表整体是否不存在由于舞弊或错误导致的重大错报获取合理保证,并出具包含审计意见的审计报告。合理保证是高水平的保证,但并不能保证按照审计准则执行的审计在某一重大错报存在时总能发现。错报可能由舞弊或错误所导致,如果合理预期错报单独或汇总起来可能影响财务报表使用者依据财务报表作出的经济决策,则通常认为错报是重大的。

在按照审计准则执行审计的过程中,我们运用了职业判断,保持了职业怀疑。同时,我们也执行了以下工作:

(一)识别和评估由于舞弊或错误导致的财务报表重大错报风险;设计和实施审计程序以应对这些风险,并获取充分、适当的审计证据,作为发表审计意见的基础。由于舞弊可能涉及串通、伪造、故意遗漏、虚假陈述或凌驾于内部控制之上,未能发现由于舞弊导致的重大错报的风险高于未能发现由于错误导致的重大错报的风险。

(二)了解与审计相关的内部控制,以设计恰当的审计程序。

(三)评价管理层选用会计政策的恰当性和作出会计估计及相关披露的合理性。

(四)对管理层使用持续经营假设的恰当性得出结论。同时,根据获取的审计证据,就可能导致对贵公司持续经营能力产生重大疑虑的事项或情况是否存在重大不确定性得出结论。如果我们得出结论认为存在重大不确定性,审计准则要求我们在审计报告中提请报表使用者注意财务报表中的相关披露;如果披露不充分,我们应当发表非无保留意见。我们的结论基于截至审计报告日可获得的信息。然而,未来的事项或情况可能导致贵公司不能持续经营。

(五)评价财务报表的总体列报、结构和内容(包括披露),并评价财务报表是否公允反映相关交易和事项。

(六)就贵公司中实体或业务活动的财务信息获取充分、适当的审计证据,以对财务报表发表意见。我们负责指导、监督和执行集团审计。我们对审计意见承担全部责任。

我们与治理层就计划的审计范围、时间安排和重大审计发现等事项进行沟通,包括沟通我们在审计中识别出的值得关注的内部控制缺陷。

我们还就已遵守与独立性相关的职业道德要求向治理层提供声明,并与治理层沟通可能被合理认为影响我们独立性的所有关系和其他事项,以及相关的防范措施(如适用)。

从与治理层沟通过的事项中,我们确定哪些事项对本期财务报表审计最为重要,因而构成关键审计事项。我们在审计报告中描述这些事项,除非法律法规禁止公开披露这些事项,或在极少数情形下,如果合理预期在审计报告中沟通某事项造成的负面后果超过在公众利益方面产生的益处,我们确定不应在审计报告中沟通该事项。

中审众环会计师事务所(特殊普通合伙)	中国注册会计师:龚静伟
	(项目合伙人)
	中国注册会计师:吴梓豪
中国 武汉	二〇一九年四月二十六日

二、财务报告

合并资产负债表(资产)

编制单位:珠海格力电器股份有限公司 单位:人民币元

资产	附注	2018年12月31日	2017年12月31日
流动资产:			
货币资金	(七)1	113 079 030 368.11	99 610 976 256.82
结算备付金			
拆出资金			
以公允价值计量且其变动计入当期损益的金融资产	(七)2	1 012 470 387.43	602 045 597.22
衍生金融资产	(七)3	170 216 138.92	481 055 568.00
应收票据及应收账款	(七)4	43 611 226 866.20	38 070 905 179.32
其中:应收票据		35 911 567 876.04	32 256 413 538.14
应收账款		7 699 658 990.16	5 814 491 641.18
预付款项	(七)5	2 161 876 009.22	3 717 874 635.44
应收保费			
应收分保账款			
应收分保合同准备金			
其他应收款	(七)6	2 553 689 544.47	2 161 072 894.28
其中:应收利息		2 257 098 901.99	1 889 248 005.80
应收股利			
买入返售金融资产			
存货	(七)7	20 011 518 230.53	16 568 347 179.12
持有待售资产			
一年内到期的非流动资产			
其他流动资产	(七)8	17 110 921 223.89	10 341 912 577.58
流动资产合计		**199 710 948 768.77**	**171 554 189 887.78**
非流动资产:			
发放贷款及垫款	(七)9	9 071 332 784.86	6 673 429 372.96
可供出售金融资产	(七)10	2 216 195 036.33	2 174 941 527.25
持有至到期投资			
长期应收款			
长期股权投资	(七)11	2 250 732 461.71	110 391 368.86
投资性房地产	(七)12	537 589 343.08	516 630 135.79
固定资产	(七)13	18 385 761 475.54	17 482 114 255.70
在建工程	(七)14	1 663 938 988.55	1 020 709 311.31
生产性生物资产			
油气资产			
无形资产	(七)15	5 204 500 167.30	3 604 467 335.23
开发支出			
商誉	(七)16	51 804 350.47	
长期待摊费用		4 237 554.01	2 208 646.95
递延所得税资产	(七)17	11 349 573 709.69	10 838 697 148.69
其他非流动资产	(七)18	787 542 636.50	1 010 128 134.18
非流动资产合计		**51 523 208 508.04**	**43 433 717 236.92**
资产总计		**251 234 157 276.81**	**214 987 907 124.70**

合并资产负债表（负债及所有者权益）

编制单位：珠海格力电器股份有限公司
单位：人民币元

负债和所有者权益	附注	2018年12月31日	2017年12月31日
流动负债：			
短期借款	（七）19	22 067 750 002.70	18 646 095 044.32
向中央银行借款		0.00	0.00
吸收存款及同业存放	（七）20	315 879 779.13	266 944 787.77
拆入资金		0.00	0.00
以公允价值计量且其变动计入当期损益的金融负债		0.00	0.00
衍生金融负债	（七）21	257 364 882.07	615 777 702.86
应付票据及应付账款	（七）22	49 822 799 753.31	44 319 815 872.89
预收款项	（七）23	9 792 041 417.16	14 143 038 242.58
卖出回购金融资产款		0.00	0.00
应付手续费及佣金		0.00	0.00
应付职工薪酬	（七）24	2 473 204 451.69	1 876 728 937.34
应交税费	（七）25	4 848 347 673.70	3 908 873 986.27
其他应付款	（七）26	4 747 139 263.00	2 801 294 164.76
其中：应付利息		133 746 867.96	196 103 905.86
应付股利		707 913.60	707 913.60
应付分保账款		0.00	0.00
保险合同准备金		0.00	0.00
代理买卖证券款		0.00	0.00
代理承销证券款		0.00	0.00
持有待售负债		0.00	0.00
一年内到期的非流动负债		0.00	0.00
其他流动负债	（七）27	63 361 598 764.96	60 912 220 150.82
流动负债合计		**157 686 125 987.72**	**147 490 788 889.61**
非流动负债：			
长期借款		0.00	0.00
应付债券		0.00	0.00
其中：优先股		0.00	0.00
永续债		0.00	0.00
长期应付款		0.00	0.00
长期应付职工薪酬	（七）28	130 840 170.00	112 708 961.00
预计负债		0.00	0.00
递延收益	（七）29	166 293 620.03	126 215 974.15
递延所得税负债	（七）17	536 185 771.60	403 487 740.43
其他非流动负债		0.00	0.00
非流动负债合计		833 319 561.63	642 412 675.58
负债合计		**158 519 445 549.35**	**148 133 201 565.19**
所有者权益：			
股本	（七）30	6 015 730 878.00	6 015 730 878.00
其他权益工具		0.00	0.00
其中：优先股		0.00	0.00
永续债		0.00	0.00
资本公积	（七）31	93 379 500.71	124 880 600.71
减：库存股		0.00	0.00

单位：人民币元(续表)

负债和所有者权益	附注	2018年12月31日	2017年12月31日
其他综合收益	(七)32	-550 806 051.51	-91 700 671.13
专项储备		0.00	0.00
盈余公积	(七)33	3 499 671 556.59	3 499 671 556.59
一般风险准备	(七)34	329 417 571.48	327 347 621.67
未分配利润	(七)35	81 939 701 613.83	55 738 983 882.22
归属于母公司所有者权益合计		**91 327 095 069.10**	**65 614 913 868.06**
少数股东权益		1 387 616 658.36	1 239 791 691.45
所有者权益合计		**92 714 711 727.46**	**66 854 705 559.51**
负债和所有者权益总计		**251 234 157 276.81**	**214 987 907 124.70**

法定代表人： 主管会计工作负责人： 会计机构负责人：

母公司资产负债表(资产)

编制单位：珠海格力电器股份有限公司　　　　　　　　　　　　　单位：人民币元

资产	附注	2018年12月31日	2017年12月31日
流动资产：			
货币资金		102 696 932 265.26	97 829 294 130.39
以公允价值计量且其变动计入当期损益的金融资产		412 114 127.42	300 195 121.01
衍生金融资产		73 920 207.86	16 063 507.26
应收票据及应收账款	(十七)1	35 047 382 637.60	29 431 074 867.29
其中：应收票据		32 516 210 775.80	28 046 280 904.73
应收账款		2 531 171 861.80	1 384 793 962.56
预付款项		11 907 653 260.68	8 728 589 231.24
其他应收款	(十七)2	3 898 630 873.93	4 220 315 796.12
其中：应收利息		1 803 079 868.37	1 666 284 431.68
应收股利			
存货		8 529 208 778.48	10 803 398 501.22
持有待售资产			
一年内到期的非流动资产			
其他流动资产		12 311 814 484.26	5 261 234 132.07
流动资产合计		**174 877 656 635.49**	**156 590 165 286.60**
非流动资产：			
可供出售金融资产		764 190 199.08	493 798 079.40
持有至到期投资			
长期应收款			
长期股权投资	(十七)3	12 538 945 257.76	8 459 424 755.85
投资性房地产		26 777 855.79	29 079 980.78
固定资产		3 124 307 345.06	3 368 303 167.62
在建工程		168 094 835.04	115 844 335.99
生产性生物资产			
油气资产			
无形资产		748 344 213.16	513 797 868.12
开发支出			
商誉			
长期待摊费用			
递延所得税资产		10 931 512 853.30	10 512 001 060.35
其他非流动资产		130 258 604.75	122 821 967.33
非流动资产合计		**28 432 431 163.94**	**23 615 071 215.44**
资产总计		**203 310 087 799.43**	**180 205 236 502.04**

法定代表人： 主管会计工作负责人： 会计机构负责人：

母公司资产负债表(负债及所有者权益)

编制单位:珠海格力电器股份有限公司　　　　　　　　　　　　　　　　单位:人民币元

负债和所有者权益	附注	2018年12月31日	2017年12月31日
流动负债:			
短期借款		17 759 081 480.00	12 174 152 000.00
以公允价值计量且其变动计入当期损益的金融负债		—	—
衍生金融负债		45 078 940.00	38 010 117.58
应付票据及应付账款		44 915 851 038.71	47 329 886 373.69
预收款项		13 470 828 988.39	16 548 929 401.36
应付职工薪酬		1 114 026 322.53	808 745 204.92
应交税费		2 902 885 192.91	2 848 508 249.51
其他应付款		1 795 358 032.57	783 158 863.45
其中:应付利息		108 650 144.21	184 231 020.61
应付股利		602 881.87	602 881.87
持有待售负债		—	—
一年内到期的非流动负债			
其他流动负债		63 348 220 747.89	60 900 715 131.17
流动负债合计		**145 351 330 743.00**	**141 432 105 341.68**
非流动负债:			
长期借款		—	—
应付债券		—	—
其中:优先股		—	—
永续债		—	—
长期应付款		—	—
长期应付职工薪酬		130 840 170.00	112 708 961.00
预计负债		—	—
递延收益		30 607 319.00	27 780 600.00
递延所得税负债		311 380 274.15	254 610 929.35
其他非流动负债			
非流动负债合计		**472 827 763.15**	**395 100 490.35**
负债合计		**145 824 158 506.15**	**141 827 205 832.03**
所有者权益:			
股本		6 015 730 878.00	6 015 730 878.00
其他权益工具		—	—
其中:优先股		—	—
永续债		—	—
资本公积		179 564 695.55	190 973 495.25
减:库存股		—	—
其他综合收益		-330 283 919.33	-69 906 378.20
专项储备		—	—
盈余公积		3 497 114 024.31	3 497 114 024.31
一般风险准备		—	—
未分配利润		48 123 803 614.75	28 744 118 650.65
所有者权益合计		**57 485 929 293.28**	**38 378 030 670.01**
负债和所有者权益总计		**203 310 087 799.43**	**180 205 236 502.04**

法定代表人:　　　　　　　　　主管会计工作负责人:　　　　　　　会计机构负责人:

合并利润表

编制单位：珠海格力电器股份有限公司　　　　　　　　　　　　　　　　　　　　　　　　　　　　单位：人民币元

项目	附注	2018 年度	2017 年度
一、营业总收入		200 023 997 743.87	150 019 551 611.75
其中：营业收入	（七）36	198 123 177 056.84	148 286 450 009.18
利息收入	（七）37	1 899 287 824.22	1 731 806 535.80
已赚保费			
手续费及佣金收入	（七）37	1 532 862.81	1 295 066.77
二、营业总成本		169 589 329 246.65	124 700 268 935.28
其中：营业成本	（七）36	138 234 167 710.13	99 562 912 753.17
利息支出	（七）37	45 341 946.69	195 890 946.47
手续费及佣金支出	（七）37	657 689.31	489 637.56
退保金			
赔付支出净额			
提取保险合同准备金净额			
保单红利支出			
分保费用			
税金及附加	（七）38	1 741 892 704.57	1 513 035 444.41
销售费用	（七）39	18 899 578 046.25	16 660 268 494.07
管理费用	（七）40	4 365 850 083.19	2 454 003 340.08
研发费用	（七）41	6 988 368 285.92	3 617 601 371.21
财务费用	（七）42	-948 201 396.74	431 279 988.49
其中：利息费用		1 068 308 309.96	818 839 384.70
利息收入		2 384 486 815.64	2 204 841 309.74
资产减值损失	（七）43	261 674 177.33	264 786 959.82
加：其他收益	（七）44	408 553 205.53	401 584 771.26
投资收益（损失以"-"号填列）	（七）45	106 768 935.01	396 648 138.32
其中：对联营企业和合营企业的投资收益		560 513.87	6 487 470.38
汇兑收益（损失以"-"号填列）			
加：公允价值变动收益（损失以"-"号填列）	（七）46	46 257 424.83	9 212 503.59
资产处置收益（损失以"-"号填列）	（七）47	636 629.29	-1 022 346.31
三、营业利润（亏损以"-"号填列）		30 996 884 691.88	26 125 705 743.33
加：营业外收入	（七）48	317 857 733.42	510 563 108.36
减：营业外支出	（七）49	41 234 701.05	20 540 169.37
四、利润总额（亏损总额以"-"号填列）		31 273 507 724.25	26 615 728 682.32
减：所得税费用	（七）50	4 894 477 907.19	4 108 221 841.91
五、净利润（净亏损以"-"号填列）		26 379 029 817.06	22 507 506 840.41
（一）按经营持续性分类			
1. 持续经营净利润（净亏损以"-"号填列）		26 379 101 213.82	22 507 553 776.19
2. 终止经营净利润（净亏损以"-"号填列）	（十六）5	-71 396.76	-46 935.78
（二）按所有权归属分类			
1. 归属于母公司所有者的净利润		26 202 787 681.42	22 400 484 001.26
2. 少数股东损益		176 242 135.64	107 022 839.15

单位:人民币元(续表)

项目	附注	2018 年度	2017 年度
六、其他综合收益的税后净额		-457 274 293.16	125 720 324.63
归属于母公司所有者的其他综合收益的税后净额	(七) 32	-459 105 380.38	129 077 663.53
(一) 不能重分类进损益的其他综合收益		-16 491 946.00	6 602 971.00
1. 重新计量设定受益计划变动额		-16 491 946.00	6 602 971.00
2. 权益法下不能转损益的其他综合收益			
(二) 将重分类进损益的其他综合收益		-442 613 434.38	122 474 692.53
1. 权益法下可转损益的其他综合收益		187 494.29	-9 273.03
2. 可供出售金融资产公允价值变动损益		-519 311 273.76	155 095 682.88
3. 持有至到期投资重分类为可供出售金融资产损益			
4. 现金流量套期损益的有效部分		-17 863 663.45	4 704 601.25
5. 外币财务报表折算差额		94 374 008.54	-37 316 318.57
6. 其他			
归属于少数股东的其他综合收益的税后净额		1 831 087.22	-3 357 338.90
七、综合收益总额		25 921 755 523.90	22 633 227 165.04
归属于母公司所有者的综合收益总额		25 743 682 301.04	22 529 561 664.79
归属于少数股东的综合收益总额		178 073 222.86	103 665 500.25
八、每股收益:			
(一) 基本每股收益	(十八) 2	4.36	3.72
(二) 稀释每股收益	(十八) 2	4.36	3.72

本期发生同一控制下企业合并的被合并方在合并前实现的净利润为 184 503.98 元,上期被合并方实现的净利润为 -1 092 203.68 元。

法定代表人:　　　　　主管会计工作负责人:　　　　　会计机构负责人:

母公司利润表

编制单位:珠海格力电器股份有限公司　　　　　　　　　　　　　　单位:人民币元

项目	附注	2018 年度	2017 年度
一、营业收入	(十七) 4	**161 753 766 107.09**	**133 341 973 443.94**
减:营业成本	(十七) 4	119 138 891 358.78	99 824 351 552.64
税金及附加		794 981 560.14	776 985 965.15
销售费用		19 690 156 573.66	15 281 078 656.52
管理费用		940 247 027.67	435 437 093.67
研发费用		5 120 483 984.30	1 742 565 943.10
财务费用		-2 190 327 164.77	445 737 758.40
其中:利息费用		1 032 859 821.02	748 712 306.90
利息收入		2 957 965 151.82	2 564 304 733.70
资产减值损失		70 695 217.15	22 622 342.69
加:其他收益		70 644 867.83	163 132 242.57
投资收益(损失以"-"号填列)	(十七) 5	3 846 958 399.63	11 373 773 504.87
其中:对联营企业和合营企业的投资收益		129 541.96	6 487 470.38
加:公允价值变动净收益(损失以"-"号填列)		50 758 723.95	-246 881 907.94
资产处置收益(损失以"-"号填列)		-317 786.26	-492 210.45

单位：人民币元（续表）

项目	附注	2018年度	2017年度
二、营业利润（亏损以"－"号填列）		22 156 681 755.31	26 102 725 760.82
加：营业外收入		39 339 935.29	23 307 631.70
减：营业外支出		5 213 829.75	3 154 125.74
三、利润总额（亏损总额以"－"号填列）		22 190 807 860.85	26 122 879 266.78
减：所得税费用		2 811 122 896.75	2 188 851 718.31
四、净利润（净亏损以"－"号填列）		19 379 684 964.10	23 934 027 548.47
（一）持续经营净利润（净亏损以"－"号填列）		19 379 684 964.10	23 934 027 548.47
（二）终止经营净利润（净亏损以"－"号填列）			
五、其他综合收益的税后净额		－260 377 541.13	－51 569 625.20
（一）不能重分类进损益的其他综合收益		－16 491 946.00	6 602 971.00
1. 重新计量设定受益计划变动额		－16 491 946.00	6 602 971.00
2. 权益法下不能转损益的其他综合收益			
（二）将重分类进损益的其他综合收益		－243 885 595.13	－58 172 596.20
1. 权益法下可转损益的其他综合收益		187 494.29	－9 273.03
2. 可供出售金融资产公允价值变动损益		－226 209 425.97	－62 867 924.42
3. 持有至到期投资重分类为可供出售金融资产损益			
4. 现金流量套期损益的有效部分		－17 863 663.45	4 704 601.25
5. 外币财务报表折算差额			
6. 其他			
六、综合收益总额		19 119 307 422.97	23 882 457 923.27

法定代表人：　　　　　　　　　主管会计工作负责人：　　　　　　　　　会计机构负责人：

合并现金流量表

编制单位：珠海格力电器股份有限公司　　　　　　　　　　　　　　　　单位：人民币元

项目	附注	2018年度	2017年度
一、经营活动产生的现金流量：			
销售商品、提供劳务收到的现金		135 029 126 382.98	107 599 120 105.06
客户存款和同业存放款项净增加额		48 934 991.36	121 702 928.32
向中央银行借款净增加额			－4 274 000.00
向其他金融机构拆入资金净增加额			—
收到原保险合同保费取得的现金			—
收到再保险业务现金净额			
保户储金及投资款净增加额			
处置以公允价值计量且其变动计入当期损益的金融资产净增加额			—
收取利息、手续费及佣金的现金		1 208 127 832.48	1 587 554 426.67
拆入资金净增加额			—
回购业务资金净增加额			—
收到的税费返还		2 356 588 272.30	1 657 283 101.37
收到其他与经营活动有关的现金	（七）51（1）	7 566 986 223.85	2 699 894 613.44
经营活动现金流入小计		146 209 763 702.97	113 661 281 174.86
购买商品、接受劳务支付的现金		78 045 526 788.80	58 365 165 226.98
客户贷款及垫款净增加额		2 343 375 955.55	2 023 785 462.37
存放中央银行和同业款项净增加额		104 458 700.38	237 451 561.16

单位:人民币元(续表)

项目	附注	2018 年度	2017 年度
支付原保险合同赔付款项的现金			—
支付利息、手续费及佣金的现金		31 566 054.63	184 827 335.01
支付保单红利的现金			
支付给职工以及为职工支付的现金		8 575 412 582.19	7 685 286 474.16
支付的各项税费		15 141 797 894.72	13 196 771 806.07
支付其他与经营活动有关的现金	(七)51(2)	15 026 834 183.72	15 629 910 534.86
经营活动现金流出小计		**119 268 972 159.99**	**97 323 198 400.61**
经营活动产生的现金流量净额		**26 940 791 542.98**	**16 338 082 774.25**
二、投资活动产生的现金流量:			
收回投资收到的现金		6 710 785 947.97	3 403 888 789.05
取得投资收益收到的现金		579 489 614.76	152 095 873.45
处置固定资产、无形资产和其他长期资产收回的现金净额		6 302 072.99	3 549 493.80
处置子公司及其他营业单位收到的现金净额			—
收到其他与投资活动有关的现金	(七)51(3)	2 652 398 105.48	443 244 425.45
投资活动现金流入小计		**9 948 975 741.20**	**4 002 778 581.75**
购建固定资产、无形资产和其他长期资产支付的现金		3 837 549 166.56	2 424 806 990.73
投资支付的现金		15 477 712 506.03	12 419 732 249.51
质押贷款净增加额			
取得子公司及其他营业单位支付的现金净额		1 029 686 312.94	—
支付其他与投资活动有关的现金	(七)51(4)	11 449 793 031.34	51 411 697 310.27
投资活动现金流出小计		**31 794 741 016.87**	**66 256 236 550.51**
投资活动产生的现金流量净额		**-21 845 765 275.67**	**-62 253 457 968.76**
三、筹资活动产生的现金流量:			
吸收投资收到的现金			111 490 000.00
其中:子公司吸收少数股东投资收到的现金			111 490 000.00
取得借款收到的现金		27 633 970 524.35	21 610 162 758.28
发行债券收到的现金			
收到其他与筹资活动有关的现金	(七)51(5)	5 110 000.00	160 275 000.00
筹资活动现金流入小计		**27 639 080 524.35**	**21 881 927 758.28**
偿还债务支付的现金		24 227 160 995.94	13 008 985 202.68
分配股利、利润或偿付利息支付的现金		862 910 396.59	11 121 283 724.41
其中:子公司支付给少数股东的股利、利润			
支付其他与筹资活动有关的现金	(七)51(6)	35 162 649.65	—
筹资活动现金流出小计		**25 125 234 042.18**	**24 130 268 927.09**
筹资活动产生的现金流量净额		**2 513 846 482.17**	**-2 248 341 168.81**
四、汇率变动对现金的影响		**-196 368 149.08**	**-1 798 027 435.57**
五、现金及现金等价物净增加额		**7 412 504 600.40**	**-49 961 743 798.89**
加:期初现金及现金等价物余额		21 359 616 223.94	71 321 360 022.83
六、期末现金及现金等价物余额		**28 772 120 824.34**	**21 359 616 223.94**

法定代表人: 主管会计工作负责人: 会计机构负责人:

母公司现金流量表

编制单位:珠海格力电器股份有限公司　　　　　　　　　　　　　　　　　　　　　　　单位:人民币元

项目	附注	2018 年度	2017 年度
一、经营活动产生的现金流量:			
销售商品、提供劳务收到的现金		104 307 759 700.58	97 723 783 828.79
收到的税费返还		1 879 978 085.63	1 411 863 899.21
收到的其他与经营活动有关的现金		8 310 656 390.83	1 830 312 545.37
经营活动现金流入小计		**114 498 394 177.04**	**100 965 960 273.37**
购买商品、接受劳务支付的现金		74 899 174 798.26	58 716 405 467.92
支付给职工以及为职工支付的现金		3 342 083 985.11	3 135 458 281.61
支付的各项税费		9 482 565 857.21	8 769 149 298.18
支付的其他与经营活动有关的现金		13 157 727 738.20	13 669 947 419.72
经营活动现金流出小计		**100 881 552 378.78**	**84 290 960 467.43**
经营活动产生的现金流量净额		**13 616 841 798.26**	**16 674 999 805.94**
二、投资活动产生的现金流量:			
收回投资所收到的现金		1 520 299 695.69	—
取得投资收益所收到的现金		39 636 400.79	14 416 638.60
处置固定资产、无形资产和其他长期资产所收回的现金净额		5 323 648.72	1 859 820.00
处置子公司及其他营业单位收到的现金净额			—
收到的其他与投资活动有关的现金		5 025 218 440.57	680 971 594.30
投资活动现金流入小计		**6 590 478 185.77**	**697 248 052.90**
购建固定资产、无形资产和其他长期资产所支付的现金		684 486 871.30	422 891 772.98
投资所支付的现金		11 009 107 127.65	6 228 153 500.00
取得子公司及其他营业单位支付的现金净额		1 247 087 108.76	—
支付的其他与投资活动有关的现金		7 785 360 046.49	43 617 032 693.28
投资活动现金流出小计		**20 726 041 154.20**	**50 268 077 966.26**
投资活动产生的现金流量净额		**－14 135 562 968.43**	**－49 570 829 913.36**
三、筹资活动产生的现金流量:			
吸收投资所收到的现金			—
借款所收到的现金		23 443 352 980.00	16 322 199 000.00
发行债券收到的现金			
收到的其他与筹资活动有关的现金		1 727 534 511.00	1 386 994 860.00
筹资活动现金流入小计		**25 170 887 491.00**	**17 709 193 860.00**
偿还债务所支付的现金		17 648 573 616.66	10 911 555 825.05
分配股利、利润或偿付利息所支付的现金		768 898 753.56	11 029 437 856.55
支付的其他与筹资活动有关的现金		458 537 863.15	—
筹资活动现金流出小计		**18 876 010 233.37**	**21 940 993 681.60**
筹资活动产生的现金流量净额		**6 294 877 257.63**	**－4 231 799 821.60**
四、汇率变动对现金及现金等价物的影响		953 014 876.37	－2 888 344 323.03
五、现金及现金等价物净增加额		6 729 170 963.83	－40 015 974 252.05
加:期初现金及现金等价物余额		25 586 691 500.01	65 602 665 752.06
六、期末现金及现金等价物余额		32 315 862 463.84	25 586 691 500.01

法定代表人:　　　　　　　　　主管会计工作负责人:　　　　　　　　会计机构负责人:

合并所有者权益变动表

编制单位：珠海格力电器股份有限公司　　　　　2018 年度　　　　　单位：人民币元

项目	股本	其他权益工具 优先股 永续债 其他 小计	资本公积	减：库存股	其他综合收益	专项储备	盈余公积	一般风险准备	未分配利润	少数股东权益	所有者权益合计
一、上年末余额	6 015 730 878.00		103 880 600.71		−91 700 671.13		3 499 671 556.59	327 347 621.67	55 740 076 085.90	1 239 791 691.45	66 834 797 763.19
加：会计政策变更											
前期差错更正											
同一控制下企业合并			21 000 000.00						−1 092 203.68		19 907 796.32
其他											
二、本年初余额	6 015 730 878.00		124 880 600.71		−91 700 671.13		3 499 671 556.59	327 347 621.67	55 738 983 882.22	1 239 791 691.45	66 854 705 559.51
三、本年增减变动金额（减少以"−"号填列）			−31 501 100.00		−459 105 380.38			2 069 949.81	26 200 717 731.61	147 824 966.91	25 860 006 167.95
（一）综合收益总额					−459 105 380.38				26 202 787 681.42	178 073 222.86	25 921 755 523.90
（二）所有者投入和减少股本			−31 501 100.00								−31 501 100.00
1. 所有者投入普通股											
2. 其他权益工具持有者投入资本											
3. 股份支付计入所有者权益的金额			−31 501 100.00								−31 501 100.00
4. 其他											
（三）利润分配								2 069 949.81	−2 069 949.81		
1. 提取盈余公积											
2. 提取一般风险准备								2 069 949.81	−2 069 949.81		
3. 对所有者的分配										−30 248 255.95	−30 248 255.95
4. 其他											
（四）所有者权益内部结转											
1. 资本公积转增资本											
2. 盈余公积转增资本											
3. 盈余公积弥补亏损											
4. 设定受益计划变动额结转留存收益											
5. 其他											
（五）专项储备										−30 248 255.95	−30 248 255.95
1. 本期提取											
2. 本期使用											
（六）其他											
四、本年末余额	6 015 730 878.00		93 379 500.71		−550 806 051.51		3 499 671 556.59	329 417 571.48	81 939 701 613.83	1 387 616 658.36	92 714 711 727.46

单位：人民币元（续表）

2017 年度

项目	归属于母公司所有者权益								少数股东权益	所有者权益合计
	股本	其他权益工具（优先股/永续债/其他/计）	资本公积	减：库存股	其他综合收益	专项储备	盈余公积	一般风险准备	未分配利润		
一、上年末余额	6 015 730 878.00		183 400 626.71		-220 778 334.66		3 499 671 556.59	267 370 640.37	44 226 792 442.66	979 967 445.43	54 952 155 255.10
加：会计政策变更											
前期差错更正											
同一控制下企业合并											
其他											
二、本年年初余额	6 015 730 878.00		183 400 626.71		-220 778 334.66		3 499 671 556.59	267 370 640.37	44 226 792 442.66	979 967 445.43	54 952 155 255.10
三、本年增减变动金额（减少以"-"号填列）			-58 520 026.00		129 077 663.53			59 976 981.30	11 512 191 439.56	259 824 246.02	11 902 550 304.41
（一）综合收益总额					129 077 663.53				22 400 484 001.26	103 665 500.25	22 633 227 165.04
（二）所有者投入和减少股本			21 000 000.00							90 490 000.00	111 490 000.00
1. 所有者投入普通股										90 490 000.00	90 490 000.00
2. 其他权益工具持有者投入股本											
3. 股份支付计入所有者权益的金额			21 000 000.00								21 000 000.00
其他											
（三）利润分配								59 976 981.30	-10 888 292 561.70	-13 851 280.23	-10 842 166 860.63
1. 提取盈余公积											
2. 提取一般风险准备								59 976 981.30	-59 976 981.30		
3. 对所有者的分配									-10 828 315 580.40	-13 851 280.23	-10 842 166 860.63
4. 其他											
（四）所有者权益内部结转			-79 520 026.00							79 520 026.00	
1. 资本公积转增资本											
2. 盈余公积转增资本											
3. 盈余公积弥补亏损											
4. 设定受益计划变动额结转留存收益											
5. 其他			-79 520 026.00							79 520 026.00	
（五）专项储备											
1. 本期提取											
2. 本期使用											
（六）其他											
四、本年末余额	6 015 730 878.00		124 880 600.71		-91 700 671.13		3 499 671 556.59	327 347 621.67	55 738 983 882.22	1 239 791 691.45	66 854 705 559.51

法定代表人：　　　　　主管会计工作负责人：　　　　　会计机构负责人：

母公司所有者权益变动表

编制单位:珠海格力电器股份有限公司　　2018 年度　　单位:人民币元

项目	股本	其他权益工具 优先股	其他权益工具 永续债	其他权益工具 其他	小计	资本公积	减:库存股	其他综合收益	专项储备	盈余公积	未分配利润	所有者权益合计
一、上年年末余额	6 015 730 878.00					190 973 495.25		−69 906 378.20		3 497 114 024.31	28 744 118 650.65	38 378 030 670.01
加:会计政策变更												
前期差错更正												
其他												
二、本年年初余额	6 015 730 878.00					190 973 495.25		−69 906 378.20		3 497 114 024.31	28 744 118 650.65	38 378 030 670.01
三、本年增减变动金额(减少以"−"号填列)						−11 408 799.70		−260 377 541.13			19 379 684 964.10	19 107 898 623.27
(一) 综合收益总额								−260 377 541.13			19 379 684 964.10	19 119 307 422.97
(二) 所有者投入和减少股本						−11 408 799.70						−11 408 799.70
1. 所有者投入普通股												
2. 其他权益工具持有者投入资本												
3. 股份支付计入所有者权益的金额						−11 408 799.70						−11 408 799.70
4. 其他												
(三) 利润分配												
1. 提取盈余公积												
2. 对所有者的分配												
3. 其他												
(四) 所有者权益内部结转												
1. 资本公积转增资本												
2. 盈余公积转增资本												
3. 盈余公积弥补亏损												
4. 设定受益计划变动额结转留存收益												
5. 其他												
(五) 专项储备												
1. 本期提取												
2. 本期使用												
(六) 其他												
四、本年年末余额	6 015 730 878.00					179 564 695.55		−330 283 919.33		3 497 114 024.31	48 123 803 614.75	57 485 929 293.28

单位:人民币元(续表)

		其他权益工具						2017年度			
项目	股本	优先股	永续债	其他	小计	资本公积	减:库存股	其他综合收益	专项储备	盈余公积	未分配利润	所有者权益合计
一、上年年末余额	6 015 730 878.00					190 973 495.25		-18 336 753.00		3 497 114 024.31	15 638 406 682.58	25 323 888 327.14
加:会计政策变更												
前期差错更正												
其他												
二、本年年初余额	6 015 730 878.00					190 973 495.25		-18 336 753.00		3 497 114 024.31	15 638 406 682.58	25 323 888 327.14
三、本年增减变动金额(减少以"-"号填列)								-51 569 625.20			13 105 711 968.07	13 054 142 342.87
(一)综合收益总额								-51 569 625.20			23 934 027 548.47	23 882 457 923.27
(二)所有者投入和减少股本												
1. 所有者投入普通股												
2. 其他权益工具持有者投入股本												
3. 股份支付计入所有者权益的金额												
4. 其他												
(三)利润分配											-10 828 315 580.40	-10 828 315 580.40
1. 提取盈余公积												
2. 对所有者的分配											-10 828 315 580.40	-10 828 315 580.40
3. 其他												
(四)所有者权益内部结转												
1. 资本公积转增资本												
2. 盈余公积转增资本												
3. 盈余公积弥补亏损												
4. 设定受益计划变动额结转留存收益												
5. 其他												
(五)专项储备												
1. 本期提取												
2. 本期使用												
(六)其他												
四、本年年末余额	6 015 730 878.00					190 973 495.25		-69 906 378.20		3 497 114 024.31	28 744 118 650.65	38 378 030 670.01

法定代表人:　　　　　　　　主管会计工作负责人:　　　　　　　　会计机构负责人:

三、财务报表附注[①]

（一）公司基本情况

珠海格力电器股份有限公司(以下简称"本公司")于1989年12月成立，统一社会信用代码为91440400192548256N。

截至2018年12月31日，本公司注册资本及股本为人民币6 015 730 878.00元，股本情况详见附注（七）30。

1. 本公司注册地、组织形式和总部地址

本公司组织形式：股份有限公司。

本公司注册地址及总部办公地址：广东省珠海市前山金鸡西路。

2. 本公司的业务性质和主要经营活动

本公司属于家电行业，主要从事空调器及其配件和生活电器及其配件的生产及销售。

3. 母公司以及集团最终母公司的名称

本公司的母公司是珠海格力集团有限公司，最终控制人是珠海市国有资产监督管理委员会。

4. 财务报告的批准报出者和财务报告批准报出日

本财务报告于2019年4月26日经本公司董事会批准报出。

（二）本年度合并财务报表范围及其变化情况

截至报告期末，纳入合并财务报表范围的子公司共计76家，详见本附注（九）1，本报告合并财务报表范围变化情况详见本附注（八）。

（三）财务报表的编制基础

1. 财务报表的编制基础

本公司财务报表按照财政部发布的《企业会计准则——基本准则》（财政部令第33号发布、财政部令第76号修订）与2006年2月15日及其后颁布和修订的各项具体会计准则、企业会计准则应用指南、企业会计准则解释及其他相关规定（以下合称"企业会计准则"），以及中国证券监督管理委员会《公开发行证券的公司信息披露编报规则第15号——财务报告的一般规定》（2014年修订）的披露规定编制。

2. 持续经营

本财务报表以持续经营为基础列报。管理层认真评价了本公司自2018年12月31日起，未来12个月内的宏观政策风险、市场经营风险、企业目前和长期的盈利能力、偿债能力、财务弹性以及企业管理层改变经营政策的意向等因素，认为不存在对本公司持续经营能力产生重大影响的事项。

（四）遵循企业会计准则的声明

本公司编制的财务报表符合企业会计准则的要求，真实、完整地反映了本公司2018年12月31日的财务状况及2018年度的经营成果和现金流量等有关信息。此外，本公司的财务报表在所有重大方面符合中国证券监督管理委员会2014年修订的《公开发行证券的公司信息披露编报规则第15号——财务报告的一般规定》有关财务报表及其附注的披露要求。

（五）公司主要会计政策、会计估计和前期差错

具体会计政策和会计估计提示：

本公司及各子公司从事空调器及其配件和生活电器及其配件的生产及销售。本公司根据实际生产经营特点，依据相关企业会计准则的规定，对收入确认等交易和事项制定了若干项具体会计政策和会计估计，详见本附注（五）的具体描述。

1. 会计期间

本公司会计期间分为年度和中期。中期包括半年度、季度和月度。公司会计年度为每年1月1日

[①] 此处仅列示了财务报表附注中的（一）至（六）项。

起至 12 月 31 日止。

2. 营业周期

正常营业周期是指本公司从购买用于加工的资产起至实现现金或现金等价物的期间。本公司以 12 个月作为一个营业周期,并以其作为资产和负债的流动性划分标准。

3. 记账本位币

本公司以人民币为记账本位币,本公司的个别子公司采用人民币以外的货币作为记账本位币。

4. 同一控制下和非同一控制下企业合并的会计处理方法

企业合并,是指将两个或者两个以上单独的企业合并形成一个报告主体的交易或事项。企业合并分为同一控制下的企业合并和非同一控制下的企业合并。

(1) 同一控制下的企业合并

参与合并的企业在合并前后均受同一方或相同的多方最终控制且该控制并非暂时性的,为同一控制下的企业合并。同一控制下的企业合并,在合并日取得对其他参与合并企业控制权的一方为合并方,参与合并的其他企业为被合并方。合并日,是指合并方实际取得对被合并方控制权的日期。

一次交易形成的同一控制下企业合并,或多次交易分步取得同一控制下被投资单位股权并最终形成企业合并,且属于一揽子交易的,本公司将在合并日按照所取得的被合并方在最终控制方合并财务报表中的净资产的账面价值的份额,确定合并成本。合并对价的账面价值(或发行股份面值总额)与合并成本的差额调整资本公积,资本公积不足冲减的,调整留存收益。

为进行企业合并发生的审计、法律服务、评估咨询等中介费用以及其他相关管理费用,于发生时计入当期损益;与发行权益性工具作为合并对价直接相关的交易费用,冲减资本公积,资本公积不足冲减的,调整留存收益;与发行债务性工具作为合并对价直接相关的交易费用,计入债务性工具的初始确认金额。多次交易分步取得同一控制下被投资单位股权并最终形成企业合并,不属于一揽子交易的,本公司将在合并日,根据合并后应享有被合并方净资产在最终控制方合并财务报表中的账面价值的份额,确定合并成本。合并成本与达到合并前的长期股权投资账面价值加上合并日进一步取得股份新支付对价的账面价值之和的差额,调整资本公积(资本溢价或股本溢价),资本公积不足冲减的,冲减留存收益。合并日之前持有的股权投资,因采用权益法核算或金融工具确认和计量准则核算而确认的其他综合收益,暂不进行会计处理,至处置该项投资时采用与被投资单位直接处置相关资产或负债相同的基础进行会计处理。因采用权益法核算而确认的被投资单位净资产中除净损益、其他综合收益和利润分配外的其他所有者权益变动,暂不进行会计处理,至处置该项投资时转入当期损益。

(2) 非同一控制下的企业合并

参与合并的各方在合并前后不受同一方或相同的多方最终控制的,为非同一控制下的企业合并。非同一控制下的企业合并,在购买日取得对其他参与合并企业控制权的一方为购买方,参与合并的其他企业为被购买方。购买日,是指购买方实际取得对被购买方控制权的日期。

一次交易实现的企业合并,合并成本为本公司在购买日为取得对被购买方的控制权而付出的资产、发生或承担的负债以及发行的权益性证券的公允价值。在购买日,本公司取得的被购买方的资产、负债及或有负债按公允价值确认。

通过多次交易分步实现的企业合并,区分个别财务报表和合并财务报表进行相关会计处理:在个别财务报表中,购买日之前持有的股权采用权益法核算的,以购买日之前所持被购买方的股权投资的账面价值与购买日新增投资成本之和,作为该项投资的合并成本。相关其他综合收益在处置该项投资时采用与被投资单位直接处置相关资产或负债相同的基础进行会计处理,因被投资方除净损益、其他综合收益和利润分配以外的其他所有者权益变动而确认的所有者权益,在处置该项投资时相应转入处置期间的当期损益。购买日之前持有的股权投资,采用金融工具确认和计量准则进行会计处理的,将按照该准则确定的股权投资的公允价值加上新增投资成本之和,作为该项投资的合并成本。原持有股权的公允价值与账面价值之间的差额以及原计入其他综合收益的累计公允价值变动全部转入当期投资收益。

在合并财务报表中,对于购买日之前持有的被购买方的股权,按照该股权在购买日的公允价值进行重新计量,公允价值与其账面价值的差额计入当期投资收益;购买日之前持有的被购买方的股权涉及权益法核算下的其他综合收益以及除净损益、其他综合收益和利润分配外的其他所有者权益变动,与其相关的其他综合收益、其他所有者权益变动转为购买日所属当期投资收益(被投资方重新计量设定收益计划净资产或净负债变动而产生的其他综合收益除外)。购买日之前所持被购买方的股权在购买日的公允价值与购买日新增投资成本之和,作为该项投资的合并成本。

为进行企业合并发生的审计、法律服务、评估咨询等中介费用以及其他相关管理费用,于发生时计入当期损益。与发行权益性工具作为合并对价直接相关的交易费用,冲减资本公积,资本公积不足冲减的,调整留存收益;与发行债务性工具作为合并对价直接相关的交易费用,计入债务性工具的初始确认金额。

本公司对合并成本大于合并中取得的被购买方可辨认净资产公允价值份额的差额,确认为商誉,按成本扣除累计减值准备进行后续计量;对合并成本小于合并中取得的被购买方可辨认净资产公允价值份额的差额,经复核后计入当期损益。

(3) 多次交易事项是否属于一揽子交易的判断原则

各项交易的条款、条件以及经济影响符合以下一种或多种情况,通常表明应将多次交易事项作为一揽子交易进行会计处理:

1) 这些交易是同时或者在考虑了彼此影响的情况下订立的;
2) 这些交易整体才能达成一项完整的商业结果;
3) 一项交易的发生取决于其他至少一项交易的发生;
4) 一项交易单独看是不经济的,但是和其他交易一并考虑时是经济的。

5. 合并财务报表的编制方法

(1) 合并财务报表范围的确定原则

合并财务报表的合并范围以控制为基础予以确定。控制是指本公司拥有对被投资方的权力,通过参与被投资方的相关活动而享有可变回报,并且有能力运用对被投资方的权力影响其回报金额。

(2) 合并财务报表编制的方法

本公司合并财务报表以本公司和子公司的财务报表为基础,根据其他有关资料由本公司编制。在编制合并财务报表时,本公司和子公司的会计政策和会计期间要求保持一致,公司间的重大交易和往来余额予以抵销。

在报告期内因同一控制下企业合并增加的子公司,本公司将调整合并资产负债表的期初数,将该子公司合并当期期初至报告期末的收入、费用、利润纳入合并利润表,将其现金流量纳入合并现金流量表,同时对比较报表的相关项目进行调整;因非同一控制下企业合并增加的子公司,本公司不调整合并资产负债表的期初数,仅将该子公司购买日至报告期末的收入、费用、利润纳入合并利润表,将其现金流量纳入合并现金流量表。

子公司的所有者权益中不属于本公司所拥有的部分作为少数股东权益在合并资产负债表中所有者权益项下单独列示。子公司当期净损益中属于少数股东权益的份额,在合并利润表中净利润项目下以"少数股东损益"项目列示。子公司当期综合收益中属于少数股东权益的份额,在合并利润表中综合收益总额项目下以"归属于少数股东的综合收益总额"项目列示。少数股东分担的子公司的亏损超过了少数股东在该子公司期初所有者权益中所享有的份额,其余额仍冲减少数股东权益。

对于购买子公司少数股东拥有的子公司股权,在合并财务报表中,因购买少数股权新取得的长期股权投资与按照新增持股比例计算应享有子公司自购买日或合并日开始持续计算的净资产份额之间的差额,调整资本公积,资本公积不足冲减的,调整留存收益。

因处置部分股权投资但没有丧失对该子公司控制权的交易,在合并财务报表中,处置价款与处置长期股权投资相对应享有子公司自购买日或合并日开始持续计算的净资产份额之间的差额,应当调整资本公积(资本溢价或股本溢价),资本公积不足冲减的,调整留存收益。

因处置部分股权投资或其他原因丧失了对原有子公司控制权的,剩余股权按照其在丧失控制权日的公允价值进行重新计量;处置股权取得的对价与剩余股权公允价值之和,减去按原持股比例计算应

第3章 财务报告:概念框架与报表体系

享有原子公司自购买日开始持续计算的净资产的份额之间的差额,计入丧失控制权当期的投资收益,同时冲减商誉;与原有子公司股权投资相关的其他综合收益,在丧失控制权时转为当期投资收益。

通过多次交易分步处置对子公司股权投资直至丧失控制权且各项交易属于一揽子交易的,将各项交易作为一项处置子公司并丧失控制权的交易进行会计处理;但是,在丧失控制权之前每一次处置价款与处置投资对应的享有该公司净资产份额的差额,在合并财务报表中确认为其他综合收益,在丧失控制权时一并转入丧失控制权当期的损益。

通过多次交易分步处置对子公司股权投资直至丧失控制权且各项交易不属于一揽子交易的,在丧失对子公司控制权以前的各项交易,按照本公司在不丧失对子公司控制权的情况下部分处置对子公司的长期股权投资的规定处理。

本报告期不存在对同一子公司股权在连续两个会计年度买入再卖出,或卖出再买入情况。

6. 合营安排的分类及共同经营的会计处理方法

合营安排,是指一项由两个或两个以上的参与方共同控制的安排。

(1) 合营安排的分类

合营安排分为共同经营和合营企业。共同经营,是指合营方享有该安排相关资产且承担该安排相关负债的合营安排。合营企业,是指合营方仅对该安排的净资产享有权利的合营安排。

(2) 共同经营的会计处理方法

1) 本公司确认共同经营中利益份额相关的下列项目,并按照相关企业会计准则的规定进行会计处理:

a 确认单独所持有的资产,以及按本公司份额确认共同持有的资产;

b 确认单独所承担的负债,以及按本公司份额确认共同承担的负债;

c 确认出售本公司享有的共同经营出份额所产生的收入;

d 按本公司份额确认共同经营因出售出所产生的收入;

e 确认单独所发生的费用,以及按本公司份额确认共同经营发生的费用。

2) 本公司向共同经营投出或出售资产等(该资产构成业务的除外),在该资产等由共同经营出售给第三方之前,仅确认因该交易产生的损益中归属于共同经营其他参与方的部分。投出或出售的资产发生符合《企业会计准则第 8 号——资产减值》等规定的资产减值损失的,本公司全额确认该损失。

3) 本公司自共同经营购买资产等(该资产构成业务的除外),在将该资产等出售给第三方之前,仅确认因该交易产生的损益中归属于共同经营其他参与方的部分。购入的资产发生符合《企业会计准则第 8 号——资产减值》等规定的资产减值损失的,本公司按承担的份额确认该部分损失。

7. 现金及现金等价物的确定标准

现金,是指企业库存现金以及可以随时用于支付的存款。现金等价物,是指企业持有的同时具备期限短(一般指从购入日起不超过 3 个月内到期)、流动性强、易于转换为已知金额现金、价值变动风险很小的投资。

8. 外币业务

(1) 发生外币交易时的折算方法

本公司发生的外币交易在初始确认时,按交易日的即期汇率(通常指中国人民银行公布的当日外汇牌价的中间价,下同)折算为人民币金额。

(2) 在资产负债表日对外币货币性项目和外币非货币性项目的处理方法

外币货币性项目,采用资产负债表日即期汇率折算。因资产负债表日即期汇率与初始确认时或者前一资产负债表日即期汇率不同而产生的汇兑差额,除了按照《企业会计准则第 17 号——借款费用》的规定,与购建或生产符合资本化条件的资产相关的外币借款产生的汇兑差额予以资本化外,计入当期损益。以历史成本计量的外币非货币性项目,仍采用交易发生日的即期汇率折算,不改变其记账本位币金额。以公允价值计量的股票、基金等外币非货币性项目,采用公允价值确定日的即期汇率折算,折算后记账本位币金额与原记账本位币金额的差额,作为公允价值变动(含汇率变动)处理,计入当期损益。

（3）外币财务报表的折算方法

本公司按照以下规定,将以外币表示的财务报表折算为人民币金额表示的财务报表。

资产负债表中的资产和负债项目,采用资产负债表日的即期汇率折算;所有者权益类项目除"未分配利润"项目外,其他项目采用发生时的即期汇率折算。利润表中的收入和费用项目,采用平均汇率折算。按照上述方法折算产生的外币财务报表折算差额,在资产负债表中所有者权益项目下单独列示。以外币表示的现金流量表采用现金流量发生日的平均汇率折算。汇率变动对现金的影响额作为调节项目,在现金流量表中单独列报。

9. 金融工具

（1）金融工具的确认依据

金融工具是指形成一个企业的金融资产,并形成其他单位的金融负债或权益工具的合同。本公司于成为金融工具合同的一方时确认一项金融资产或金融负债。

金融资产满足下列条件之一的,终止确认:收取该金融资产现金流量的合同权利终止;该金融资产已转移,且符合《企业会计准则第23号——金融资产转移》规定的终止确认条件。

金融负债的现时义务全部或部分已经解除的,才终止确认该金融负债或其一部分。

（2）金融资产和金融负债的分类

按照投资目的和经济实质将本公司拥有的金融资产划分为四类:

1）以公允价值计量且其变动计入当期损益的金融资产,包括交易性金融资产和指定为以公允价值计量且其变动计入当期损益的金融资产;

2）持有至到期投资;

3）贷款和应收款项;

4）可供出售金融资产。

按照经济实质将承担的金融负债划分为两类:

1）以公允价值计量且其变动计入当期损益的金融负债,包括交易性金融负债和指定为以公允价值计量且其变动计入当期损益的金融负债;

2）其他金融负债。

（3）金融资产和金融负债的计量

本公司初始确认金融资产或金融负债,按照公允价值计量。对于以公允价值计量且其变动计入当期损益的金融资产或金融负债,相关交易费用直接计入当期损益;对于其他类别的金融资产或金融负债,相关交易费用计入初始确认金额。

本公司对金融资产和金融负债的后续计量主要方法:

1）以公允价值计量且其变动计入当期损益的金融资产和金融负债,按照公允价值进行后续计量,公允价值变动计入当期损益。

2）持有至到期投资和应收款项,采用实际利率法,按摊余成本计量。

3）可供出售金融资产按照公允价值进行后续计量,公允价值变动形成的利得或损失,除减值损失和外币货币性金融资产形成的汇兑损益外,直接计入所有者权益,在该金融资产终止确认时转出,计入当期损益。

4）在活跃市场中没有报价且其公允价值不能可靠计量的权益工具投资,以及与该权益工具挂钩并须通过交付该权益工具结算的衍生金融资产,按照成本计量。

5）其他金融负债按摊余成本进行后续计量。但是下列情况除外:

a 与在活跃市场中没有报价,公允价值不能可靠计量的权益工具挂钩并须通过交付该权益工具结算的衍生金融负债,按照成本计量。

b 不属于指定为以公允价值计量且其变动计入当期损益的金融负债的财务担保合同,或没有指定为以公允价值计量且其变动计入当期损益并将以低于市场利率贷款的贷款承诺,在初始确认后按照下列两项金额之中的较高者进行后续计量:

a)《企业会计准则第13号——或有事项》确定的金额;

b）初始确认金额扣除按照《企业会计准则第 14 号——收入》的原则确定的累计摊销额后的余额。

（4）金融资产和金融负债的公允价值的确定方法

公允价值，是指在公平交易中，熟悉情况的交易双方自愿进行资产交换或债务清偿的金额。

1）金融工具存在活跃市场的

金融工具存在活跃市场的金融资产或金融负债，以活跃市场中的报价确定公允价值。活跃市场中的报价是指定期从交易所、经纪商、行业协会、定价服务机构等获得的价格，且代表了在公平交易中实际发生的市场交易的价格。报价按照以下原则确定：

a 在活跃市场上，公司已持有的金融资产或拟承担的金融负债的报价，为市场中的现行出价；拟购入的金融资产或已承担的金融负债的报价，为市场中的现行要价。

b 金融资产和金融负债没有现行出价或要价，采用最近交易的市场报价或经调整的最近交易的市场报价，除非存在明确的证据表明该市场报价不是公允价值。

2）金融资产或金融负债不存在活跃市场的，公司采用估值技术确定其公允价值。估值技术包括参考熟悉情况并自愿交易的各方最近进行的市场交易中使用的价格、参照实质上相同的其他金融工具当前的公允价值、现金流量折现法和期权定价模型等。

（5）金融资产减值准备计提方法

1）持有至到期投资

以摊余成本计量的持有至到期投资发生减值时，将其账面价值减记至预计未来现金流量（不包括尚未发生的未来信用损失）现值（折现利率采用原实际利率），减记的金额确认为资产减值损失，计入当期损益。计提减值准备时，对单项金额重大的持有至到期投资单独进行减值测试，如有客观证据表明其已发生减值，确认减值损失，计入当期损益。单独测试未发生减值的持有至到期投资（包括单项金额重大和不重大的金融资产），包括在具有类似信用风险特征的持有至到期投资组合中再进行减值测试。已单项确认减值损失的持有至到期投资，不包括在具有类似信用风险特征的金融资产组合中进行减值测试。本公司对以摊余成本计量的持有至到期投资确认减值损失后，如有客观证据表明该持有至到期投资价值已恢复，且客观上与确认该损失后发生的事项有关，原确认的减值损失应当予以转回，计入当期损益。但是，该转回后的账面价值不应当超过假定不计提减值准备情况下该持有至到期投资在转回日的摊余成本。

2）应收款项

应收款项减值测试方法及减值准备计提方法参见附注（五）10"贷款及应收款项"。

3）可供出售金融资产

a 按照公允价值计量的可供出售金融资产

当综合相关因素判断可供出售权益工具投资公允价值严重下跌或非暂时性下跌时，表明该可供出售权益工具发生减值。其中，"严重下跌"是指公允价值累计下跌幅度超过 20.00%，"非暂时性下跌"是指公允价值连续下跌时间超过 12 个月。

可供出售金融资产发生减值时，原直接计入所有者权益的因公允价值下降形成的累计损失予以转出并计入减值损失。该转出的累计损失为该资产初始取得的成本扣除已收回的本金和已摊销金额、当前公允价值和原已计入损益的减值损失后的余额。

对已确认减值损失的可供出售债务工具投资，在期后公允价值上升且客观上与确认原减值损失后发生的事项有关的，原确认的减值损失予以转回。可供出售权益工具投资的减值损失转回确认为其他综合收益，可供出售债务工具投资的减值损失转回计入当期损益。

b 按照成本计量的可供出售金融资产

在活跃市场中没有报价且其公允价值不能可靠计量的权益工具投资，或与该权益工具挂钩并须通过交付该权益工具结算的衍生金融资产发生减值时，将该权益工具投资或衍生金融资产的账面价值，与按照类似金融资产当时市场收益率对未来现金流量折现确定的现值之间的差额，确认为减值损失，计入当期损益，不予转回。

（6）金融资产转移

金融资产转移，是指公司将金融资产让与或交付给该金融资产发行方以外的另一方（转入方）。

本公司已将金融资产所有权上几乎所有的风险和报酬转移给转入方的,终止确认该金融资产;保留了金融资产所有权上几乎所有的风险和报酬的,不终止确认该金融资产。

本公司既没有转移也没有保留金融资产所有权上几乎所有的风险和报酬的,分别按下列情况处理:放弃了对该金融资产控制的,终止确认该金融资产并确认产生的资产和负债;未放弃对该金融资产控制的,按照其继续涉入所转移金融资产的程度确认有关金融资产,并相应确认有关负债。

(7) 衍生工具和嵌入衍生工具

衍生工具于相关合同签署日以公允价值进行初始计量,并以公允价值进行后续计量。衍生工具的公允价值变动计入当期损益。

对包含嵌入衍生工具的混合工具,如未指定为以公允价值计量且其变动计入当期损益的金融资产或金融负债,嵌入衍生工具与该主合同在经济特征及风险方面不存在紧密关系,且与嵌入衍生工具条件相同,单独存在的工具符合衍生工具定义的,嵌入衍生工具从混合工具中分拆,作为单独的衍生金融工具处理。无法在取得时或后续的资产负债表日对其进行单独计量的,则将混合工具整体指定为以公允价值计量且其变动计入当期损益的金融资产或金融负债。

(8) 金融资产和金融负债的抵销

当本公司具有抵销已确认金额的法定权利,且该种法定权利是当前可执行的,同时本公司计划以净额结算或同时变现该金融资产和清偿该金融负债时,金融资产和金融负债以相互抵销后的净额在资产负债表内列示。除此之外,金融资产和金融负债在资产负债表内分别列示,不相互抵销。

(9) 权益工具

权益工具是指能证明拥有本公司在扣除所有负债后的资产中的剩余权益的合同。权益工具在发行时收到的对价扣除交易费用后增加所有者权益。本公司对权益工具持有方的各种分配(不包括股票股利),减少所有者权益。本公司不确认权益工具的公允价值变动额。

10. 贷款及应收款项

本公司贷款及应收款项(包括应收账款和其他应收款)按合同或协议价款作为初始入账金额。凡因债务人破产,依照法律清偿程序清偿后仍无法收回;或因债务人死亡,既无遗产可供清偿,又无义务承担人,确实无法收回;或因债务人逾期未能履行偿债义务,经法定程序审核批准,该等应收款项列为坏账损失。本公司以应收债权向银行等金融机构转让、质押或贴现等方式融资时,根据相关合同的约定,当债务人到期未偿还该项债务时,若本公司负有向金融机构还款的责任,则该应收债权作为质押贷款处理;若本公司没有向金融机构还款的责任,则该应收债权作为转让处理,并确认债权的转让损益。

本公司收回应收款项时,将取得的价款和应收款项账面价值之间的差额计入当期损益。

(1) 单项金额重大并单项计提坏账准备的应收款项

本公司将单项金额占该项应收款项总额的5.00%(包括5.00%以上的应收款项)确认为单项金额重大的应收款项。

在资产负债表日,本公司对单项金额重大的应收款项单独进行减值测试,经测试发生了减值的,按其未来现金流量现值低于其账面价值的金额,确定减值损失,计提坏账准备;对单项测试未减值的应收款项,会同对单项金额非重大的应收款项,按类似的信用风险特征划分为若干组合,再按这些应收款项组合在资产负债表日余额的一定比例计算确定减值损失,计提坏账准备。

(2) 按组合计提坏账准备的应收款项

确定组合依据	
账龄组合	以应收款项的账龄为信用风险特征划分组
无风险组合	以应收款项为无风险且能充分获取客户信用信息的款项划分组
按组合计提坏账准备的计提方法	
账龄组合	按账龄分析法计提坏账准备
无风险组合	据债务人信用情况进行减值测试,对收款有明确保证的单位的应收款项不计提坏账准备,合并范围内应收款不计提坏账准备

组合中,采用账龄分析法计提坏账准备的:

账龄	应收账款计提比例(%)	其他应收款计提比例(%)
1年以内	5.00	5.00
1—2年	20.00	20.00
2—3年	50.00	50.00
3年以上	100.00	100.00

(3) 单项金额虽不重大但单项计提坏账准备的应收账款

本公司对于单项金额非重大有确凿证据表明可收回性存在明显差异的应收款项,根据其未来现金流量现值低于其账面价值的金额计提坏账准备。

(4) 贷款及垫款按信贷资产风险五级分类及贷款拨备率标准计提损失准备

本公司信贷资产根据金融监管部门的有关规定进行风险分类,标准风险系数为:正常类 2.50%,关注类 3.00%,次级类 30.00%,可疑类 60.00%,损失类 100.00%。

11. 存货

(1) 存货的分类

本公司存货分为原材料、在产品、产成品三大类。

(2) 发出存货的计价方法

本公司各类存货发出时按计划成本计价,月末按当月成本差异,将计划成本调整为实际成本。

(3) 存货可变现净值的确定依据及存货跌价准备的计提方法

资产负债表日,存货按照成本与可变现净值孰低计量,对成本高于其可变现净值的,计提存货跌价准备,计入当期损益,如已计提跌价准备的存货的价值以后又得以恢复,在原计提的跌价准备金额内转回。可变现净值,是指在日常活动中,存货的估计售价减去至完工时估计将要发生的成本、估计的销售费用以及相关税费后的金额。

(4) 存货的盘存制度

本公司存货采用永续盘存制。

(5) 低值易耗品和包装物的摊销方法

低值易耗品和包装物领用时按一次摊销法摊销。

12. 持有待售资产

(1) 确认标准

本公司主要通过出售(包括具有商业实质的非货币性资产交换,下同)而非持续使用一项非流动资产或处置组收回其账面价值的,将其划分为持有待售类别。非流动资产或处置组划分为持有待售类别,须同时满足下列条件:

1) 根据类似交易中出售此类资产或处置组的惯例,在当前状况下即可立即出售。

2) 出售极可能发生,即本公司已经就一项出售计划作出决议且获得确定的购买承诺,预计出售将在一年内完成。有关规定要求本公司相关权力机构或者监管部门批准后方可出售的,应当已经获得批准。确定的购买承诺,是指本公司与其他方签订的具有法律约束力的购买协议,该协议包含交易价格、时间和足够严厉的违约惩罚等重要条款,使协议出现重大调整或者撤销的可能性极小。

本公司专为转售而取得的非流动资产或处置组,在取得日满足"预计出售将在一年内完成"的规定条件,且短期(通常为 3 个月)内很可能满足持有待售类别的其他划分条件的,在取得日将其划分为持有待售类别。

处置组,是指在一项交易中作为整体通过出售或其他方式一并处置的一组资产,以及在该交易中转让的与这些资产直接相关的负债。处置组所属的资产组或资产组组合按照《企业会计准则第 8 号——资产减值》分摊了企业合并中取得的商誉的,该处置组应当包含分摊至处置组的商誉。

(2) 会计处理方法

本公司对于被分类为持有待售类别的非流动资产和处置组,以账面价值与公允价值减去处置费用后的净额孰低进行初始计量或重新计量。公允价值减去处置费用后的净额低于原账面价值的,其差额确认为资产减值损失计入当期损益,同时计提持有待售资产减值准备;对于持有待售的处置组确认的资产减值损失金额,先抵减处置组中商誉的账面价值,再根据处置组中适用持有待售类别计量规定的各项非流动资产账面价值所占比重,按比例抵减其账面价值。

后续资产负债表日持有待售的非流动资产公允价值减去出售费用后的净额增加的,以前减记的金额予以恢复,并在划分为持有待售类别后确认的资产减值损失金额内转回,转回金额计入当期损益。划分为持有待售类别前确认的资产减值损失不予转回。

后续资产负债表日持有待售的处置组公允价值减去出售费用后的净额增加的,以前减记的金额予以恢复,并在划分为持有待售类别后适用持有待售类别计量规定的非流动资产确认的资产减值损失金额内转回,转回金额计入当期损益。

已抵减的商誉账面价值,以及适用持有待售类别计量规定的非流动资产在划分为持有待售类别前确认的资产减值损失不予转回。持有待售的处置组确认的资产减值损失后续转回金额,根据处置组中除商誉外适用持有待售类别计量规定的各项非流动资产账面价值所占比重,按比例增加其账面价值。持有待售的非流动资产或处置组中的非流动资产不计提折旧或摊销,持有待售的处置组中负债的利息和其他费用继续予以确认。

递延所得税资产、《企业会计准则第 22 号——金融工具确认和计量》规范的金融资产、以公允价值计量的投资性房地产和生物资产、保险合同中产生的合同权利、从职工福利中所产生的资产不适用于持有待售类别的计量方法,而是根据相关准则或本公司制定的相应会计政策进行计量。处置组包含适用持有待售类别的计量方法的非流动资产的,持有待售类别的计量方法适用于整个处置组。处置组中负债的计量适用相关会计准则。

非流动资产或处置组因不再满足持有待售类别的划分条件而不再继续划分为持有待售类别或非流动资产从持有待售的处置组中移除时,按照以下两者孰低计量:

1）划分为持有待售类别前的账面价值,按照假定不划分为持有待售类别情况下本应确认的折旧、摊销或减值等进行调整后的金额;

2）可收回金额。

13. 长期股权投资

长期股权投资主要包括本公司持有的能够对被投资单位实施控制、重大影响的权益性投资,以及对合营企业的权益性投资。

(1) 控制、重大影响的判断标准

控制的判断标准:

1）本公司拥有对被投资方的权力;

2）本公司通过参与被投资方的相关活动而享有可变回报;

3）有能力运用对被投资方的权力影响本公司的回报金额。

本公司对符合上述三个条件的被投资单位认定为具有控制力。

重大影响的判断标准:

1）本公司对被投资单位的财务和经营政策有参与决策的权力,但并不能够控制或者与其他方一起共同控制这些政策的制定;

2）本公司能够对被投资单位施加重大影响的,被投资单位为本公司的联营企业;

3）本公司与其他参与方共同控制的被投资单位是本公司的合营企业,共同控制是指任何一个参与方都不能够单独控制该安排,对该安排具有共同控制的任何一个参与方均能够阻止其他参与方或参与方组合单独控制该安排。

(2) 长期股权投资的投资成本确定

本公司长期股权投资在取得时按投资成本计量。投资成本一般为取得该项投资而付出的资产、发生或承担的负债以及发行的权益性证券的公允价值,并包括直接相关费用。但同一控制下的企业合并形成的长期股权投资,其投资成本为合并日所取得的被合并方在最终控制方合并财务报表中净资产的账面价值份额。

(3) 长期股权投资的后续计量及损益确认方法

本公司能够对被投资单位实施控制的长期股权投资,采用成本法核算;对联营企业和合营企业的投资,采用权益法核算。

采用成本法核算的长期股权投资,按照初始投资成本计价。追加或收回投资调整长期股权投资的成本。被投资单位宣告分派的现金股利或利润,确认为投资收益,计入当期损益。

本公司长期股权投资采用权益法核算时,对长期股权投资的投资成本大于投资时应享有被投资单位可辨认净资产公允价值份额的,不调整长期股权投资的投资成本;对长期股权投资的投资成本小于投资时应享有被投资单位可辨认净资产公允价值份额的,对长期股权投资的账面价值进行调整,差额计入投资当期的损益。

本公司在按权益法对长期股权投资进行核算时,先对被投资单位的净损益和其他综合收益进行取得投资时被投资单位各项可辨认资产等的公允价值、会计政策和会计期间方面的调整,再按应享有或应分担的被投资单位的净损益和其他综合收益份额确认当期投资损益和其他综合收益。对于被投资单位除净损益、其他综合收益和利润分配以外所有者权益的其他变动,调整长期股权投资的账面价值并计入所有者权益。

本公司与联营企业及合营企业之间发生的未实现内部交易损益按照持股比例计算归属于本公司的部分,在抵销基础上确认投资损益。

对于2007年1月1日之前已经持有的对联营企业及合营企业的长期股权投资,如存在与该投资相关的股权投资借方差额,在扣除按原剩余期限直线法摊销的股权投资借方差额后,确认投资损益。

(4) 确定对被投资单位具有共同控制、重大影响的依据

按照合同约定,与被投资单位相关的重要财务和经营决策需要分享控制权的投资方一致同意的,认定为共同控制。

对被投资单位的财务和经营政策有参与决策的权力,但并不能够控制或者与其他方一起共同控制这些政策的制定的,认定为重大影响。当本公司直接或通过子公司间接拥有被投资单位20.00%(含20.00%)以上但低于50.00%的表决权股份时,除非有明确证据表明该种情况下不能参与被投资单位的生产经营决策,不形成重大影响外,均确定对被投资单位具有重大影响;本公司拥有被投资单位20.00%(不含)以下的表决权股份,一般不认为对被投资单位具有重大影响,除非有明确证据表明该种情况下能够参与被投资单位的生产经营决策,形成重大影响。

(5) 长期股权投资核算方法的转换

因追加投资原因导致原持有的不具有控制、共同控制或重大影响的权益性投资转变为合营企业或联营企业投资的,转按权益法核算,本公司将按照原股权投资的公允价值加上为取得新增投资所支付对价的公允价值,作为改按权益法核算的初始投资成本。追加投资前持有的股权投资公允价值与账面价值之间的差额,以及原计入其他综合收益的累计公允价值变动转入改按权益法核算的当期损益。

原持有的合营企业及联营企业投资,因部分处置等原因导致不再对其实施共同控制或重大影响的,按金融工具确认和计量准则对剩余股权投资进行会计处理,在丧失共同控制或重大影响之日的公允价值与账面价值之间的差额计入当期损益。原采用权益法核算的相关其他综合收益在终止采用权益法核算时,采用与被投资单位直接处置相关资产或负债相同的基础进行会计处理,因被投资方除净损益、其他综合收益和利润分配以外的其他所有者权益变动而确认的所有者权益,在终止采用权益法核算时全部转入当期损益。

因追加投资原因导致原持有的对联营企业或合营企业的投资转变为对子公司投资的,在个别财务报表中,应当以购买日之前所持被购买方的股权投资账面价值与购买日新增投资成本之和,作为该项投资的初始投资成本;购买日之前持有的股权投资因采用权益法核算而确认的其他综合收益,在处置该项投资时采用与被投资单位直接处置相关资产或负债相同的基础进行会计处理。

因处置投资导致对被投资单位的影响能力由控制转为具有重大影响或者与其他投资方一起实施共同控制的情况下,首先按处置投资的比例结转应终止确认的长期股权投资成本。在此基础上,比较

剩余的长期股权投资成本与按照剩余持股比例计算原投资时应享有被投资单位可辨认净资产公允价值的份额,属于投资作价中体现的商誉部分,不调整长期股权投资的账面价值;属于投资成本小于原投资时应享有被投资单位可辨认净资产公允价值份额的,在调整长期股权投资成本的同时,应调整留存收益。对于原取得投资后至因处置投资导致转变为权益法核算之间被投资单位实现净损益中本公司享有的份额,应当调整长期股权投资的账面价值,同时对于原取得投资时至处置投资当期期初被投资单位实现的净损益(扣除已发放及已宣告发放的现金股利和利润)中应享有的份额,调整留存收益,对于处置投资当期期初至处置投资之日被投资单位实现的净损益中享有的份额,调整当期损益;在被投资单位其他综合收益变动中应享有的份额,在调整长期股权投资账面价值的同时,计入其他综合收益;除净损益、其他综合收益和利润分配外的其他原因导致被投资单位其他所有者权益变动中应享有的份额,在调整长期股权投资账面价值的同时,计入"资本公积——其他资本公积"。长期股权投资自成本法转为权益法后,未来期间应当按照准则规定计算确认应享有被投资单位实现的净损益、其他综合收益及所有者权益其他变动的份额。

原持有的对被投资单位具有控制的长期股权投资,因部分处置等原因导致持股比例下降,不能再对其实施控制、共同控制或重大影响的,改按金融工具确认和计量准则进行会计处理。在丧失控制之日的公允价值与账面价值之间的差额计入当期投资收益。

在持有长期股权投资的过程中,由于各方面的考虑,决定将所持有的对被投资单位的股权全部或部分对外出售时,应相应结转与所售股权相对应的长期股权投资的账面价值,出售所得价款与处置长期股权投资账面价值之间的差额,应确认为处置损益。

本公司全部处置权益法核算的长期股权投资时,原权益法核算的相关其他综合收益在终止采用权益法核算时采用与被投资单位直接处置相关资产或负债相同的基础进行会计处理,因被投资方除净损益、其他综合收益和利润分配以外的其他所有者权益变动而确认的所有者权益,在终止采用权益法核算时全部转入当期投资收益;部分处置权益法核算的长期股权投资,剩余股权仍采用权益法核算的,原权益法核算的相关其他综合收益应当采用与被投资单位直接处置相关资产或负债相同的基础处理并按比例结转,因被投资方除净损益、其他综合收益和利润分配以外的其他所有者权益变动而确认的所有者权益,应当按比例结转入当期投资收益。

14. 投资性房地产

本公司投资性房地产包括已出租的土地使用权、持有并准备增值后转让的土地使用权、已出租的建筑物。

本公司投资性房地产按照成本进行计量,采用成本模式进行后续计量。对投资性房地产按照本公司固定资产或无形资产的会计政策,计提折旧或进行摊销。

当本公司改变投资性房地产用途,如用于自用时,将相关投资性房地产转入其他资产。

15. 固定资产

(1) 固定资产的确认标准

本公司固定资产指为生产商品、提供劳务、出租或经营管理而持有的、使用寿命超过一个会计年度的有形资产。在同时满足下列条件时才能确认固定资产:

1) 与该固定资产有关的经济利益很可能流入企业;

2) 该固定资产的成本能够可靠地计量。

(2) 固定资产的计量

固定资产按照成本进行计量。

1) 外购固定资产的成本,包括购买价款、相关税费以及使固定资产达到预定可使用状态前所发生的可归属于该项资产的运输费、装卸费、安装费和专业人员服务费等。

2) 购买固定资产的价款超过正常信用条件延期支付,实质上具有融资性质的,固定资产的成本以购买价款的现值为基础确定。实际支付的价款与购买价款的现值之间的差额,除按照《企业会计准则第17号——借款费用》可予以资本化的以外,在信用期间内计入当期损益。

3) 自行建造固定资产的成本,由建造该项资产达到预定可使用状态前所发生的必要支出构成。

4)投资者投入固定资产的成本,按照投资合同或协议约定的价值确定,但合同或协议约定价值不公允的除外。

5)非货币性资产交换、债务重组、企业合并和融资租赁取得的固定资产的成本,分别按照《企业会计准则第 7 号——非货币性资产交换》《企业会计准则第 12 号——债务重组》《企业会计准则第 20 号——企业合并》《企业会计准则第 21 号——租赁》的有关规定确定。

（3）固定资产的分类

本公司固定资产分为房屋及建筑物、机器设备、电子设备、运输设备等。

（4）固定资产折旧

1)折旧方法及使用寿命、预计净残值率和年折旧率的确定：

固定资产折旧采用年限平均法计提折旧。按固定资产的类别、使用寿命和预计净残值率确定的年折旧率如下：

固定资产类别	预计净残值率(%)	预计使用年限(年)	年折旧率(%)
房屋、建筑物	5.00	20.00	4.75
机器设备	5.00	6.00—10.00	9.50—15.83
电子设备	5.00	2.00—3.00	31.67—47.50
运输设备	5.00	3.00—4.00	23.75—31.67
其他	5.00	3.00—5.00	19.00—31.67

已计提减值准备的固定资产,按该项固定资产的原价扣除预计净残值、已提折旧及减值准备后的金额和剩余使用寿命,计提折旧。

已达到预定可使用状态但尚未办理竣工决算的固定资产,按照估计价值确定其成本,并计提折旧;待办理竣工决算后,再按实际成本调整原来的暂估价值,但不需要调整原已计提的折旧额。

2)对固定资产的使用寿命、预计净残值和折旧方法的复核：

本公司至少于每年年度终了时,对固定资产的使用寿命、预计净残值和折旧方法进行复核,如果发现固定资产使用寿命预计数与原先估计数有差异的,调整固定资产使用寿命;预计净残值的预计数与原先估计数有差异的,调整预计净残值;与固定资产有关的经济利益预期实现方式有重大改变的,改变固定资产折旧方法。固定资产使用寿命、预计净残值和折旧方法的改变作为会计估计变更处理。

（5）固定资产后续支出的处理

固定资产后续支出指固定资产在使用过程中发生的修理支出、更新改造支出、修理费用、装修支出等。其会计处理方法为:固定资产的更新改造等后续支出,满足固定资产确认条件的,计入固定资产成本,如有被替换的部分,应扣除其账面价值;不满足固定资产确认条件的固定资产修理费用等,在发生时计入当期损益;固定资产装修费用,在满足固定资产确认条件时,在"固定资产"内单设明细科目核算,并在两次装修期间与固定资产尚可使用年限两者中较短的期间内,采用年限平均法单独计提折旧。

以经营租赁方式租入的固定资产发生的改良支出予以资本化,作为长期待摊费用,合理进行摊销。

16. 在建工程

在建工程是指购建固定资产使工程达到预定可使用状态前所发生的必要支出,包括工程直接材料、直接职工薪酬、待安装设备、工程建筑安装费、工程管理费和工程试运转净损益以及允许资本化的借款费用等。

（1）在建工程计价

本公司的在建工程按工程项目分别核算,在建工程按实际成本计价。

（2）在建工程结转为固定资产的时点

在建工程达到预定可使用状态时,按工程实际成本转入固定资产。对已达到预定可使用状态但尚未办理竣工决算手续的固定资产,按估计价值记账,待确定实际价值后,再进行调整。

17. 借款费用资本化

借款费用是指本公司因借款而发生的利息及其他相关成本,包括借款利息、折价或者溢价的摊销、辅助费用以及因外币借款而发生的汇兑差额等。

（1）借款费用资本化的确认原则

可直接归属于符合资本化条件的资产的购建或者生产的借款费用，予以资本化，其他借款费用计入当期损益。符合资本化条件的资产是指需要经过相当长时间的购建或者生产活动才能达到预定可使用或者可销售状态的固定资产、投资性房地产和存货等资产。

（2）借款费用资本化期间

1）借款费用开始资本化的时点。

借款费用同时满足下列条件的，才能开始资本化：

a 资产支出已经发生；

b 借款费用已经发生；

c 为使资产达到预定可使用或者可销售状态所必要的购建或者生产活动已经开始。

2）借款费用停止资本化的时点：

购建或者生产符合资本化条件的资产达到预定可使用或者可销售时，借款费用停止资本化。之后发生的借款费用计入当期损益。

3）借款费用暂停资本化的确定：

符合资本化条件的资产在购建或者生产过程中发生非正常中断，并且中断时间连续超过 3.00 个月，暂停借款费用的资本化，暂停期间发生的借款费用计入当期损益。

（3）借款费用资本化金额的计算方法

在资本化期间内，每一会计期间的利息（包括折价或溢价的摊销）资本化金额，按照下列规定确定：

1）为购建或者生产符合资本化条件的资产而借入专门借款的，以专门借款当期实际发生的利息费用，减去将尚未动用的借款资金存入银行取得的利息收入或进行暂时性投资取得的投资收益后的金额确定；

2）为购建或者生产符合资本化条件的资产而占用了一般借款的，本公司根据累计资产支出超过专门借款部分的资产支出加权平均数乘以所占用一般借款的资本化率，计算确定一般借款应予资本化的利息金额。资本化率根据一般借款加权平均利率计算确定。

借款存在折价或者溢价的，按照实际利率法确定每一会计期间应摊销的折价或者溢价金额，调整每期利息金额。在资本化期间内，每一会计期间的利息资本化金额，不超过当期相关借款实际发生的利息金额。

专门借款发生的辅助费用，在所购建或者生产的符合资本化条件的资产达到预定可使用或可销售状态之前发生的，在发生时根据其发生额予以资本化，计入符合资本化条件的资产的成本；在所购建或者生产的符合资本化条件的资产达到预定可使用或者可销售状态之后发生的，在发生时根据其发生额确认为费用，计入当期损益。一般借款发生的辅助费用，在发生时根据其发生额确认为费用，计入当期损益。

18. 无形资产

（1）无形资产的确认标准

无形资产，是指本公司拥有或者控制的没有实物形态的可辨认非货币性资产。在同时满足下列条件时才能确认无形资产：

1）符合无形资产的定义；

2）与该资产相关的预计未来经济利益很可能流入公司；

3）该资产的成本能够可靠计量。

（2）无形资产的计量

无形资产按照成本或公允价值（若通过非同一控制下的企业合并增加）进行计量。

（3）后续计量

本公司于取得无形资产时分析判断其使用寿命，无法预见无形资产带来经济利益期限的作为使用寿命不确定的无形资产。使用寿命有限的无形资产，按其经济利益的预期实现方式摊销，无法可靠确定预期实现方式的,采用直线法摊销。

本公司至少于每年年度终了,对使用寿命有限的无形资产的使用寿命及摊销方法进行复核,必要时进行调整。

使用寿命不确定的无形资产不摊销,但每年均对该无形资产的使用寿命进行复核,并进行减值测试。

(4) 使用寿命的估计

对使用寿命有限的无形资产,估计其使用寿命时通常考虑以下因素:

1) 运用该资产生产的产品通常的寿命周期、可获得的类似资产使用寿命的信息;
2) 技术、工艺等方面的现阶段情况及对未来发展趋势的估计;
3) 以该资产生产的产品或提供劳务的市场需求情况;
4) 现在或潜在的竞争者预期采取的行动;
5) 为维持该资产带来经济利益能力的预期维护支出,以及公司预计支付有关支出的能力;
6) 对该资产控制期限的相关法律规定或类似限制,如特许使用期、租赁期等;
7) 与公司持有其他资产使用寿命的关联性等。

(5) 内部研究开发项目研究阶段支出和开发阶段支出的划分

1) 内部研究开发项目研究阶段的支出,于发生时计入当期损益。
2) 内部研究开发项目开发阶段的支出,同时满足下列条件的,确认为无形资产:

a 完成该无形资产以使其能够使用或出售在技术上具有可行性;

b 具有完成该无形资产并使用或出售的意图;

c 无形资产产生经济利益的方式,包括能够证明运用该无形资产生产的产品存在市场或无形资产自身存在市场,无形资产将在内部使用的,可证明其有用性;

d 有足够的技术、财务资源和其他资源支持,以完成该无形资产的开发,并有能力使用或出售该无形资产;

e 归属于该无形资产开发阶段的支出能够可靠地计量。

19. 长期待摊费用

长期待摊费用是指公司已经发生但应由本期和以后各期分担的分摊期限在一年以上(不含一年)的各项费用,包括以经营租赁方式租入的固定资产改良支出等。

长期待摊费用按实际支出入账,按其受益年限平均摊销,如长期待摊费用不能使以后会计期间受益的,将尚未摊销的该项目的摊余价值全部转入当期损益。

20. 资产减值

资产负债表日,有迹象表明资产(除存货、在活跃市场中没有报价且其公允价值不能可靠计量的权益工具投资、采用公允价值模式计量的投资性房地产、消耗性生物资产、建造合同形成的资产、递延所得税资产、融资租赁中出租人未担保余值和金融资产以外的资产)发生减值的,以单项资产为基础估计其可收回金额;难以对单项资产的可收回金额进行估计的,以该资产所属的资产组或资产组组合为基础确定其可收回金额。

可收回金额根据单项资产、资产组或资产组组合的公允价值减去处置费用后的净额与该单项资产、资产组或资产组组合的预计未来现金流量的现值两者之间较高者确定。

单项资产的可收回金额低于其账面价值的,按单项资产的账面价值与可收回金额的差额计提相应的资产减值准备。资产组或资产组组合的可收回金额低于其账面价值的,确认其相应的减值损失,减值损失金额先抵减分摊至资产组或资产组组合中商誉的账面价值,再根据资产组或资产组组合中除商誉之外的其他各项资产的账面价值所占比重,按比例抵减其他各项资产的账面价值;以上资产账面价值的抵减,作为各单项资产(包括商誉)的减值损失,计提各单项资产的减值准备。

上述资产减值损失一经确认,在以后会计期间不予转回。

21. 预计负债

（1）预计负债的确认原则

当与对外担保、未决诉讼或仲裁、产品质量保证、裁员计划、亏损合同、重组义务、固定资产弃置义务等或有事项相关的业务同时符合以下条件时，确认为负债：

1）该义务是本公司承担的现时义务；

2）该义务的履行很可能导致经济利益流出企业；

3）该义务的金额能够可靠地计量。

（2）预计负债的计量方法

预计负债按照履行现时义务所需支出的最佳估计数进行计量。所需支出存在一个连续范围，且该范围内各种结果发生的可能性相同的最佳估计数按该范围的中间值确定。在其他情况下，最佳估计数按如下方法确定：

1）或有事项涉及单个项目时，最佳估计数按最可能发生金额确定；

2）或有事项涉及多个项目时，最佳估计数按各种可能发生额及其发生概率计算确定。

公司清偿预计负债所需支出全部或部分预期由第三方或其他方补偿的，则补偿金额在基本确定能收到时，作为资产单独确认。确认的补偿金额不超过所确认预计负债的账面价值。

22. 职工薪酬

（1）职工薪酬定义

职工薪酬是指企业为获得职工提供的服务或解除劳动关系而给予的各种形式的报酬或补偿。职工薪酬包括短期薪酬、离职后福利、辞退福利和其他长期职工福利。企业提供给职工配偶、子女、受赡养人、已故员工遗属及其他受益人等的福利，也属于职工薪酬。

（2）职工的范围

除了与企业订立劳动合同的所有人员外，还包括虽未与企业订立劳动合同但由企业正式任命的人员及通过企业与劳务中介公司签订用工合同而向企业提供服务的人员。

（3）短期薪酬确认

本公司在职工为公司提供服务的会计期间，将实际发生的短期薪酬确认为负债，并计入当期损益或相关资产成本。

（4）离职后福利分为设定提存计划和设定受益计划

1）公司在职工为公司提供服务的会计期间，将根据设定提存计划计算的应缴存金额确认为负债，并计入当期损益或相关资产成本。

2）对设定受益计划的会计处理通常包括如下步骤：

a 根据预期累计福利单位法，采用无偏且相互一致的精算假设对有关人口统计变量和财务变量等作出估计，计量设定受益计划所产生的义务，并确定相关义务的所属期间。

b 设定受益计划存在资产的，将设定受益计划义务现值减去设定受益计划资产公允价值所形成的赤字或盈余确认为一项设定受益计划净负债或净资产。设定受益计划存在盈余的，以设定受益计划的盈余和资产上限两项的孰低者计量设定受益计划净资产。资产上限是指公司可从设定受益计划退款或减少未来对设定受益计划缴存资金而获得的经济利益的现值。

c 期末，将设定受益计划产生的职工薪酬成本确认为服务成本、设定受益计划净负债或净资产的利息净额以及重新计量设定受益计划净负债或净资产所产生的变动，其中服务成本和设定受益计划净负债或净资产的利息净额计入当期损益或相关资产成本，重新计量设定受益计划净负债或净资产所产生的变动计入其他综合收益，并且在后续会计期间不允许转回至损益，但可以在权益范围内转移这些在其他综合收益确认的金额。

d 在设定受益计划结算时，确认一项结算利得或损失。

（5）公司向职工提供辞退福利

在下列两者孰早日确认辞退福利产生的职工薪酬负债，并计入当期损益：

1）公司不能单方面撤回因解除劳动关系计划或裁减建议所提供的辞退福利时；

2）公司确认与涉及支付辞退福利的重组相关的成本或费用时。
（6）职工福利
公司向职工提供的其他长期福利,符合设定提存计划条件的,按照设定提存计划进行会计处理;除此之外的其他长期福利,按照设定受益计划进行会计处理,但是重新计量其他长期职工福利净负债或净资产所产生的变动计入当期损益或相关资产成本。

23. 收入确认原则

收入在经济利益很可能流入本公司且金额能够可靠计量,并同时满足下列条件时予以确认。

本公司主要从事空调器及其配件和生活电器及其配件的生产及销售,相应收入主要包括销售商品收入、提供劳务收入、让渡资产使用权收入,其中销售商品收入包括国内销售收入、出口销售收入。

（1）销售商品收入

本公司在已将商品所有权上的主要风险和报酬转移给购货方,既没有保留通常与所有权相联系的继续管理权,也没有对已售出的商品实施有效控制,收入的金额、相关的已发生或将发生的成本能够可靠地计量,相关的经济利益很可能流入企业时,确认销售商品收入。

1）对于国内销售产品收入,本公司采用预收货款形式,于产品出库交付给购货方并开具发货单或出库单,产品销售收入金额已确定时确认收入;

2）对于出口销售收入,本公司于根据合同约定将产品报关、离港,并取得提单,产品销售收入金额已确定时确认收入。

（2）提供劳务收入

本公司劳务收入主要为对外提供的仓储服务收入、物资加工服务收入及手续费及佣金收入,本公司在交易的完工进度能够可靠地确定,收入的金额、相关的已发生或将发生的成本能够可靠地计量,相关的经济利益很可能流入企业时确认提供劳务收入。

1）对于仓储服务收入,本公司于相关劳务提供完毕,按照提供服务的工时及标准工资、使用设施及相关费用,收入金额已确定时按月结算收入。

2）对于加工服务收入,本公司于根据合同约定将物资加工完毕,并交付客户取得客户签收单据,收入金额已确定时确认收入。

确定提供劳务交易完工进度的方法:已完工作量的测量（或已经提供的劳务占应提供劳务总量的比例、已经发生的成本占估计总成本的比例）。本公司在资产负债表日提供劳务交易结果不能够可靠估计的,分别下列情况处理:

a 已经发生的劳务成本预计能够得到补偿的,按照已经发生的劳务成本金额确认提供劳务收入,并按相同金额结转劳务成本;

b 已经发生的劳务成本预计不能够得到补偿的,将已经发生的劳务成本计入当期损益,不确认提供劳务收入。

3）本公司手续费及佣金收入主要为承兑业务手续费收入、委托贷款手续费收入等。

手续费及佣金收入根据业务完成时与客户结算形成的业务结算单确认服务提供、风险和报酬转移时点,并根据业务合同或协议规定的条件和比例计算确认收入的具体金额。

（3）让渡资产使用权收入

让渡资产使用权收入包括利息收入、租赁收入等。

本公司在收入的金额能够可靠地计量,相关的经济利益很可能流入企业时,确认让渡资产使用权收入。

1）本公司利息收入主要为存放金融企业款项利息收入、贷款利息收入。存放金融企业款项利息收入按存放款项时间和实际利率按期确认。贷款利息收入是指公司发放自营贷款,按期计提利息所确认的收入。贷款利息收入按照实际利率法确认。

实际利率法,是指按照金融资产或金融负债的实际利率计算其摊余成本及各期利息收入或利息支出的方法。实际利率,是指将金融资产或金融负债在预期存续期间或适用的更短期间内的未来现金流量,折现为该金融资产或金融负债当前账面价值所使用的利率。在确定实际利率时,本公司在考虑金融资产或金融负债所有合同条款的基础上预计未来现金流量,但不考虑未来信用损失。本公司支付或收取的、属于实际利率组成部分的各项收费、交易费用及溢价或折价等,在确定实际利率时予以考虑。

2)本公司租赁收入确认条件如下:
a 具有承租人认可的租赁合同、协议或其他结算通知书;
b 履行了合同规定的义务,开具租赁发票且价款已经取得或确信可以取得;
c 出租成本能够可靠地计量。

24. 政府补助

政府补助是指本公司从政府无偿取得货币性资产和非货币性资产,不包括政府作为所有者投入的资本。政府补助分为与资产相关的政府补助和与收益相关的政府补助。

本公司将所取得的用于购建或以其他方式形成长期资产的政府补助界定为与资产相关的政府补助;其余政府补助界定为与收益相关的政府补助。若政府文件未明确规定补助对象,则采用以下方式将补助款划分为与收益相关的政府补助和与资产相关的政府补助:

(1)政府文件明确了补助所针对的特定项目的,根据该特定项目的预算中将形成资产的支出金额和计入费用的支出金额的相对比例进行划分,对该划分比例需在每个资产负债表日进行复核,必要时进行变更;

(2)政府文件中对用途仅作一般性表述,没有指名特定项目的,作为与收益相关的政府补助。

与资产相关的政府补助,取得时确认为递延收益,自相关资产达到预定可使用状态时,在该资产使用寿命内按照合理、系统的方法分期计入损益。相关资产在使用寿命结束前被出售、转让、报废或发生毁损的,将尚未分配的相关递延收益余额转入资产处置当期的损益。

与收益相关的政府补助,用于补偿以后期间的相关成本费用或损失的,取得时确认为递延收益,在确认相关成本费用或损失的期间计入当期损益;用于补偿已发生的相关成本费用或损失的,取得时直接计入当期损益。

与日常活动相关的政府补助,计入其他收益;与日常活动无关的政府补助,计入营业外收支。

(3)取得政策性优惠贷款贴息,区分以下两种取得方式进行会计处理:

1)财政将贴息资金拨付给贷款银行,由贷款银行以政策性优惠利率向本公司提供贷款的,以借款的公允价值作为借款的入账价值并按照实际利率法计算借款费用,实际收到的金额与借款公允价值之间的差额确认为递延收益。递延收益在借款存续期内采用实际利率法摊销,冲减相关借款费用。

2)财政将贴息资金直接拨付给本公司的,将对应的贴息冲减相关借款费用。

(4)政府补助为货币性资产的,按照收到或应收的金额计量。政府补助为非货币性资产的,按照公允价值计量;公允价值不能可靠取得的,按照名义金额计量。本公司对于政府补助通常在实际收到时,按照实收金额予以确认和计量。但对于期末有确凿证据表明能够符合财政扶持政策规定的相关条件预计能够收到财政扶持资金,按照应收的金额计量。按照应收金额计量的政府补助应同时符合以下条件:

1)应收补助款的金额已经经过有权政府部门发文确认,或者可根据正式发布的财政资金管理办法的有关规定自行合理测算,且预计其金额不存在重大不确定性;

2)所依据的是当地财政部门正式发布并按照《政府信息公开条例》的规定予以主动公开的财政扶持项目及其财政资金管理办法,且该管理办法应当是普惠的(任何符合规定条件的企业均可申请),而不是专门针对特定企业制定的;

3)根据本公司和该补助事项的具体情况,应满足的其他条件。

25. 所得税

所得税包括以本公司应纳税所得额为基础计算的各种境内和境外税额。在取得资产、承担负债时,本公司按照国家税法规定确定相关资产、负债的计税基础。如果资产的账面价值大于其计税基础或者负债的账面价值小于其计税基础,则将此差异作为应纳税暂时性差异;如果资产的账面价值小于其计税基础或者负债的账面价值大于其计税基础,则将此差异作为可抵扣暂时性差异。

(1)除下列交易中产生的递延所得税负债以外,本公司确认所有应纳税暂时性差异产生的递延所得税负债：

1）商誉的确认；

2）同时具有下列特征的交易中产生的资产或负债的确认：

a 该项交易不是企业合并；

b 交易发生时既不影响会计利润也不影响应纳税所得额（或可抵扣亏损）。

除非本公司能够控制与子公司、联营企业及合营企业的投资相关的应纳税暂时性差异转回的时间以及该暂时性差异在可预见的未来很可能不会转回，本公司将确认其产生的递延所得税负债。

（2）本公司以很可能取得用来抵扣可抵扣暂时性差异的应纳税所得额为限，确认由可抵扣暂时性差异产生的递延所得税资产，但不确认同时具有下列特征的交易中因资产或负债的确认所产生的递延所得税资产：

1）该项交易不是企业合并；

2）交易发生时既不影响会计利润也不影响应纳税所得额（或可抵扣亏损）。

资产负债表日，有确凿证据表明未来期间很可能获得足够的应纳税所得额用来抵扣可抵扣暂时性差异的，本公司将确认以前期间未确认的递延所得税资产。若与子公司、联营企业及合营企业投资相关的可抵扣暂时性差异在可预见的未来很可能转回且未来很可能获得用来抵扣可抵扣暂时性差异的应纳税所得额，本公司将确认与此差异相应的递延所得税资产。

（3）资产负债表日，本公司按照税法规定计算的预期应交纳（或返还）的所得税金额计量当期和以前期间形成的当期所得税负债（或资产）；按照预期收回该资产或清偿该负债期间的适用税率计量递延所得税资产和递延所得税负债。

如果适用税率发生变化，本公司对已确认的递延所得税资产和递延所得税负债将进行重新计量。除直接在所有者权益中确认的交易或者事项产生的递延所得税资产和递延所得税负债以外，本公司将税率变化产生的影响数计入变化当期的所得税费用。

在每个资产负债表日，本公司将对递延所得税资产的账面价值进行复核。如果未来期间很可能无法获得足够的应纳税所得额用以抵扣递延所得税资产的利益，则减记递延所得税资产的账面价值。在很可能获得足够的应纳税所得额时，减记的金额应当转回。

本公司将除企业合并及直接在所有者权益中确认的交易或者事项外的当期所得税和递延所得税作为计入利润表的所得税费用或收益。

26. 租赁

租赁是指在约定的期间内，出租人将资产使用权让与承租人以获取租金的协议，包括经营性租赁与融资性租赁两种方式。

（1）融资性租赁

1）符合下列一项或数项标准的，认定为融资租赁：

a 在租赁期届满时，租赁资产的所有权转移给承租人。

b 承租人有购买租赁资产的选择权，所订立的购买价款预计将远低于行使选择权时租赁资产的公允价值，因而在租赁开始日就可以合理确定承租人将会行使这种选择权。

c 即使资产的所有权不转移，但租赁期占租赁资产使用寿命的大部分[75.00%（含）以上]。

d 承租人在租赁开始日的最低租赁付款额现值，几乎相当于租赁开始日租赁资产公允价值[90.00%（含）以上]；出租人在租赁开始日的最低租赁收款额现值，几乎相当于租赁开始日租赁资产公允价值[90.00%（含）以上]。

e 租赁资产性质特殊，如果不作较大改造，只有承租人才能使用。

不满足上述条件的，认定为经营租赁。

2）融资租入的固定资产，按租赁开始日租赁资产的公允价值与最低租赁付款额的现值中较低者入账，按自有固定资产的折旧政策计提折旧。

（2）经营性租赁

作为承租人支付的租金，公司在租赁期内各个期间按照直线法计入相关资产成本或当期损益。公司从事经营租赁业务发生的直接费用,直接计入当期损益。经营租赁协议涉及的或有租金在实际发生时计入当期损益。

27. 终止经营

终止经营,是指满足下列条件之一的、能够单独区分的组成部分,且该组成部分已经处置或划分为持有待售类别:

(1) 该组成部分代表一项独立的主要业务或一个单独的主要经营地区;

(2) 该组成部分是拟对一项独立的主要业务或一个单独的主要经营地区进行处置的一项相关联计划的一部分;

(3) 该组成部分是专为转售而取得的子公司。

本公司在合并利润表和利润表中分别列示持续经营损益和终止经营损益。不符合终止经营定义的持有待售的非流动资产或处置组,其减值损失和转回金额及处置损益作为持续经营损益报。终止经营的减值损失和转回金额等经营损益及处置损益作为终止经营损益列报。

对于当期列报的终止经营,在当期财务报表中,将原来作为持续经营损益列报的信息重新作为可比会计期间的终止经营损益列报。拟结束使用而非出售的处置组满足终止经营定义中有关组成部分的条件的,自停止使用日起作为终止经营列报。因出售对子公司的投资等原因导致其丧失对子公司控制权,且该子公司符合终止经营定义的,在合并利润表中列报相关终止经营损益。

28. 分部报告

本公司以内部组织结构、管理要求、内部报告制度为依据确定经营分部,以经营分部为基础确定报告分部并披露分部信息。

经营分部是指本公司内同时满足下列条件的组成部分:

(1) 该组成部分能够在日常活动中产生收入、发生费用。

(2) 本公司管理层能够定期评价该组成部分的经营成果,以决定向其配置资源、评价其业绩。

(3) 本公司能够取得该组成部分的财务状况、经营成果和现金流量等有关会计信息。两个或多个经营分部具有相似的经济特征,并且满足一定条件的,则可合并为一个经营分部。

29. 套期保值

本公司以主要原材料作为被套期项目,以远期合约作为套期工具进行套期保值,以规避现金流量变动造成的风险。

(1) 套期保值业务确认的条件

1) 在套期开始时,公司对套期关系(即套期工具和被套期项目之间的关系)有正式指定,并准备了关于套期关系、风险管理目标和套期策略的正式书面文件。该文件至少载明了套期工具、被套期项目、被套期风险的性质以及套期有效性评价方法等内容。套期必须与具体可辨认并被指定的风险有关,且最终影响企业的损益。

2) 该套期预期高度有效,且符合企业最初为该套期关系所确定的风险管理策略。

3) 对预期交易的现金流量套期,预期交易应当很可能发生,且必须使企业面临最终将影响损益的现金流量变动风险。

4) 套期有效性能够可靠地计量。

5) 公司应当持续地对套期有效性进行评价,并确保该套期在套期关系被指定的会计期间内高度有效。

(2) 套期保值的计量

套期工具以套期交易合同签订当日的公允价值计量,并以其公允价值进行后续计量。公允价值为正数的套期工具确认为其他流动资产,公允价值为负数的套期工具确认为其他流动负债。现金流量套期满足运用套期会计方法条件的,应当按照下列规定处理:

1) 套期工具利得或损失中属于有效套期的部分,直接确认为所有者权益,并单列项目反映。该有效套期部分的金额,按照套期工具自套期开始的累计利得或损失和套期项目自套期开始的预计未来现金流量现值的累计变动额中较低者确定。

2) 套期工具利得或损失中属于无效套期的部分(即扣除直接确认为所有者权益后的其他利得或损失),应当计入当期损益。

3) 原直接在所有者权益中确认的相关利得或损失,在该非金融资产或非金融负债影响企业损益的相同期间转出,计入当期损益。但是,企业预期原直接在所有者权益中确认的净损失全部或部分在未来会计期间不能弥补时,应当将不能弥补的部分转出,计入当期损益。

(3) 套期有效性的评价

本公司套期工具采用比率分析法来评价其有效性,即通过比较被套期风险引起的套期工具和被套期项目公允价值或现金流量变动比率来确定套期有效性。当满足下列两个条件时,确认套期高度有效:

1) 在套期开始及以后期间,该套期预期会高度有效地抵销套期指定期间被套期项目引起的公允价值或现金流量变动;

2) 套期的实际抵销结果在 80.00%—125.00% 的范围内。

(4) 终止运用公允价值套期会计方法的条件

套期满足下列条件之一的,本公司将终止运用公允价值套期会计:

1) 套期工具已到期、被出售、合同终止或已行使;

2) 套期工具展期或被另一项套期工具替换时,展期或替换是公司正式书面文件所载明的套期策略组成部分的,不作为已到期或合同终止处理;

3) 该套期不再满足运用套期会计方法的条件;

4) 公司撤销了对套期关系的指定。

30. 重要会计政策和会计估计变更

(1) 重要会计政策变更

1) 财务报表格式变更

财政部于 2018 年 6 月发布了《关于修订印发 2018 年度一般企业财务报表格式的通知》(财会〔2018〕15 号),本公司根据相关要求按照一般企业财务报表格式(适用于尚未执行新金融准则和新收入准则的企业)编制财务报表:

a 原"应收票据"和"应收账款"项目,合并为"应收票据及应收账款"项目;

b 原"应收利息""应收股利"项目并入"其他应收款"项目列报;

c 原"固定资产清理"项目并入"固定资产"项目列报;

d 原"工程物资"项目并入"在建工程"项目中列报;

e 原"应付票据"和"应付账款"项目,合并为"应付票据及应付账款"项目;

f 原"应付利息""应付股利"项目并入"其他应付款"项目列报;

g 原"专项应付款"项目并入"长期应付款"项目列报;

h 新增"研发费用"项目,原计入"管理费用"项目的研发费用单独列示为"研发费用"项目;

i 在财务费用项目下分拆"利息费用"和"利息收入"明细项目;

j 所有者权益变动表中新增"设定受益计划变动额结转留存收益"项目。

本公司根据上述列报要求相应追溯重述了比较报表。

由于上述要求,本期和比较期间财务报表的部分项目列报内容不同,但对本期和比较期间的本公司所有者权益无影响。

2) 个人所得税手续费返还

财政部于 2018 年 9 月发布了《关于 2018 年度一般企业财务报表格式有关问题的解读》,根据《中华人民共和国个人所得税法》收到的扣缴税款手续费,应作为其他与日常活动相关的项目在利润表的"其他收益"项目中填列。本公司据此调整可比期间列报项目,具体如下表:

单位：人民币元

报表项目	本公司		
	调整前	调整金额	调整后
其他收益	401 088 766.61	496 004.65	401 584 771.26
营业外收入	511 059 113.01	-496 004.65	510 563 108.36

（2）会计估计变更

鉴于公司主要固定资产使用状况和固定资产使用过程中所处经济环境、技术环境较前期已有巨大变化，为真实反映固定资产为公司提供经济利益的期间及每期实际的资产消耗，真实、可靠、公允地反映公司的财务状况和经营成果，根据公司实际情况和《企业会计准则第28号——会计政策、会计估计变更和差错更正》相关规定，2018年8月30日，公司召开第十届董事会第二十次会议，审计并通过了《关于公司会计估计变更的议案》，自2018年1月起，对房屋建筑物、电子设备、运输设备、机器设备四类固定资产折旧年限进行调整，缩短了部分固定资产的折旧年限。变更前后对比如下：

1）会计估计变更前的固定资产折旧年限及预计净残值率

固定资产类别	预计净残值率（%）	预计使用年限（年）	年折旧率（%）
房屋、建筑物	5.00	20.00—30.00	3.17—4.75
机器设备	5.00	6.00—10.00	9.50—15.83
电子设备	5.00	2.00—5.00	19.00—47.50
运输设备	5.00	3.00—6.00	15.83—31.67

2）会计估计变更后的固定资产折旧年限及预计净残值率

固定资产类别	预计净残值率（%）	预计使用年限（年）	年折旧率（%）
房屋、建筑物	5.00	20.00	4.75
机器设备	5.00	6.00—10.00	9.50—15.83
电子设备	5.00	2.00—3.00	31.67—47.50
运输设备	5.00	3.00—4.00	23.75—31.67

3）会计估计变更对财务报表的主要影响如下：

单位：人民币元

影响科目	影响金额
所有者权益合计	-428 836 599.59
营业利润	-505 220 450.94
净利润（净亏损以"-"号填列）	-428 836 599.59

（六）税项

1. 公司主要税种和税率

税种	计税依据	税率
增值税	销售商品或提供劳务的增值额	17.00%、16.00%、13.00%、11.00%、10.00%、6.00%、5.00%、3.00%
城市维护建设税	应交流转税	7.00%、5.00%
教育费附加	应交流转税	3.00%
地方教育费附加	应交流转税	2.00%
企业所得税	应纳税所得额	34.00%、25.00%、16.50%、15.00%

【注】本公司之子公司香港格力电器销售有限公司经营地为香港特别行政区，香港地区利得税税率为16.50%，本公司之子公司格力电器（巴西）有限公司及巴西联合电器工商业有限公司经营地为巴西，巴西联邦企业所得税税率为34.00%。

2. 税收优惠及批文

（1）本公司注册于广东省珠海市，享受高新技术企业优惠政策（高新技术企业证书编号 GR201744011432），所得税税率为 15.00%。

（2）本公司之下列子公司被认定为高新技术企业，2018 年度按 15.00% 的税率计缴企业所得税：

编号	纳税主体名称	证书编号	获得证书的时间	有效期
1	珠海凌达压缩机有限公司	GR201744006896	2017 年 12 月 11 日	三年
2	合肥凌达压缩机有限公司	GR201734000080	2017 年 7 月 20 日	三年
3	郑州凌达压缩机有限公司	GR201741000023	2017 年 8 月 29 日	三年
4	武汉凌达压缩机有限公司	GR201742002031	2017 年 11 月 30 日	三年
5	格力电工（马鞍山）有限公司	GR201734000580	2017 年 7 月 20 日	三年
6	珠海凯邦电机制造有限公司	GR201844002288	2018 年 11 月 28 日	三年
7	合肥凯邦电机有限公司	GR201734000276	2017 年 11 月 3 日	三年
8	河南凯邦电机有限公司	GR201741000090	2017 年 8 月 29 日	三年
9	格力电器（合肥）有限公司	GR201734000583	2017 年 7 月 20 日	三年
10	格力电器（中山）小家电制造有限公司	GR201744005669	2017 年 12 月 11 日	三年
11	珠海格力新元电子有限公司	GR201644007287	2016 年 12 月 9 日	三年
12	珠海格力大金精密模具有限公司	GR201644004203	2016 年 11 月 30 日	三年
13	珠海格力大金机电设备有限公司	GR201844007626	2018 年 11 月 28 日	三年
14	格力电器（武汉）有限公司	GR201642001340	2016 年 12 月 13 日	三年
15	格力电器（石家庄）有限公司	GR201613000193	2016 年 11 月 2 日	三年
16	格力电器（郑州）有限公司	GR201741000063	2017 年 8 月 29 日	三年
17	格力电器（芜湖）有限公司	GR201734001093	2017 年 7 月 20 日	三年
18	长沙格力暖通制冷设备有限公司	GR201743000499	2017 年 9 月 5 日	三年
19	珠海艾维普信息技术有限公司	GR201644001274	2016 年 11 月 30 日	三年
20	珠海格力节能环保制冷技术研究中心有限公司	GR201744008385	2017 年 12 月 11 日	三年
21	珠海格力精密模具有限公司	GR201744008914	2017 年 12 月 11 日	三年
22	珠海格力能源环境技术有限公司	GR201744011297	2017 年 12 月 11 日	三年

（3）本公司之下列子公司享受国家西部大开发政策，所得税税率为 15.00%。

编号	纳税主体名称	税收优惠政策	起始时间
1	格力电器（重庆）有限公司	西部大开发税收优惠政策	2008 年 1 月 1 日
2	重庆凌达压缩机有限公司	西部大开发税收优惠政策	2015 年 1 月 1 日
3	重庆凯邦电机有限公司	西部大开发税收优惠政策	2013 年 1 月 1 日

第 4 章　财务报告解读：投资性资产项目

4.1 金融资产

4.1.1 金融资产的分类与计量

2017年3月31日,财政部发布了经修订的包括《企业会计准则第22号——金融工具确认和计量》在内的三项金融工具会计准则。关于金融资产的分类与计量,新准则较原准则最主要的变化有如下两个方面:

(1) 金融资产分类由"四分类"改为"三分类"。原准则下,金融资产按照持有意图和目的分为四类:以公允价值计量且其变动计入当期损益的金融资产(Fair Value Through Profit and Loss,FVTPL)、持有至到期投资、贷款和应收款项以及可供出售金融资产。新准则以企业持有金融资产的业务模式和金融资产合同现金流量特征作为金融资产分类的判断依据,将金融资产分为三类:以摊余成本计量的金融资产、以公允价值计量且其变动计入其他综合收益的金融资产(Fair Value Through Other Comprehensive Income,FVOCI)以及FVTPL三类。新准则下金融资产分类与计量的判断规则如图4-1所示。

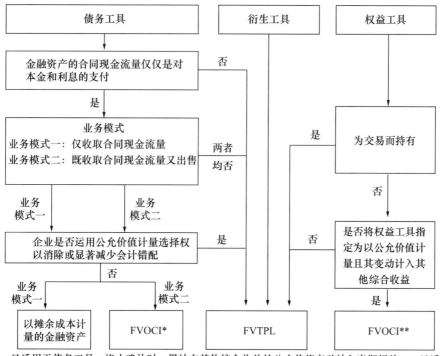

*只适用于债务工具,终止确认时,累计在其他综合收益的公允价值变动计入当期损益;**只适用于权益工具,终止确认时,累计在其他综合收益的公允价值变动不可计入当期损益。

图4-1 金融资产分类与计量的判断规则

(2) 金融资产减值会计由已发生损失法改为预期信用损失法。原准则下,对于金融资产减值的会计处理采用的是已发生损失法,即只有在客观证据表明金融资产已经发生损失时,才对相关金融资产计提减值准备。新准则下,金融资产减值会计处理修改为预期信用损失法,要求考虑金融资产未来预期信用损失情况。已发生损失法和预期信用损失法的差异比较如表4-1所示。

表4-1 已发生损失法和预期信用损失法的差异比较

事项	已发生损失法	预期信用损失法
损失估计依据	过去、当前信息	过去、当前以及前瞻性信息
实际利率的确定	基于初始账面净值与预期未来现金流量现值,不考虑未来信用损失	基于初始账面净值和扣除未来预期信用损失后的现金流量现值
减值测试是否需要触发事件	需要	不需要
损失估计期间	已发生的损失识别期间	12个月(含)或整个存续期
减值准备	账面价值、未来现金流量现值之间的差额	利息收入、预期现金流之间的差额
后续减值确认	再次出现客观减值迹象继续确认	重估预期信用损失
减值转回	触发事件	自动转回

原准则下的金融资产分类较为复杂,也存在一定的主观性,从而一定程度上影响了会计信息的可比性。新准则下的金融资产分类方法减少了金融资产类别,提高了分类的客观性和会计处理的一致性。金融资产减值会计处理采用预期信用损失法,能够更加及时、足额地计提金融资产减值准备,有助于更好地揭示和防控金融资产信用风险。

在金融资产会计核算过程中,企业一般应当设置"银行存款""贷款""应收账款""债权投资"等科目核算以摊余成本计量的金融资产;应当设置"其他债权投资""其他权益工具投资"科目核算以公允价值计量且其变动计入其他综合收益的金融资产;应当设置"交易性金融资产"科目核算以公允价值计量且其变动计入当期损益的金融资产,企业持有的直接指定为以公允价值计量且其变动计入当期损益的金融资产,也在本科目下单设的"指定类"明细科目核算。

具体而言,新准则的积极意义主要表现在:① 金融资产分类突出了企业持有金融资产的业务模式和金融资产合同现金流量特征,有助于推动企业在战略决策、业务管理和合同管理层面提升金融资产的精细化管理水平;同时,新准则赋予企业灵活的选择权,允许企业将金融资产指定为以公允价值计量且其变动计入当期损益,有助于消除或显著减少金融资产和负债的会计错配。② 新准则要求基于过去、现在和前瞻性信息,按照预期信用损失法计提金融资产减值准备,有助于推动企业建立以信用数据和评价为基础的信用风险管理体系,提升应对信用风险事件和信用损失的能力。③ 新准则的实施需要业务部门、风险管理部门和财务部门的密切配合,对业务模式的判断可能使业务部门的业务流程发生变化,预期信用损失将对许多业务部门的经济实质产生重大影响。这些都将推动企业风险管理和会计工作的深度融合,全面提升企业的风险管理水平。④ 新准则要求企业充分披露信用风险等相关信息,有助于进一步提高信息披露的质量和金融市场的整体透明度,从而为监管部门强化金融监管、提升监管效能奠定坚实的基础。

4.1.2 金融资产的初始计量

按照我国《企业会计准则第22号——金融工具确认和计量》，对于以常规方式购买金融资产的，企业应当在交易日确认将收到的资产和为此将承担的负债。以常规方式购买金融资产，是指企业按照合同规定购买金融资产，并且该合同条款规定，企业应当根据通常由法规或市场惯例所确定的时间安排来交付金融资产。

企业初始确认金融资产，应当按照公允价值[①]计量。对于以公允价值计量且其变动计入当期损益的金融资产，相关交易费用应当直接计入当期损益；对于其他类别的金融资产，相关交易费用应当计入初始确认金额。但是，企业初始确认的应收账款未包含《企业会计准则第14号——收入》所定义的重大融资成分或根据《企业会计准则第14号——收入》规定不考虑不超过一年的合同中的融资成分的，应当按照该准则定义的交易价格进行初始计量。

交易费用是指可直接归属于购买、发行或处置金融工具的增量费用。增量费用是指企业没有发生购买、发行或处置相关金融工具的情形就不会发生的费用，包括支付给代理机构、咨询公司、券商、证券交易所、政府有关部门等的手续费、佣金、相关税费以及其他必要支出，不包括债券溢价、折价、融资费用、内部管理成本和持有成本等与交易不直接相关的费用。

1. 购入不含股利或利息的有价证券

企业购入的有价证券，如果不含有已宣告发放但尚未支付的股利或利息，那么购入时所支付的价款（对于以公允价值计量且其变动计入当期损益的金融资产，需要扣除交易费用，下同）就完全属于投资成本。这时，企业在购入有价证券时，就可以按实际投资成本确认和计量金融资产，即借记"债权投资""其他债权投资""交易性金融资产"账户，贷记"银行存款"账户。

2. 购入含有股利的股票

企业购入有价证券时，如果支付的价款中包含已宣告分派但尚未支付的股利，则应将购入有价证券所支付的价款中包含的应收股利从有价证券购入成本中扣除，单独反映为"应收股利"。

3. 购入含有利息的债券

如果企业购买债券发生在债券两个利息支付日之间，则所购买债券就含有从上一个利息支付日到购买日之间的应计利息。在这种情况下，购买债券所支付的金额中就包含应计利息。也就是说，企业购买债券的同时，连带购买了应收利息。企业为得到该项应

---

① 公允价值是指在公平交易中熟悉情况的交易双方自愿进行资产交换或者债务清偿的金额。在公平交易中，交易双方应当是持续经营的企业，不打算或不需要进行清算、对经营规模进行重大缩减，或在不利条件下仍进行交易。存在活跃市场的金融资产或金融负债，活跃市场中的报价应当用于确定其公允价值。活跃市场中的报价是指易于定期从交易所、经纪商、行业协会、定价服务机构等获得的价格，且代表了在公平交易中实际发生的市场交易的价格。金融工具不存在活跃市场的，企业应当采用估值技术确定其公允价值。估值技术包括参考熟悉情况并自愿交易的各方最近进行的市场交易中使用的价格、参照实质上相同的其他金融工具的当前公允价值、现金流量折现法和期权定价模型等。初始取得或原生的金融资产或承担的金融负债，应当以市场交易价格作为确定其公允价值的基础。

收利息而支付的价款,不应该混同于债券购买成本。企业应将为取得债券本身所需支付的价款计入投资成本,同时将应计利息记入"应收利息"账户;当实际收到该笔利息时,结平"应收利息"账户,同时贷记"投资收益(利息收入)"账户。

4.1.3 金融资产的后续计量——投资收益

1. 债券投资收益

由于债券利率通常是固定的,因此,债券投资在一年(或半年)内所取得的利息收益,就是债券面值与债券年利率(或半年利率)的乘积。在收到利息时,借记"银行存款"账户,贷记"投资收益(利息收入)"账户。

上述会计处理方法适用于债券按面值购入的情况下。债券购买价格也可能高于或低于面值,购买价格高于债券面值的部分称为溢价,购买价格低于债券面值的部分称为折价。导致溢价或折价产生的根本原因在于债券票面利率和债券购买日(发行日)市场利率之间的差异。如果票面利率高于现行市场利率,那么投资者就愿意付出比债券面值更高的价格(即溢价)购买债券,以获得更多的未来利息收入;如果现行市场利率高于票面利率,那么投资者就会以低于债券面值的价格(即折价)购买债券,以事先弥补票面利率低于市场利率导致的未来利息损失。从本质上看,债券溢价或折价其实是对票面利率与实际利率(现行市场利率)差异的一种抵销。

如果债券购买价格高于或低于债券面值,并且投资企业拟将其持有至到期,那么就需要通过摊销溢价或折价对利息收入和投资成本进行调整,以确保以摊余成本计量的金融资产在到期日的账面价值等于债券面值。以公允价值计量且其变动计入当期损益的金融资产和以公允价值计量且其变动计入其他综合收益的债券投资,理论上也可以摊销溢价或折价,但是既然该类投资交易频繁,进行溢价或折价摊销事实上就没有什么必要了。我国企业会计准则要求对作为以摊余成本计量的金融资产的债券投资溢价或折价进行摊销;而对于以公允价值计量且其变动计入当期损益的金融资产和以公允价值计量且其变动计入其他综合收益的债券投资,准则要求其按公允价值进行后续计量,无须对溢价或折价进行摊销。

例 4-1 2018 年 1 月 1 日,S 公司购入 T 公司发行的总面值为 100 000 元的债券,票面利率为 4%(每年年末付息一次),市场利率为 5%,到期日为 2023 年 1 月 1 日。S 公司实际购入该批债券的价格(亦即 T 公司的发行价格)为 95 668 元[①],另支付手续费 1 500 元。款已以银行存款支付。

如果作为以公允价值计量且其变动计入其他综合收益的金融资产购入,则 S 公司购入该批债券时应作如下反映:"其他债权投资"增加(借方)97 168 元,"银行存款"减少

[①] 债券实际购买价格(发行价格) = 债券面值(亦即到期值)的现值 + 债券利息的现值。本例中,有关计算如下:
  面值的现值:100 000 × (P,5,5%) = 100 000 × 0.7835 = 78 350(元)
  利息的现值:100 000 × 4% × (P/A,5,5%) = 4 000 × 4.3295 = 17 318(元)
  债券购买价格(发行价格):78 350 + 17 318 = 95 668(元)
这里,(P,5,5%) 表示 5 年期、利率 5% 的复利现值系数;(P/A,5,5%) 表示 5 年期、利率 5% 的年金现值系数。

(贷方)97 168 元。S 公司在每年年末收到利息时,按实际收到的利息数反映"银行存款"增加(借方)4 000 元,"投资收益"增加(贷方)4 000 元。

如果作为以摊余成本计量的金融资产购入,则 S 公司购入该批债券时,需要按债券面值反映"债权投资——T 公司债券投资(面值)"增加(借方)100 000 元,"债权投资——T 公司债券投资(其他成本)"增加(借方)1 500 元,"债权投资——T 公司债券投资(利息调整)"增加(贷方)4 332 元,"银行存款"减少(贷方)97 168 元。

S 公司在每年年末收到利息时,需要按实际收到的利息(也称名义利息或票面利息)借记"银行存款"账户,按应该摊销的折价数借记"债权投资——T 公司债券投资(利息调整)"账户,按两者之和贷记"投资收益(利息收入)"账户。也就是说,作为以摊余成本计量的金融资产购入的债券,投资收益不能按名义利息反映,而应该按以折价(或溢价)调整名义利息而得到的实际利息反映。本例中,折价摊销①的计算见表4-2。2018 年 12 月 31 日收到第一期利息时,S 公司应作如下反映:冲减"债权投资——T 公司债券投资(利息调整)"783 元,增加"银行存款"4 000 元(借方),增加"投资收益(利息收入)"(贷方)4 783 元。

以后各年反映利息收入和债券投资折价摊销的会计分录同上。唯一的差异是具体数额逐年有所变化。如表4-2所示,在采用实际利率法进行折价摊销和投资收益计算时,各年的折价摊销和投资收益随时间而逐年增加,这是因为实际利率是不变的,但债券投资的期初账面价值是随折价摊销而逐年增大的,所以期初账面价值乘以实际利率得到的结果(即当年应反映的投资收益)就自然逐年增大。与此相反,如果债券是溢价购入,那么由于期初账面价值会随溢价摊销而逐年减少,因此期初账面价值乘以实际利率得到的结果(即当年应反映的投资收益)就会逐年下降。

作为以公允价值计量且其变动计入其他综合收益的金融资产购入的债券,应在资产负债表日以公允价值与摊余成本之差作为公允价值变动,计入其他综合收益,同时将账面价值从摊余成本调整到公允价值。

表 4-2　S 公司债券投资的折价摊销　　　　　　　　　　　　　　　　　　　单位:元

期次	(1)期初账面价值	(2)投资收益=(1)×5%	(3)票面利息=(面值×4%)	(4)折价摊销=(2)-(3)	(5)债券面值	(6)期末未摊销折价=期初(6)-(4)	(7)期末账面价值=(1)+(4)
01/01/2018	95 668				100 000	4 332	
12/31/2018	95 668	4 783	4 000	783	100 000	3 549	96 451
12/31/2019	96 451	4 823	4 000	823	100 000	2 726	97 274
12/31/2020	97 274	4 864	4 000	864	100 000	1 862	98 138
12/31/2021	98 138	4 907	4 000	907	100 000	955	99 045
12/31/2022	99 045	4 955*	4 000	955	100 000	0	100 000

注:* 99 045×5%=4 952.25。由于2021年年末有未摊销折价955元,该笔未摊销折价必须在最后一年即2022年全部摊销完毕,因此,2022年的投资收益就近似地取 4 955 元(4 000+955)。2.75 元(4 955-4 952.25)的误差是前面各年度有关数据计算中四舍五入导致的。

---

① 债券折价或溢价摊销的方法有直线法和实际利率法两种。直线法也称平均摊销法,即将债券发行溢价或折价在债券期限内平均分摊。实际利率法是指用实际利率(市场利率)乘以债券投资的期初账面价值来计算各期的投资收益(实际利息收入),然后以实际利息减去票面利息得出各期应摊销的折价或溢价。我国企业会计准则要求持有至到期投资的折价或溢价摊销采用实际利率法。

2. 权益性证券投资收益

权益性证券投资有可能属于以公允价值计量且其变动计入当期损益的金融资产或以公允价值计量且其变动计入其他综合收益的金融资产,也可能属于长期股权投资。如果购买某一公司发行的权益性证券后,投资方对被投资方既不存在控制关系,也不具有重大影响,并且在活跃市场中有报价、公允价值能够可靠计量,那么该项权益性投资就应被划分为以公允价值计量且其变动计入当期损益的金融资产或以公允价值计量且其变动计入其他综合收益的金融资产。

如果购买的权益性证券投资属于以公允价值计量且其变动计入当期损益的金融资产或以公允价值计量且其变动计入其他综合收益的金融资产,只有同时满足下列三个条件才能确认股利收入并计入当期损益(即借记"银行存款"或"应收股利"账户,贷记"投资收益"账户):① 企业收取股利的条件已经确立;② 与股利相关的经济利益很可能流入企业;③ 股利的金额能够可靠计量。如果被投资方实现了利润,但并没有宣布分派,那么投资方就不能反映,尽管理论上讲被投资方实现利润中相当于投资方持股比例的部分是属于投资方的。会计实务中之所以这样规定,其理由主要是:第一,作为以公允价值计量且其变动计入当期损益的金融资产或以公允价值计量且其变动计入其他综合收益的金融资产,投资方对被投资方的利润分派决策没有重大影响力,故投资方将来未必能得到这些当前未宣告分派的利润;第二,以公允价值计量且其变动计入当期损益的金融资产或以公允价值计量且其变动计入其他综合收益的金融资产业已按公允价值计量,故不反映被投资方未宣告分派的利润并不妨碍金融资产价值的恰当反映。

4.1.4 金融资产的后续计量——公允价值调整与减值

1. 金融资产公允价值调整

图 4-1 已经列明了各类金融资产是否需要根据公允价值变化进行账面调整。由图 4-1 可知,以公允价值计量且其变动计入当期损益的金融资产和以公允价值计量且其变动计入其他综合收益的金融资产需要按公允价值披露,故每当会计期末就需要按公允价值变化进行账面调整;以摊余成本计量的金融资产按摊余成本披露,故无须按公允价值变化进行账面调整。下面,我们通过举例说明公允价值变化时的金融资产后续计量及其会计处理。

例 4-2 M 公司于 2018 年 4 月 15 日购买了三种不同的金融资产,相关信息如表 4-3 所示。

表 4-3 三种金融资产相关信息

证券名称	金融资产类别	购买成本（元）	2018 年 12 月 31 日公允价值（元）
A	以公允价值计量且其变动计入当期损益的金融资产	85 000	80 000
B	以公允价值计量且其变动计入其他综合收益的金融资产	68 000	71 000
C	以摊余成本计量的金融资产	50 000 *	49 000

注:* 证券 C 按面值购买。如果证券 C 不是按面值购买,而是折价或溢价购买,就需要计算折价或溢价摊销后的账面成本,即摊余成本。

2018年4月15日,即上述金融资产购入时,M公司应作如下反映:"交易性金融资产"增加(借方)85 000元,"其他债权投资(或其他权益工具投资)"增加(借方)68 000元,"债权投资"增加(借方)50 000元,"银行存款"减少(贷方)203 000元。

2018年12月31日,即会计年度结束时,为了在年度财务报表中恰当反映金融资产的价值和当期损益情况,需要对以公允价值计量且其变动计入当期损益的金融资产和以公允价值计量且其变动计入其他综合收益的金融资产的公允价值变化进行调整。本例中,以公允价值计量且其变动计入当期损益的金融资产的期末公允价值比购入成本下降了5 000元,而以公允价值计量且其变动计入其他综合收益的金融资产的期末公允价值比购买成本上升了3 000元。

对于以公允价值计量且其变动计入当期损益的金融资产的公允价值变化,需要一方面反映损益的变化,另一方面相应地反映以公允价值计量且其变动计入当期损益的金融资产的价值变化。由于以公允价值计量且其变动计入当期损益的金融资产并未真正出售,因此这种因公允价值上升或下降而引起的损益属于"未实现损益",应该借记(若为损失)或贷记(若为收益)"公允价值变动损益(交易性金融资产)"账户。同时,为了使"交易性金融资产(成本)"账户保持历史成本记录,以公允价值计量且其变动计入当期损益的金融资产的公允价值变化不能直接在"交易性金融资产(成本)"账户进行反映,而是需要为"交易性金融资产(成本)"账户设置一个调整账户,可称为"交易性金融资产(公允价值变动)"账户,即贷记(若为损失)或借记(若为收益)"交易性金融资产(公允价值变动)"账户。本例中,以公允价值计量且其变动计入当期损益的金融资产的公允价值下降了5 000元,应反映为"交易性金融资产(公允价值变动)"账户贷方增加5 000元,体现在资产负债表上应为"交易性金融资产"项目的金额减少5 000元。也就是说,在M公司2018年12月31日的资产负债表上,"交易性金融资产"项目的金额将表达为80 000元(85 000 − 5 000),或者也可以具体表达如表4-4所示。

表4-4 以公允价值计量且其变动计入当期损益的金融资产在资产负债表上的披露

M公司
资产负债表(节选)
2018年12月31日 单位:元

现金		50 000
交易性金融资产(成本)	85 000	
减:交易性金融资产(公允价值变动)	(5 000)	80 000
存货		120 000
流动资产合计		250 000

以公允价值计量且其变动计入其他综合收益的金融资产的公允价值调整与上述以公允价值计量且其变动计入当期损益的金融资产公允价值调整的会计处理方法基本相似。唯一的不同是,对于以公允价值计量且其变动计入其他综合收益的金融资产,因公

允价值变化引起的未实现损益不构成本期净利润,而是计入其他综合收益。① 在本例中,M 公司 2018 年 12 月 31 日以公允价值计量且其变动计入其他综合收益的金融资产的公允价值 68 000 元上升至 71 000 元,即增加了 3 000 元。

这表明,M 公司 2018 年 12 月 31 日资产负债表上"其他债权投资(或其他权益工具投资)"和利润表上的"其他综合收益"项目同时增加了 3 000 元。以公允价值计量且其变动计入其他综合收益的金融资产在资产负债表上的披露方式与以公允价值计量且其变动计入当期损益的金融资产的披露方式类似。

2. 金融资产减值

根据我国《企业会计准则第 22 号——金融工具确认和计量》,企业应以预期信用损失为基础,对以摊余成本计量的金融资产和以公允价值计量且其变动计入其他综合收益的金融资产,进行减值会计处理并确认损失准备。预期信用损失,是指以发生违约的风险为权重的金融工具信用损失的加权平均值。信用损失是指企业按照原实际利率折现的、根据合同应收的所有合同现金流量与预期收取的所有现金流量之间的差额,即全部现金短缺的现值。其中,对于企业购买或原生的已发生信用减值的金融资产,应按照该金融资产经信用调整的实际利率折现。由于预期信用损失考虑付款的金额和时间分布,因此,即使企业预计可以全额收款但收款时间晚于合同规定的到期期限,也会产生信用损失。

以摊余成本计量的金融资产发生减值时,减记的金额确认为资产减值损失,计入当期损益,即借记"资产减值损失——债权投资",贷记"债权投资减值准备"。

会计期末,"资产减值损失"账户余额构成净利润的内容之一。"债权投资减值准备"账户余额则作为"债权投资"账户余额的一个抵减项目,使得资产负债表上反映的"债权投资"披露为摊余成本扣除减值准备后的差额。

以摊余成本计量的金融资产发生减值转回时,借记"债权投资减值准备"账户,贷记"资产减值损失——债权投资"。

对于分类为以公允价值计量且其变动计入其他综合收益的金融资产,企业应当在其他综合收益中确认其损失准备,并将减值损失或利得计入当期损益,且不应减少该金融资产在资产负债表中列示的账面价值。

4.1.5 金融资产出售(终止确认)

金融资产出售会计处理的基本要求是:一方面,注销金融资产的账面余额,另一方面,反映因出售金融资产而收到的现金;所注销的金融资产账面余额与出售金融资产所收到的现金之间的差异,反映为金融资产出售损益。溢价或折价购入的以摊余成本计量的金融资产,出售时的账面价值为摊余成本。

出售以公允价值计量且其变动计入当期损益的金融资产,需要反映交易性金融资产

---

① 计入其他综合收益的公允价值变动损益,虽然要在利润表中列示为"其他综合收益",从而构成"综合收益总额"的一部分,但是它并不构成"利润总额"和"净利润"的一部分。而交易性金融资产公允价值变动损益直接构成"利润总额"和"净利润"的一部分。

的初始成本及公允价值变动的注销和银行存款的增加,同时将售价与初始成本及公允价值变动之和的差额体现为投资收益。事实上,"投资收益"反映的金额,只是取决于投资的实际出售价格和购入成本,而与其持有期间公允价值变化无关。交易性金融资产持有期间公允价值变化产生的会计影响是:购入年度末,反映了因公允价值上升而形成的交易性金融资产公允价值变动损益和交易性金融资产(公允价值变动)的增减变动,从而使得该年末资产负债表上交易性金融资产净值增加或减少,以及利润表上公允价值变动收益(从而净利润)增加或减少;在出售年度,则将以往年度产生的交易性金融资产"公允价值变动收益"转入"投资收益"。

分类为以公允价值计量且其变动计入其他综合收益的金融资产(即其他债权投资)出售时,之前计入其他综合收益的累计利得或损失应当从其他综合收益中转出,计入当期损益。指定为以公允价值计量且其变动计入其他综合收益的非交易性权益工具投资出售时,之前计入其他综合收益的累计利得或损失应当从其他综合收益中转出,但不得转入当期损益,而应该转入留存收益。

出售以摊余成本计量的金融资产所产生的利得或损失,应当在终止确认时,计入当期损益。具体而言,应反映出对所出售债权投资账面价值(面值与未摊销溢价之和或与未摊销折价之差)和其他成本(即买入时支付的手续费)的注销,以及出售债权投资所形成的损益(售价与账面价值之差)。

4.1.6 金融资产的重分类

1. 金融资产重分类的原则

企业管理层改变其管理金融资产的业务模式时,就应当对相关金融资产按准则规定进行重分类,即在以摊余成本计量、以公允价值计量且其变动计入其他综合收益和以公允价值计量且其变动计入当期损益之间进行重分类。

企业对金融资产进行重分类时,应当自重分类之日起采用未来适用法进行相关会计处理,不得对之前已经确认的利得、损失(包括减值损失或利得)或利息进行追溯调整。重分类日是指导致重分类的管理金融资产的业务模式发生改变后的首个报告期间的第一天。

2. 金融资产重分类的计量

(1) 以摊余成本计量的金融资产的重分类。企业将以摊余成本计量的金融资产重分类为以公允价值计量且其变动计入当期损益的金融资产时,应当按照资产在重分类日的公允价值进行计量,原账面价值与公允价值之间的差额计入当期损益。企业将以摊余成本计量的金融资产重分类为以公允价值计量且其变动计入其他综合收益的金融资产时,应当按照资产在重分类日的公允价值进行计量,原账面价值与公允价值之间的差额计入其他综合收益。该金融资产重分类不影响其实际利率和预期信用损失的计量。

(2) 以公允价值计量且其变动计入其他综合收益的金融资产的重分类。企业将以公允价值计量且其变动计入其他综合收益的金融资产重分类为以摊余成本计量的金融资产时,应当将之前计入其他综合收益的累计利得或损失转出,调整该金融资产在重分类日的公允价值,并以调整后的金额作为新的账面价值,即视同该金融资产一直以摊余成本计量。该金融资产重分类不影响其实际利率和预期信用损失的计量。企业将以公允价值计量且其变动计入其他综合收益的金融资产重分类为以公允价值计量且其变动计入当期损益的金融资产时,应当继续以公允价值计量该金融资产;同时,应当将之前计入其他综合收益的累计利得或损失从其他综合收益转入当期损益。

(3) 以公允价值计量且其变动计入当期损益的金融资产的重分类。企业将以公允价值计量且其变动计入当期损益的金融资产重分类为以摊余成本计量的金融资产时,应当以其在重分类日的公允价值作为新的账面价值。企业将以公允价值计量且其变动计入当期损益的金融资产重分类为以公允价值计量且其变动计入其他综合收益的金融资产时,应当继续以公允价值计量该金融资产。对以公允价值计量且其变动计入当期损益的金融资产进行重分类的,应当根据该金融资产在重分类日的公允价值确定其实际利率。同时,企业应当自重分类日起对该金融资产适用金融资产减值的相关规定,并将重分类日作为初始确认日。

综上所述,在解读资产负债表上的金融资产项目时,需要特别注意理解的因素包括:

(1) 现行企业会计准则将金融资产划分为三类,并对它们进行不同的确认、计量和披露。总体做法是:以摊余成本计量的金融资产,就是以摊余成本计量,不反映公允价值变动;以公允价值计量且其变动计入其他综合收益的金融资产,就是以公允价值计量,但公允价值变动不是计入当期损益,而是计入其他综合收益;以公允价值计量且其变动计入当期损益的金融资产,就是以公允价值计量,且其公允价值变动计入当期损益。

(2) 企业应以预期信用损失为基础,对以摊余成本计量的金融资产和以公允价值计量且其变动计入其他综合收益的金融资产,进行减值会计处理并确认损失准备。以摊余成本计量的金融资产发生减值时,减记的金额确认为资产减值损失,计入当期损益;对于分类为以公允价值计量且其变动计入其他综合收益的金融资产,企业应当在其他综合收益中确认其损失准备,并将减值损失或利得计入当期损益,且不应减少该金融资产在资产负债表中列示的账面价值。

(3) 分类为以公允价值计量且其变动计入其他综合收益的金融资产(即其他债权投资)出售时,之前计入其他综合收益的累计利得或损失应当从其他综合收益中转出,计入当期损益。指定为以公允价值计量且其变动计入其他综合收益的非交易性权益工具投资出售时,之前计入其他综合收益的累计利得或损失应当从其他综合收益中转出,但不得转入当期损益,而应转入留存收益。

4.2 长期股权投资

长期股权投资是指投资方对被投资单位实施控制、重大影响的权益性投资,以及对其合营企业的权益性投资。其中,控制是指投资方拥有对被投资单位的权力,通过参与被投资单位的相关活动而享有可变回报,并且有能力运用对被投资单位的权力影响其回报金额。重大影响是指投资方对被投资单位的财务和经营政策有参与决策的权力,但并不能控制或者与其他方一起共同控制这些政策的制定。合营企业是指合营方仅对该安排的净资产享有权利的合营安排①。

4.2.1 长期股权投资取得的确认与计量

长期股权投资取得的方式可以划分为两大类：一是通过企业合并取得的长期股权投资，二是通过企业合并以外的其他方式取得的长期股权投资。②

企业合并包括两种情形，即同一控制下的企业合并和非同一控制下的企业合并。所谓同一控制下的企业合并，是指参与合并的企业在合并前后均受同一方或相同的多方最终控制且该控制并非暂时性的。参与合并的各方在合并前后不受同一方或相同的多方最终控制的，为非同一控制下的企业合并。在非同一控制下的企业合并中，于购买日取得对其他参与合并企业控制权的一方被称为购买方，参与合并的其他企业则被称为被购买方。

在同一控制下的企业合并中，合并方以支付现金、转让非现金资产或承担债务方式作为合并对价的，应当在合并日按照取得被合并方所有者权益账面价值的份额作为长期股权投资的初始成本。长期股权投资的初始成本与支付的现金、转让的非现金资产以及所承担债务账面价值之间的差额，应当调整资本公积；资本公积不足冲减的，调整留存收益。合并方以发行权益性证券作为合并对价的，应当在合并日按照取得被合并方所有者权益账面价值的份额作为长期股权投资的初始成本。按照发行股份的面值总额作为股本，长期股权投资的初始成本与所发行股份面值总额之间的差额，应当调整资本公积；资本公积不足冲减的，调整留存收益。

在非同一控制下的企业合并中形成的长期股权投资的初始成本，就是购买方所发生的合并成本。合并成本依下列情况加以确定：① 一次交换交易实现的企业合并，合并成本为购买方在购买日为取得对被购买方的控制权而付出的资产、发生或承担的负债以及发行的权益性证券的公允价值；② 通过多次交换交易分步实现的企业合并，合并成本为每一单项交易成本之和；③ 在合并合同或协议中对可能影响合并成本的未来事项作出约定的，购买日如果估计未来事项很可能发生并且对合并成本的影响金额能够可靠计量的，购买方应当将其计入合并成本。合并方为企业合并发生的审计、法律服务、评估咨询等中介费用以及其他相关管理费用，应当于发生时计入当期损益。

通过企业合并以外的其他方式取得的长期股权投资，其初始成本的确定依据为：① 以支付现金取得的长期股权投资，应当按照实际支付的购买价款作为初始投资成本；同时，初始投资成本包括与取得长期股权投资直接相关的费用、税金及其他必要支出。② 以发行权益性证券取得的长期股权投资，应当按照所发行的权益性证券的公允价值作

---

① 合营安排是指一项由两个或两个以上参与方共同控制的安排。合营安排具有下列特征：(1) 各参与方均受到该安排的约束；(2) 两个或两个以上的参与方对该安排实施共同控制。任何一个参与方都不能够单独控制该安排，对该安排具有共同控制的任何一个参与方均能够阻止其他参与方或参与方组合单独控制该安排。

② 企业合并的会计处理，将在第9章中具体介绍。本章涉及企业合并问题，主要是为了说明长期股权投资初始成本的确认和计量。

为初始投资成本。③ 通过非货币性资产交换取得的长期股权投资,应当以公允价值和应支付的相关税费作为初始投资成本。④ 通过债务重组取得的长期股权投资,债权人应当将享有股份的公允价值确认为对债务人的投资。在取得长期股权投资时,应当根据如上确定的初始投资成本,借记"长期股权投资"账户,贷记"银行存款"等账户。

4.2.2 长期股权投资的后续计量:成本法与权益法

根据长期股权投资的目的及在被投资企业股权中所占比例的不同,长期股权投资可以划分为三种情形,即消极投资、少数积极投资和多数积极投资。

所谓消极投资,是指投资企业购买被投资企业股票的目的,只是在于获取投资收益,包括股利收益和资本利得,而无意对被投资企业的经营和财务决策实施控制或施加重要影响。根据惯例,当持股比例小于20%时,该项长期股权投资就被认为是消极投资。

所谓少数积极投资,是指投资企业以实现对被投资企业的经营和财务决策施加重要影响为目的而购买被投资企业的股权。根据惯例,当持股比例达到或超过20%,但又不足50%时,该项长期投资就被认为是少数积极投资。

所谓多数积极投资,是指投资企业以对被投资企业的经营和财务决策实施控制为目的而购买被投资企业的股权。根据惯例,当持股比例达到或超过50%时,该项长期投资就被认为是多数积极投资。

事实上,持股比例并非区分消极投资与积极投资所依据的绝对标准,更重要的是看投资企业是否真正能够对被投资企业的经营和财务决策"施加重要影响"或"实施控制"。有时持股比例虽不足20%,但投资企业也可能对被投资企业的经营和财务决策施加重要影响。例如,在被投资企业股权高度分散的情况下,投资企业即便持股比例小于20%,也可能是位居前列的较大股东,从而在被投资企业的经营和财务决策中有着重要影响。

长期股权投资的后续计量方法有两种,即成本法和权益法。所谓成本法,是指长期股权投资始终以投资成本反映,而不反映投资形成之后被投资企业已实现但未分配的收益或已发生的损失。只有当被投资企业实际分配利润时,投资企业才将分配到的利润反映为"投资收益"。成本法适用于投资企业对被投资企业实施控制的长期股权投资。所谓权益法,是指在投资形成时,长期股权投资以投资成本反映;投资企业取得长期股权投资后,应当按照应分享或应分担的被投资企业净损益的份额,确认投资损益并调整长期股权投资的账面价值;被投资企业实际分配利润时,投资企业按照应分得的数额调减长期股权投资的账面价值。权益法适用于投资企业对被投资企业具有共同控制或重大影响的长期股权投资。

例4-3 假设P公司于2018年1月1日分别购买甲、乙两家公司的股权作为长期股权投资。购买甲公司10%股权的投资成本为5 000万元,对甲公司的经营和财务决策不能施加重要影响。购买乙公司25%股权的投资成本为2 500万元,对乙公司的经营和财务决策能够施加重要影响。假设甲、乙两家公司2018年分别盈利4 000万元和3 000万元,股利分配率均为50%;又假设2019年甲、乙两家公司分别亏损2 000万元和1 000万元。P公司在甲公司中的投资适用成本法,而在乙公司中的投资适用权益法。这两项长期股权投资的有关会计处理情况(即成本法与权益法的比较)如表4-5所示。

表4-5 成本法与权益法的比较 单位:万元

交易业务	成本法 (对甲公司的投资)	权益法 (对乙公司的投资)
1. 购买股票,形成长期股权投资	借:长期股权投资 5 000 贷:银行存款 5 000	借:长期股权投资 2 500 贷:银行存款 2 500
2. 2018年甲、乙公司实现净利润	不做分录	借:长期股权投资 750 贷:投资收益 750
3. 2018年甲、乙公司分红	借:银行存款 200 贷:投资收益 200	借:银行存款 375 贷:长期股权投资 375
4. 2019年甲、乙公司发生亏损	不做分录	借:投资收益 250 贷:长期股权投资 250

由表4-5中成本法和权益法的比较可以看到,在成本法下,长期股权投资的账面价值不因被投资企业实现损益而发生任何变化,始终保持投资形成时的初始投资成本。而在权益法下,长期股权投资的账面价值会因被投资企业实现净利润而增加,因被投资企业分配净利润而减少,以及因被投资企业发生亏损而减少。归纳起来看,权益法下长期股权投资的账面余额,等于初始投资成本加上被投资企业留存收益增加额(或减去留存收益减少额)中投资企业所分享(或需分担)的份额。当然,由于投资企业对被投资企业的债务通常只需承担有限清偿责任,因此,如果被投资企业发生连续亏损,长期股权投资账面价值以减至"0"为限,除非投资企业对被投资企业负有承担额外损失的义务。这就是说,在亏损使得"长期股权投资"账面价值等于"0"之后,投资企业就应停止使用权益法,即不进一步反映被投资企业的亏损。如果这样的被投资企业以后实现了净利润,那么投资企业应该在其收益分享额弥补了未确认的亏损分担额之后,才能恢复确认收益分享额。

一般而言,权益法下,投资企业应享有被投资企业净利润的份额,等于被投资企业账面净利润与投资企业在被投资企业中持股比例的乘积。但是,按照我国企业会计准则的规定,该份额的确认不能简单地按上述方法计算,而应当以取得投资时被投资企业各项可辨认资产为基础,对被投资企业的净利润进行调整后加以确认。例如,假设例4-3中P公司于2018年1月1日取得乙公司投资时,乙公司固定资产的公允价值为10 000万元,账面价值为8 000万元,估计使用年限为10年,估计净残值为零,按直线法计提折旧。乙公司2018年度利润表报告的净利润为3 000万元。乙公司在计算净利润时扣除的折旧费用为800万元(8 000/10),而若按公允价值计算,应扣除的折旧费用则为1 000万元(10 000/10),两相比较,对该年度乙公司净利润的影响是200万元(不考虑所得税)。那么,按照我国企业会计准则的规定,P公司2018年度应确认的乙公司净利润分享额为700万元[(3 000-200)×25%]。

最后,权益法下,投资企业对于被投资企业除净损益以外的所有者权益的其他变动,在持股比例不变的情况下,按持股比例与被投资企业除净损益以外的所有者权益的其他变动额计算应分享或应分担的份额,调整长期股权投资的账面价值,同时增加或减少资本公积。

4.2.3 长期股权投资的减值准备与处置

在资产负债表日,企业若确定长期股权投资发生了减值的,就应按估计的减值金额,借记"资产减值损失——长期股权投资",贷记"长期股权投资减值准备"。长期股权投资减值准备计提之后不得转回。

企业处置长期股权投资时,其账面价值与实得价款之间的差额,应当计入当期损益;同时,还要结转已计提的长期股权投资减值准备。

综上所述,在解读资产负债表上"长期股权投资"项目时,需要特别注意理解的因素包括:

(1) 长期股权投资的初始计量,原则上采用长期股权投资取得时发生的实际成本,但是以非货币性资产交换等方式取得的长期股权投资,应该按公允价值计量。

(2) 长期股权投资的后续计量方法有成本法与权益法两种。

(3) 所谓成本法,是指长期股权投资始终以投资成本反映,而不反映投资形成之后被投资企业已实现但未分配的收益或已发生的损失。只有当被投资企业实际分配利润时,才将分配到的利润反映为"投资收益"。成本法适用于投资企业对被投资企业实施控制的长期股权投资,以及投资企业对被投资企业不具有共同控制或重大影响,并且在活跃市场中没有报价、公允价值不能可靠计量的长期股权投资。

(4) 所谓权益法,是指在投资形成时,长期股权投资以投资成本反映;投资企业取得长期股权投资后,应当按照应分享或应分担的被投资企业净损益的份额,确认投资损益并调整长期股权投资的账面价值;被投资企业实际分配利润时,投资企业按照应分得的数额调减长期股权投资的账面价值。权益法适用于投资企业对被投资企业具有共同控制或重大影响的长期股权投资。

4.3 投资性房地产

投资性房地产是指为赚取租金或资本增值,或者两者兼有而持有的房地产。投资性房地产的范围包括:已出租的土地使用权、持有并准备增值后转让的土地使用权、已出租的建筑物。企业自用房地产和作为存货的房地产,不属于投资性房地产。

4.3.1 投资性房地产的确认和初始计量

投资性房地产只有在符合上述定义,并同时满足下列条件的情况下才能予以确认:① 与该投资性房地产有关的经济利益很可能流入企业;② 该投资性房地产的成本能够可靠地计量。对于已出租的土地使用权和已出租的建筑物,其作为投资性房地产确认的时点一般为租赁期开始日。但是,对于企业持有以备经营出租的空置建筑物或在建建筑物,董事会或类似机构作出书面决议,明确表明将其用于经营出租且持有意图短期内不再发生变化的,即使尚未签订租赁协议,也应视为投资性房地产。

投资性房地产应当按照成本进行初始计量。对于外购的投资性房地产,在采用成本模式进行后续计量的情况下,按照取得时的实际成本进行初始计量,借记"投资性房地产"账户,贷记"银行存款"等账户。取得时的实际成本包括购买价款、相关税费和直接归属于该资产的其他支出。在采用公允价值模式进行后续计量的情况下,外购的投资性房地产应当按照取得时的实际成本进行初始计量。企业应当在"投资性房地产"账户下设置"成本"和"公允价值变动"两个明细账户,按照外购的土地使用权和建筑物发生的实际成本,记入"投资性房地产(成本)"账户。

自行建造的投资性房地产,其成本为建造该项资产达到预定可使用状态前所发生的必要支出,包括土地开发费、建筑成本、安装成本、应予以资本化的借款费用、支付的其他费用和分摊的间接费用等。建造过程中发生的非正常损失,直接计入当期损益,不计入建造成本。按照建造过程中发生的成本,借记"投资性房地产"账户,贷记"银行存款"等账户。

通过非货币性资产交易等取得的投资性房地产,遵循公允价值计量,即按照所付出的非货币性资产的公允价值计量所得到的投资性房地产的成本。

4.3.2 投资性房地产的后续计量

投资性房地产的后续计量通常应当采用成本模式。采用成本模式计量的投资性房地产,应当按照《企业会计准则第4号——固定资产》和《企业会计准则第6号——无形资产》的有关规定,按月计提折旧(建筑物)或摊销(土地使用权),借记"其他业务成本"等账户,贷记"投资性房地产累计折旧(摊销)"账户。此外,投资性房地产经测试后确定发生减值的,还应当计提减值准备,借记"资产减值损失"账户,贷记"投资性房地产减值准备"账户。已经计提减值准备的投资性房地产,即使在以后期间价值得以恢复,也不得转回。

企业有确凿证据表明其投资性房地产的公允价值能够持续可靠取得的,可以对投资性房地产采用公允价值模式进行后续计量。具体来讲,应当同时满足下列条件:① 投资性房地产所在地有活跃的房地产交易市场;② 企业能够从房地产交易市场上取得同类或类似房地产的市场价格及其相关信息,从而对投资性房地产的公允价值作出合理估计。需要特别注意的是:① 同一企业只能采用一种模式对所有投资性房地产进行后续计量,而不得同时采用两种计量模式。② 企业对投资性房地产的计量模式一经确定,不得随意变更,由成本模式转变为公允价值模式的,应当作为会计政策变更处理;已采用公允价值模式计量的投资性房地产,不得从公允价值模式转为成本模式。投资性房地产采用公允价值模式进行后续计量的,不计提折旧或摊销。资产负债表日,投资性房地产的公允价值高于其账面余额的,借记"投资性房地产(公允价值变动)"账户,贷记"公允价值变动损益"账户;投资性房地产的公允价值低于其账面余额的,则做相反的会计分录。

4.3.3 投资性房地产的转换

投资性房地产的转换是指将投资性房地产转换为非投资性房地产,或者将非投资性房地产转换为投资性房地产。主要包括:① 投资性房地产开始自用;② 作为存货的房地产改为出租;③ 自用土地使用权停止自用,用于赚取租金或资本增值;④ 自用建筑物停止自用,改为出租;⑤ 房地产企业将用于经营出租的房地产重新开发用于对外销售,从投资性房地产转为存货。

投资性房地产发生转换时,在成本模式和公允价值模式下的会计处理不尽相同。在成本模式下,应当将房地产转换前的账面价值作为转换后的入账价值。

在公允价值模式下,投资性房地产转换为自用时,以其转换日的公允价值作为自用房地产的入账价值,公允价值与原账面价值的差额计入当期损益。自用房地产或存货转换为采用公允价值模式计量的投资性房地产时,投资性房地产按照转换日的公允价值计量,公允价值小于原账面价值的,其差额计入当期损益;公允价值大于原账面价值的,其差额计入所有者权益。

综上所述,在解读资产负债表上"投资性房地产"项目时,需要特别注意理解的因素包括:

(1) 投资性房地产应依其实际取得成本进行初始计量。
(2) 投资性房地产的后续计量通常应当采用成本模式。
(3) 只有满足企业会计准则规定的相关条件,投资性房地产的后续计量才可以采用公允价值模式。

专业词汇

金融工具(Financial Instruments)
权益工具(Equity Instruments)
债务工具(Debt Instruments)
金融资产(Financial Assets)
金融负债(Financial Liabilities)
债权投资(Debt Investment)
股权投资/权益工具投资(Equity Investment)
衍生工具(Derivative Financial Instrument)
活跃市场(Active Market)
报价(Quotation)
可转换债券(Convertible Bonds)
优先股(Preferred Stock)
以公允价值计量且其变动计入当期损益的金融资产(Fair Value Through Profit and Loss, FVTPL)
以公允价值计量且其变动计入其他综合收益的金融资产(Fair Value Through Other Comprehensive Income, FVOCI)
以摊余成本计量的金融资产(Amortized Cost, AMC)
直接指定为以公允价值计量且其变动计入当期损益的金融资产(Financial Assets That Designated as FVTPL)
公允价值变动损益(Profit and Loss Arising From Fair Value Changes)
长期股权投资(Long-term Equity Investment)

合营安排(Joint Arrangements)
合营企业(Joint Venture)
公允价值(Fair Value)
本金/面额(Principal/Face Amount)
债券溢价(Bond Premium)
债券折价(Bond Discount)
实际利率法(Effective-interest Method)
直线法(Straight-line Method)
成本法(Cost Method)
权益法(Equity Method)

自用房地产(Owner-occupied Property)
土地使用权(Land Use Right)
采用成本模式进行后续计量的投资性房地产(Cost Model for Subsequent Measurement of Investment Property)
采用公允价值模式进行后续计量的投资性房地产(Fair Value Model for Subsequent Measurement of Investment Property)
转换日(Date of Transfer)

思考题

1. 现行企业会计准则将金融资产分为以摊余成本计量的金融资产、以公允价值计量且其变动计入其他综合收益的金融资产和以公允价值计量且其变动计入当期损益的金融资产三类分别进行会计处理和披露,试分析说明这样分类的依据。

2. 金融资产的公允价值变动损失与减值损失在性质上有何差异？如果您作为公司的股票投资者,您将如何理解这两种损失导致的当期利润下降？

3. 长期股权投资会计处理的成本法和权益法的基本差异是什么？它们各自的适用条件是什么？为什么要这样规定？

4. 投资性房地产采用公允价值模式进行后续计量需要具备哪些条件？为什么要对公允价值模式的采用加以限制？

教学案例

雅戈尔权益性投资分类的"变更戏法"*

权益性投资是投资性资产项目中的重要类别。从财务报表列报的角度来说,究竟将公司的权益性投资分类为交易性金融资产、可供出售金融资产还是长期股权投资在资产负债表中进行列报,取决于对业务模式、合同现金流特征以及对被投资单位能够施加影响程度的评估结果。这一过程必然涉及会计人员的职业判断,因而即使在企业会计准则的约束下,公司仍然对权益性投资的列报分类有一定的主观选择权。正是基于此,一些上市公司利用权益性投资分类和计量模式的差异,变更会计核算方法以影响公司利润。在这里,我们通过雅戈尔对中国中信股份有限公司的会计核算方法变更案例来进一步了解权益性投资所涉及的财务列报问题。

---

* 本案例根据巨潮资讯网发布的雅戈尔集团股份有限公司年度财务报告及相关公告编写。

雅戈尔集团股份有限公司(以下简称"雅戈尔")系1993年经宁波市体改委以甬体改〔1993〕28号文批准,由宁波盛达发展有限公司(原宁波盛达发展公司)和宁波富盛投资有限公司(原宁波青春服装厂,以下简称"富盛投资")等发起并以定向募集方式设立的股份有限公司。雅戈尔设立时总股本为2600万股,经1997年1月至1998年1月的两次派股和转增,总股本扩大至14 352万股,并于1998年11月19日向社会公众公开发行A股股票5 500万股,在上海证券交易所正式挂牌上市。截至2019年6月30日,雅戈尔累计发行股本总数3 581 447 353股,注册资本为3 581 447 353.00元。雅戈尔主要从事品牌服装生产、地产开发和投资业务,共计三大业务板块。除传统的衬衫、西服、西裤、夹克和领带等纺织服装产品的生产销售位列全国龙头之外,雅戈尔还是中国较早进入房地产市场开发领域、专业化金融投资领域的民营企业,目前也正向健康旅游产业进行探索,致力于打造"旅游+健康+养老"的运作模式。

2018年4月10日,雅戈尔发布《关于变更中国中信股份有限公司会计核算方法的公告》,拟将自2018年3月29日起对所持中国中信股份有限公司(以下简称"中信股份")股票的会计核算方法由可供出售金融资产变更为长期股权投资,并以权益法进行后续计量。变更后,雅戈尔将所持中信股份股票按照应享有的被投资单位可辨认净资产公允价值份额(221.34亿元)入账,其与账面价值(128.32亿元)的差额全部计入2018年第一季度的营业外收入,这导致雅戈尔2018年第一季度预计净利润增加93.02亿元,直接由2017年度业绩快报披露的同比下降90.36%变为同比增长687.95%,实现了盈利反转的"奇迹"。其中,该公告所提及的中信股份股票系雅戈尔于2015年通过新股认购和二级市场买入的方式持有。截至2018年3月29日(变更日),雅戈尔持有中信股份的股权比例为5.00%,持股数量为145 451 400股(如表1所示)。按照企业会计准则的规定,权益性投资需要根据投资方在投资后对被投资单位能够施加影响的程度,将权益性投资区分为应当按照金融工具确认和计量准则进行核算以及应当按照长期股权投资准则进行核算两种情况。如果能够对被投资单位实现控制、共同控制或重大影响,则应该作为长期股权投资核算,除此之外均归入金融工具确认和计量准则进行核算。由于在变更日前持股比例仅为4.99%,因此雅戈尔在考虑持有目的后,一直将中信股份的投资作为可供出售金融资产进行核算。此次公告中雅戈尔对将会计核算方式变更为长期股权投资给出了三条理由:① 公司副总经理兼财务负责人吴幼光先生于2018年3月20日被委任为中信股份非执行董事;② 公司为中信股份第三大股东,2018年3月29日,其对中信股份的持股比例由4.99%增至5.00%[①];③ 根据《企业会计准则第2号——长期股权投资》的规定,投资企业对被投资企业具有共同控制或重大影响的长期股权投资,应采用权益法核算。基于此,董事会根据《企业会计准则》的相关规定,判定公司对中信股份的经营决策具有重大影响,并全票通过将中信股份的会计核算方法由可供出售金融资产变更为长期股权投资,并以权益法确认损益的会计核算方法变更事项。

---

① 持股比例增加0.01%,为2018年年初雅戈尔耗资1.1万港元(折合人民币8 800元),通过二级市场购入最小申报单位1 000股中信股份的股票所致。

表 1　雅戈尔投资中信股份基本情况

	核算科目	股数 (千股)	投资成本 (万元)	账面价值 (万元)
2015 年 12 月 31 日	可供出售金融资产	145 451.30	1 706 159.56	1 671 906.84
2016 年 12 月 31 日	可供出售金融资产	145 451.30	1 821 627.74	1 444 178.69
2017 年 12 月 31 日	可供出售金融资产	145 451.30	1 702 290.25	1 371 453.33
2018 年 3 月 29 日	可供出售金融资产①	145 451.40	1 636 309.31	1 283 234.80
2018 年 3 月 29 日	长期股权投资②	145 451.40	1 636 309.31	2 213 445.64
变更后利润影响	营业外收入	—	—	930 210.84③

然而,雅戈尔通过"变更戏法"使得其业绩从预减到剧增的行为,引起了监管机构的注意。2018 年 4 月 24 日,上海证券交易所向雅戈尔下发了《关于雅戈尔集团股份有限公司变更会计核算方法事项的监管工作函》,要求公司和年审注册会计师立信会计师事务所(特殊普通合伙)审慎核实核算方法变更的合理性、充分性和会计计量的准确性,以及是否符合公司的经营实质。4 月 25 日,立信会计师事务所发布了《关于雅戈尔集团股份有限公司变更会计核算方法事项的监管工作函的回复》,对该次变更提出了三点意见:一是雅戈尔在二级市场买入的 0.1 万股股票本身并不会实质增加其对中信股份的影响,且增持行为并不足以表明公司已改变对中信股份的持有意图,其持有意图仍是作为财务投资者以获取中信股份的高额股息分配等收益。二是中信股份前两大股东的持股比例达到 78.13%,在其股东大会的表决权上占有绝对优势,雅戈尔增持后的持股比例仅为 5%。在其他股东持有股份不是高度分散的情况下,5% 有表决权的股份通常并不足以产生重大影响,因此雅戈尔通过参与股东大会对中信股份的经营及财务决策施加影响的量级不够。三是虽然雅戈尔副总经理兼财务负责人吴幼光先生自 2018 年 3 月 20 日起成为中信股份的非执行董事,但中信股份的董事会由 17 名董事组成,雅戈尔通过其在董事会中 1/17 的席位对中信股份施加的影响是非常有限的,且董事会将其职能分别授权给下设的五个专业委员会,除执行董事外,13 名非执行董事中有 11 名均在相关委员会中任职,但雅戈尔派出的吴幼光先生在上述委员会中未担任任何职务,表明相对于绝大多数非执行董事而言,雅戈尔派出的董事无法参与中信股份的重大经营及财务决策。因此,立信会计师事务所认为雅戈尔对中信股份施加实质性重大影响的依据不充分,不建议雅戈尔对中信股份改按权益法核算。4 月 26 日,雅戈尔董事会也发布了《雅戈尔集团股份有限公司关于取消对中国中信股份有限公司会计核算方法变更的提示性公告》,表示继续以可供出售金融资产核算。

事实上,雅戈尔采取会计变更来调节利润,是由于公司业绩增长受到房地产调控政策和金融投资风险加剧等因素带来的两大板块利润下滑的拖累。2019 年 4 月 30 日,已成立四十周年的雅戈尔宣布将对运行了十多年的三大业务板块进行战略调整,剥离投资业务,重新回归服装主业,对服装品牌和产品进行升级。

---

① 根据最新的《企业会计准则第 22 号——金融工具确认和计量》,自 2019 年 1 月 1 日起,境内所有上市公司都将采用"其他权益工具投资"科目替代核算"可供出售金融资产"科目中的股票投资部分。
② 这里假设公司采用长期股权投资权益法核算对中信股份的投资。
③ 该金额等于所持股份对应的可辨认净资产公允价值 2 213 445.64 万元与账面价值 1 283 234.80 万元的差额。

在本案例中，我们至少可以得到三个方面的启示：

（1）由金融资产转换为权益法下的长期股权投资时，需要判断投资方对被投资单位是否具有重大影响。而这一判断不能仅仅依据个别表征因素，而要综合考虑各种可能的影响因素，并遵循实质重于形式的原则。

（2）如果公司管理层关于投资方对被投资单位具有重大影响的判断会导致会计利润产生较大的波动，就很容易引起投资者和监管机构对公司管理层判断合理性的怀疑。这种情形下，较之于作出"投资方对被投资单位不具有重大影响"的判断，作出"投资方对被投资单位具有重大影响"的判断需要更为充分的依据。

（3）从本案例所述可知，针对变更问题，雅戈尔管理层与审计师意见并不一致。在这样的情况下，雅戈尔选择基于管理层的判断变更会计核算方法，最终又迫于监管压力和舆论压力而取消变更，虽然表明公司迷途知返，勇于改正错误判断，但也反映出其治理机制存在漏洞。因此，公司作出"投资方对被投资单位是否具有重大影响"的判断时，一定要与审计师充分沟通，审慎决定。

讨论题：

1. 可供出售金融资产与长期股权投资权益法两种核算方式对公司利润的影响有何差异？
2. 结合本案例，如何判断投资方对被投资单位是否具有重大影响？雅戈尔董事会判定公司对中信股份的经营决策具有重大影响的理由是否充分？
3. 结合本案例，如何理解雅戈尔最终取消对中信股份的会计核算方法变更？
4. 结合本案例，讨论权益性投资的会计核算方法之间转换的"变更戏法"对于投资者而言有何利弊。
5. 结合本案例，如何看待公司主业发展和投资项目多元化之间的平衡问题？

第 5 章　财务报告解读：经营性资产项目

5.1 应收款项

5.1.1 应收账款

应收账款是指企业由于赊销产品、材料或提供劳务等形成的应收款项,包括应该向客户收取的销售价款和代垫的运杂费等。应收账款属于短期性债权,在资产负债表中通常被列为流动资产。

应收账款的形成源于商业信用,而企业向客户提供商业信用,则是为了促进销售。在其他因素既定的条件下,信用尺度越放松,应收账款越多,且未来无法收回的风险越大。通常将无法收回的应收账款称为坏账;因应收账款无法收回而导致的损失,则称为坏账损失。

判断一笔应收账款是否属于坏账,有时是有确切依据的,有时其实是一种估计。我国现行的做法是,当符合以下条件之一时可将应收账款确认为坏账:① 债务人破产,债务人按照破产清算程序进行清偿后仍然确认无法偿还所欠的账款;② 债务人死亡,债务人死亡后没有财产可供清偿,也没有义务承担人代为清偿,债权人确实无法收回账款;③ 债务人较长时间(如3年)未履行清偿义务,并且债权人有足够的依据表明账款无法收回或收回的可能性极小。这里的第③种情况事实上是一种估计。企业一旦将一笔应收账款确认为坏账,就应该将其注销,从而不再列报在该期末的资产负债表上。

对于坏账的会计处理有两种方法,即直接注销法和备抵法。直接注销法是指在应收账款确定无法收回时才按实际发生的坏账数确认坏账损失,一次性地记入当期费用,同时直接注销应收账款。备抵法是指企业应在会计期末估计应收账款未来收现的可能性,将可能发生的坏账损失金额记入当期费用,同时反映"坏账准备"。"坏账准备"是"应收账款"的抵减账户,计提坏账准备时贷记"坏账准备"账户,借记"资产减值损失"账户;待坏账实际发生时,再借记"坏账准备"账户,贷记"应收账款"账户。在备抵法下,期末资产负债表上应收账款项目所反映的是"应收账款"账户余额减去"坏账准备"账户余额后的净额,亦即应收账款的可实现净值。因此,较之于直接注销法,备抵法能够使应收账款的反映更符合公允价值。目前,我国企业会计准则和国际会计准则都要求采用备抵法。

由于应收账款的收现可能性往往难以精确计量,因此,在备抵法下,企业计提的坏账准备其实只是个估计数,未必恰好等于日后实际发生的坏账损失。企业管理层需要根据以往的经验、客户的信用状况及未来的市场环境等具体情况来估计坏账损失。一般地,坏账损失的估计方法主要有销货百分比法、应收账款余额百分比法和账龄分析法三种。销货百分比法是指按当期赊销净额的一定比例来估算坏账损失。企业管理层可根据过去实际发生的坏账占赊销净额的比例,并参考未来市场环境等的可能变化,确定本年度的坏账率,再与本年度的赊销净额相乘得出本年度应计提的坏账准备。应收账款余额百分比法是指按应收账款余额的一定比例来估计坏账损失。企业管理层也需要根据过去实际发生的坏账率,并参考未来市场环境等的可能变化,确定本年度的坏账率,再与应收账款余额相乘得出本年度应计提的坏账准备。账龄分析法是指按应收账款账龄的长短来估计坏账损失。企业可在期末编制"应收账款账龄分析表",根据账龄长短将期末应收账款进行分组,并根据历史经验和未来市场环境的可能变化来确定各账龄组的坏账率,再与各组应收账款余额相乘得到应计提的坏账准备。

根据我国《企业会计准则第22号——金融工具确认和计量》及其应用指南的要求,对于单项金额重大的应收款项,应当单独进行减值测试。有客观证据表明其发生了减值的,应当根据其未来现金流量现值低于账面价值的金额,确认减值损失,计提坏账准备。对于单项金额非重大的应收款项,可以单独进行减值测试,确定减值损失,计提坏账准备;也可以与经单独测试后未减值的应收款项一起按类似信用风险特征划分为若干组合,再按这些应收款项组合在资产负债表日余额的一定比例计算确定减值损失,计提坏账准备。根据应收款项组合余额的一定比例计算确定的坏账准备,应当反映各项目实际发生的减值损失,即各组合的账面价值超过其未来现金流量现值的金额。而且,企业应当根据以前年度与之相同或类似的、具有类似信用风险特征的应收款项组合的实际损失率为基础,结合现时情况确定本期各项组合计提坏账准备的比例,据此计算本期应计提的坏账准备。这些规定与以往实务要求发生的微妙变化是,应收款项坏账准备的计提不能太笼统了,而应该根据风险特征进行计提。这样更有助于避免坏账准备计提的随意性,防止出现坏账准备计提不稳健和过度稳健两种极端情形,从而也有助于应收款项价值计量的公允性。

应收账款在确认减值损失(即计提坏账准备)后,如有客观证据表明其价值已恢复,且客观上与确认该损失后发生的事项有关(如债务人的信用评级已提高等),原确认的减值损失应当予以转回,计入当期损益。但是,转回后的账面价值不应当超过假定不计提减值准备情况下该应收账款在转回日的账面价值。转回已确认的坏账准备,会增加资产负债表上反映的应收账款净额。

根据上述准则对应收账款坏账准备计提的要求,珠海格力电器股份有限公司(以下简称"格力电器")在2018年度财务报告的"财务报表附注(五)10"中,对应收款项坏账准备计提方式进行了如下规定:

> 本公司贷款及应收款项(包括应收账款和其他应收款)按合同或协议价款作为初始入账金额。凡因债务人破产,依照法律清偿程序清偿后仍无法收回;或因债务人死亡,既无遗产可供清偿,又无义务承担人,确实无法收回;或因债务人逾期未能履行偿债义务,经法定程序审核批准,该等应收款项列为坏账损失。本公司以应收债权向银行等金融机构转让、质押或贴现等方式融资时,根据相关合同的约定,当债务人到期未偿还该项债务时,若本公司负有向金融机构还款的责任,则该应收债权作为质押贷款处理;若本公司没有向金融机构还款的责任,则该应收债权作为转让处理,并确认债权的转让损益。
>
> 本公司收回应收款项时,将取得的价款和应收款项账面价值之间的差额计入当期损益。
>
> (1) 单项金额重大并单项计提坏账准备的应收款项:

本公司将单项金额占该项应收款项总额的5.00%（包括5.00%以上的应收款项）确认为单项金额重大的应收款项。

在资产负债表日，本公司对单项金额重大的应收款项单独进行减值测试，经测试发生了减值的，按其未来现金流量现值低于其账面价值的金额，确定减值损失，计提坏账准备；对单项测试未减值的应收款项，会同对单项金额非重大的应收款项，按类似的信用风险特征划分为若干组合，再按这些应收款项组合在资产负债表日余额的一定比例计算确定减值损失，计提坏账准备。

（2）按组合计提坏账准备的应收款项：

确定组合的依据	
账龄组合	以应收款项的账龄为信用风险特征划分组
无风险组合	以应收款项为无风险且能充分获取客户信用信息的款项划分组
按组合计提坏账准备的计提方法	
账龄组合	按账龄分析法计提坏账准备
无风险组合	据债务人信用情况进行减值测试，对收款有明确保证的单位的应收款项不计提坏账准备，合并范围内应收款不计提坏账准备

组合中，采用账龄分析法计提坏账准备的：

账龄	应收账款计提比例（%）	其他应收款计提比例（%）
1年以内	5.00	5.00
1—2年	20.00	20.00
2—3年	50.00	50.00
3年以上	100.00	100.00

（3）单项金额虽不重大但单项计提坏账准备的应收账款：

本公司对于单项金额非重大、有确凿证据表明可收回性存在明显差异的应收款项，根据其未来现金流量现值低于其账面价值的金额计提坏账准备。

（4）贷款及垫款按信贷资产风险五级分类及贷款拨备率标准计提损失准备：

本公司信贷资产根据金融监管部门的有关规定进行风险分类，标准风险系数为：正常类2.50%，关注类3.00%，次级类30.00%，可疑类60.00%，损失类100.00%。

格力电器在2018年度财务报告"财务报表附注（七）4"中，详细披露了应收账款计提的坏账准备情况：

（2）应收账款

1）应收账款分类披露

类别	期末余额				账面价值
	账面余额		坏账准备		
	金额(元)	比例(%)	金额(元)	比例(%)	
单项金额重大并单项计提坏账准备的应收账款					
按信用风险特征组合计提坏账准备的应收账款	8 081 100 658.05	98.40	381 441 667.89	4.72	7 699 658 990.16
其中:(1) 账龄组合	7 176 263 253.05	87.38	381 441 667.89	5.32	6 794 821 585.16
(2) 无风险组合	904 837 405.00	11.02			904 837 405.00
单项金额虽不重大但单项计提坏账准备的应收账款	131 048 814.98	1.60	131 048 814.98	100.00	
合计	8 212 149 473.03	100.00	512 490 482.87	6.24	7 699 658 990.16

种类	期初余额				账面价值
	账面余额		坏账准备		
	金额(元)	比例(%)	金额(元)	比例(%)	
单项金额重大并单项计提坏账准备的应收账款					
按信用风险特征组合计提坏账准备的应收账款	6 091 758 671.51	97.95	277 267 030.33	4.55	5 814 491 641.18
其中:(1) 账龄组合	5 262 020 183.51	84.61	277 267 030.33	5.27	4 984 753 153.18
(2) 无风险组合	829 738 488.00	13.34			829 738 488.00
单项金额虽不重大但单项计提坏账准备的应收账款	127 676 487.77	2.05	127 676 487.77	100.00	
合计	6 219 435 159.28	100.00	404 943 518.10	6.51	5 814 491 641.18

组合中,按账龄分析法计提坏账准备的应收账款:

账龄	期末余额		
	账面余额(元)	坏账准备(元)	计提比例(%)
1年以内	7 102 390 980.19	355 119 549.05	5.00
1—2 年	46 987 239.55	9 397 447.87	20.00
2—3 年	19 920 724.75	9 960 362.41	50.00
3 年以上	6 964 308.56	6 964 308.56	100.00
合计	7 176 263 253.05	381 441 667.89	5.32

确定该组合的依据详见附注(五)10。

组合中,采用其他方法计提坏账准备的应收账款:

组合名称	期末余额		
	账面余额(元)	坏账准备(元)	计提比例(%)
无风险组合	904 837 405.00		
合计	904 837 405.00		

确定该组合的依据详见附注(五)10。

2) 本期计提、收回或转回的坏账准备情况

本期计提坏账准备金额 107 556 748.93 元。

3) 本报告期实际核销的应收账款情况

公司本期实际核销的应收账款为 9 784.16 元,无重要的应收账款核销事项。

4) 按欠款方归集的期末余额前五名的应收账款情况

截至期末按欠款方归集的期末余额前五名应收账款汇总金额为 2 840 181 409.13 元,占应收账款期末余额合计数的比例为 34.59%,相应计提的坏账准备期末余额汇总金额为 96 767 200.21 元。

5) 公司本期无因金融资产转移而终止确认的应收账款。

6) 公司本期无转移应收账款且继续涉入形成的资产、负债。

5.1.2 应收票据

除应收账款之外,应收票据是应收款项的又一重要组成部分。应收票据是指企业在采用商业汇票结算方式下,因销售产品、材料等而收到的商业汇票,包括商业承兑汇票和银行承兑汇票。根据我国现行法律的规定,商业汇票的期限不超过 6 个月,因此,应收票据属于短期债权,在资产负债表上归属于流动资产。

应收票据本金是指应收票据的票面金额(即面值)。根据应收票据的票面上是否载明利率,可将票据分为带息票据和不带息票据两种。带息票据的票面上载明利率,票据的到期价值等于面值与按票面利率计算的利息之和;不带息票据的票面上不载明利率,票据的到期价值就等于票据本金。理论上,应收票据应按其未来现金流的现值入账,但在会计实务中,考虑到票据的期限较短,为简化账务处理,不论应收票据是否带有利息,一般都按票面金额计价入账。票据到期收到的利息,作为利息收入冲减"财务费用"。

企业持有的未到期的商业汇票可以向银行申请贴现。所谓贴现,是指票据持有人在票据到期前,通过背书手续向银行收取票据到期价值扣除银行贴现息后的余额的行为。票据到期价值为票据面值与票据到期利息之和,贴现息 = 票据到期价值 × 贴现率 × 贴现期,票据的贴现所得额 = 票据到期价值 - 贴现息。其中,贴现期是指汇票贴现日与汇票到期日的时间间隔。

应收票据贴现的会计处理,需要视贴现的商业汇票是否带有追索权而采取不同的会计方法。不带有追索权的应收票据贴现后,如果票据到期时被拒付,则贴现企业不承担连带偿付责任。因此,不带有追索权的应收票据贴现时,可直接冲销"应收票据"账户。

由于银行承兑汇票的承兑方是银行,实务中通常将银行承兑汇票贴现视为不带有追索权的贴现,因此贴现时直接贷记"应收票据"账户。而带有追索权的票据贴现时,贴现企业负有连带偿付责任。由于商业承兑汇票的承兑方是企业,实务中通常将商业承兑汇票贴现视为带有追索权的贴现,如果贴现的商业承兑汇票到期时被承兑方拒付,则贴现企业有责任向银行兑付。此类票据贴现之后,贴现企业就承担了一种或有责任。如果这种或有责任金额重大而不在报表上加以披露,就会影响报表使用者对企业偿债能力的正确判断。因此,贴现时除直接冲销"应收票据"之外,还需要在资产负债表附注中注明因贴现而产生的或有负债金额。

必须说明的是,当应收票据到期被拒付时,会计核算中会将原来反映为"应收票据"的债权转入"应收账款"账户,因此,"应收票据"账户中反映的债权就不会发生坏账。也正因如此,会计实务中无须针对应收票据计提坏账准备。

格力电器在2018年度财务报告"财务报表附注(七)4"中,对应收票据披露如下:

1) 应收票据分类

单位:元

项目	期末余额	期初余额
银行承兑汇票	34 333 969 824.79	32 202 398 700.08
商业承兑汇票	1 577 598 051.25	54 014 838.06
合计	35 911 567 876.04	32 256 413 538.14

2) 期末已质押的应收票据

单位:元

项目	期末已质押金额
银行承兑汇票	5 496 182 543.52
合计	5 496 182 543.52

3) 期末已背书或贴现但尚未到期的应收票据

单位:元

项目	期末终止确认金额	期末未终止确认金额
已背书或贴现但尚未到期的应收票据	57 331 845 879.00	1 529 380 653.66
其中:银行承兑票据	57 331 845 879.00	
商业承兑票据		1 529 380 653.66
合计	57 331 845 879.00	1 529 380 653.66

4) 因出票人未履约而将其转应收账款的票据

无。

5.1.3 其他应收款项

预付账款,是指在采购货物或得到服务之前预先支付给供应商的款项。此外,2006年以前在"待摊费用"中核算的内容,现行企业会计准则下也归入"预付账款"。

其他应收款,是指除应收票据、应收账款、预付账款以外的其他各种应收、暂付款项,主要包括应收的各种赔款和罚款、存出保证金、备用金、应向职工收取的各种垫付款项,以及其他应收、暂付款项等。在现行会计准则下,应收补贴款和委托银行等金融机构贷出的款项中不超过一年的部分,也归入"其他应收款"。委托银行等金融机构贷出的款项中超过一年的部分则归入"长期应收款"。

对于预付账款和其他应收款,也应该像应收账款那样估计并计提坏账准备。因此,期末资产负债表上反映的预付账款和其他应收款,也应该是其原入账金额减去相应的"坏账准备"账户余额后的净额。在确认减值损失(即计提坏账准备)后,如有客观证据表明其价值已恢复,且客观上与确认该损失后发生的事项有关,原确认的减值损失应当予以转回,计入当期损益。但是,转回后的账面价值不应当超过假定不计提减值准备情况下该应收项目在转回日的账面价值。

综上所述,在解读资产负债表上"应收账款""应收票据""预付账款"及"其他应收款"等应收项目时,需要特别注意理解的因素包括:

(1) 这些应收项目都属于短期债权,故在资产负债表上均作为流动资产反映。

(2) 由于这些应收项目都属于短期债权,其入账金额并不要求按未来现金流量现值反映,而是按债权本金反映。

(3) 除应收票据外,这些应收项目在资产负债表上反映时,反映的都是扣除坏账准备后的净额。

(4) 已计提的坏账准备可以转回,但转回后的账面价值不应当超过假定不计提减值准备情况下该应收项目在转回日的账面价值。

(5) 坏账准备的计提和转回是否适当,会直接影响资产负债表上反映的应收项目的金额是否符合其公允价值。

(6) 应收票据贴现后,企业若因票据贴现承担连带偿付责任,则须在资产负债表中以附注方式披露由此引起的或有负债。

5.2 存货

5.2.1 存货的确认

存货,是指企业在日常活动中持有以备出售的产成品或商品、处在生产过程中的在产品、在生产过程或提供劳务过程中耗用的材料和物料等。具体而言,存货包括各类原材料、在产品、半成品、产成品、商品以及包装物、低值易耗品、委托代销商品等。上述存货通常在一年或一个营业周期内销售或耗用,因此,在资产负债表上列报时,存货归属于流动资产。

企业的存货通常包括以下内容:① 原材料,指企业在生产过程中经加工改变其形态或性质并构成产品主要实体的各种原料及主要材料、辅助材料、外购半成品(外购件)、修理用备件(备品备件)、包装材料、燃料等;② 在产品,指企业正在制造但尚未完工的产品,包括正在各个生产工序加工的产品,以及已加工完毕但尚未检验或已检验但尚未办理入库手续的产品;③ 半成品,指经过一定的生产过程并已检验合格交付半成品仓库保管,但尚未制造完工成为产成品,仍需进一步加工的中间产品;④ 产成品,指工业企业已经完成全部生产过程并验收入库,可以按照合同规定的条件送交订货单位,或者可以作为商品对外销售的产品;⑤ 商品,指商品流通企业外购或委托加工完成、已验收入库用于销售的各种商品;⑥ 周转材料,指企业能够多次使用、逐渐转移其价值但仍保持其原有形态不确认为固定资产的材料,如包装物和低值易耗品。

在绝大多数行业,存货是企业的一项重要资产,在流动资产甚至总资产中占有很大的比例,因此,存货在资产负债表的正确列报对于企业财务状况的恰当反映十分重要。

为了正确列报存货,首先必须明确应该在企业资产负债表上列报的存货的范围。根据我国企业会计准则对资产的定义,资产是指企业过去的交易或者事项形成的、由企业拥有或者控制的、预期会给企业带来经济利益的资源。因此,只有当存货为企业所拥有或控制时,才应该在该企业的资产负债表上加以列报。需要注意的是,判断存货法定所有权的归属,不应只看存货实体所处的空间位置,而应根据购销合同和有关法律文件,判断企业是否取得或丧失因购买或销售存货而产生的收取现金的权利或支付现金的义务。例如,根据销售合同,货物的所有权已经转移,销售方已经取得现金或者获得收取现金的权利,则该项货物就不应该再列作销货方的存货,而应属于购货方的存货,不论该货物是否运离销货方。又如,在盘存日尚未销售的代销商品,其所有权仍属于委托方,因而应列作委托方的存货。

关于存货确认与计量,格力电器在2018年度财务报告"财务报表附注(五)11"中有如下披露:

(1) 存货的分类

本公司存货分为原材料、在产品、产成品三大类。

(2) 发出存货的计价方法

本公司各类存货发出时按计划成本计价,月末按当月成本差异,将计划成本调整为实际成本。

(3) 存货可变现净值的确定依据及存货跌价准备的计提方法

资产负债表日,存货按照成本与可变现净值孰低计量,对成本高于其可变现净值的,计提存货跌价准备,计入当期损益,如已计提跌价准备的存货的价值以后又得以恢复,在原计提的跌价准备金额内转回。可变现净值,是指在日常活动中,存货的估计售价减去至完工时估计将要发生的成本、估计的销售费用以及相关税费后的金额。

(4) 存货的盘存制度

本公司存货采用永续盘存制。

(5) 低值易耗品和包装物的摊销方法

低值易耗品和包装物领用时按一次摊销法摊销。

5.2.2 存货的初始计量

从理论上说，存货可以有多种计量属性，包括原始成本、重置成本、售价和可变现价值等。根据《企业会计准则第1号——存货》的规定，存货应当按照成本进行初始计量。也就是说，存货取得时的入账价值应该以实际取得成本为基础。存货成本包括采购成本、加工成本和其他成本。

存货的采购成本，包括购买价款、相关税费、运输费、装卸费、保险费及其他可归属于存货采购成本的费用。其中，购买价款是指企业购入的材料或商品的发票账单上列明的价款，但不包括按规定可以抵扣的增值税额。相关税费是指企业购买、自制或委托加工存货发生的消费税、资源税和不能从增值税销项税额中抵扣的增值税进项税额等。其他可归属于存货采购成本的费用，是指存货采购过程中发生的仓储费、包装费、运输途中的合理损耗、入库前的挑选整理费用等。这些费用能分清负担对象的，应直接计入存货的采购成本；不能分清负担对象的，应选择合理的分配方法，分别计入有关存货的采购成本。分配方法通常包括按所购存货的数量或采购价格比例进行分配。

存货的加工成本，包括直接人工以及按照一定方法分配的制造费用。其中，制造费用是指企业为生产产品或提供劳务而发生的各项间接费用。企业应当根据制造费用的性质，合理地选择制造费用分配方法。制造费用的分配方法通常包括按各种产品的生产工人工资、生产工人工时、机器工时、耗用原材料的数量或成本、直接成本(原材料、燃料、动力、生产工人工资等职工薪酬之和)或产成品产量等比例进行分配。

存货的其他成本，是指除采购成本、加工成本以外，使存货达到目前场所和状态所发生的其他支出，如为特定客户设计产品所发生的设计费用、需要经过相当长时间的购建或者生产活动才能达到可使用或可销售状态的存货在购建或者生产活动过程中发生的借款费用[①]等。

按照企业会计准则的规定，下列费用不应当包括在存货成本之内，而应当在其发生时计入当期损益。这些费用包括：① 非正常消耗(如因自然灾害而发生)的直接材料、直接人工和制造费用，由于这些费用的发生无助于使该存货达到目前场所和状态，因此不应计入存货成本，而应计入当期损益。② 存货在采购入库后发生的仓储费用，也应计入当期损益。但是，在生产过程中为达到下一个生产阶段所必需的仓储费用，则应计入存

---

① 企业借款购建或者生产的存货中，符合借款费用资本化条件的，应当将符合资本化条件的借款费用资本化。符合借款费用资本化条件的存货，主要包括企业开发的用于对外出售的房地产开发产品、企业制造的用于对外出售的大型机械设备等。这类存货通常需要经过相当长时间的建造或者生产过程，才能达到预定可销售状态。其中，相当长时间是指一年或一年以上。关于借款费用资本化，将在下一章中具体介绍。

货成本。例如,酒类产品生产企业为使生产的酒达到规定的质量标准而必须发生的仓储费用,就应当计入酒的生产成本。③ 不能归属于存货达到目前场所和状态的其他支出,不符合存货的定义和确认条件,应在发生时计入当期损益。

按照企业会计准则的规定,商品流通企业采购过程中发生的运输费、装卸费、保险费以及其他可归属于存货采购成本的进货费用,均应计入存货采购成本;只有当进货费用金额较小时,才可以直接计入当期损益(营业费用)。当然,(商品流通)企业在采购商品过程中发生的运输费、装卸费、保险费以及其他可归属于存货采购成本的费用等进货费用,也可以先进行归集,期末再根据所购商品的存销情况进行分摊;对于已售商品的进货费用,计入当期损益;对于未售商品的进货费用,计入期末存货成本。可见,我国企业会计准则下存货采购成本更趋于完全的采购成本,有助于存货价值的正确列报,增强不同行业企业之间存货价值计量的可比性;同时,也适当考虑了我国商品流通企业的实际情况和历史延续。

与国际会计准则相比,我国企业会计准则下存货成本的初始计量主要存在以下两个特点:第一,按照我国企业会计准则,存货成本的初始计量采用总价法,即以扣除商业折扣但不扣除现金折扣的价格计量;而国际会计准则要求采用净价法,即以扣除商业折扣、现金折扣和补贴后的价格计量。从理论上讲,净价法确定的采购成本更为真实,总价法会使存货采购成本计量偏高。我国企业会计准则之所以规定采用总价法,主要是考虑目前我国企业现金折扣尚不普遍以及总价法简便易行。第二,按照我国企业会计准则,进货费用金额较小时,可直接计入当期损益(营业费用),不必计入采购成本;而国际会计准则要求将采购过程中发生的所有费用均计入采购成本。

此外,关于加工成本中制造费用的分配,按照我国企业会计准则的规定,生产过程中发生的所有间接生产费用(即制造费用)按实际发生金额分配给当期生产的产品。但是,按照国际会计准则的规定,需要将间接生产费用分为固定和变动两部分,前者指产量发生变化时相对保持不变的间接生产费用,如设备折旧;后者指随产量直接或几乎直接变动的间接生产费用,如间接材料消耗等。对于固定间接生产费用,要求以生产设备的正常生产能力为基础分配计入加工成本;如果实际生产水平接近正常生产能力,则可以实际生产水平为基础进行分配;不能分配的间接生产费用应在其发生的当期确认为费用(即计入当期损益)。显然,当实际生产水平严重偏离正常生产能力时,以实际生产水平为基础分配固定间接生产费用,会导致存货成本偏高,即显著高于存货公允价值。因此,固定间接生产费用以生产设备的正常生产能力为基础分配计入加工成本,有助于存货价值的正确列报。

企业除通过外购和自制获取存货以外,有时可能通过非货币性资产交换、投资者投入、债务重组、接受捐赠、盘盈和企业合并等方式取得存货,这些方式下取得的存货的初始计量方法分别是:

(1) 通过非货币性资产交换换入的存货,应当以公允价值和应支付的相关税费作为换入资产的成本①,公允价值与换出资产账面价值的差额计入当期损益。采用上述做法

---

① 企业在按照换出资产公允价值和应支付的相关税费作为换入资产(存货)成本的情况下,如果支付补价,换入资产(存货)的成本应该是换出资产的公允价值、应支付的相关税费与支付的补价之和;如果收到补价,换入资产(存货)的成本应该是换出资产的公允价值与应支付的相关税费之和,减去收到的补价。

的前提条件有二:一是该项交换具有商业实质;二是换入资产或换出资产的公允价值能够可靠地计量。当换入资产和换出资产的公允价值均能够可靠地计量时,应当以换出资产的公允价值作为确定换入资产(存货)的价值,但有确凿证据表明换入资产的公允价值更加可靠的除外。未同时满足这两个条件的非货币性资产交换,应当以换出资产的账面价值和应支付的相关税费作为换入资产(存货)的成本。非货币性资产交换具有商业实质必须满足下列条件之一:一是换入资产的未来现金流量在风险、时间分布或金额方面与换出资产显著不同;二是换入资产与换出资产的预计未来现金流量现值不同,且其差额与换入资产和换出资产的公允价值相比是重大的。在确定非货币性资产交换是否具有商业实质时,应当关注交易各方是否存在关联方关系;关联方关系的存在往往会导致发生的非货币性资产交换不具有商业实质。

(2)投资者投入存货的成本,应当按照投资合同或协议约定的价值确定,但合同或协议约定价值不公允的除外。

(3)因债务重组取得的存货,债权人应当对受让的存货按其公允价值入账。重组债权的账面余额与受让存货的公允价值之间的差额,计入当期损益。但是,如果债权人已对债权计提减值准备,则应当先将该差额冲减减值准备;减值准备不足冲减的部分,计入当期损益。

(4)接受捐赠取得的存货,若捐赠方提供了相关凭据,则按凭据上标明的金额加上应支付的相关税费作为实际成本;若没有相关凭据,则应当参照同类或类似存货的市场价格估计的金额加上应支付的相关税费,作为实际成本。

(5)盘盈的存货,应当按照同类或类似存货的市场价格作为实际成本。

(6)企业合并中取得的存货,应当区分同一控制下企业合并和非同一控制下企业合并两种情形。同一控制下企业合并过程中取得的存货,按被合并方原账面成本确定其成本。非同一控制下企业合并过程中取得的存货,其中的产成品和商品的成本应按其估计售价减去估计的销售费用、相关税费以及购买方(合并方)出售类似产成品或商品估计可能实现的利润确定;在产品的成本应按完工产品的估计售价减去至完工仍将发生的成本、估计的销售费用、相关税费以及基于同类或类似产成品出售估计可能实现的利润确定;原材料的成本按现行重置成本确定。

5.2.3 存货的后续计量——发出存货成本的确定

企业的存货会随着生产经营活动的开展而不断流转:因采购或生产而增加存货,因销售或耗用而减少存货,余下的则形成期末存货,结转到下期便成为下期的期初存货。就一个特定的会计期间而言,期初存货与本期因采购(或生产)而增加的存货之和,构成可供销售(或耗用)的存货,以此减去本期已销售(或耗用)的存货,就得到期末存货。当可供销售(或耗用)的存货的成本既定时,只要首先确定了发出存货(即已销售或耗用的存货)的成本,期末存货的成本也就可以相应确定了,反之亦然。其基本计算公式为"期初存货成本+本期(购入或生产)增加存货成本-本期发出(销售或耗用)存货成本=期末存货成本"。

由上述计算公式可以看到,若各批次取得存货的单位成本一致,则发出存货成本的计算就非常简单。然而,在企业实际存货流转过程中,各批次取得存货的单位成本往往会发生变化,那么,如何计算发出存货成本就变得复杂起来。例如,假设一家零售商店期初库存 1 瓶矿泉水,采购成本为 1.00 元;本期又采购 2 瓶同样的矿泉水,采购成本为 1.15 元;本期销售了 1 瓶,期末存货 2 瓶。那么,本期已销售的 1 瓶矿泉水的成本,进而期末存货的成本应该确认为多少呢?

按照我国 2006 年之前的企业会计准则的规定,企业在计算发出存货成本时可以采用五种方法:个别计价法(又称分批实际法)、先进先出法、加权平均法、移动平均法和后进先出法。这些也是以往国际上比较通行的做法。但是,按照我国现行企业会计准则和国际会计准则的规定,计算发出存货成本的方法只能是以下三种:先进先出法、加权平均法(包括月末一次加权平均法和移动加权平均法,后者其实是前者的一个特例)和个别计价法。也就是说,后进先出法不再允许被采用。

就上面所举的例子而言,如果采用先进先出法,即假设发出的是早先取得的存货,则销售成本为 1.00 元,期末存货成本为 2.30 元;如果采用加权平均法,即首先计算全部可供出售存货的平均单位成本,即 1.10 元[(1.00 + 1.15×2)/3],则销售成本为 1.10 元,期末存货成本为 2.20 元;如果采用后进先出法,即假设首先销售的是最后取得的存货,则销售成本为 1.15 元,期末存货成本为 2.15 元;如果采用个别计价法,则取决于事实上企业售出的是哪一瓶矿泉水:如果事实上售出的是早先取得的那一瓶,则销售成本为 1.00 元,期末存货成本为 2.30 元,否则销售成本为 1.15 元,期末存货成本为 2.15 元。

计算发出存货成本的方法各有其特点。个别计价法要求在具体辨认每次发出存货所属采购(或生产)批次的基础上,按原该批次的存货单位成本计算确定销售成本和存货价值。这种方法的优点是存货的成本流转完全符合实物流转,发出存货成本和期末存货成本的计算符合"实际"。这种方法的问题是:① 操作难度大,核算成本高。这是因为采用这种方法是以能够辨认发出存货/期末存货的批次为前提的。② 主观随意性强。采用这种方法,容易导致企业为了某种目的(如调节利润)任意选用较高或较低的单位成本计算发出存货成本。鉴于此,这种方法在实务中应用得较少,仅适用于那些单价较高而数量较少的存货。我国企业会计准则明确规定,只有那些不能替代使用的存货,以及为特定项目专门购入或制造的存货,才适合采用个别计价法确定发出存货成本。

先进先出法(FIFO)假设先购入的存货先发出,发出存货成本为较(最)早购入存货的成本,结余存货成本为较(最)迟购入存货的成本,据此确定发出存货成本和期末存货成本。先进先出法的优点是期末存货价值比较接近现行市价,资产负债表里存货项目的价值比较准确,而且企业不能为了调节利润等随意操纵发出存货成本的计算。这种方法的问题是:① 计算工作量较大。② 在物价上涨条件下,销售成本计量偏低,利润计量过于乐观,且会高估期末存货成本;反之,在物价下跌条件下,销售成本计量偏高,会低估期末存货成本和当期利润。

加权平均法以各批购入存货(含期初存货)的数量为权重,计算可售存货的平均单位成本,并以此乘以期末存货数量,计算期末存货成本,进而计算出本月发出存货成本。这种方法的优点是:① 采用全月一次加权平均计算的方法,计算较简单;② 从技术角度讲,加权平均计算结果比较折中,因而在物价变化条件下不至于使发出存货成本和期末存货成本的计量偏于极端。这种方法的缺点是：① 由于是在月末一次计算加权平均单价，平时无法从账面上提供发出和结存存货的单价与金额，不利于加强对存货的会计控制；② 由于计算结果比较折中，利润计量未必稳健，存货计量也未必符合公允价值。

后进先出法（LIFO）假设后收进的存货先发出，对发出存货按最近收进存货的单位成本进行计量。在物价上涨的条件下，后进先出法计算出的当期销售成本最高，期末存货成本最低。其好处是有利于财务稳健，不利之处是存货成本反映偏离公允价值。如前所述，我国企业会计准则和国际会计准则都已禁止企业采用后进先出法计算发出存货成本，其目的是使期末存货成本的计量更符合公允价值，从而体现资产负债表导向的会计理念。

5.2.4 存货的后续计量——期末计量

按照先进先出法、加权平均法或个别计价法等方法计算出发出存货成本之后，期末存货成本就可以根据公式"期初存货成本＋本期（购入或生产）增加存货成本－本期发出（销售或耗用）存货成本＝期末存货成本"计算出来。但是，这样计算出来的期末存货成本未必能够很好地反映存货的价值。为了更真实、客观地反映期末存货的价值，会计准则要求在资产负债表日对期末存货按照成本与可变现净值孰低原则进行计量，即当存货成本高于可变现净值时，应当计提存货跌价准备，计入当期损益。所谓可变现净值，是指在日常活动中，存货的估计售价减去至完工时估计将要发生的成本、估计的销售费用以及相关税费后的金额。可变现净值是预计未来销售存货所将导致的净现金流量，而不是存货的预计售价或合同价。存货的预计售价或合同价决定了存货销售的预计现金流入，而存货在未来销售过程中可能发生的销售费用和相关税费，以及为达到预定可销售状态还可能发生的加工成本等相关支出，构成现金流入的抵减因素。预计未来销售存货所将产生的现金流入量，减去这些抵减因素之后，才能得到预计未来存货销售的净现金流量，这才是存货的可变现净值。

企业确定存货的可变现净值，应当以取得的确凿证据为基础，并且考虑存货的目的、资产负债表日后事项的影响等因素。这里所讲的确凿证据，是指对确定存货的可变现净值有直接影响的确凿证明，如产品的市场销售价格、与企业产品相同或类似商品的市场销售价格、供货方提供的有关资料、销售方提供的有关资料、生产成本资料等。同时，确定存货的可变现净值，还需要考虑持有存货的目的。为生产而持有的材料等，用其生产的产成品的可变现净值高于成本的，该材料仍应当按成本计量；材料价格的下降表明产成品的可变现净值低于成本的，该材料应当按可变现净值计量。为执行销售合同或劳务合同而持有的存货，其可变现净值应当以合同价格为基础计算。企业持有存货的数量多于销售合同订购数量的，超出部分的存货的可变现净值应当以一般销售价格为基础计算。此外，确定存货的可变现净值，还应当考虑资产负债表日后事项的影响，即在确定资产负债表日存货的可变现净值时，不仅要考虑资产负债表日与该存货相关的价格及成本波动，还要考虑以后期间发生的相关事项。

业已计提了跌价准备的存货，若以前减记存货价值的影响因素已经消失，则减记的金额应当予以恢复,并在原已计提的存货跌价准备金额范围内转回;转回的金额计入当期损益。

确定存货的可变现净值需要进行估计,估计结果的恰当与否会直接影响到企业期末存货和当期损益的计量。因此,财务报表分析者要特别注意存货的期末计价,即存货跌价准备的计提情况。具体而言,计提存货跌价准备会产生如下几方面的影响:第一,由于存货跌价准备是存货的抵减项,因此计提存货跌价准备会减少资产负债表上列报的存货价值;第二,增加当期的资产减值损失,从而减少当期利润;第三,由于计提跌价准备后的存货账面价值较原账面成本低,因此以后期间存货耗用或销售时所结转的成本也就较低,从而使未来期间产生较高的利润。会计准则要求期末存货按照成本与可变现净值孰低原则计量,有利于促使企业按照稳健性的要求提供更可靠的财务报表,避免虚增资产、利润和所有者权益。但是,允许企业按此方法进行期末存货计量,也给企业盈余管理提供了机会。企业有可能根据自己的意愿多提(或少提)存货跌价准备,然后在以后的会计期间再相应地多转回(或多提),从而达到在年度之间调节利润的目的。

对于不同的存货,可变现净值的确定方法有所不同:① 产成品、商品和用于出售的材料等直接用于出售的商品存货,在正常生产经营过程中,应当以该存货的估计售价减去估计的销售费用和相关税费后的金额确定其可变现净值。② 需要经过加工的材料存货,在正常生产经营过程中,应当以所生产的产成品的估计售价减去至完工时估计将要发生的成本、估计的销售费用和相关税费后的金额确定其可变现净值。③ 资产负债表日,同一项存货中一部分有合同价格约定、其他部分不存在合同价格的,应当分别确定其可变现净值,并与其相对应的成本进行比较,分别确定存货跌价准备的计提或转回金额。

存货跌价准备通常应当按单个存货项目进行计提。对于数量繁多、单价较低的存货,可以按存货类别进行计提。此外,与在同一地区生产和销售的产品系列相关、具有相同或类似最终用途或目的,且难以与其他项目分开计量的存货,可以合并计提存货跌价准备。

关于不同类别存货的金额和存货跌价准备计提等情况,格力电器在2018年度财务报告"财务报表附注(七)7"中有如下披露:

(1) 存货分类:

单位:元

项目	期末余额		
	账面余额	跌价准备	账面价值
原材料	8 790 176 373.99	251 248 578.65	8 538 927 795.34
在产品	1 833 419 414.90		1 833 419 414.90
产成品	9 668 991 016.29	29 819 996.00	9 639 171 020.29
合计	20 292 586 805.18	281 068 574.65	20 011 518 230.53

项目	期初余额		
	账面余额	跌价准备	账面价值
原材料	4 364 017 515.47	164 532 997.94	4 199 484 517.53
在产品	2 839 619 387.26		2 839 619 387.26
产成品	9 578 220 085.36	48 976 811.03	9 529 243 274.33
合计	16 781 856 988.09	213 509 808.97	16 568 347 179.12

(2) 存货跌价准备：

单位：元

存货种类	期初余额	本期增加金额		本期减少金额		期末余额
		计提	其他	转销	其他	
原材料	164 532 997.94	102 625 852.78	4 847 818.19	20 758 090.26		251 248 578.65
产成品	48 976 811.03	10 772 090.28	638 646.45	30 337 603.03	229 948.73	29 819 996.00
合计	213 509 808.97	113 397 943.06	5 486 464.64	51 095 693.29	229 948.73	281 068 574.65

计提存货跌价准备的具体依据及本期转回或转销存货跌价准备的原因：

项目	计提存货跌价准备的具体依据	本期转销存货跌价准备
原材料	存货成本与可变现净值孰低	本期已领用或已销售
产成品	存货成本与可变现净值孰低	本期已销售

(3) 存货期末余额不含有借款费用资本化金额。

(4) 存货期末余额无建造合同形成的已完工未结算资产情况。

5.2.5 存货的后续计量——其他问题

存货的后续计量，除发出存货成本计量和期末按成本与可变现净值孰低原则计提或转回存货跌价准备之外，还包括低值易耗品和包装物的摊销以及存货盘亏或毁损的处理。

首先，关于低值易耗品和包装物的摊销，企业会计准则规定，企业应当采用一次转销法或五五摊销法对低值易耗品和包装物进行摊销，计入相关资产的成本或当期损益。当然，如果对相关低值易耗品或包装物计提了存货跌价准备，则应结转已计提的存货跌价准备。所谓一次转销法，是指在低值易耗品领用时，或在包装物领用或随同商品出售时，就将其全部账面价值转入有关成本费用的方法。这种方法通常适用于价值较低或极易损坏的管理用具或小型工具、生产领用的包装物和随同商品出售的包装物，以及数量不多、金额较小且业务不频繁的出租或出借包装物。所谓五五摊销法，是指在领用和最终报废时分别摊销其价值的一半的方法。这种方法通常适用于价值较低、使用期限较短或每期领用数量和报废数量大致相等的低值易耗品，以及数量较多、金额较大且业务频繁的出租或出借包装物。

其次，关于存货盘亏或毁损，企业会计准则规定，企业发生的存货毁损，应当将处置收入扣除账面价值和相关税费后的金额计入当期损益。企业盘亏造成的损益，应当计入当期损益。在这里，存货的账面价值是指存货成本扣减累计跌价准备后的金额。此外，还要根据造成存货盘亏或毁损的原因，分别不同情况进行处理：属于计量收发差错和管理不善等原因造成的存货短缺，应先扣除残料价值、可以收回的保险赔偿和过失人的赔偿，将净损失计入管理费用；属于自然灾害等非常原因造成的存货毁损，应先扣除残料价值、可以收回的保险赔偿和过失人的赔偿，将净损失计入营业外支出。

综上所述，在解读资产负债表上"存货"项目时，需要特别注意理解的因素包括：

（1）存货在资产负债表上均作为流动资产反映。

（2）存货通常应当按照成本进行初始计量,即存货取得时的入账价值应该以实际取得成本为基础,包括采购成本、加工成本和其他成本。但也有例外,如通过非货币性资产交换换入的存货,应当以公允价值和应支付的相关税费作为换入资产的成本;投资者投入存货的成本,应当按照投资合同或协议约定的价值确定;因债务重组取得的存货,债权人应当对受让的存货按其公允价值入账。

（3）发出存货成本的计量方法包括先进先出法、加权平均法和个别计价法。

（4）在资产负债表日,应对期末存货按照成本与可变现净值孰低原则进行计量,即当存货成本高于可变现净值时,应当计提存货跌价准备。

（5）业已计提了跌价准备的存货,若以前减记存货价值的影响因素已经消失,则减记的金额应当予以恢复,并在原已计提的存货跌价准备金额范围内转回。

（6）存货跌价准备的计提和转回是否适当,会直接影响资产负债表上反映的存货的金额是否符合其公允价值。

（7）企业应当采用一次转销法或五五摊销法对低值易耗品和包装物进行摊销。

5.3　固定资产

5.3.1　固定资产的确认

固定资产是企业非流动资产中的一项重要内容。按照我国《企业会计准则第4号——固定资产》的规定,固定资产是指同时具备下列特征的有形资产:① 为生产商品、提供劳务、出租或经营管理而持有的;② 使用寿命超过一个会计年度。从固定资产的定义可以看到,固定资产具有以下三个特征:

第一,固定资产为有形资产。固定资产具有实物形态,这一特征使其区别于无形资产。

第二,固定资产是为生产商品、提供劳务、出租或经营管理而持有。这就意味着,企业持有的固定资产是企业生产经营中的劳动工具和手段,而不是直接用于出售的产品。这一特征使固定资产区别于存货。当然,这里所讲的出租,是指用于出租的机器设备类固定资产,不包括以经营租赁方式出租的建筑物,后者属于投资性房地产。

第三,固定资产使用寿命超过一个会计年度。固定资产的使用寿命,是指企业使用固定资产的预计期间,或者该固定资产所能生产产品或提供劳务的数量。通常情况下,固定资产的使用寿命是指企业使用固定资产的预计期间。但是,对于某些类型的机器设备或运输设备等固定资产,其使用寿命往往以该固定资产所能生产产品或提供劳务的数量来表示,如发电设备按其预计发电量估计使用寿命。

固定资产的确认,需要同时满足以下两个条件:① 与该固定资产有关的经济利益很可能流入企业;② 该固定资产的成本能够可靠地计量。企业会计准则不再强调以往会计制度中规定的"单位价值较高"的标准。这意味着,只要满足上述持有目的和使用寿命这两个特征,同时又满足以上两个确认条件,无论金额大小,都可以确认为固定资产。当然,在实际工作中,根据重要性原则,对于一些金额较小或易于损耗的资产,企业可以作为低值易耗品进行反映。

企业拥有的固定资产种类繁多。按固定资产自身特性可以分为:土地、自然资源、房屋及建筑物、机器及设备等;按固定资产的使用领域可以分为:生产经营用固定资产和非生产经营用固定资产;按固定资产的所有权归属,分为:自有(含融资租入)和租入(经营租入)固定资产;按固定资产的使用情况可以分为:使用中的固定资产、未使用的固定资产、不需用的固定资产、租出的固定资产;按固定资产是否计提折旧(折耗),分为:折旧资产(房屋及建筑物、机器及设备)、折耗资产(自然资源)、非折旧资产(土地)。企业应根据本企业的实际,选择适合本企业的分类标准,对固定资产进行分类,制定固定资产目录。无论如何进行分类,固定资产通常情况下都应该按照独立而完整的"项目"进行确认。但是,当固定资产的各组成部分具有不同使用寿命或者以不同方式为企业提供经济利益,适用不同折旧率或折旧方法时,应当分别将各组成部分确认为单项固定资产。例如,酒店"装修支出"与"基本建造支出"可以分别反映,这是因为装修支出形成的固定资产的折旧期与基本建造支出形成的固定资产的折旧期不一致,前者通常短于后者。又如,如果飞机的引擎与飞机机身具有不同的使用寿命,适用不同的折旧率或折旧方法,则应当将其确认为单项固定资产。

此外工业企业所持有的备品备件、工具用具和维修设备等资产,施工企业所持有的模板、挡板等周转材料,以及地质勘探企业所持有的管材等资产,虽然具备固定资产的某些特征,但由于数量多、单价低,通常被确认为存货。但符合上述固定资产定义和确认条件的,如民用航空运输企业的高价周转件,应当确认为固定资产。

固定资产在使用过程中还会发生一些后续支出,诸如更新改造支出和修理费用等,只要满足上述固定资产确认条件的,也应当计入固定资产,如有被替换的部分,则应扣除被替换部分的账面价值;不满足固定资产确认条件的,则在发生时计入当期损益。

5.3.2 固定资产的初始计量

按照企业会计准则的规定,固定资产应当按照成本进行初始计量。对于不同取得方式取得的固定资产,其成本确定的具体要求不尽相同。

外购固定资产的成本,包括购买价款、相关税费以及使固定资产达到预定可使用状态前所发生的可归属于该项资产的其他支出(如运输费、装卸费、安装费和专业人员服务费等)。企业收到税务机关退还的与所购买固定资产相关的增值税款,应当冲减固定资产的成本。

如果是以一笔款项购入多项没有单独标价的固定资产,则应当按各项固定资产公允价值比例对总成本进行分配,分别确定各项固定资产的成本。如果以一笔款项购入的多项资产中还包括固定资产以外的其他资产,也应按类似的方法处理。

企业购买固定资产通常在正常信用期限内付款,但有时也会发生超过正常信用条件购买固定资产的经济业务事项,如采用分期付款方式购买固定资产,合同中规定的付款期限较长(如 3 年以上),超过正常信用条件。如果购买的固定资产价款超过正常信用条件延期支付,实质上就具有融资性质,那么购入固定资产的成本就不能以各期付款额之和确定,而应当以各期付款额的现值之和确定。购入固定资产时,按购买价款(即各期付款额之和)的现值,借记"固定资产"或"在建工程"账户;按应支付的金额,贷记"长期应付款"账户;按其差额,借记"未确认融资费用"账户。各期实际支付的价款与购买价款的现值之间的差额,符合《企业会计准则第 17 号——借款费用》中规定的资本化条件的,应予资本化,计入固定资产成本,其余部分应当在信用期内确认为财务费用。

自行建造固定资产的成本,由建造该项资产达到预定可使用状态前所发生的必要支出构成。也就是说,应包括从筹建施工到最终完工期间的全部支出,如建造过程中发生的工程用物资成本、人工成本、交纳的相关税费、应予资本化的借款费用以及应分摊的间接费用等。

无论是外购还是自建,在固定资产取得过程中发生的借款费用,可直接归属于符合资本化条件的固定资产的,应当予以资本化,计入固定资产成本;其他借款费用,应当在发生时确认为财务费用,计入当期损益。符合资本化条件的固定资产,是指需要经过相当长时间的购建才能达到预定可使用状态的固定资产。[①] 借款费用,是指企业因借款而发生的利息及其他相关成本,包括借款利息、折价或溢价的摊销、辅助费用以及因外币借款而发生的汇兑差额。

借款费用资本化金额的确定,需要区分两种不同的情况,即专门借款的借款费用和一般借款的借款费用。对于为购建符合资本化条件的固定资产而借入的专门借款,应当以专门借款当期实际发生的利息费用,减去将尚未动用的借款资金存入银行取得的利息收入或者进行暂时性投资取得的投资收益后的金额,确定为专门借款利息费用的资本化金额,并在资本化期间内将其计入符合资本化条件的固定资产。为购建符合资本化条件的固定资产而占用一般借款的,一般借款应予资本化的利息金额应当按下列公式计算:

一般借款利息费用资本化金额 = 累计资产支出超过专门借款部分的资产支出加权平均数 × 所占用一般借款的资本化率

所占用一般借款的资本化率 = 所占用一般借款加权平均利率 = 所占用一般借款当期实际发生的利息之和/所占用一般借款本金加权平均数

所占用一般借款本金加权平均数 = Σ(所占用每笔一般借款本金 × 每笔一般借款在当期所占用的天数/当期天数)

借款存在折价或溢价的,应当按照实际利率法[②]确定每一会计期间应摊销的折价或溢价金额,调整每期利息金额。此外,在资本化期间内,外币专门借款本金及利息的汇兑差额,应当予以资本化,计入符合资本化条件的固定资产成本。

专门借款发生的辅助费用,在所购建的符合资本化条件的固定资产达到预定可使用状态之前,应当在发生时根据其发生额予以资本化,计入符合资本化条件的固定资产成

---

① 如果由于人为或者故意等非正常因素导致资产的购建或者生产时间相当长的,该资产不属于符合资本化条件的资产。购入即可使用的资产,或者购入后需要安装但所需安装时间较短的资产,或者需要建造或者生产但所需建造或生产时间较短的资产,均不属于符合资本化条件的资产。

② 关于按照实际利率法摊销溢价和折价的详细介绍,参见第 6 章。

本;在所购建的符合资本化条件的固定资产达到预定可使用状态之后,应当在发生时根据其发生额确认为财务费用,计入当期损益。一般借款发生的辅助费用,应当在发生时根据其发生额确认为财务费用,计入当期损益。

借款费用只有在资本化期间内才予以资本化。借款费用开始资本化并计入固定资产成本,需要同时满足以下三个条件:① 为购建符合资本化条件的固定资产而以支付现金、转移非现金资产或者承担带息债务形式发生的支出已经发生;② 借款费用已经发生;③ 为使固定资产达到预定可使用状态所必要的购建活动已经开始。借款费用停止资本化的时间应当是所购建的符合资本化条件的固定资产达到预定可使用状态之时。所购建的符合资本化条件的固定资产达到预定可使用状态,可从下列方面进行判断:① 符合资本化条件的固定资产的实体建造(包括安装)已经全部完成或者实质上已经完成;② 所购建的符合资本化条件的固定资产与设计要求、合同规定或者生产要求相符或者基本相符,也不影响其正常使用;③ 继续发生在所购建的符合资本化条件的固定资产上的支出金额很少或者几乎不发生。

购建的符合资本化条件的固定资产需要试生产或试运行的,在试生产结果表明固定资产能够正常生产出合格产品,或者试运行结果表明固定资产能够正常运转或营业时,应当认为该固定资产已经达到预定可使用状态。

购建的符合资本化条件的固定资产的各部分分别完工,且每部分在其他部分继续建造过程中可供使用,且为使该部分资产达到预定可使用状态所必要的购建活动实质上已经完成的,应当停止与该部分资产相关的借款费用的资本化。若必须等到整体完工后才可使用的,则应在该固定资产整体完工时停止借款费用的资本化。

此外,符合资本化条件的固定资产在购建过程中发生非正常中断且中断时间超过3个月的,应当暂停借款费用的资本化。在中断期间发生的借款费用,应当确认为费用,计入当期损益,直至固定资产购建活动重新开始。但是,如果属于正常中断,则借款费用在中断期间应当继续资本化。非正常中断通常是企业管理决策上的原因或其他不可预见的原因等所导致的中断。例如,企业因与施工方发生了质量纠纷,或者工程、生产用料没有及时供应,或者资金周转发生了困难,或者施工、生产发生了安全事故,或者发生了与固定资产购建有关的劳动纠纷等,导致固定资产购建活动发生中断,这些均属于非正常中断。正常中断通常仅限于中断是所购建的固定资产达到预定可使用状态的必要程序,或者事先可预见的不可抗力因素导致的中断。例如,某些工程建造到一定阶段必须暂停下来进行质量或者安全检查,检查通过后才可继续下一阶段的建造工作。由于这类中断是施工前可以预见的,而且是工程建造必须经过的程序,因此属于正常中断。又如,冬季在北方某地施工,正遇冰冻季节,施工因此中断,待冰冻季节过后方能继续施工。由于遇到冰冻是事先可以预见的不可抗力因素导致的,由此导致的中断也就属于正常中断。

关于借款费用的处理,格力电器在2018年度财务报告"财务报表附注(五)17"中有如下说明:

> 借款费用是指本公司因借款而发生的利息及其他相关成本,包括借款利息、折价或者溢价的摊销、辅助费用以及因外币借款而发生的汇兑差额等。
>
> (1) 借款费用资本化的确认原则
> 可直接归属于符合资本化条件的资产的购建或者生产的借款费用,予以资本

化,其他借款费用计入当期损益。符合资本化条件的资产是指需要经过相当长时间的购建或者生产活动才能达到预定可使用或者可销售状态的固定资产、投资性房地产和存货等资产。

(2) 借款费用资本化期间

1) 借款费用开始资本化的时点。

借款费用同时满足下列条件的,才能开始资本化:

a 资产支出已经发生;

b 借款费用已经发生;

c 为使资产达到预定可使用或者可销售状态所必要的购建或者生产活动已经开始。

2) 借款费用停止资本化的时点:

购建或者生产符合资本化条件的资产达到预定可使用或者可销售状态时,借款费用停止资本化。之后发生的借款费用计入当期损益。

3) 借款费用暂停资本化的确定:

符合资本化条件的资产在购建或者生产过程中发生非正常中断,并且中断时间连续超过3.00个月,暂停借款费用的资本化,暂停期间发生的借款费用计入当期损益。

(3) 借款费用资本化金额的计算方法

在资本化期间内,每一会计期间的利息(包括折价或溢价的摊销)资本化金额,按照下列规定确定:

1) 为购建或者生产符合资本化条件的资产而借入专门借款的,以专门借款当期实际发生的利息费用,减去将尚未动用的借款资金存入银行取得的利息收入或进行暂时性投资取得的投资收益后的金额确定。

2) 为购建或者生产符合资本化条件的资产而占用了一般借款的,本公司根据累计资产支出超过专门借款部分的资产支出加权平均数乘以所占用一般借款的资本化率,计算确定一般借款应予资本化的利息金额。资本化率根据一般借款加权平均利率计算确定。

借款存在折价或者溢价的,按照实际利率法确定每一会计期间应摊销的折价或者溢价金额,调整每期利息金额。在资本化期间内,每一会计期间的利息资本化金额,不超过当期相关借款实际发生的利息金额。

专门借款发生的辅助费用,在所购建或者生产的符合资本化条件的资产达到预定可使用或者可销售状态之前发生的,在发生时根据其发生额予以资本化,计入符合资本化条件的资产的成本;在所购建或者生产的符合资本化条件的资产达到预定可使用或者可销售状态之后发生的,在发生时根据其发生额确认为费用,计入当期损益。一般借款发生的辅助费用,在发生时根据其发生额确认为费用,计入当期损益。

企业除通过外购和自制获得固定资产以外,有时可能通过非货币性资产交换、投资者投入、债务重组、接受捐赠、盘盈、企业合并、融资租赁和政府补助等方式取得固定资产,这些方式下取得的固定资产的成本初始计量方法如下[①]：

（1）通过非货币性资产交换换入的固定资产,应当以公允价值和应支付的相关税费作为换入资产的成本[②],公允价值与换出资产账面价值的差额计入当期损益。采用上述做法的前提条件有二：一是该项交换具有商业实质；二是换入资产或换出资产的公允价值能够可靠地计量。当换入资产和换出资产的公允价值均能够可靠地计量时,应当以换出资产的公允价值作为确定换入资产(固定资产)的价值,但有确凿证据表明换入资产的公允价值更可靠的除外。未同时满足这两个条件的非货币性资产交换,应当以换出资产的账面价值和应支付的相关税费作为换入资产(固定资产)的成本。所谓非货币性资产交换具有商业实质,必须满足下列条件之一：一是换入资产的未来现金流量在风险、时间分布和金额方面与换出资产显著不同；二是换入资产与换出资产的预计未来现金流量现值不同,且其差额与换入资产和换出资产的公允价值相比是重大的。在确定非货币性资产交换是否具有商业实质时,应当关注交易各方是否存在关联方关系；关联方关系的存在往往会导致发生的非货币性资产交换不具有商业实质。

（2）投资者投入的固定资产的成本,应当按照投资合同或协议约定的价值确定,但合同或协议约定价值不公允的除外。

（3）因债务重组取得的固定资产,债权人应当对受让的固定资产按其公允价值入账。重组债权的账面余额与受让固定资产的公允价值之间的差额,计入当期损益。但是,如果债权人已对债权计提减值准备,则应当先将该差额冲减减值准备；减值准备不足冲减的部分,计入当期损益。

（4）接受捐赠取得的固定资产,若捐赠方提供了相关凭据,则按凭据上标明的金额加上应支付的相关税费作为实际成本；若没有相关凭据,则应当参照同类或类似固定资产的市场价格估计的金额加上应支付的相关税费作为实际成本。

（5）盘盈的固定资产,应当按照同类或类似固定资产的市场价格作为实际成本。

（6）企业合并中取得的固定资产,应当区分同一控制下企业合并和非同一控制下企业合并两种情形。同一控制下企业合并过程中取得的固定资产,按被合并方原账面成本确定其成本。非同一控制下企业合并过程中取得的固定资产,存在活跃市场的,应以购买日的市场价格为基础确定其公允价值；不存在活跃市场,但同类或类似资产存在活跃市场的,应参照同类或类似资产的市场价格确定其公允价值；同类或类似资产也不存在活跃市场的,应采用估值技术确定其公允价值。

（7）融资租赁取得的固定资产,应当将租赁开始日租赁资产的公允价值与最低租赁付款额现值[③]两者中的较低者,作为租入固定资产的入账价值。此外,承租人在租赁谈判和签订租赁合同过程中发生的,可归属于租赁项目的手续费、律师费、差旅费、印花税等初始直接费用,应当计入租入固定资产的价值。

---

① 通过这些方式取得的其他非货币性资产的成本计量,与固定资产成本计量规则基本相同。因此,本书后面介绍其他非货币性资产计量问题时不再赘述。

② 企业在按照换出资产公允价值和应支付的相关税费作为换入资产(固定资产)成本的情况下,如果支付补价,换入资产(固定资产)的成本应该是换出资产的公允价值、应支付的相关税费与支付的补价之和；如果收到补价,换入资产(固定资产)的成本应该是换出资产的公允价值与应支付的相关税费之和,减去收到的补价。

③ 具体计算规则参见第6章。

(8) 政府补助取得的固定资产,原则上应当以公允价值计量。如果该资产附带有关文件、协议、发票、报关单等凭证注明的价值与公允价值差异不大的,则应当以有关凭证注明的价值作为公允价值;如果没有注明价值或注明的价值与公允价值差异较大但有活跃市场的,则应当根据有确凿证据表明的同类或类似资产的市场价格作为公允价值;如果没有注明价值且没有活跃市场、不能可靠取得公允价值的,则应当按照名义金额计量,名义金额为1元。

最后,确定固定资产成本时,还应当考虑预计弃置费用因素。弃置费用通常是指根据国家法律和行政法规、国际公约等规定,企业承担的环境保护和生态恢复等义务所确定的支出。例如,核电站核设施等的弃置和恢复环境义务等。企业应当按照预计弃置费用的现值计入固定资产成本,同时确认相应金额的预计负债。在固定资产的使用寿命期内,按照预计负债的摊余成本和实际利率计算确定的利息费用确认为财务费用。但是,一般工商企业的固定资产发生的报废清理费用,不属于弃置费用,应当在该类费用发生时作为固定资产处置费用处理。

5.3.3 固定资产的后续计量——折旧

固定资产的使用年限比较长,其价值的转移是逐次进行的。因此,企业应当对固定资产计提折旧。所谓折旧,就是在固定资产使用寿命期内,按照确定的方法对应计提折旧额进行系统分摊。这里,应计提折旧额是指应当计提折旧的固定资产的原价扣除其预计净残值后的金额。已计提减值准备的固定资产,还应当扣除已计提的固定资产减值准备累计金额。

企业需要对固定资产进行折旧的主要原因是:① 固定资产会随时间的推移逐渐发生损耗,这种损耗包括有形损耗和无形损耗。有形损耗是由于自然磨损和使用磨损共同引起的,无形损耗是由于技术进步或劳动生产率的提高而导致的固定资产的相对"贬值"。② 固定资产的使用年限较长,其取得成本通常是在固定资产取得时发生的,在受益期限内对固定资产的成本进行系统分摊,体现了权责发生制原则和配比原则的要求。根据企业会计准则的规定,除已提足折旧仍继续使用的固定资产,以及单独计价入账的土地之外,企业应当对所有固定资产计提折旧。

在确定计提折旧的范围时,还应注意以下几点:① 已达到预定可使用状态但尚未办理竣工决算的固定资产,应当按照估计价值确定其成本,并计提折旧;待办理竣工决算后再按实际成本调整原来的暂估价值,但不需要调整已计提的折旧额。② 固定资产提足折旧后,不论能否继续使用,均不再计提折旧。提前报废的固定资产也不再补提折旧。所谓提足折旧,是指已经提足该项固定资产的应计提折旧额。③ 固定资产应当按月计提折旧。当月增加的固定资产,当月不计提折旧;当月减少的固定资产,当月仍计提折旧,从下月起不计提折旧。[①]

---

① 从理论上讲,当月增加的固定资产,当月应该计提折旧;当月减少的固定资产,当月不应计提折旧。但为了简化核算起见,企业会计准则应用指南沿用了实务中的习惯做法,即:当月增加的固定资产,当月不计提折旧;当月减少的固定资产,当月仍计提折旧,从下月起不计提折旧。

折旧计提是否恰当,对于产品成本或相关费用的计算、期间损益的计量和期末固定资产计价等都具有重要影响,因此,企业必须依据有关法律法规,根据固定资产的性质和使用情况,合理确定固定资产的使用寿命和预计净残值。

企业确定固定资产的使用寿命,应当考虑下列因素:① 预计生产能力或实物产量;② 预计有形损耗和无形损耗;③ 法律或者类似规定对资产使用的限制。固定资产的使用寿命通常可以用使用年限表示,也可以用工作时间(如工作日数、小时数等)、产品数量或作业量(如运输里程)等表示。预计净残值是指假定固定资产预计使用寿命已满并处于使用寿命终了时的预期状态,企业从该项资产处置中获得的扣除预计处置费用后的金额。固定资产的使用寿命和预计净残值一经确定,不得随意变更。但是,企业至少应当于每年年度终了时,对固定资产的使用寿命和预计净残值进行复核,使用寿命预计数与原先估计数有差异的,应当调整固定资产的使用寿命;预计净残值预计数与原先估计数有差异的,应当调整预计净残值。

固定资产折旧的计算方法多种多样,概括起来有两大类:平均折旧法和加速折旧法。平均折旧法包括年限平均法和工作量法等,加速折旧法包括余额递减法、双倍余额递减法和年数总和法等。企业会计准则规定,可选用的折旧方法包括年限平均法、工作量法、双倍余额递减法和年数总和法等。企业应当根据与固定资产有关的经济利益的预期实现方式,合理选择固定资产折旧方法。固定资产的折旧方法一经选定,不得随意变更。但是,企业至少应当于每年年度终了时,对固定资产的折旧方法进行复核。与固定资产有关的经济利益预期实现方式有重大改变的,应当改变固定资产的折旧方法。下面就几种常用的折旧方法作一简要介绍。

(1) 年限平均法,又称直线法,是将固定资产应计提折旧总额按使用年限平均分摊到各期的一种折旧方法。采用这种方法计算出的每期折旧额是相等的。计算公式为:

年折旧率 = [(1 − 预计净残值率)/ 预计使用年限] × 100%

年折旧额 = 固定资产原值 × 年折旧率

一般而言,固定资产在使用前期使用强度较大、工作效率较高,在使用后期工作效率较低,因此采用直线法平均分摊折旧额不尽合理。但在实践中,由于直线法简便易行,且在固定资产各期负荷程度相差不大时平均分摊折旧问题不大,因此大部分企业往往选用直线法计算折旧。

格力电器在2018年度财务报告"财务报表附注(五)15"中,对固定资产折旧披露如下:

1) 折旧方法及使用寿命、预计净残值率和年折旧率的确定:

固定资产折旧采用年限平均法计提折旧。按固定资产的类别、使用寿命和预计净残值率确定的年折旧率如下:

固定资产类别	预计净残值率(%)	预计使用年限(年)	年折旧率(%)
房屋、建筑物	5.00	20.00	4.75
机器设备	5.00	6.00—10.00	9.50—15.83
电子设备	5.00	2.00—3.00	31.67—47.50
运输设备	5.00	3.00—4.00	23.75—31.67
其他	5.00	3.00—5.00	19.00—31.67

(2) 工作量法,是根据实际工作量计提折旧额的一种方法。其计算公式为:

单位工作量折旧额 = 固定资产原价 × (1 - 净残值率)/预计工作总量

这里的工作量可以是工作小时,也可以是其他指标(如运输里程、产量等)。工作量考虑了固定资产使用的强度,比较符合固定资产的实际使用损耗,但是计算处理稍显烦琐,且易于受到人为操纵。

(3) 双倍余额递减法,是指在不考虑残值的情形下,根据每期期初固定资产账面余额和双倍的直线法折旧率计算折旧费用的一种方法。其计算公式为:

年折旧率 = (2/预计的折旧年限) × 100%

年折旧额 = 固定资产期初账面净额 × 年折旧率

为避免固定资产的账面余额降到预计净残值以下,应在固定资产折旧年限到期前两年时,将固定资产净值扣除预计净残值后的余额平均摊销。

(4) 年数总和法,是将固定资产的原值减去预计净残值后的金额乘以一个逐年递减的分数计算每年折旧额的一种方法。这个分数的分子代表固定资产尚可使用的年数,分母代表使用年数的逐年数字总和。计算公式如下:

年折旧率 = 尚可使用年数 / 预计使用年限的总额

年折旧额 = (固定资产原值 - 预计净残值) × 年折旧率

采取双倍余额递减法和年数总和法等加速折旧法,折旧费用在固定资产使用寿命期内呈现前期多后期少的特征,从而使固定资产账面价值更快地下降,资产反映和损益计量都更趋稳健。

根据企业会计准则的规定,无论是固定资产使用寿命和预计净残值估计数的改变,还是折旧方法的改变,都应当作为会计估计变更。因此,固定资产使用寿命、预计净残值和折旧方法的改变,只影响变更后会计年度的折旧计提,而无须追溯调整以往年度的折旧计提。

5.3.4 固定资产的后续计量——减值准备

固定资产在取得时是以成本计量的,期末结出的余额是扣除累计折旧后的成本金额。但是,为了真实地反映资产的实际价值,按照《企业会计准则第 8 号——资产减值》的规定,如果经测试发现资产(包括固定资产,下同)发生了减值,就应当计提减值准备。所谓资产减值,是指资产的可收回金额低于其账面价值。这里所说的资产,包括单项资产和资产组。资产组是指企业可以认定的最小资产组合,其产生的现金流入应当基本上独立于其他资产或者资产组产生的现金流入。

资产是否需要计提减值准备,首先要看资产是否存在可能发生减值的迹象。企业应当在资产负债表日作此判断。存在下列迹象的,表明资产可能发生了减值:① 资产的市价当期大幅度下跌,其跌幅明显高于因时间的推移或者正常使用而预计的下跌;② 企业经营所处的经济、技术或者法律等环境以及资产所处的市场在当期或者将在近期发生重大变化,从而对企业产生不利影响;③ 市场利率或者其他市场投资报酬率在当期已经提高,从而影响企业计算资产预计未来现金流量现值的折现率,导致资产可收回金额大幅度降低;④ 有证据表明资产已经陈旧过时或者其实体已经损坏;⑤ 资产已经或者将被闲置、终止使用或者计划提前处置;⑥ 企业内部报告的证据表明资产的经济绩效已经低于或者将低于预期,如资产所创造的净现金流量或者实现的营业利润(或者亏损)远远低于(或者高于)预计金额等;⑦ 其他表明资产可能已经发生减值的迹象。

其次,资产存在上述减值迹象的,应当估计其可收回金额。可收回金额应当根据资产的公允价值减去处置费用①后的净额与资产预计未来现金流量的现值两者中的较高者确定。资产的公允价值减去处置费用后的净额与资产预计未来现金流量的现值,其中任意一项超过资产的账面价值,就表明资产没有发生减值,此时就无须再估计另一项金额。

资产的公允价值减去处置费用后的净额,应当根据公平交易中销售协议价格减去可直接归属于该资产处置费用的金额确定。如果不存在销售协议但存在资产活跃市场,则应当按照资产的市场价格减去处置费用后的金额确定。资产的市场价格通常应当根据资产的买方出价确定。如果既不存在销售协议,也不存在资产活跃市场,则应当以可获取的最佳信息为基础,估计资产的公允价值减去处置费用后的净额,通常就是参考同行业类似资产的最近交易价格或者结果进行估计。企业按照上述方法仍然无法估计资产的公允价值减去处置费用后的净额的,则应当以该资产预计未来现金流量的现值作为其可收回金额。

资产预计未来现金流量的现值,应当按照资产在持续使用过程中和最终处置时所产生的预计未来现金流量,选择恰当的折现率对其进行折现后的金额加以确定。资产预计未来现金流量应当包括:① 资产持续使用过程中预计产生的现金流入;② 为实现资产持续使用过程中产生的现金流入所必需的预计现金流出;③ 资产使用寿命结束时,处置资产所收到或者支付的净现金流量。必须注意的是,预计资产未来现金流量时,应当以资产的当前状况为基础,不应当包括与将来可能发生的、尚未作出承诺的重组事项或者资产改良有关的预计未来现金流量,也不应当包括筹资活动产生的现金流入或者流出以及与所得税收付有关的现金流量。但是,对于已经承诺的重组事项,在预计未来现金流量时,应当反映重组所能节约的费用和由重组所带来的其他利益,以及因重组所导致的估计未来现金流出。在折现计算时所采用的折现率,应该是反映当前市场货币时间价值和资产特定风险的税前利率,是企业在购置或者投资资产时所要求的必要报酬率。

按上述方法估计出资产的可收回金额之后,资产的可收回金额低于其账面价值的,应当将资产的账面价值减记至可收回金额,减记的金额确认为资产减值损失,计入当期损益,同时计提相应资产的减值准备。

固定资产在计提减值准备之后,未来期间的折旧应当作相应调整,以使固定资产在剩余寿命期内系统地摊销调整后(即扣除减值准备后)的资产账面价值。

计提资产减值准备,主要是为了弥补历史成本的不足,也是为了更真实地反映企业资产的价值。但是企业也有可能利用计提固定资产减值准备进行盈余管理。虽然企业会计准则给出了资产减值准备计提的条件和标准,但是在判断资产的可收回金额时还是存在一定的主观性,从而为企业盈余管理留下了空间。过去,有些上市公司还利用资产减值准

---

① 处置费用包括与资产处置有关的法律费用、相关税费、搬运费以及为资产达到可销售状态所发生的直接费用等。

备计提之后的转回进一步操纵利润。企业会计准则规定,资产减值准备一经计提,在以后会计期间不得转回。① 这可以在很大程度上限制企业利用减值准备计提进行盈余管理。

综上所述,在解读资产负债表上的"固定资产"项目时,需要特别注意理解的因素包括:

(1) 固定资产在资产负债表上反映为非流动资产的一项内容。

(2) 固定资产确认的基本条件为生产商品、提供劳务、出租或经营管理而持有的,且使用寿命超过一个会计年度。

(3) 固定资产通常情况下应该按照独立而完整的"项目"进行确认,但是当固定资产的各组成部分具有不同使用寿命或者以不同方式为企业提供经济利益,适用不同折旧率或折旧方法时,应当分别将各组成部分确认为单项固定资产。

(4) 固定资产在使用过程中发生的一些后续支出(如更新改造支出和修理费用等),只要满足固定资产确认条件的,也应当计入固定资产。

(5) 固定资产应当按照成本进行初始计量。外购固定资产的成本,包括购买价款、相关税费以及使固定资产达到预定可使用状态前所发生的可归属于该项资产的其他支出;自行建造固定资产的成本,由建造该项资产达到预定可使用状态前所发生的必要支出构成;无论是外购还是自建,在固定资产取得过程中发生的借款费用,可直接归属于符合资本化条件的固定资产的,应当予以资本化,计入固定资产成本。

(6) 通过其他方式取得的固定资产,必须按照会计准则的具体规定进行计量。例如,通过非货币性资产交换换入的固定资产,应当以公允价值和应支付的相关税费作为换入资产的成本;投资者投入的固定资产的成本,应当按照投资合同或协议约定的价值确定;因债务重组取得的固定资产,债权人应当对受让的固定资产按其公允价值入账。

(7) 在规划固定资产折旧计提时,企业必须依据有关法律法规,根据固定资产的性质和使用情况,合理确定固定资产的使用寿命和预计净残值。固定资产的使用寿命和预计净残值一经确定,不得随意变更,但是,企业至少应当于每年年度终了时,对固定资产的使用寿命和预计净残值进行复核。使用寿命预计数与原先估计数有差异的,应当调整固定资产使用寿命,预计净残值预计数与原先估计数有差异的,应当调整预计净残值。

(8) 可选用的折旧方法包括年限平均法、工作量法、双倍余额递减法和年数总和法等。企业应当根据与固定资产有关的经济利益的预期实现方式,合理选择固定资产的折旧方法。固定资产的折旧方法一经选定,不得随意变更,但是,企业至少应当于每年年度终了时,对固定资产的折旧方法进行复核。与固定资产有关的经济利益预期实现方式有重大改变的,应当改变固定资产的折旧方法。

(9) 无论是固定资产的使用寿命和预计净残值估计数的改变,还是折旧方法的改变,都应当作为会计估计的变更。因此,固定资产使用寿命、预计净残值和折旧方法的改变,只影响变更后会计年度的折旧计提,而无须追溯调整以往年度的折旧计提。

(10) 如果经测试发现固定资产发生了减值,就应当计提减值准备,且在以后会计期间不得转回。

---

① 这是指固定资产、无形资产和长期股权投资等非流动资产。其余的资产项目,包括应收账款和存货等资产,其减值准备计提之后是可以转回的(当然需要满足准则规定的条件)。

5.4 无形资产

5.4.1 无形资产的确认

无形资产是指企业拥有或控制的没有实物形态的可辨认非货币性资产。无形资产主要有以下三个特征：

（1）无形资产不具有实物形态。无形资产主要包括专利权、非专利技术、商标权、著作权、土地使用权、特许权等权利性资产①。有些无形资产的存在依赖于一定的实物载体，从而使得该类资产既包含有形要素，又包含无形要素。这类资产究竟应该归于固定资产还是无形资产，需要依据哪个要素更重要进行判断。例如，一般存储于磁盘或光盘中的软件，属于无形资产；但是，计算机控制的设备中包含的软件，已构成该设备不可或缺的组成部分，故应作为固定资产。

（2）所谓可辨认，至少需要满足下列条件之一：① 能够从企业中分离或者划分出来，并能单独或者与相关合同、资产或负债一起，用于出售、转移、授予许可、租赁或者交换；② 源自合同性权利或其他法定权利，无论这些权利是否可以从企业或其他权利和义务中转移或者分离。

（3）无形资产属于非货币性资产。货币性资产是指企业持有的货币资金将以固定或可确定的金额收取的资产。无形资产不具有货币性资产的这些特征，故属于非货币性资产。

与其他资产的确认条件类似，无形资产的确认也需要同时满足以下两个条件：① 与该无形资产有关的经济利益很可能流入企业；② 该无形资产的成本能够可靠地计量。在判断无形资产产生的经济利益是否很可能流入企业时，应当对无形资产在预计使用寿命内可能存在的各种经济因素作出合理估计，并且应当有明确的证据支持。不符合无形资产确认条件的无形项目支出，除了非同一控制下企业合并中形成的商誉，均应于发生时计入当期损益。

对于企业内部研究开发项目的支出是否可以资本化，我国企业会计准则作出了比较具体的规定。按照我国企业会计准则的规定，企业内部研究开发项目的支出，首先需要区分研究阶段支出和开发阶段支出。研究是指为获取并理解新的科学或技术知识而进行的独创性的有计划调查。开发是指在进行商业性生产或使用前，将研究成果或其他知识应用于某项计划或设计，以生产出新的或具有实质性改进的材料、装置、产品等。研究阶段的支出，应当于发生时计入当期损益；开发阶段的支出，只有同时满足下列五个条件才能确认为无形资产：

---

① 商誉的存在无法与企业自身分离，不具有可辨认性，故我国企业会计准则已不再将其纳入无形资产加以规范。关于商誉，将在本书第9章中进行讨论。

（1）完成该无形资产以使其能够使用或出售在技术上具有可行性。判断技术上是否具有可行性，应当以目前阶段的成果为基础，并提供相关证据和材料，证明企业进行开发所需要的技术条件等已经具备，不存在技术上的障碍或其他不确定性。比如，企业已完成了全部计划、设计和测试活动，或已通过专家鉴定等。

（2）具有完成该无形资产并使用或出售的意图。也就是说，企业必须能够说明开发无形资产的目的。

（3）无形资产产生经济利益的方式，包括能够证明运用该无形资产生产的产品存在市场或无形资产自身存在市场，无形资产将在企业内部使用的，应当证明其有用性。

（4）有足够的技术、财务资源和其他资源支持，以完成该无形资产的开发，并有能力使用或出售该无形资产。企业必须证明可以取得无形资产开发所需的技术、财务和其他资源，以及获得这些资源的相关计划。企业自有资金不足以提供支持的，应能够证明存在外部其他方面的资金支持，如银行等金融机构声明愿意为该无形资产的开发提供所需资金等。

（5）归属于该无形资产开发阶段的支出能够可靠地计量。为此，企业必须对研究开发的支出进行单独的核算。直接为某项研究开发活动发生的研发人员工资、材料费及相关设备折旧费等，应当直接加以归集。同时从事多项研究开发活动的，所发生的支出应当按照合理的标准在各项研究开发活动之间进行分配；无法合理分配的，应当计入当期损益。

格力电器在2018年度财务报告"财务报表附注（七）41"中，对研发费用披露如下：

41. 研发费用

单位：元

项目	本期发生额	上期发生额
研发费用	6 988 368 285.92	3 617 601 371.21
合计	6 988 368 285.92	3 617 601 371.21

注：2018年度，研发费用主要为人员人工费用以及直接投入费用，占研发费用总额比例超过80.00%，本期相比上期增长较大主要是由于职工薪酬、物耗、折旧及摊销较上期大幅增长。

企业自创的商誉以及内部产生的品牌、报刊名等，不应确认为无形资产。

5.4.2 无形资产的初始计量

无形资产应按成本进行初始计量。外购无形资产的成本，包括购买价款、相关税费以及直接归属于该项资产达到预定用途所发生的其他支出。如果购买无形资产价款超过正常信用条件延期支付，实质上具有融资性质，那么购入无形资产的成本就不能以各期付款额之和确定，而应当以各期付款额的现值之和确定。购入无形资产时，按购买价款（即各期付款额之和）的现值，借记"无形资产"账户；按应支付的金额，贷记"长期应付款"账户；按其差额，借记"未确认融资费用"账户。各期实际支付的价款与购买价款的现值的差额，符合《企业会计准则第17号——借款费用》中规定的资本化条件的，应予资本化,计入无形资产成本,其余部分应当在信用期内确认为财务费用。

自行开发的无形资产,其成本包括自满足上述确认条件后至达到预定用途前所发生的支出总额,但是对于以前期间已经费用化的支出不再调整。

通过投资者投入、非货币性资产交换、债务重组、政府补助和企业合并等方式取得的无形资产,其成本计量类似于5.3节中介绍的通过这些方式取得的固定资产的成本计量方法。

5.4.3 无形资产的后续计量

无形资产应当在取得时分析判断其使用寿命。企业持有的无形资产,通常来源于合同性权利或其他法定权利,且合同或法律规定了明确的使用年限。因此,来源于合同性权利或其他法定权利的无形资产,其使用寿命不应超过合同性权利或其他法定权利的期限;合同性权利或其他法定权利在到期时因续约等延续且有证据表明企业续约不需要付出大额成本的,续约期应当计入使用寿命。合同或法律没有规定使用寿命的,企业应当综合各方面因素判断,以确定无形资产能为企业带来经济利益的期限。

企业确定无形资产使用寿命通常应当考虑的因素包括:① 运用该资产生产的产品通常的寿命周期、可获得的类似资产使用寿命的信息;② 技术、工艺等方面的现阶段情况及对未来发展趋势的估计;③ 以该资产生产的产品或提供的服务的市场需求情况;④ 现在或潜在的竞争者预期采取的行动;⑤ 为维持该资产带来经济利益能力的预期维护支出,以及企业预计支付有关支出的能力;⑥ 对该资产控制期限的相关法律规定或类似限制,如特许使用期、租赁期等;⑦ 与企业持有其他资产使用寿命的关联性等。

按照上述方法仍无法合理确定无形资产为企业带来经济利益期限的,该无形资产应作为使用寿命不确定的无形资产。

使用寿命有限的无形资产,其应摊销金额应当在使用寿命内系统合理摊销;使用寿命不确定的无形资产,不应摊销。无形资产的应摊销金额为其成本扣除预计残值后的金额。已计提减值准备的无形资产,还应扣除已计提的无形资产减值准备累计金额。使用寿命有限的无形资产,其残值应当视为零,除非存在下列情况:① 有第三方承诺在无形资产使用寿命结束时购买该无形资产;② 可以根据活跃市场得到预计残值信息,并且该市场在无形资产使用寿命结束时很可能存在。

企业选择的无形资产摊销方法,应当反映与该项无形资产有关的经济利益的预期实现方式。无法可靠确定预期实现方式的,应当采用直线法摊销。无形资产的摊销金额一般应当计入当期损益,但是,如果某项无形资产包含的经济利益通过所生产的产品或其他资产实现的,其摊销金额应当计入相关资产的成本。

企业至少应当于每年年度终了,对使用寿命有限的无形资产的使用寿命及摊销方法进行复核。无形资产的使用寿命及摊销方法与以前估计不同的,应当改变摊销期限和摊销方法。同样,企业也应当在每个会计期间对使用寿命不确定的无形资产的使用寿命进行复核。如果有证据表明无形资产的使用寿命是有限的,应当估计其使用寿命,并摊销其成本。

无形资产减值准备的计提,类似于5.3节中介绍的固定资产减值准备的计提。

企业出售无形资产,应当将取得的价款与该无形资产账面价值的差额计入当期损益。无形资产预期不能为企业带来经济利益的,应当将该无形资产的账面价值予以转销。

最后,企业取得的土地使用权通常应当确认为无形资产,但改变土地使用权用途,用于赚取租金或资本增值的,应当将其转为投资性房地产。自行开发建造厂房等建筑物,相关的土地使用权与建筑物应当分别进行处理。外购土地及建筑物支付的价款应当在建筑物与土地使用权之间进行分配;难以合理分配的,应当全部确认为固定资产。房地产开发企业取得土地用于建造对外出售的房屋建筑物,相关的土地使用权账面价值应当计入所建造的房屋建筑物成本。

综上所述,在解读资产负债表上的"无形资产"项目时,需要特别注意理解的因素包括:

(1) 无形资产是指企业拥有或控制的没有实物形态的可辨认非货币性资产,主要包括专利权、非专利技术、商标权、著作权、土地使用权、特许权等,在资产负债表上反映为非流动资产的一项内容。

(2) 企业内部研究开发项目的支出,需要区分研究阶段支出和开发阶段支出。研究阶段的支出应当于发生时计入当期损益,开发阶段的支出只有同时满足企业会计准则规定的五个条件才能确认为无形资产。

(3) 企业自创的商誉以及内部产生的品牌、报刊名等,不应确认为无形资产。

(4) 无形资产应按成本进行初始计量。外购无形资产的成本,包括购买价款、相关税费以及直接归属于该项资产达到预定用途所发生的其他支出;自行开发的无形资产,其成本包括自满足确认条件后至达到预定用途前所发生的支出总额。

(5) 通过投资者投入、非货币性资产交换、债务重组等方式取得的无形资产,其成本计量类似于通过这些方式取得的固定资产的成本计量。

(6) 使用寿命有限的无形资产,其应摊销金额应当在使用寿命内系统合理摊销;使用寿命不确定的无形资产,不应摊销。

(7) 企业选择的无形资产摊销方法,应当反映与该项无形资产有关的经济利益的预期实现方式,无法可靠确定预期实现方式的,应当采用直线法摊销。

(8) 企业至少应当于每年年度终了,对使用寿命有限的无形资产的使用寿命及摊销方法进行复核。无形资产的使用寿命及摊销方法与以前估计不同的,应当改变摊销期限和摊销方法。

(9) 如果经测试发现无形资产发生了减值,就应当计提减值准备,且在以后会计期间不得转回。

专业词汇

坏账(Uncollectible Accounts Receivable)
商业折扣(Trade Discount)
现金折扣(Cash Discount)
总价法(Method of Gross Amount)
净价法(Method of Net Amount)
备抵法(The Allowance Method)
账龄分析法(Aging the Accounts Method)
销售百分比法(Percentage-of-sales

应收账款余额百分比法(Percentage of Ending Accounts Receivable)
预计未来现金流量(Expected Cash Flows)
债务重组(Debt Restructuring)
或有应收金额(Contingent Receivable)
产成品(Finished Goods)
在产品(Work in Progress)
原材料(Raw Materials)
半成品(Semi-finished Goods)
个别计价法(Specific Identification)
先进先出法(First-in, First-out)
加权平均法(Weighted Average Method)
移动平均法(Moving Average Method)
后进先出法(Last-in, First-out)
存货跌价准备(Provision for Impairment of Inventory)
存货跌价准备转回(Reverse of Provision for Impairment of Inventory)
可变现净值(Net Realizable Value)
存货盘亏(Loss of Inventories Discovered in an Inventory Counting)
存货毁损(Losses or Damages of Inventories)
存货成本(Cost of Inventory)
采购成本(Cost of Purchase)
加工成本(Cost of Conversion)
制造费用(Production Overhead)
仓储成本(Storage Costs)
制造费用(Variable and Fixed Overhead)
产成品(Finished Goods Inventory)
折旧(Depreciation)
累计折旧(Accumulated Depreciation)
弃置费用(Costs of Abandoning the Asset at the End of Its Use)
原值(Original Cost)
预计净残值(Estimated Net Residual Value)
应计折旧额(Depreciable Amount)
减值准备(Provision for Impairment)
资产组(Asset Group)
无形损耗(Non-physical Deterioration)
有形损耗(Physical Wear and Tear)
折旧率(Depreciation Rate)
折旧方法(Depreciation Method)
直线法(Straight-line Method)
工作量法(Method Based on Actual Physical Usage)
年数总和法(Sum-of-the-years'-Digits Method)
双倍余额递减法(Double-declining Balance Method)
加速折旧(Accelerated Depreciation)
后续支出(Subsequent Expenditure)
固定资产处置(Disposal of Fixed Assets)
固定资产盘亏(Losses of Fixed Assets Discovered in an Asset Count)
借款费用(Borrowing Costs)
借款费用资本化(Capitalization of Borrowing Costs)
资本化期间(Capitalization Period)
辅助费用(Ancillary Costs)
专门借款(Specific-purpose Borrowing)
一般借款(General-purpose Borrowing)
无形资产摊销(Amortization of Intangible Assets)
使用寿命不确定的无形资产(Indefinite-lived Intangible Assets)
无形资产的报废(Retirements of Intangible Assets)
商誉减值(Goodwill Impairment)

思考题

1. 计提应收账款坏账准备的常用方法有哪几种？我国现行企业会计准则规定的坏账准备计提规则主要有哪些？

2. 按照我国企业会计准则的规定，外购存货和自制存货的成本包括哪些？不包括哪些？其他方式下取得的存货的初始成本计量又有哪些主要规定？

3. 什么是可变现净值？如何确定存货的可变现净值？

4. 我国企业会计准则取消了存货计价的后进先出法，这对通货膨胀环境下的财务报告分析有何影响？

5. 固定资产初始计量中，哪些支出构成固定资产的成本？固定资产折旧计提需要考虑哪些因素？

6. 对固定资产、无形资产等长期资产计提减值准备的基本前提条件是什么？这些长期资产减值准备计提之后为什么不允许转回？不允许转回的规定可能带来什么问题？

7. 关于企业内部研究开发支出是费用化还是资本化，我国企业会计准则的主要规定是什么？无形资产摊销的基本规则是什么？

教学案例

案例1：獐子岛扇贝存货异常之谜*

獐子岛集团股份有限公司（以下简称"獐子岛"）是一家以海洋水产业为主，集海珍品育苗业、海水增养殖业、水产品加工业、国内外贸易、海上运输业于一体的综合性渔业企业。獐子岛拥有全国最大的清洁海域，产品以虾贝（虾夷扇贝）①、海参、鲍鱼、海胆、海螺等高档海珍品为主，獐子岛商标在国内水产品中率先成为"中国驰名商标"，并在美国、欧盟、澳大利亚、新西兰、中国台湾等30个国家和地区注册。一直以来，作为已上市13年的老牌渔业上市公司，獐子岛因扇贝存货异常问题饱受市场诟病。2014—2019年，獐子岛曾三次对底播虾夷扇贝①计提减值准备或核销处理，并屡次导致业绩"大变脸"。

2014年10月31日，獐子岛发布公告称，因遭受北黄海异常的冷水团，公司在进行秋季底播虾夷扇贝存量抽测时发现部分海域底部的底播虾夷扇贝存货异常，扇贝集体"大逃亡"，不见了踪影。因而公司决定对105.64万亩海域、成本为73 461.93万元的底播虾夷扇贝存货放弃本轮采捕，进行核销处理（见表1）；对43.02万亩海域、成本为30 060.15万元的底播虾夷扇贝存货计提跌价准备28 305万元（见表2），扣除递延所得税影响

---

* 本案例根据相关网络报道进行改编，并参考了巨潮资讯网发布的獐子岛集团股份有限公司年度财务报告及相关公告。

① 虾夷扇贝是獐子岛的主要利润支撑。底播虾夷扇贝是指在适宜养殖的海底区域按一定密度投放虾夷扇贝苗种，使之完全自然生长、不断增殖，不作任何人工处理的一种养殖方式。

24 441.73 万元,合计影响净利润 77 325.2 万元,全部计入 2014 年第三季度,2014 年 1—9 月业绩预告由盈利 4 413 万元至 7 565 万元,大幅下调为亏损 8.12 亿元。这是獐子岛扇贝第一次出现存货异常。

表 1　2014 年年报存货核销的具体情况

资产名称	面积（万亩）	账面价值（万元）	成本构成明细(万元)				核销依据和原因
			苗种费	资本化利息	海域使用金	其他成本	
2011 年底播虾夷扇贝	76.08	58 642.56	42 392.94	6 910.38	7 209.80	2 129.44	苗产过低,放弃本轮采捕
2012 年底播虾夷扇贝	29.56	14 819.37	10 930.96	660.93	1 845.28	1 382.20	

表 2　2014 年年报计提存货跌价准备的具体情况

资产名称	面积（万亩）	账面价值（万元）	成本构成明细(万元)				资产可回收金额（万元）	跌价准备金额（万元）
			苗种费	资本化利息	海域使用金	其他成本		
2011 年底播虾夷扇贝	43.02	30 060.15	22 363.37	3 105.01	4 131.51	460.26	1 755.15	28 305

扇贝的生长周期一般需要 3 年左右,采捕时间一般在春季的 3—5 月和秋季的 10—12 月。由于持续监测扇贝具有较大难度,因此基于虾夷扇贝在 4 月左右繁殖和 7—9 月高温期后存量变化较大的规律,獐子岛规定每年 4—5 月和 9—10 月分别进行春季、秋季的存量抽测。而此次存货异常的发现,正是源于公司与大华会计师事务所对秋季存量抽测结果进行的监盘。此次存货带来大幅利润波动的情况也引起了深圳证券交易所的注意,深交所于 2014 年 11 月 4 日向獐子岛出具了问询函。12 月 4 日,大华会计师事务所对问询函提及的相关事项、公司的回复进行了审慎核查,并声称未发现獐子岛存在任何问题。同日,大连证监局对獐子岛采取责令改正的监管措施并出具了警示函。獐子岛 2014 年、2015 年、2016 年归属于母公司所有者的净利润分别是 - 118 932.75 万元、- 24 293.63 万元、7 959.34 万元。2016 年 5 月 4 日起被实行"退市风险警示"特别处理,股票名称变为"*ST 獐岛"。

在历经扇贝绝收带来的一系列影响后,獐子岛采取措施提升海洋牧场①的风险识别与预警能力,落实风险控制措施,提升海洋牧场的透明度,并承诺均已全部履行完毕或转为公司的常态化管理。2017 年 9 月 26 日,獐子岛启动了秋季底播虾夷扇贝抽测活动。10 月 25 日,獐子岛发布抽测结果公告,表明底播虾夷扇贝尚不存在减值的风险。然而,2018 年 1 月 31 日,獐子岛突然披露 2017 年业绩预告修正公告,称发现部分海域底播虾夷扇贝存货异常。公司根据初步技术分析,认为这是由于降水量大幅下降导致饵料水平

---

① 一种接近于自然的、可循环的、可持续的、具有良好经济效益的渔业生产模式,能够实现在利用海洋资源的同时重点保护海洋生态系统,实现可持续生态渔业。

降低,且底层高温天数和平均水温都有所上升导致。① 公司预计2017年归属于上市公司股东的净利润为亏损53 000万元至72 000万元,上年同期为盈利7 959.34万元,这是第二次对外公布扇贝存货异常情况。从2017年年报来看,受灾海域达107.16万亩,扇贝核销57 759.04万元(见表3),计提跌价准备6 072.16万元(见表4),导致存货期末余额较期初减少30.96%。

表3 2017年年报存货核销的具体情况

资产名称	面积 (万亩)	账面价值 (万元)	平均亩产 (公斤/亩)	核销依据
2014年底播虾夷扇贝	21.14	13 322.79	0.45	平均亩产过低,不足以弥补采捕成本
2015年底播虾夷扇贝	30.42	15 788.37	0.88	
2016年底播虾夷扇贝	55.60	28 647.88	0.80	
合计	107.16	57 759.04	—	—

连续两次的存货异常引起了监管机构的高度重视。2018年2月9日,獐子岛因涉嫌信息披露违法违规被中国证监会立案调查。

2019年4月27日,獐子岛发布了2019年度第一季度报告,报告列示公司未经审计的净利润为亏损4 445.37万元,而上年同期亏损额为899.85万元。在该公司一季度业绩预告中,曾列出了此业绩变动的原因,其中有2 500万元的亏损与底播虾夷扇贝存货有关。公司认为,一方面,受2018年海洋牧场灾害影响,公司2016年、2017年底播虾夷扇贝可收获资源总量减少,单位成本上升,影响一季度业绩约900万元;另一方面,由于公司结合生物的生长特点及市场特点,在2019年对底播虾夷扇贝市场销售策略进行了相应调整,拟选择性价比较好的时点进行销售,因此一季度底播虾夷扇贝收入同比大幅减少,进而导致毛利减少约1 600万元。这是扇贝存货的第三次异常。

在这三次存货异常事件中,需要注意的是,獐子岛的海洋牧场位于大连长海县的獐子岛镇,处在寒暑交界的北纬39度线上,是世界公认的最适宜海洋生物生长的地区。然而,公司却多次声称受到北黄海冷水团低温及变温等综合因素的影响,底播虾夷扇贝绝收。由于农、林、牧、渔行业的存货盘点较为困难、缺乏市场参考价,因此当獐子岛扇贝事件发生后,市场不得不怀疑其操纵利润的可能性。根据网上的新闻报道,我们将市场质疑归类为以下两个方面:

存货减产方面,招股说明书中提到,根据长海县气象局的统计,从1960年至今,獐子岛海域发生10级以上大风仅6次,未发生风暴潮,未有灾害损失记录。50多年没有灾害记录的獐子岛海域却突然爆出了"冷水团"的入侵,且同年同海域地区的其他养殖企业没有出现类似情况。② 而对于造成第二次扇贝减产的"饵料短缺和高温问题",在其他个人养殖户的收成情况上并未体现。因此,一些投资者怀疑是由于投苗数量不足,以及集团

---

① 摘自2018年2月5日发布的《关于底播虾夷扇贝2017年终盘点情况的公告》。
② 资料来源于《獐子岛10亿存货消失之谜 水产品遭遇定点清除》,http://finance.youth.cn/finance_zqjrgsxw/201411/t20141111_6022219.htm.,访问日期:2020年4月23日。

表4 2017年年报存货跌价准备中可变现净值测算

存货名称	抽点面积（亩）	抽点重量（千克）	抽点枚数（枚）	平均体重（克）	平均壳高（厘米）	现平均亩存量（千克）	至收获期成活率	预计期末平均体重（克）	预计期末亩存量（千克）	养殖面积（亩）	可售货量（吨）	销售净价（元）	预计收入（万元）
2015年虾夷贝	153.35	3 729.84	46 620	80	8.8	24.32			24.32	191 000	4 645.12	34.00	15 793.41
2016年虾夷贝	9.08	169.12	3 203	53	7.7	18.63	65%	80	18.34	52 000	953.68	34.00	3 242.51
合计										243 000	5 598.80		19 035.92

存货名称	账面成本（万元）	收获费用（万元）	可变现净值（万元）	收获期费用构成（万元）								
				小计	海域使用金	采捕费	运输费	看护费	其他费用	管理费用	暂养费用	销售费用	包装费
2015年虾夷贝	9 912.16	9 485.80	-3 604.54	9 485.80	1 457.32	2 690.98	650.94	2 597.00	456.68	211.00	513.29	536.98	371.61
2016年虾夷贝	2 679.38	3 030.75	-2 467.62	3 030.75	983.75	732.62	133.64	707.04	124.33	57.45	105.38	110.25	76.29
合计	12 591.54	12 516.55	-6 072.16	12 516.55	2 441.07	3 423.60	784.58	3 304.04	581.01	268.45	618.67	647.23	447.90

因资金紧张、信誉下降而未采购到优质的扇贝苗导致绝收。①

信息披露时间点方面,獐子岛于2014年6月24日公布非公开发行股票预案,并提交证监会核准。在预案中,公司披露此次非公开发行募集资金区间为100 000万元至137 000万元,扣除发行费用后将全部用于补充流动资金和偿还银行贷款,以满足公司未来各项业务发展的资金需求,增强公司抗风险能力和持续经营能力。而在4个月后,公司就发生了第一次存货异常。2014年11月19日,公司公告了董事会通过的《关于撤回非公开发行股票申请文件的议案》,且未在向证监会提交撤回申请时对外公告撤回事项,仅在收到证监会批准撤回的文件后才予以公布。② 同时,公司控股股东长海县獐子岛投资发展中心于2014年10月9日到13日,在敏感期内卖出347.39万股,避损金额1 131.60万元。③ 在第二次存货异常公布之前,公司第二大股东和岛一号投资基金于2017年11月13日至12月19日,分四次抛售公司股票共计199.85万股,占比0.28%,套现约1 500万元。

多年来,大连证监局、深交所、证监会实施了一系列问询、警示甚至立案调查等监管措施,中央电视台财经频道《交易时间》节目组也曾于2018年年初亲赴现场采访调查,大华会计师事务所对2017年、2018年年报均出具保留意见。最终,证监会于2019年7月10日调查完毕,确认其存货异常,存在造假。而对于这一调查结果,獐子岛在公告中称,"公司及相关人员将根据海洋产业的行业属性、公司成本结转及核算的合理依据以及船舶航迹适用性等相关情况,对上述相关拟处罚措施进行陈述、申辩和听证"。

讨论题:

1. 您认为獐子岛在2014年年报和2017年年报中,对底播虾夷扇贝核销和计提跌价准备是否合理?合理或者不合理的理由是什么?

2. 结合本案例材料,查询证监会的处罚公告内容,您认为獐子岛通过存货异常进行会计操纵的行为是否有理由向证监会"申辩"?

3. 讨论为什么在五年内,獐子岛会屡次出现存货核销和计提跌价准备的情况。

案例2:为什么频繁调整固定资产折旧年限?*

鞍钢股份有限公司的前身为鞍钢新轧钢股份有限公司。该公司是依据《中华人民共和国公司法》经由中华人民共和国国家经济体制改革委员会体改生〔1997〕62号文《关于同意设立鞍钢新轧钢股份有限公司的批复》的批准,以鞍山钢铁集团公司为唯一发起人,以发起方式设立的股份有限公司。公司是在鞍钢集团所拥有的线材厂、厚板厂、冷轧厂("三个厂")基础上组建而成的。根据自1997年1月1日起生效的分立协议,鞍钢集团已将与上述三个厂有关的生产、销售、技术开发、管理业务连同1996年12月31日的资产、负债全部转入公司。

---

① 资料来源于《央视调查獐子岛:扇贝死了或为"人祸" 员工监守自盗》,http://news.163.com/18/0223/08/DBAMDUHE0001899N.html? baike. ,访问日期:2020年4月23日。

② 资料来源于《獐子岛存货谜团:播种过程都是自己公司人》,http://finance.sina.com.cn/chanjing/gsnews/20141125/015020907879.shtml,访问日期:2020年4月23日。

③ 长海县獐子岛投资发展中心因该行为被大连市人民检察院于2018年1月20日提起公诉。

* 本案例根据巨潮资讯网发布的鞍钢股份有限公司年度财务报告及相关公告编写。

有关净资产折为公司股本 1 319 000 000 股,每股面值人民币 1 元。

公司于 1997 年 7 月 22 日发行了 890 000 000 股每股面值人民币 1 元的 H 股普通股股票,并于 1997 年 7 月 24 日在香港联合交易所有限公司上市交易。1997 年 11 月 16 日,公司发行了 300 000 000 股每股面值人民币 1 元的人民币普通股,并于 1997 年 12 月 25 日在深圳证券交易所上市交易。

2006 年 1 月 26 日,公司向鞍钢集团以每股人民币 4.29 元定向增发 2 970 000 000 股每股面值人民币 1 元的人民币普通股(共计人民币 127.4 亿元),用于支付收购鞍钢集团子公司鞍钢集团新钢铁有限责任公司 100%股权的部分收购价款。2006 年 6 月 20 日,公司年度股东大会通过特别决议,将公司更名为鞍钢股份有限公司(以下简称"鞍钢股份")。公司的主要业务为黑色金属冶炼及钢压延加工。

2012 年 11 月 16 日,鞍钢股份发布第五届董事会第三十九次会议决议公告,宣布董事会批准了《关于调整部分固定资产折旧年限的议案》(以下简称"《决议 1》")。《决议 1》规定,从 2013 年 1 月 1 日起对公司部分固定资产折旧年限进行调整,延长主要固定资产(如房屋、建筑物和机械设备等)的折旧年限,具体调整方案如表 1 所示。

表 1　鞍钢股份 2013 年部分固定资产折旧年限调整　　　　　　　　　　单位:年

类别	变更前折旧年限	变更后折旧年限	同行业上限平均水平
房屋	30	40	40
建筑物	30	40	40
传导设备	15	19	18
机械设备	15	19	19
动力设备	10	12	18

《决议 1》还公布了会计估计变更对公司的影响:此次会计估计变更对公司的主营业务范围无影响,预计使公司 2013 年所有者权益和净利润分别增加人民币 9 亿元,预计 2013 年将比 2012 年少提折旧费用人民币 12 亿元。

鞍钢股份为什么要大规模延长固定资产折旧年限呢?鞍钢股份董事会在《决议 1》中专门作出说明:2012 年公司对固定资产更新维护方面的支出预计人民币 68.9 亿元,通过对主体设备生产线进行技术改造,定期对设备进行检修,提高了设备的使用性能,延长了固定资产的使用寿命。按照《企业会计准则第 4 号——固定资产》第十五条"企业应当根据固定资产的性质和使用情况,合理确定固定资产的使用寿命和预计净残值"及第十九条"企业至少应当于每年年度终了,对固定资产的使用寿命、预计净残值和折旧方法进行复核"的规定,公司根据固定资产的性质和使用情况对各类固定资产的预计使用年限进行重新确定。调整后,本公司的折旧年限符合同行业同类固定资产折旧年限平均水平。同时,鞍钢股份独立董事在《决议 1》中也对此次大规模调整折旧年限作出了说明:公司本次会计估计变更符合国家相关法规及规则的要求;公司本次会计估计变更是基于公司的实际情况进行的调整,变更依据真实、可靠,不存在损害股东利益的情形,使公司的财务信息更为客观地反映公司财务状况及经营成果。

之后,鞍钢股份第六届董事会第四十二次会议于 2015 年 10 月 16 日决议通过了《关于调整部分固定资产折旧年限的议案》(以下简称"《决议 2》")。《决议 2》规定,从 2015 年 11 月 1 日起调整部分固定资产折旧年限(见表 2)。《决议 2》表明,该项会计估计变更的合理性在于公司近年来不断加大固定资产投资力度,通过对主体设备生产线进行技术改造和技术革新,定期对设备进行检修,提高了设备的使用性能,延长了固定资产的使用寿命。在影响方面,公司董事会认为此次会计估计变更对主营业务范围无影响,预计使公司2014年度经审计的所有者权益和净利润分别增加人民币4.12亿元,占2014年度经审计的所有者权益和净利润的比例分别为0.86%和44.40%。本次会计估计变更采用未来适用法处理,不追溯调整,不会对以往各年度财务状况和经营成果产生影响。

表2 鞍钢股份2015年部分固定资产折旧年限调整

固定资产类别	变更前折旧年限(年)	年折旧率(%)	变更后折旧年限(年)	年折旧率(%)
传导设备	19	5.00	24	3.96
机械设备	19	5.00	24	3.96
动力设备	12	7.92	17	5.59
运输设备	10	9.50	12	7.92

从法律法规、管理层及独立董事的解释来看,这两次大规模调整固定资产折旧年限符合企业的实际发展情况。因此,此次会计估计变更的直接原因是固定资产的更新维护导致固定资产使用年限的延长。近年来,鞍钢股份多次调整了固定资产折旧年限。我们对2010—2018年公司的固定资产折旧年限进行了统计(见表3),发现公司分别在2011年、2013年和2015年延长了固定资产折旧年限。

表3 2010—2018年鞍钢股份各类固定资产折旧年限情况　　　　单位:年

	厂房及建筑物	机械及设备	其他固定资产
2010年	10—20	3—15	2—12
2011年上半年	10—20	3—15	2—12
2011年下半年	10—30	3—15	2—10
2012年	30	10—15	5—10
2013年	40	12—19	5—10
2014年	40	12—19	5—10
2015年	40	17—24	5—12
2016年	40	17—24	5—12
2017年	40	17—24	5—12
2018年	40	17—24	5—12

我们将时间前移,发现鞍钢股份在之前年份里也对固定资产折旧年限作过多次调整。2008年7月11日,鞍钢股份发布第四届董事会第二十七次会议决议公告,宣布董事会批准了《关于调整部分固定资产折旧年限的议案》(以下简称"《决议3》")。《决议3》规定,从2008年1月1日起对公司部分固定资产折旧年限进行调整,对2008年以后新增的电子设备和运输工具采用现行《企业所得税法》规定的最低折旧年限,对常年处于震动、超强度使用的设备采取了缩短折旧年限的方法,具体调整方案如表4所示。

表4 鞍钢股份2008年部分固定资产折旧年限调整

项目	财务分类	变更前折旧年限(年)	变更后折旧年限(年)
2008年新增电子设备	传导设备	15	3
	动力设备	11	3
	工具及仪器	7	3
	管理用具	5	3
2008年新增运输设备	运输设备	10	4
处于震动/超强度使用设备	动力设备	11	6.6
	工具及仪器	7	4.2
	机械设备	10	6

《决议3》还公布了会计估计变更对公司的影响:此次会计估计变更对公司的主营业务范围无影响,预计使公司2008年利润总额减少人民币16 800万元,企业所得税支出减少人民币4 200万元,净利润减少人民币12 600万元,预计公司2008年年末净资产减少人民币12 600万元。

鞍钢股份为什么在2008年要大规模缩短固定资产折旧年限呢？鞍钢股份在《决议3》中指出:本次会计估计变更有利于公司充分利用国家税收政策,实现公司固定资产核算与管理的一致性,并可减少企业所得税纳税支出,节省现金流量,加速设备、技术更新改造,从而提高公司的市场竞争力,符合公司可持续发展战略目标。

因此,此次会计变更的直接原因是国家税收政策的调整,即《企业所得税法》对企业部分固定资产最低折旧年限及固定资产加速折旧等方面作了新的规定(见表5)。

表5 新旧税法关于固定资产折旧的相关规定

序号	项目		原税收条例规定	新税法规定
1	固定资产最低折旧年限	电子设备	最低折旧年限为5年	最低折旧年限为3年
		除飞机、火车、轮船以外的运输工具	最低折旧年限为5年	最低折旧年限为4年
2	固定资产加速折旧		对促进科技进步、环境保护和国家鼓励投资项目的关键设备,以及常年处于震动、超强度使用或受酸或碱等强烈腐蚀的机器设备可进行加速折旧,但不允许采用缩短折旧年限法	由于技术进步、新产品更新换代较快,常年处于强震动、高腐蚀状态的固定资产,确需要加速折旧的,可采取缩短折旧年限方法,最低折旧年限不得低于规定折旧年限的60%,或采取双倍余额递减法及年数总额法

实际上在此之前,鞍钢股份也多次缩短了固定资产折旧年限。我们对2002—2007年公司的固定资产折旧年限进行了统计,发现公司分别在2003年和2006年缩短了固定资产折旧年限(见表6)。在2007年的年报附注中,公司还指出:"本公司至少在每年年度终了对固定资产的使用寿命、预计净残值和折旧方法进行复核。"

表6　2002—2007年鞍钢股份固定资产折旧年限情况　　　　　　单位:年

年份	厂房及建筑物	机器及设备	其他固定资产
2002	12—42	6—21	4—15
2003	10—40	5—20	4—15
2004	10—40	5—20	4—15
2005	10—40	5—20	4—15
2006	10—20	6—15	2—12
2007	10—20	6—15	2—12

如果说2008年的这次调整是因为税法的变更,而2013年和2015年的调整是因为对固定资产进行维护从而延长了其使用年限,那么鞍钢股份在其他时间内还如此重视固定资产折旧年限,并且频繁地调整固定资产折旧年限,就不是税法和固定资产维护所能解释的了。

讨论题:

1. 您认为鞍钢股份频繁调整固定资产折旧年限的内在动机是什么?
2. 鞍钢股份如此频繁地调整固定资产折旧年限,您认为这属于企业会计准则所允许的会计估计变更,还是有违背企业会计准则之嫌的会计操纵行为?
3. 鞍钢股份专门就折旧估计变更发布"董事会说明"和"独立董事说明"的用意何在?您认为资本市场参与者(主要是投资者和分析师)会如何理解这两个声明所传递的信息?如果您是独立董事,您是否愿意发表这样的"独立董事说明"?为什么?

第6章　财务报告解读：负债与权益项目

6.1 流动负债

6.1.1 流动负债概述

负债是指企业过去的交易或者事项形成的、预期会导致经济利益流出企业的现时义务。现时义务是指企业在现行条件下已承担的义务。未来发生的交易或者事项形成的义务,不属于现时义务,不应当确认为负债。

负债满足下列条件之一的,应当归类为流动负债:① 预计在一个正常营业周期中清偿;② 主要为交易目的而持有;③ 自资产负债表日起一年内到期应予以清偿;④ 企业无权自主地将清偿推迟至资产负债表日后一年以上。常见的流动负债项目包括短期借款、应付及预收款项、应交税费及应付职工薪酬等。

对于在资产负债表日起一年内到期的负债,企业不能自主地将清偿义务展期的,即使在资产负债表日后、财务报告批准报出日前签订了重新安排清偿计划协议,该项负债仍应归类为流动负债。此外,企业在资产负债表日或之前违反了长期借款协议,导致贷款人可随时要求清偿的负债,也应当归类为流动负债。

企业流动负债的确认应该以权责发生制为原则。例如,应付职工薪酬应当在职工为企业提供服务的会计期间确认为负债。

按照企业会计准则的规定,企业不应当确认或有负债。所谓或有负债,是指过去的交易或者事项形成的潜在义务,其存在须通过未来不确定事项的发生或不发生予以证实;或者过去的交易或事项形成的现时义务,履行该义务不是很可能导致经济利益流出企业或该义务的金额不能可靠计量。或有负债主要包括已贴现商业承兑汇票、未决诉讼、未决仲裁、对外提供债务担保等。例如,当涉及一项尚未判决的诉讼案件时,对于原告提出的赔偿要求,企业如果胜诉,将不承担赔偿责任;企业如果败诉,将承担赔偿责任,但债务责任的金额是多少取决于未来的判决,判决之前是不能可靠估计的未知数。这种情况下,如果确认或有负债,就会面临两大问题:一是该或有负债未来可能根本不会成为实际的负债,因而确认是个错误;二是由于金额无法可靠估计,确认和计量的负债金额将是很不可靠的。因此,不确认或有负债是更好的选择。

6.1.2 流动负债的确认与计量

由于负债(包括流动负债)所导致的企业经济利益的流出在未来,因此,从理论上讲,负债的计量应该以未来偿付金额的现值为依据。但在会计实务中,考虑到流动负债偿还期限较短,未来偿付金额的现值与未来偿付金额相差不大,故一般均按确定的未来需要偿付的金额(或面值)来计量,并按此金额列示于资产负债表上。一些主要流动负债项目的计量说明如下:

1. 短期借款

短期借款是指从银行等金融机构借入的、偿还期限短于一年(含一年)的借款,主要包括一般的经营周转借款、票据贴现借款、应收账款或存货抵押借款等。短期借款一般是企业为维持正常的生产经营所需资金或为偿付某项短期债务而借入的。企业借入的短期借款,无论用于哪个方面,只要借入这项资金,就构成一项流动负债。短期借款按借款本金计量。归还短期借款时,除了归还借入的本金,还应支付利息。短期借款的利息作为财务费用,计入当期损益。

2. 应付账款

应付账款是指企业因购买材料、商品或接受劳务等而应付给供应单位的款项。应付账款是一般商业信用形式下的采购业务所形成的对供应商的欠款。这种负债主要是因买卖双方在购销活动中取得货物的时间与支付货款的时间不一致而产生的,通常会在较短期限(如两个月)内支付。

应付账款的计量与销货方提供的信用条件有关。如果销货方提供了现金折扣条件[1],那么按照不同的处理方法,应付账款的入账金额就会不同。对于现金折扣的处理,有总价法和净价法两种。在总价法下,应付账款发生时,按发票上记载的应付金额(即不扣除折扣)记账。如果企业在折扣期内支付货款,从而取得现金折扣,则将所取得的现金折扣作为财务收益处理,冲减财务费用。在净价法下,应付账款发生时,按发票上记载的全部应付金额扣除现金折扣后的净值记账。如果企业未在折扣期内支付货款而丧失了现金折扣,则应将丧失的现金折扣作为财务费用处理。我国企业会计实务中通常采用总价法。

3. 应付票据

应付票据是指票据(包括商业承兑票据和银行承兑票据)结算方式下形成的对供应商的欠款。与应付账款相比,两者虽然都是由于交易而引起的流动负债,但应付票据有承诺付款的票据作为凭据,而且赊欠期通常比应付账款略长一些。

商业汇票按承兑人的不同可分为商业承兑汇票和银行承兑汇票。商业承兑汇票的承兑人为付款人,承兑人(企业)对这项债务在一定时期内支付的承诺,作为企业的一项负债。银行承兑汇票的承兑人为银行,其信用通常更好。我国商业汇票的付款期限最长不超过 6 个月。

应付票据按票面是否注明利率,分为带息应付票据和不带息应付票据两种。无论是否带息,应付票据都按票据面值计量。票据到期支付的利息,作为财务费用处理。

4. 应交税费

应交税费是指应交而未交的各种税费,主要包括应交增值税、应交消费税、应交所得税以及附加税费。

企业纳税义务是伴随经营收入和利润的实现而形成的,会计上要按照权责发生制原则计算应交税金数额,反映为"应交税费"。这些应交税费在尚未交纳之前便形成企业的一项流动负债。

在应交税额中,应交增值税是一个比较特殊的项目。增值税是对销售货物、进口货物、提供应税劳务的增值部分征收的一种税。按照税法的规定,一般纳税企业购入货物

---

[1] 通常以 $(2/10, n/30)$ 或者类似的形式表现。其表达的含义为:若在 10 天内付款,则可给予 2% 的折扣;否则,在 30 天内支付全部货款。

或接受应税劳务支付的增值税(即进项税额),可以从销售货物或提供应税劳务按规定收取的增值税(即销项税额)中抵扣。一般纳税企业当期应交纳的增值税可按下列公式计算:

$$应交增值税 = 当期销项税额 - 当期进项税额$$

企业购入货物或者接受应税劳务,如果没有按规定取得并保存增值税扣税凭证,或者增值税扣税凭证上未按照规定注明增值税额及其他有关事项,则其进项税额不能从销项税额中抵扣,应计入货物或劳务的成本。

5. 应付职工薪酬

应付职工薪酬是指应付而尚未支付给职工的薪酬。职工薪酬是指企业为获得职工提供的服务或解除劳动关系而给予的各种形式的报酬或补偿。职工薪酬包括短期薪酬、离职后福利、辞退福利和其他长期职工福利。企业提供给职工配偶、子女、受赡养人、已故员工遗属及其他受益人等的福利也属于职工薪酬。

短期薪酬是指企业在职工提供相关服务的年度报告期间结束后十二个月内需要全部予以支付的职工薪酬,因解除与职工的劳动关系给予的补偿除外。短期薪酬具体包括:职工工资、奖金、津贴和补贴,职工福利费,医疗保险费、工伤保险费和生育保险费等社会保险费,住房公积金,工会经费和职工教育经费,短期带薪缺勤①,短期利润分享计划②,非货币性福利,以及其他短期薪酬。

离职后福利是指企业为获得职工提供的服务而在职工退休或与企业解除劳动关系后提供的各种形式的报酬和福利,短期薪酬和辞退福利除外。

辞退福利是指企业在职工劳动合同到期之前解除与职工的劳动关系,或者为鼓励职工自愿接受裁减而给予职工的补偿。

其他长期职工福利是指除短期薪酬、离职后福利、辞退福利之外所有的职工薪酬,包括长期带薪缺勤、长期残疾福利、长期利润分享计划等。

6. 其他流动负债

企业的流动负债除了上述项目,还包括预收账款、应付股利以及其他应付款等。

预收账款是指企业按照合同规定,向购货单位或个人预先收取的购货订金或部分货款而形成的一项流动负债。预收账款按实际收取的款项金额计量。

应付股利是指企业已经宣布分派但尚未支付的股利。

其他应付款是指企业除上述各项应付款项以外发生的一些应付、暂收其他单位或个人的款项,如应付租入固定资产和包装物的租金、存入保证金、应付或暂收所属单位或个人的款项等。其中,存入保证金是其他单位或个人由于使用企业的某项资产而交付的押金,如出租、出借包装物押金等。

此外,流动负债中还包括一年内到期的非流动负债,即企业"长期借款""应付债券"和"长期应付款"等非流动负债账户中反映的,将在未来一年内到期的那部分负债。为了准确反映企业短期内需偿付的债务金额,以正确评价企业的短期偿债能力,在编制资产负债表时,应将一年内到期的、实质上已转化为流动负债的非流动负债账户中反映的负债金额,反映为流动负债的一项内容。

---

① 带薪缺勤是指企业支付工资或提供补偿的职工缺勤,包括年休假、病假、短期伤残、婚假、产假、丧假、探亲假等。

② 利润分享计划是指因职工提供服务而与职工达成的基于利润或其他经营成果提供薪酬的协议。

综上所述,在解读资产负债表上的流动负债类项目时,需要特别注意理解的因素包括:

(1) 归于流动负债的负债,应该满足企业会计准则规定的有关条件,其基本特征是在未来一年内需要偿还或随时可能需要偿还。

(2) 企业会计准则要求不确认或有负债。

(3) 考虑到流动负债偿还期限较短,未来偿付金额的现值与未来偿付金额相差不大,故一般均按确定的未来需要偿付的金额(或面值)来计量,并按此金额列示于资产负债表上。

6.2 非流动负债

6.2.1 非流动负债概述

非流动负债是指一切流动负债以外的负债,主要包括长期借款、长期应付款、专项应付款、应付债券、预计负债和递延所得税负债等。

对于在资产负债表日起一年内到期的负债,企业预计能够自主地将清偿义务展期至资产负债表日后一年以上的,应当归类为非流动负债。贷款人在资产负债表日或之前同意提供在资产负债表日后一年以上的宽限期,企业能够在此期限内改正违约行为,且贷款人不能要求随时清偿的,该项负债应当归类为非流动负债。

6.2.2 非流动负债的确认与计量

非流动负债项目的确认和计量,本书第3章中已作了一些一般性的说明,递延所得税负债将在第7章中介绍。下面重点介绍和讨论长期应付款中的融资租赁应付款、应付债券以及预计负债的确认与计量问题。

1. 租赁应付款

租赁是指在约定的期间内,出租人将资产使用权让与承租人以获取租金的协议。在原租赁准则下,要求以风险和报酬转移为基础将租赁划分为融资租赁和经营租赁两类。通常,符合下列一项或数项标准的,应当认定为融资租赁:① 在租赁期届满时,租赁资产的所有权转移给承租人;② 承租人有购买租赁资产的选择权,所订立的购买价款预计将远低于行使选择权时租赁资产的公允价值,因而在租赁开始日就可以合理确定承租人将会行使这种选择权;③ 即使资产的所有权不转移,租赁期也占租赁资产使用寿命的大部分;④ 承租人在租赁开始日的最低租赁付款额的现值几乎相当于租赁开始日租赁资产的公允价值,出租人在租赁开始日的最低租赁收款额的现值几乎相当于租赁开始日租赁资产的公允价值;⑤ 租赁资产性质特殊,如果不作较大改造,只有承租人才能使用。不符合以上标准的租赁,应认定为经营租赁。对于融资租赁业务,在租赁期开始日,承租人应当将租赁开始日租赁资产公允价值与最低租赁付款额现值两者中的较低者作为租入资产的入账价值,将最低租赁付款额作为长期应付款的入账价值,其差额作为未确认融资费用。承租人在以后各期支付融资租赁应付款的同时,将未确认融资费用逐期确认为当期的融资费用[①]。对经营租赁,承租人不确认相关资产和负债。

在现行租赁准则下,不再将租赁业务划分为融资租赁与经营租赁,而是规定承租人应该对除豁免情形外的所有租赁业务,将租赁业务的使用权资产以及租赁负债全部计入资产负债表中。也就是说,为解决融资租赁与经营租赁经济实质类似而会计处理迥异带来的实务问题,现行租赁准则取消了承租人的融资租赁与经营租赁分类,要求承租人对除短期租赁和低价值资产租赁以外的所有租赁确认使用权资产和租赁负债,并分别确认折旧和利息费用,即采用与原租赁准则下融资租赁会计处理类似的单一模型。

2. 应付债券

发行公司债券是企业筹集长期负债资金的一种重要途径。公司债券是发行企业承诺在未来向债权人偿还债券本息的书面证明,实质上是一种长期的应付票据。债券发行时,债券发行企业和债券购买人订有契约,其中规定债券发行的方式、提供担保品的详细说明以及偿债能力的保证条款。

公司债券的实际发行价格可能与面值相同,也可能高于或低于面值,即溢价或折价发行。之所以溢价或折价发行,主要是由于债券的票面利率与债券发行时的市场利率不同。票面利率又称债券的名义利率,是用于计算债券每期应付利息的利率。市场利率则是在债券发行时,在风险和期限上与该债券类似的其他金融产品的通行利率。债券实际发行价格是由将来应支付的利息与债券面值折算的现值决定的,也就是说,债券发行价格是将来应支付利息的现值与债券面值的现值之和。

"应付债券"需要设置"债券面值""债券溢价""债券折价"和"应计利息"四个明细科目,分别反映公司债券的面值、溢价、折价及应计利息等相关内容。

公司债券按面值发行时,按面值(也就是实际发行价格)反映"现金"的增加(借方)和"应付债券——债券面值"的增加(贷方)。每期期末按债券的票面利率与面值之乘积,计算当期应付利息,反映"财务费用"的增加(借方)和"应付债券——应计利息"的增加(贷方)。

公司债券溢价发行时,溢价部分反映为"应付债券——债券溢价"的增加(贷方);公司债券折价发行时,折价部分反映为"应付债券——债券折价"的增加(借方)。例如,假设面值为1 000万元的债券的实际发行价格为1 050万元,则在反映"现金"增加(借方)1 050万元和"应付债券——债券面值"增加(贷方)1 000万元的同时,还要反映"应付债券——债券溢价"增加(贷方)50万元。假设该批债券的实际发行价格为950万元,则在反映"现金"增加(借方)950万元和"应付债券——债券面值"增加(贷方)1 000万元的

[①] 根据企业会计准则的规定,应当采用实际利率法将未确认融资费用在租赁期内的各个期间进行分摊。承租人采用实际利率法分摊未确认融资费用时,应当根据租赁期开始日租入资产入账价值的不同情况,对未确认融资费用采用不同的分摊率:(1)以出租人的租赁内含利率为折现率将最低租赁付款额折现,且以该现值作为租入资产入账价值的,应当将租赁内含利率作为未确认融资费用的分摊率;(2)以合同规定利率为折现率将最低租赁付款额折现,且以该现值作为租入资产入账价值的,应当将合同规定利率作为未确认融资费用的分摊率;(3)以银行同期贷款利率为折现率将最低租赁付款额折现,且以该现值作为租入资产入账价值的,应当将同期贷款利率作为未确认融资费用的分摊率;(4)以租赁资产公允价值为入账价值的,应当重新计算分摊率,该分摊率是使最低租赁付款额的现值与租赁资产公允价值相等的折现率。

同时,还要反映"应付债券——债券折价"增加(借方)50万元。

在债券溢价发行的情况下,期末在资产负债表上列报的"应付债券",应该是该科目下"债券面值"与"债券溢价"两个明细科目的余额之和。在债券按折价发行的情况下,期末在资产负债表上列报的"应付债券",应该是该科目下"债券面值"与"债券折价"两个明细科目的余额之差。① "债券溢价"或"债券折价"两个明细科目的余额,都会随着溢价或折价的摊销而逐期减少。债券溢价和折价的摊销,都应该采用实际利率法。具体摊销计算可参见本书第4章中的表4-2。

3. 预计负债

前已述及,企业会计准则是不允许确认由或有事项引起的或有负债的。虽然预计负债也是由或有事项引起的,但是与或有事项相关的义务只有同时满足下列条件才能确认为预计负债:① 该义务是企业承担的现时义务;② 履行该义务很可能导致经济利益流出企业;③ 该义务的金额能够可靠地计量。

预计负债应当按照履行相关现时义务所需支出的最佳估计数进行初始计量。如果所需支出存在一个连续范围,且该范围内各种结果发生的可能性相同,那么最佳估计数应当按照该范围内的中间值确定。在其他情况下,最佳估计数应当分别下列情况处理:① 或有事项涉及单个项目的,按照最可能发生金额确定;② 或有事项涉及多个项目的,按照各种可能结果及相关概率计算确定。

企业在确定最佳估计数时,应当综合考虑与或有事项有关的风险、不确定性和货币时间价值等因素。预计负债的金额通常等于未来应支付的金额,但未来应支付的金额与其现值相差较大的,应当按照未来应支付金额的现值确定。此外,有确凿证据表明相关未来事项将会发生的,如未来技术进步、相关法规出台等,确定预计负债的金额时应该考虑相关未来事项的影响。最后,在确定预计负债的金额时,不应考虑预期处置相关资产形成的利得。

根据企业会计准则的规定,预计负债还包括下列两个方面的具体内容:

(1) 亏损合同义务。待执行合同变成亏损合同的,该亏损合同产生的义务满足负债确认条件的,应当确认为预计负债。所谓待执行合同,是指合同各方尚未履行任何合同义务,或部分地履行了同等义务的合同,诸如商品买卖合同、劳务合同、租赁合同等。所谓亏损合同,是指履行合同义务不可避免会发生的成本超过预期经济利益的合同。当待执行合同变成亏损合同时,如果有合同标的资产,则应当先对合同标的资产进行减值测试并按规定确认减值损失,若预计亏损超过该减值损失,则应将超过部分确认为预计负债;如果无合同标的资产,且亏损合同相关义务满足预计负债确认条件,则应当将预计亏损数确认为预计负债。

(2) 重组义务。企业承担的重组义务②满足预计负债确认条件的,应当确认为预计负债。企业承担重组义务而确认的预计负债金额,应该是与重组有关的直接支出,而不包括留用职工岗前培训、市场推广、新系统和营销网络投入等后续支出。

会计期末,企业应当对预计负债的账面价值进行复核。有确凿证据表明该账面价值不能真实反映当前最佳估计数的,应当按照当前最佳估计数对该账面价值进行调整。

---

① 当然,如果有应计利息,则都应该再加上"应计利息"明细科目的余额。
② 同时存在下列情况时,表明企业承担了重组义务:(1) 有详细、正式的重组计划,包括重组涉及的业务、主要地点、需要补偿的职工人数及其岗位性质、预计重组支出、计划实施时间等;(2) 该重组计划已对外公告。

综上所述,在解读资产负债表上非流动负债类项目时,需要特别注意理解的因素包括:

(1) 一切流动负债以外的负债,都归于非流动负债。

(2) 对于租赁业务,现行租赁准则要求承租人对除短期租赁和低价值资产租赁以外的所有租赁确认使用权资产和租赁负债。

(3) 应付债券反映债券发行企业因发行债券而形成的负债。在按面值发行的情况下,资产负债表上反映的该负债即为所发行债券的面值;在债券溢价或折价发行的情况下,资产负债表上反映的该负债应该是"应付债券"账户下"债券面值"与"债券溢价"(或"债券折价")两个明细账户的余额之和(或余额之差)。

(4) 与或有事项相关的义务只有同时满足企业会计准则规定的相关条件,才能确认为预计负债。

(5) 预计负债应当按照履行相关现时义务所需支出的最佳估计数进行初始计量。会计期末,企业应当对预计负债的账面价值进行复核,有确凿证据表明该账面价值不能真实反映当前最佳估计数的,应当按照当前最佳估计数对该账面价值进行调整。

(6) 根据企业会计准则的规定,预计负债还包括亏损合同义务和重组义务。

6.3 股东权益

股东权益就是股东对企业净资产的要求权,包括股东投入的资本和企业内部形成的积累。在现行实务中,股东权益包括股本、其他权益工具、资本公积、其他综合收益、盈余公积以及未分配利润等具体构成项目。

6.3.1 股本的确认与计量

股本是指在核定的资本总额及核定的股份总额范围内发行的股票的面值。股本是股东权益的基本部分。当注册资本全部到位时,股本应等于企业的注册资本。企业发行股票的价格与股票的面值可能不一致,因而可能出现按面值发行、溢价发行和折价发行。溢价发行时,企业应按实际收到的资产价值,反映"现金"等资产项目的增加(借方),按股票面值反映"股本"的增加(贷方),溢价扣除发行费用后的差额则反映为"资本公积"的增加(贷方)。从实际情况来看,股票多为溢价发行,大多数国家不允许折价发行股票,我国亦然。

股本的增加除发行股票外,还有以下情况:

(1) 分派股票股利。股票股利是指以公司本身的普通股股票作为股利发放给股东。公司发放股票股利,对其资产、负债和所有者权益总额均无影响,其所导致的变化仅存在于股东权益内部,即将未分配利润的一部分转作股本。

(2) 资本公积转增资本。经过股东大会批准,企业也可以将资本公积的一部分转增资本,即在减少"资本公积"的同时,相应增加"股本"。

(3) 可转换公司债券转换为股票。可转换公司债券持有人行使转换权利,将其持有的债券转换为股票时,按股票面值和转换的股数计算的股票面值总和,反映"股本"的增加,"应付债券"余额与"股本"之差反映为"资本公积"的增加。

（4）重组债务转为股本。企业将重组债务转为股本时,应按重组债务的账面余额,反映"应付账款"等有关债务项目的减少（借方）;按债权人因放弃债权而享有本企业股份的面值总额,反映"股本"的增加（贷方）;按股份的公允价值总额大于或小于股本的差额,反映"资本公积"的增加（贷方）或减少（借方）;重组债务的账面余额与债权人因放弃债权而享有本企业股份的公允价值总额的差额,则反映为"营业外收入（债务重组利得）"的增加（贷方）。

股本形成之后,通常不会减少,因为资本不同于负债,不需要企业偿还。但是,当企业采用回购本公司股票的方式减资时,就应按股票面值和注销股份数的乘积（即注销股份的总面值）反映"股本"的减少（借方）,回购成本超过回购股票面值的部分,冲减"资本公积（股本溢价）",股本溢价不足冲减的,则冲减"盈余公积"或"未分配利润"。如果回购股票的成本小于面值,则差异部分反映"资本公积（股本溢价）"的增加（贷方）。

格力电器在2018年度财务报告"财务报表附注（七）30"中对股本情况披露如下：

30. 股本

项目	期初余额(元)	本报告期变动增减(+,-)					期末余额(元)
		发行新股	送股	公积金转股	其他	小计	
股份总数	6 015 730 878.00						6 015 730 878.00

6.3.2 其他权益工具的确认与计量

企业（发行方）发行的除普通股（作为实收资本或股本）以外,按照金融负债和权益工具区分原则分类为权益工具的其他权益工具,应当纳入"其他权益工具"核算。

对于归类为权益工具的金融工具,无论其名称中是否包含"债",其利息支出或股利分配都应当作为发行企业的利润分配,其回购、注销等作为权益的变动处理。企业发行分类为权益工具的金融工具时发生的手续费、佣金等交易费用,应当从权益中扣除。

企业应在所有者权益类科目中设置"其他权益工具"科目,核算企业发行的除普通股以外的归类为权益工具的各种金融工具。"其他权益工具"科目应按发行金融工具的种类等进行明细核算,如"优先股""永续债"等。

6.3.3 资本公积和其他综合收益的确认与计量

资本公积主要包括两部分内容:一是企业收到投资者出资额超出其在注册资本或股本中所占份额的部分;二是企业会计准则规定不计入当期损益,而直接计入所有者权益的利得和损失。可能导致"资本公积"增加或减少的因素,除上面讨论"股本"时已经涉及的之外,还有其他一些情况：

（1）以权益结算的股份支付换取职工或其他方提供服务的,反映为"管理费用"等的增加以及"资本公积(其他资本公积)"的增加。在行权日,按照实际行权的权益工具数量计算确定的金额反映"资本公积(其他资本公积)"的减少,按照支付股份的面值反映"股本"的增加,差额反映为"资本公积(股本溢价)"的增加。

(2) 长期股权投资采用权益法核算的,在持股比例不变的情况下,被投资单位除净损益、其他综合收益和利润分配以外的所有者权益的其他变动,企业按持股比例计算应享有的份额,在反映"长期股权投资(其他权益变动)"增加或减少的同时,相应反映"资本公积(其他资本公积)"的增加或减少。

(3) 企业合并中涉及的资本公积的增加或减少事项。这一问题将在第9章中具体介绍。

格力电器在2018年度财务报告"财务报表附注(七)31"中对资本公积情况披露如下:

31. 资本公积

单位:元

项目	期初余额	本期增加	本期减少	期末余额
股本溢价	26 979 063.83			26 979 063.83
其他资本公积	97 901 536.88		31 501 100.00	66 400 436.88
合计	124 880 600.71		31 501 100.00	93 379 500.71

【注】本期同一控制下合并珠海格力机电工程有限公司100.00%股权,以购买价款冲减资本公积31 501 100.00 元。

其他综合收益是指企业根据企业会计准则的规定未在损益中确认的各项利得和损失,包括以后会计期间不能重分类进损益的其他综合收益和以后会计期间满足规定条件时将重分类进损益的其他综合收益两类。

可能导致"其他综合收益"增加或减少的情况包括:

(1) 重新计量设定收益计划净负债或净资产导致的变动、按权益法核算因被投资单位重新计量设定受益计划净负债或净资产变动导致的权益变动对应的份额、直接指定为以公允价值计量且其变动计入其他综合收益的金融资产的变动。但这部分变动在以后会计期间不能通过重分类计入损益。

(2) 自用房地产或存货转换为采用公允价值模式计量的投资性房地产时,公允价值大于自用房地产或存货原账面价值的差额,反映为"其他综合收益"的增加。

(3) 会计期末,如果发现可供出售投资公允价值与原账面价值不同,则需要将变化部分加以确认。如果公允价值大于原账面价值,在反映"可供出售投资(公允价值变动)"的增加(借方)的同时,需要相应反映"其他综合收益"的增加(贷方);反之,则需要反映"其他综合收益"的减少(借方)。

(4) 采用权益法核算的长期股权投资,当被投资单位实现其他综合收益以及按持股比例计算应享有或分担的金额,反映为"长期股权投资(其他综合收益)"的增加或减少,以及"其他综合收益"的增加或减少。

(5) 外币财务报表折算差额,反映为"其他综合收益"的增加或减少。

(6) 现金流套期工具产生的利得或损失中属于有效套期的部分。

格力电器在2018年度财务报告"财务报表附注(七)32"中对其他综合收益情况披露如下:

32. 其他综合收益

单位:元

项目	期初余额	本期所得税前发生额	减:前期计入其他综合收益当期转入损益	减:所得税费用	税后归属于母公司	税后归属于少数股东	期末余额
(一) 以后不能重分类进损益的其他综合收益	-19 641 417.00	-16 491 946.00			-16 491 946.00		-36 133 363.00
其中:重新计量设定受益计划变动额	-19 641 417.00	-16 491 946.00			-16 491 946.00		-36 133 363.00
权益法下不能转进损益的其他综合收益							
(二) 将重分类进损益的其他综合收益	-72 059 254.13	-465 564 042.74	12 612 236.25	-37 393 931.83	-442 613 434.38	1 831 087.22	-514 672 688.51
其中:权益法下可转损益的其他综合收益	-9 273.03	187 494.29			187 494.29		178 221.26
可供出售金融资产公允价值变动损益	-110 682 108.46	-551 721 707.17		-344 241 520.63	-519 311 273.76	1 831 087.22	-629 993 382.22
持有至到期投资重分类为可供出售金融资产损益							
现金流量套期损益的有效部分	12 612 236.25	-8 403 838.40	12 612 236.25	-3 152 411.20	-17 863 663.45		-5 251 427.20
外币财务报表折算差额	26 019 891.11	94 374 008.54			94 374 008.54		120 393 899.65
合计	-91 700 671.13	-482 055 988.74	12 612 236.25	-37 393 931.83	-459 105 380.38	1 831 087.22	-550 806 051.51

6.3.4 盈余公积和未分配利润的确认与计量

盈余公积是指企业从净利润中提取的公积,包括法定盈余公积和任意盈余公积。企业按规定提取盈余公积时,反映"盈余公积"的增加(贷方),相应反映"利润分配"的增加(借方)。而企业经股东大会批准用盈余公积弥补亏损或转增资本时,反映"盈余公积"的减少(借方),相应反映"利润分配"的减少(贷方)①或"股本"的增加。

未分配利润是指企业历年实现的利润中的未分配部分。企业实现净利润,增加未分配利润;企业发生净亏损,减少未分配利润。企业提取法定盈余公积、提取任意盈余公积、分配股利、转增资本等,减少未分配利润;企业用盈余公积弥补亏损,则增加未分配利润。

格力电器在2018年度财务报告"财务报表附注(七)35"中对未分配利润情况披露如下:

35. 未分配利润

单位:元

项目	本期发生额	上期发生额
期初未分配利润	55 740 076 085.90	44 226 792 442.66
加:同一控制下企业合并【注】	-1 092 203.68	
调整后期初未分配利润	55 738 983 882.22	44 226 792 442.66
加:本期归属于母公司所有者的净利润	26 202 787 681.42	22 400 484 001.26
减:提取法定盈余公积		
减:提取一般风险准备	2 069 949.81	59 976 981.30
应付普通股股利		10 828 315 580.40
期末未分配利润	81 939 701 613.83	55 738 983 882.22

【注】本期本公司收购珠海格力机电工程有限公司100.00%股权,同一控制下企业合并调整期初未分配利润-1 092 203.68元。

综上所述,在解读资产负债表上的股东权益类项目时,需要特别注意理解的因素包括:

(1) 股东权益就是股东对企业净资产的要求权,包括股本、其他权益工具、资本公积、其他综合收益、盈余公积以及未分配利润等。

(2) 股本是指在核定的资本总额及核定的股份总额范围内发行的股票的面值,除发行股票外,分派股票股利、资本公积转增资本、可转换公司债券转换为股票和重组债务转为股本等也会增加股本。

(3) 股票回购导致股本减少,回购成本与回购股票面值之间的差额,冲减或增加"资本公积(股本溢价)",股本溢价不足冲减的,则冲减"盈余公积"或"未分配利润"。

(4) 资本公积,除包括企业收到投资者出资额超出其在注册资本或股本中所占份额

---

① 事实上就是反映亏损得到了弥补,因而可分配利润增加。

的部分之外,还包括企业会计准则规定不计入当期损益,而直接计入所有者权益的利得和损失。

(5) 其他综合收益是企业根据企业会计准则规定未在损益中确认的各项利得和损失。

(6) 盈余公积是指企业从净利润中提取的公积,包括法定盈余公积和任意盈余公积两个部分。

(7) 未分配利润是指企业历年实现的利润中的未分配部分。

专业词汇

短期借款(Short-term Loan)
应付票据(Notes Payable)
溢价发行(Issue at Premium)
折价发行(Issue at Discount)
面值发行(Issue at Par)
或有负债(Contingent Liabilities)
预计负债(Accrued Liabilities)
现时义务(Present Obligation)
过去事项(Past Event)
未决诉讼或未决仲裁(Pending Litigation or Pending Arbitration)
实际利率法(Effective Interest Method)
融资租赁(Finance Lease)
经营租赁(Operating Lease)
最低租赁收款额(Minimum Lease Receipts)
租赁内含利率(Interest Rate Implicit in the Lease)
可转换债券(Convertible Bond)

普通股(Ordinary Shares)
优先股(Preferred Shares)
库存股(Treasury Share)
永续债(Perpetual Capital Securities)
股本溢价(Share Premium)
盈余公积(Surplus Reserves)
法定盈余公积(Statutory Surplus Reserves)
任意盈余公积(Voluntary Surplus Reserves)
资本公积(Capital Reserves)
其他综合收益(Other Comprehensive Income)
其他权益工具(Other Equity Instruments)
留存收益(Retained Earnings)
现金股利(Cash Dividends)
未分配利润(Unappropriated Profit)

思考题

1. 什么是负债?哪些情况下的负债应当归类为流动负债?或有负债为什么不予以确认?既然或有负债不予以确认,那为什么还要加以披露?

2. 或有负债相关义务在什么条件下才能确认为预计负债?如何确定预计负债的金额?

3. 什么是股本?股本因哪些业务或事项的发生而增加,又因哪些业务或事项的发生而减少?

4. 什么是资本公积?资本公积因哪些业务或事项的发生而增加,又因哪些业务或事项的发生而减少?

教学案例

蓝光发展举债扩张背后的永续债*

四川蓝光发展股份有限公司(以下简称"蓝光发展")系蓝光投资控股集团有限公司(以下简称"蓝光集团")的控股子公司。蓝光集团成立于1990年,并于2008年6月通过司法拍卖竞得四川迪康产业控股集团股份有限公司(以下简称"迪康集团")持有的公司限售流通股5251万股,成为迪康集团控股股东,占其总股本的29.90%。2015年4月16日,迪康药业以发行股份的方式购买蓝光集团、平安创新资本、杨铿合计持有的蓝光集团子公司蓝光和骏100%的股权,发行价格为4.66元/股,交易总额约79.05亿元,进而蓝光集团成功借壳迪康药业上市。上市后,公司更名为"蓝光发展",秉承"人居蓝光+生命蓝光"双擎驱动的顶层战略架构,构建了以房地产开发运营为引领,现代服务业、3D生物打印、生物医药为支撑的多元化产业战略发展格局。其中,"人居蓝光"以房地产开发运营业务为核心,协同拓展现代服务业业务;"生命蓝光"以生物医药业务为基石,积极抢占3D生物打印前沿科技高地。

2012年,在销售额突破百亿元大关后,蓝光发展管理层即对外宣布要以60%的年复合增长率达到未来"9年1000亿元"的销售规模,实现全国化布局。为了实现这一目标,自上市以来,蓝光发展不断拓展规模,迅速成为四川省房地产行业的龙头企业。2015年年末总资产为562.44亿元,到2018年年底总资产规模达到1508.81亿元,2015—2018年的增长率达到168%(见表1)。蓝光发展在大举扩张带来总资产增长的同时,负债规模也同步攀升,其增长率甚至超过资产的增长率,为189%。除计入负债总额的有息负债以外,蓝光发展从2016年开始采用永续债进行融资。

表1 蓝光发展资产负债情况 单位:亿元

	2014年	2015年	2016年	2017年	2018年
总资产	**562.44**	**499.10**	**733.65**	**952.40**	**1 508.81**
总负债	**428.31**	**448.93**	**593.54**	**761.94**	**1 237.88**
应付账款	35.26	53.25	52.66	56.35	67.34
应付利息	3.06	0.93	2.68	2.69	5.99
应付股利	0	0	0	0.47	1.00
其中:永续债股利	0	0	0	0.47	1.00
应付债券	0	0	79.35	79.48	160.82
预收账款	150.37	161.30	201.81	314.14	509.95
资产负债率	**0.76**	**0.89**	**0.81**	**0.80**	**0.82**
永续债	**0**	**0**	**7.8**	**45.53**	**39.62**

永续债是指可延期或无固定偿还期限附带赎回权的各类债券。我国证监会于2013年允许企业发行永续债,品种包括由发改委审批的可续期公司债券、银行间市场发行的

---

* 本案例根据巨潮资讯网发布的四川蓝光发展股份有限公司年度财务报告及相关公告编写。

永续中期票据,以及由证监会审批的证券公司和大型企业集团发行的永续次级债。2014年,财政部进一步规范了永续债等金融工具的会计处理,明确永续债应作为权益性金融工具进行衡量,直接计入资产负债表的权益项目。来自"面包财经"的报道称,在对所有上市房地产企业所发行的永续债占净资产比例进行排序后,蓝光发展的永续债比例位列A股上市房地产企业第一。按总金额进行排序,蓝光发展位列第三,达到55.5亿元。比2017年年底增加约10亿元,增幅也位列第一。①

据年报数据显示,蓝光发展于2016年与上海歌斐资产管理有限公司(以下简称"歌斐资产")、中国农业银行股份有限公司签订《委托贷款合同》,合同约定由歌斐资产委托渤海银行北京分行向蓝光发展发放无固定期限贷款7.8亿元,并计入当年"其他权益工具"中的"永续债"项目。2017年,蓝光发展发行了总额为30亿元的永续中期票据,并取得了由芜湖鹏鑫投资中心委托大连银行股份有限公司北京分行向公司发放的无固定期限贷款8亿元,公司均将其作为其他权益工具,增加当年永续债账面金额37.73亿元。除此之外,公司2017年还计提了该项永续债所涉及的利息。公司将其纳入"应付股利"项下"划分为权益工具的永续债股利"部分,共计0.47亿元。② 2018年,蓝光发展发行起息日为2018年3月15日的2018年度第一期中期票据,发行总额10亿元,扣除承销费等相关交易费用后实际收到现金9.88亿元,将其确认为其他权益工具。同年,公司还偿还了2016年歌斐资产的8亿元永续债,当年永续债账面价值净减少5.91亿元。

从财务指标来看,蓝光发展2015年的资产负债率为0.89,2016年下降为0.81。值得注意的是,计算资产负债率指标时并未考虑永续债的金额。如果将永续债纳入负债总额,则蓝光发展2016年的资产负债率为0.82,2017年和2018年则为0.85,与直接计算指标相差2—3个百分点。

除对资产负债率指标的影响以外,永续债还可能稀释归属于母公司股东的净利润。蓝光发展在2018年年报中披露的主要财务指标中指出,"归属于上市公司股东的净利润未扣除其他权益工具——永续债可递延并累积至以后期间支付的利息的影响"。也就是说,如果扣除永续债持有人的应得利息,归属于母公司股东的净利润要低于实际披露的金额。

讨论题:

1. 结合本案例资料和公司财务报表中短期借款、长期借款和应付票据等负债类项目明细,简要分析蓝光发展的授信情况和融资能力。

2. 结合本案例,蓝光发展为什么会选择发行永续债?

3. 您认为永续债在财务报表中列示于所有者权益项下是否合理?发行永续债会给现有股东带来哪些成本?

4. 结合本案例,蓝光发展选择通过永续债筹集资金是否存在风险?风险恶化将会给该公司带来什么样的后果?

5. 您认为蓝光发展发行"永续债"除能够优化资产负债率以外,它对财务指标还有哪些影响?

---

① 资料来源:面包财经,《蓝光发展400亿借款拆解:负债率明降暗升,永续债成调节利器》,https://house.focus.cn/zixun/2aadab9e67e80a0d.html,访问日期:2020年4月24日。

② 其中,应付上海银行股份有限公司0.37亿元,应付大连银行股份有限公司北京分行0.07亿元,应付上海歌斐资产管理有限公司0.02亿元。

第 7 章　财务报告解读：利润表项目

7.1 收入

7.1.1 概述

收入是指企业在日常活动中形成的、会导致所有者权益增加的、与所有者投入资本无关的经济利益的总流入,包括商品销售收入、提供劳务收入和让渡资产使用权收入。

上述收入定义中所谓的"日常活动",是指企业为完成其经营目标所从事的经常性活动以及与之相关的活动。例如,工业企业制造并销售产品、商业企业销售商品、软件企业为客户开发软件、咨询公司提供咨询服务、安装公司提供安装服务、商业银行对外贷款、保险公司签发保单、租赁公司出租资产等,均属于企业为完成其经营目标所从事的经常性活动,由此而产生的经济利益的总流入构成收入。企业出售不需用的原材料、利用闲置资金对外投资、对外转让无形资产使用权等,则属于与经常性活动相关的活动,由此而产生的经济利益的总流入也构成收入。但是,企业处置固定资产、无形资产等活动,就不是企业为完成其经营目标所从事的经常性活动,也不属于与经常性活动相关的活动,因此,其所产生的经济利益的总流入就不构成收入,而应当确认为营业外收入。

7.1.2 收入确认与计量

2017 年修订的《企业会计准则第 14 号——收入》(以下简称"新收入准则"),是对原有的《企业会计准则第 14 号——收入》及《企业会计准则第 15 号——建造合同》的整合。这次整合统一了收入准则的会计对象,建造合同以及原收入准则中的提供劳务、销售商品、让渡资产使用权都不再单独规定。

根据新收入准则,企业应当在履行了合同中的履约义务,即在客户取得相关商品(或服务)控制权时确认收入。其中,取得相关商品(或服务)控制权,是指能够主导该商品(或服务)的使用并从中获得几乎全部的经济利益。其中,履约义务是指合同中企业向客户转让可明确区分商品(或服务)的承诺。签订合同后,首先要确定合同中的各项单独履约义务。

企业间的合同可能是时点性的,也可能是时期性的。新收入准则既能满足购货方已履行义务并获得权利的"已实现"收入的确认,又能指导长期的跨期交易(如建造合同)的"已赚得"收入的确认。对于时点性合同,收入应当是在客户获得商品(或服务)的控制权时进行确认;对于时期性合同,则采用完工百分比法,在资产负债表日按履约进度确认收入。

收入确认与计量应采取"五步法"模型:① 识别与客户签订的合同;② 识别合同中的各项单独履约义务;③ 确定合同的交易价格;④ 将交易价格分摊至合同中的各项单独履

约义务;⑤在履约义务满足时确认收入。其中,将交易价格分摊至合同中的各项单独履约义务时,原收入准则下采用剩余价值法分摊,新收入准则下则采用公允价值法分摊。所谓剩余价值法,就是企业应当先从合同的总交易价格中扣除没有提供给客户的要素的公允价值,剩余部分再分配给其他已经提供给客户的要素。所谓公允价值法,就是客户合同中的各项单独履约义务的价值,应当按照各项单独履约义务的公允价值占合同总的公允价值的比例进行确认和计量。

下面,我们以某汽车制造公司整车销售业务相关事项的分析与判断为例,说明新收入准则下的收入确认与计量。

事项1:随整车一同销售的服务。分析与判断:对与整车销售时一同销售的相关服务,应当确认为一项或多项单独的履约义务。不同履约义务应当根据单独售价的相对比例来分配其对价。

事项2:销售返利。分析与判断:销售返利为一种可变对价,因此需要抵减销售收入。由于绝大多数销售返利的目标均以月度为结算期间,因此不存在需要在资产负债表日对财务报告期间销售返利进行估计的情况。对于"返利目标"跨月的返利政策,公司应当在收入确认当月对返利可实现金额作出最佳估计。尚未向经销商公布的销售返利政策不应计提,因为在这种情况下返利政策尚未形成与经销商合同的一部分,因此无须进行会计处理。

事项3:收入确认时点。分析与判断:新收入准则要求于客户取得对商品控制权时确认收入。根据企业同经销商订立的销售合同条款,整车销售收入应于整车装运时确认。

事项4:连同整车销售提供的优惠金融方案或财务支持。分析与判断:由于公司目前提供的优惠金融方案不会对整车售价产生影响,即车辆销售价格在客户选择优惠金融方案或不选择优惠金融方案的情况下不存在差异,因此不认为公司向客户提供的优惠金融方案构成合同的重大融资成分。

事项5:合同变更。分析与判断:在车辆交付后,对于滞销车型,因促销原因免费提供给最终客户的服务,应当视为对原合同的变更,但由于新增的履约义务对价为零,因此无须进行会计处理。在车辆交付前,对合同条款、价格作出的变更,应视同一份新的合同,并按照新合同的条款确认收入。

事项6:保修条款。分析与判断:保修条款中规定的保修范围均为"使销售商品符合既定标准的保证",因此无须单独确认为一项履约义务,按照或有事项相关准则进行会计处理。

事项7:连同整车销售提供的免费保养服务、延长保修服务、长悦保养服务及长悦机油套餐包服务。分析与判断:这些服务项目属于在某一时段内履行履约业务,公司应当在该时段内按照履约进度确认收入。

7.1.3 政府补助

2017年修订的《企业会计准则第16号——政府补助》及其应用指南(以下简称"新政府补助准则"),无论是政府补助的概念定义,还是其确认、计量及列报,都较原政府补助准则的规定发生了较大变化。新政府补助准则的要点可以概括为以下几个方面:

1. 关于政府补助的定义与特征

根据新政府补助准则,政府补助是指企业从政府无偿取得货币性资产或非货币性资产。政府补助的形式主要包括政府对企业的无偿拨款、税收返还、财政贴息以及无偿给予非货币性资产等。政府补助具有两个基本特征:① 政府补助是来自政府的经济资源。其中,政府是指行政事业单位及类似机构。对于企业收到的来自其他方的补助,有确凿证据表明政府是补助的实际拨付者,其他方只起到代收代付作用的,该项补助也属于政府补助。② 政府补助是无偿的。这一特征将政府补助与政府以投资者身份向企业投入资本、政府购买服务等政府与企业之间的互惠性交易区别开来。

2. 关于政府补助的分类

根据新政府补助准则,政府补助应当划分为与资产相关的政府补助和与收益相关的政府补助。与资产相关的政府补助,是指企业取得的、用于购建或以其他方式形成长期资产的政府补助。与收益相关的政府补助,是指除与资产相关的政府补助之外的政府补助。

3. 关于政府补助的确认

企业取得与资产相关的政府补助,不能直接确认为当期损益,应当确认为递延收益,自相关资产达到预定可使用状态时起,在该资产使用寿命内平均分配,分次计入以后各期的损益(营业外收入)。

与收益相关的政府补助,用于补偿企业以后期间的相关费用或损失的,取得时确认为递延收益,在确认相关费用的期间计入当期损益(营业外收入);用于补偿企业已发生的相关费用或损失的,取得时直接计入当期损益(营业外收入)。

4. 关于政府补助的计量

企业取得的各种政府补助为货币性资产的,通常按照实际收到的金额计量;存在确凿证据表明该项补助是按照固定的定额标准拨付的,可以按照应收的金额计量。

政府补助为非货币性资产的,应当按照公允价值计量;公允价值不能可靠取得的,按照名义金额计量。政府补助为非货币性资产的,如该资产附带有关文件、协议、发票、报关单等凭证注明的价值与公允价值差异不大的,应当以有关凭证中注明的价值作为公允价值;如没有注明价值或注明价值与公允价值差异较大但有活跃市场的,应当根据有确凿证据表明的同类或类似资产市场价格作为公允价值;如没有注明价值且没有活跃市场、不能可靠取得公允价值的,应当按照名义金额计量,名义金额为1元。

5. 关于政府补助的列报

企业应当在利润表中的"营业利润"项目之上单独列报"其他收益"项目,计入其他收益的政府补助在该项目中反映。

较之于原政府补助准则,新政府补助准则将导致利润结构发生较大变化,原因如下:

(1) 更明确区分了营业收入与政府补助,符合有关条件的政府补贴计入"营业收入"。新政府补助准则关于政府补助的概念定义和特征描述更为明晰,在区分营业收入与政府补助时强调遵循实质重于形式的原则。根据新政府补助准则,企业从政府取得的经济资源未必都应该归为政府补助,也可能计入营业收入。如果政府补贴与企业日常经营活动直接关联,且构成企业商品或服务对价的组成部分,那么就应当计入营业收入而非归为政府补助。相反,政府将补助经由集团母公司转拨给下属子公司的,只要符合政府补助条件,就应该归为政府补助,尽管并非直接从政府部门获得。

(2) 企业可增设"其他收益"科目。符合有关条件的政府补助可以计入该科目。原准则下,政府补助只能计入"营业外收入",而新政府补助准则允许企业从获得的政府补助的经济实质出发,判断政府补助究竟应该计入"营业外收入"还是"其他收益"。因此,在新政府补助准则下,企业可以在利润表中"营业利润"项目之上增设"其他收益"科目,反映与企业日常活动相关的政府补助;与企业日常活动无关的政府补助,则计入"营业外收入"。

(3) 企业可选择使用总额法或净额法。与资产相关的政府补助,在原政府补助准则下,企业只能确认为递延收益;而在新政府补助准则下,企业可以根据具体情况,选择确认为递延收益或冲减相关资产的账面价值。与收益相关的政府补助,在原政府补助准则下,企业只能一次或递延分次计入营业外收入;而在新政府补助准则下,企业可以根据具体情况,选择计入"营业外收入"或冲减成本费用。

综上所述,在解读利润表中的"收入"项目时,需要特别注意的因素包括:

(1) 收入是指企业在日常活动中形成的、会导致所有者权益增加的、与所有者投入资本无关的经济利益的总流入,包括商品销售收入、提供劳务收入和让渡资产使用权收入。

(2) 企业应当在履行了合同中的履约义务,即客户取得相关商品(或服务)控制权时确认收入。

(3) 收入确认与计量采取"五步法"模型:识别与客户签订的合同、识别合同中的各项单独履约义务、确定合同的交易价格、将交易价格分摊至合同中的各项单独履约义务、在履约义务满足时确认收入。

(4) 企业取得与资产相关的政府补助,不能直接确认为当期损益,应当确认为递延收益,自相关资产达到预定可使用状态时起,在该资产使用寿命内平均分配,分次计入以后各期的损益(营业外收入)。

(5) 与收益相关的政府补助,用于补偿企业以后期间的相关费用或损失的,取得时确认为递延收益,在确认相关费用期间计入当期损益(营业外收入);用于补偿企业已发生的相关费用或损失的,取得时直接计入当期损益(营业外收入)。

(6) 企业取得的政府补助为货币性资产的,通常按照实际收到的金额计量;企业取得的政府补助为非货币性资产的,应当按照公允价值计量。

(7) 计入其他收益的政府补助,在利润表中的"营业利润"项目之上的"其他收益"项目中反映。

7.2 成本、税金及费用

7.2.1 营业成本

利润表上反映的营业成本,包括主营业务成本和其他业务成本。

主营业务成本是指企业在确认销售商品和提供劳务等主营业务收入时应结转的成本。期(月)末,企业应根据本期(月)销售各种商品、提供各种劳务等的实际成本,计算应结转的主营业务成本[①],反映"主营业务成本"的增加(借方),同时反映"库存商品""劳务成本"等的减少(贷方)。本期发生的销售退回,如果业已结转销售成本,则应予以冲回。

其他业务成本是指企业确认的除主营业务活动以外的其他经营活动所发生的支出,包括销售材料的成本、出租固定资产的折旧额、出租无形资产的摊销额、出租包装物的成本或摊销额等。采用成本模式计量投资性房地产的企业,其投资性房地产计提的折旧额或摊销额,也计入其他业务成本。

7.2.2 税金及附加

税金及附加是指除增值税之外的各种税金及附加税(费),诸如消费税、城市维护建设税、资源税和教育费附加等。以往会计实务中,房产税、车船使用税、土地使用税和印花税计入"管理费用",但与投资性房地产相关的房产税和土地使用税则计入"税金及附加"。根据财政部关于印发《增值税会计处理规定》的通知(财会〔2016〕22号),全面试行营业税改征增值税后,房产税、车船使用税、土地使用税和印花税均计入"税金及附加"。

增值税是价外税,不包含在营业收入中,因而也不包含在"税金及附加"之中。增值税发生时,通过"应交税费"科目反映:发生销项税额时,反映"应交税费(应交增值税)"的增加(贷方);发生进项税额时,冲减"应交税费(应交增值税)"(借方)。

7.2.3 三项期间费用

三项期间费用是指销售费用、管理费用和财务费用。

销售费用是指销售商品和材料、提供劳务过程中发生的各种费用,包括保险费、包装费、展览费和广告费、商品维修费、运输费、装卸费、预计产品质量保证损失等,以及为销售本企业商品而专设的销售机构(含销售网点、售后服务网点等)的职工薪酬、业务费、折旧费等经营费用。

管理费用是指企业为组织和管理企业生产经营所发生的各种费用,包括企业在筹建期间内发生的开办费用、董事会和行政管理部门在企业经营管理中发生的或者应由企业统一负担的公司经费(包括行政管理部门职工工资及福利费、物料消耗、低值易耗品摊销、办公费和差旅费等)、工会经费、董事会费(包括董事会成员津贴、会议费和差旅费等)、聘请中介机构费、咨询费(含顾问费)、诉讼费、业务招待费、技术转让费、矿产资源补偿费、研究费用、排污费等。

金融企业通常不设置"销售费用"和"管理费用"科目,而是设置"业务及管理费"科

---

① 计算方法参见本书5.2节中的"存货计价"部分。

目,核算企业在业务和管理过程中发生的各项费用。商品流通企业管理费用不多的,也可以不设置"管理费用"科目,而是将管理费用并入"销售费用"。

财务费用是指企业为筹集生产经营所需资金等而发生的筹资费用,包括利息支出(减利息收入)、汇兑损益及相关的手续费、企业发生的现金折扣和收到的现金折扣等。

7.2.4 资产减值损失和公允价值变动损益

资产减值损失是指计提各项资产减值准备所形成的损失。计提资产减值准备的会计处理规则,可参见本书第4章和第5章的相关部分。

公允价值变动损益是指交易性金融资产、交易性金融负债以及采用公允价值模式计量的投资性房地产、衍生工具、套期保值业务等公允价值变动形成的应计入当期损益的利得或损失。有关会计处理规则,可参见本书第4—6章相关部分。

7.2.5 营业外收支

营业外收支出是指企业发生的与经营业务没有直接和必然联系的各项活动引起的收入和支出。

营业外收入主要包括债务重组利得、与企业日常活动无关的政府补助、盘盈利得、捐赠利得等。

营业外支出主要包括债务重组损失、公益性捐赠支出、非常损失、盘亏损失、非流动资产毁损报废损失等。

综上所述,在解读利润表上成本、税金及费用等项目时,需要特别注意理解的因素包括:

(1) 营业成本包括主营业务成本和其他业务成本。主营业务成本是指企业在确认销售商品和提供劳务等主营业务收入时应结转的成本;其他业务成本是指企业确认的除主营业务活动以外的其他经营活动所发生的支出。

(2) 税金及附加是指企业经营活动发生的消费税、城市维护建设税、资源税和教育费附加等相关税费。

(3) 三项期间费用包括销售费用、管理费用和财务费用。

(4) 资产减值损失是指计提各项资产减值准备所形成的损失。

(5) 公允价值变动损益是指交易性金融资产、交易性金融负债以及采用公允价值模式计量的投资性房地产、衍生工具、套期保值业务等公允价值变动形成的应计入当期损益的利得或损失。

(6) 营业外收支是指企业发生的与经营业务没有直接和必然联系的各项活动引起的收入和支出。

7.3 所得税

在计划经济时期,所得税曾被看作利润分配的一个内容;而在现代财务会计中,所得税是一项费用。但是,如何确认和计量所得税费用,在会计实务中又有多种方法,包括应付税款法、递延法、利润表债务法和资产负债表债务法。[①] 目前,我国企业会计准则与国际会计准则都要求采用资产负债表债务法。

应付税款法是一种比较传统的方法,在这种方法下,当期所得税费用就是当期应交所得税。这种方法适用于会计准则(制度)迁就税法规定的时代。随着企业会计准则规定与税法规定的分离,这种方法的不足越发明显,即按这种方法确认的当前所得税费用与会计利润无法配比。

递延法的特点是,按产生时间性差异的时期所适用的历史所得税税率计算确认递延税款的账面余额。这种方法的不足是,所反映的递延税款事实上并不代表收款的权利或付款的义务。在这种方法下,当税率变动时,对递延税款的账面余额不作调整,因此,其所确认的递延税款账面余额不符合资产和负债的定义,不能完全反映为企业的一项负债或资产,而该递延税款余额却又在资产负债表上进行反映。

债务法又分为利润表债务法和资产负债表债务法。利润表债务法注重时间性差异,而资产负债表债务法注重暂时性差异。时间性差异是指在一个期间产生而在以后的一个或多个期间转回的应税利润与会计利润之间的差额。暂时性差异是指一项资产或负债的计税基础与其资产负债表账面余额的差额。所有的时间性差异都是暂时性差异,但并非所有的暂时性差异都是时间性差异。时间性差异侧重于从收入或费用角度分析会计利润与应税利润之间的差异,揭示的是某个会计期间内产生的差异。暂时性差异则侧重于从资产和负债的角度分析会计利润与应税利润之间的差异,反映的是某个时点上存在的此类差异。资产负债表债务法能更真实地反映企业在某一时点的财务状况。

在资产负债表债务法下,所得税费用以及相应的递延所得税负债和递延所得税资产的确认和计量,涉及两个核心概念:资产的计税基础和负债的计税基础。

资产的计税基础是指企业收回资产账面价值的过程中,计算应纳税所得额时按照税法规定可以自应税经济利益中抵扣的金额。通常情况下,资产在取得时其账面价值与计税基础是相同的,但在后续计量过程中,可能因企业会计准则与税法规定不一致而导致资产的账面价值与其计税基础产生差异。例如,按照企业会计准则的规定,交易性金融资产在资产负债表上按公允价值反映,公允价值变动计入当期损益。按照税法的规定,交易性金融资产在持有期间发生的公允价值变动不计入应纳税所得额,即交易性金融资产的计税基础不变。这样就产生了交易性金融资产的账面价值与计税基础之间的差异。

---

① 递延法和债务法可统称为纳税影响会计法。

假设某企业持有的一项交易性金融资产的取得成本是 1 000 万元,会计期末公允价值为 1 200 万元。由于计税基础保持在 1 000 万元,而资产负债表上反映的交易性金融资产公允价值为 1 200 万元,因此两者之差 200 万元即为应纳税暂时性差异。

负债的计税基础是指负债的账面价值减去未来期间计算应纳税所得额时按照税法规定可予抵扣的金额。短期借款、应付账款、应付票据等负债的确认和偿还,通常不会对当期损益和应纳税所得额产生影响,其计税基础即为账面价值。但在有些情况下,负债的确认可能会影响损益,并影响不同期间的应纳税所得额,使其账面价值与计税基础产生差异。例如,某企业将应计入产品保修成本的 50 万元确认为一项负债(产品保质债务),并计入当期损益。但是,该笔保修成本只有在未来期间实际发生时才准予税前扣除,即该负债的计税基础为零。因此,其账面价值与计税基础之间的差异 50 万元便形成可抵扣暂时性差异。

在资产负债表日,企业应当按照暂时性差异与适用税率计算的结果,确认递延所得税负债、递延所得税资产以及相应的递延所得税费用(或收益)。沿用上面的举例,假设该企业适用所得税税率为 25%,则应该确认递延所得税负债 50 万元(200×25%),确认递延所得税资产 12.5 万元(50×25%)。

总之,资产的账面价值大于其计税基础或者负债的账面价值小于其计税基础的,产生应纳税暂时性差异;资产的账面价值小于其计税基础或者负债的账面价值大于其计税基础的,产生可抵扣暂时性差异。必须说明的是,确认由可抵扣暂时性差异产生的递延所得税资产,应当以未来期间很可能取得用以抵扣可抵扣暂时性差异的应纳税所得额为限。并且,企业应至少每年年末检查一次递延所得税资产的账面价值。如果有证据表明递延所得税资产的部分或全部有多半可能无法实现,则企业应该在每个年度末对其部分或全部计提减值准备,计入当期损益。当然,如果已确认损失的递延所得税资产的账面价值在以后期间得以恢复,则应在原先已确认的损失范围内转回。

企业在计算确定当期所得税(即当期应交所得税)以及递延所得税费用(或收益)的基础上,应将两者之和确认为利润表中的所得税费用(或收益)[①],即:

所得税费用(或收益) = 当期所得税 + 递延所得税费用(- 递延所得税收益)

仍沿用上面的例子,假设没有期初余额,当期按照税法规定计算确定的应交所得税为 100 万元,那么该企业应确认的递延所得税负债、递延所得税资产、递延所得税费用和所得税费用如下:

$$递延所得税负债 = 200 \times 25\% = 50(万元)$$
$$递延所得税资产 = 50 \times 25\% = 12.5(万元)$$
$$递延所得税费用 = 50 - 12.5 = 37.5(万元)$$
$$所得税费用 = 100 + 37.5 = 137.5(万元)$$

---

① 按照企业会计准则的规定,直接计入所有者权益的交易或事项,如可供出售金融资产公允价值的变动,相关资产、负债的账面价值与计税基础之间形成暂时性差异的,应当确认递延所得税资产或递延所得税负债,计入资本公积。企业合并中确认递延所得税资产或递延所得税负债的同时,相关的递延所得税费用(或收益)通常应当调整企业合并中所确认的商誉。

格力电器在2018年度财务报告"财务报表附注(七)50"中对所得税费用披露如下:

(1) 所得税费用表

单位:元

项目	本期发生额	上期发生额
按税法及相关规定计算的当期所得税	5 252 202 658.97	5 135 049 040.37
加:递延所得税费用(收益以"-"列示)	-357 724 751.78	-1 026 827 198.46
所得税费用	4 894 477 907.19	4 108 221 841.91

(2) 会计利润与所得税费用调整过程

单位:元

项目	本期发生额
本年利润总额	31 273 507 724.25
按法定/适用税率计算的所得税费用	4 691 026 158.64
子公司适用不同税率的影响	86 770 665.71
不可抵扣的成本、费用和损失的影响	19 801 672.50
本年未确认递延所得税资产的可抵扣暂时性差异或可抵扣亏损的影响	85 777 339.79
其他	11 102 070.55
所得税费用	4 894 477 907.19

最后,关于递延所得税资产和递延所得税负债在资产负债表上的列示,企业会计准则要求它们单独列示。这是资产负债表债务法区别于利润表债务法的又一特点。在利润表债务法下,递延所得税资产和递延所得税负债是以相互抵销后的净额列示的。

格力电器在2018年度财务报告"财务报表附注(七)17"中对递延所得税资产和递延所得税负债披露如下:

(1) 已确认的递延所得税资产

单位:元

项目	期末余额		期初余额	
	可抵扣暂时性差异	递延所得税资产	可抵扣暂时性差异	递延所得税资产
资产减值准备	796 202 218.16	154 689 046.98	622 270 259.58	116 759 972.93
可抵扣亏损	323 800 099.52	75 245 195.07	183 715 046.80	44 082 976.44
预提费用	70 839 789 625.69	10 626 930 497.14	68 409 932 555.75	10 262 326 149.33
应付职工薪酬	894 547 169.93	136 359 247.55	301 934 180.44	45 290 127.08
资产摊销	744 843 631.94	113 429 122.16	870 233 459.65	131 166 967.64
可供出售金融资产公允价值变动	340 091 000.46	51 013 650.07	90 457 312.15	15 218 101.63
其他	1 202 492 740.66	191 906 950.72	1 458 395 932.48	223 852 853.64
合计	75 141 766 486.36	11 349 573 709.69	71 936 938 746.85	10 838 697 148.69

(2) 已确认的递延所得税负债

单位:元

项目	期末余额		期初余额	
	应纳税暂时性差异	递延所得税负债	应纳税暂时性差异	递延所得税负债
衍生金融资产公允价值变动	314 210 913.04	58 831 224.22	521 725 060.87	85 901 396.41
应收利息	2 348 738 257.49	380 352 576.58	1 842 366 588.93	314 457 976.83
资产摊销	525 248 955.96	81 706 854.14	1 561 854.69	390 463.67
其他	97 823 370.20	15 295 116.66	17 019 039.34	2 737 903.52
合计	3 286 021 496.69	536 185 771.60	2 382 672 543.83	403 487 740.43

(3) 未确认递延所得税资产的可抵扣暂时性差异或可抵扣亏损明细

单位:元

项目	期末余额	期初余额
可抵扣暂时性差异	620 681 542.48	238 089 377.32
可抵扣亏损	229 002 253.83	175 489 218.77
合计	849 683 796.31	413 578 596.09

(4) 未确认递延所得税资产的可抵扣亏损将于以下年度到期

单位:元

年份	期末余额	期初余额
2019 年	4 929.28	99 587.57
2020 年		856 359.10
2021 年	2 681 316.95	3 952 154.49
2022 年	874 596.45	386 913.70
2023 年	63 536 169.91	
无固定期限	161 905 241.24	162 731 655.21
合计	229 002 253.83	168 026 670.07

综上所述,在解读利润表上的"所得税"项目时,需要特别注意理解的因素包括:

(1) 所得税是一项费用,其确认和计量的方法包括应付税款法、递延法、利润表债务法和资产负债表债务法。我国企业会计准则与国际会计准则目前都要求采用资产负债表债务法。

(2) 资产负债表债务法关注暂时性差异。暂时性差异是指一项资产或负债的计税基础与其资产负债表账面余额的差额,侧重于从资产和负债的角度分析会计利润与应税利润之间的差异,反映某个时点上存在的此类差异。

(3) 在资产负债表日,企业应当按照暂时性差异与适用税率计算的结果,确认递延所得税负债、递延所得税资产以及相应的递延所得税费用(或收益)。企业在计算确定当期所得税(即当期应交所得税)以及递延所得税费用(或收益)的基础上,应将两者之和确认为利润表中的所得税费用(或收益)。

(4) 我国企业会计准则要求将递延所得税资产和递延所得税负债在资产负债表上

单独列示,不可相互抵销后以净额列示。

专业词汇

收入(Revenue)
费用(Expense)
收益(Income)
政府补助(Government Grants)
与资产相关的政府补助(Government Grants Related to Assets)
与收益相关的政府补助(Government Grants Related to Income)
递延收益(Deferred Income)
收益法(Income Method)
资本法(Capital Method)
总额法(Total Amount Method)
净额法(Net Amount Method)
建造合同(Construction Contract)
主营业务收入(Prime Operating Revenue)

营业外收入(Non-operating Revenue)
营业外支出(Non-operating Expenses)
销售费用(Distribution Costs)
营业外收支(Other Revenues and Expenses)
综合收益总额(Comprehensive Income)
所得税费用(Income Tax Expense)
资产的计税基础(Tax Base of an Asset)
负债的计税基础(Tax Base of a Liability)
资产负债表债务法(Liability Method)
会计利润(Accounting Profit)
永久性差异(Permanent Differences)
应纳税暂时性差异(Taxable Temporary Differences)
可抵扣暂时性差异(Deductible Temporary Differences)

思考题

1. 根据2017年修订的收入准则,企业应如何判断收入实现?收入确认五步法模型的基本内容是什么?

2. 根据2017年修订的政府补助准则,政府补助在什么条件下计入营业利润?什么情况下计入"营业外收入"?

3. 什么是所得税会计处理的资产负债表债务法?在资产负债表债务法下,如何计算递延所得税负债、递延所得税资产以及相应的递延所得税费用(或收益)?

教学案例

乐视网递延所得税资产的确认*

乐视网信息技术(北京)股份有限公司(以下简称"乐视网")的前身为北京乐视星空信息技术有限公司,2004年11月经北京市工商行政管理局批准,在北京市成立。公司成立时初始注册资本为人民币5 000.00万元。其中,贾跃亭(自然人)出资4 500.00万元,占注册资本的90.00%;贾跃芳(自然人)出资10.00万元,占注册资本的0.20%;北京西

---

* 本案例根据巨潮资讯网发布的乐视网信息技术股份有限公司年度财务报告及相关公告编写。

伯尔通信科技有限公司出资 490.00 万元,占注册资本的 9.80%。2010 年 8 月,公司经中国证监会批准首次向社会公众发行人民币普通股 2 500.00 万股,并在深圳证券交易所挂牌上市交易,股票代码 300104。公司专注于互联网视频及手机电视等网络视频技术的研究、开发和应用,主要为互联网用户提供网络高清视频服务、网络标清视频服务、个人 TV 服务、企业 TV 服务、网络超清播放服务,为手机用户提供手机电视服务,为广告主提供视频平台广告发布服务,为合作方提供网络版权分销服务,为具有相关用户群体的网站提供视频平台用户分流服务。经过多年的积累,乐视网在网络视频服务行业中树立了"乐视网"品牌,曾是国内领先的互联网高清影视剧视频服务及 3G 手机电视服务商。

从乐视网历年的财务报告数据来看,公司上市以来的所得税费用均为正值。但到 2014 年,所得税费用突然变为 -5 589.75 万元,2016 年一度达到 -1.07 亿元。2010—2012 年递延所得税调整额均为 -70 万元以内①,2013 年为 -2 437.64 万元,但到 2014 年变为 -1.69 亿元,变动幅度高达 594%。2013—2016 年,当期递延所得税调整额均为负数(详见表 1),2016 年达到 -2.60 亿元。这一不断高涨的递延所得税调整额也是 2014—2016 年所得税费用为负数的主要原因。所得税费用为负数可以降低当年的费用列支,进而增加当年利润。而当期递延所得税调整额是包含递延所得税资产和递延所得税负债当期发生额的综合结果,即当期增加的递延所得税负债减去当期增加的递延所得税资产。2014—2016 年,乐视网的当期递延所得税调整额为负数,且在递延所得税负债逐年变动不大的情况下,调整额的变化更多的是源于递延所得税资产的增加(见表 2)。可见,递延所得税资产的增加是导致乐视网所得税费用下降的关键所在。几篇网络报道均针对乐视网 2016 年运用递延所得税资产"调节"利润的问题进行了详细分析。②

表 1 2013—2018 年乐视网所得税费用情况   单位:元

	2013 年	2014 年	2015 年	2016 年	2017 年	2018 年
当期应交所得税	38 396 577.18	113 229 328.80	161 595 406.98	152 728 087.89	14 405 476.39	3 909 359.33
当期递延所得税调整额	-24 376 444.45	-169 126 784.84	-304 543 010.45	-259 543 977.05	708 172 476.68	51 506 190.16
所得税费用	14 020 132.73	-55 897 456.04	-142 947 603.47	-106 815 889.16	722 577 953.07	55 415 549.49

注:当期应交所得税等于税法认可的利润(即应纳税所得额)乘以适用所得税税率计算的金额。所得税费用是指资产负债表上的该项目金额,等于当期应交所得税加当期递延所得税调整额。当期递延所得税调整额等于递延所得税负债增加与递延所得税资产减少之和。

---

① 具体可查阅乐视网 2010—2012 年度财务报告。
② 2017 年 12 月 22 日,网络媒体"并购优塾"发表了《乐视网 VS 格力电器:来看看递延所得税的厉害》;2018 年 2 月 5 日,网络媒体"雪球"发表了《如何通俗解释利用"递延所得税"调节利润》;2018 年 11 月 7 日,网络媒体"砖头财报研究院"发表了《亏损也能调节利润,再说递延所得税资产——可抵扣亏损》;2018 年 9 月 14 日,网络媒体"澄泓财经"发表了《从递延所得税资产看利润调节》。

表2 2014—2018年乐视网递延所得税资产和递延所得税负债变化情况　　　　单位:元

	2014年	2015年	2016年	2017年	2018年
递延所得税资产减少（增加以"-"号填列）	-169 126 784.84	-311 032 872.18	-256 091 967.74	708 172 476.68	51 506 190.16
递延所得税负债增加（减少以"-"号填列）	0	6 489 861.73	-3 452 009.31	0	0

乐视网2016年的递延所得税资产增加额从何而来？年报中提到"递延所得税资产2016年年末余额较2015年年末增长50.49%,主要是本年产生的可抵扣亏损增多所致"。仔细分析年报中关于递延所得税资产的明细(见表3)可知,当年递延所得税资产高达7.63亿元,主要是由可抵扣亏损造成,金额占比为85%。而从上市以来的母公司利润表来看,所列示的净利润均为正值,因而可抵扣亏损并非来自母公司自身,而是来自纳入合并范围的子公司。根据年报所披露的信息,纳入合并范围的全资子公司当年均处于盈利状态。而非全资子公司当中,原纳入合并范围的乐视电子商务(北京)有限公司,乐视网称自2016年12月31日起不再将其纳入合并范围。① 因而参与并表的非全资子公司(乐视致新、乐视网文化、乐视云计算)共计三家,且均为亏损。其中,乐视网对乐视云计算的持股比例在2015年为60%,2016年下降为50%。正是由于这三家纳入合并范围的非全资子公司的亏损,合并报表中的可抵扣亏损金额增加(见表4),进而增加了合并报表中的递延所得税资产总额,并降低了当年集团的所得税费用。虽然乐视网整体的所得税费用得以降低,但同时合并报表的净利润也随之下降,当年合并报表的净利润为-2.22亿元。对此,年报在"五、主要会计数据和财务指标"中对乐视网业绩变动情况进行了说明,"合并范围内乐视致新及乐视商城为非全资子公司,存在少数股东损益,同时由于商业模式决定或处于业务发展期的原因上述公司处于亏损阶段,由此带来的少数股东亏损会造成合并口径净利润的下降"。由于这三家子公司均为非全资子公司,母公司持股比例均未超过60%,且在当期母公司和其他全资子公司净利润较大的情况下,扣除少数股东损益-7.77亿元后,归属于母公司所有者的净利润为5.55亿元,基本每股收益为0.29元。

表3 乐视网2016年递延所得税资产构成　　　　单位:元

项目	期末余额		期初余额	
	可抵扣暂时性差异	递延所得税资产	可抵扣暂时性差异	递延所得税资产
内部交易未实现利润	169 073 742.93	25 361 061.44	188 929 607.36	47 232 401.84
可抵扣亏损	2 602 199 425.40	650 549 856.36	1 696 948 005.00	424 237 001.25
坏账准备	463 494 431.03	78 612 500.65	204 414 434.86	33 878 127.25
存货跌价准备	29 844 291.01	7 461 072.75	3 300 877.24	825 219.31
无形资产减值准备	5 023 702.04	753 555.31	5 164 022.99	788 635.54
融资租赁摊销利息	4 035 837.37	605 375.60	1 933 794.55	290 069.18
合计	3 273 671 429.78	763 343 422.11	2 100 690 742.00	507 251 454.37

---

① 在2015年年报中,乐视网披露,"本集团对乐视电子商务(北京)有限公司持股比例为30.00%,乐视控股(北京)有限公司将其持有的40.00%的表决权交给本集团行使,故将其纳入合并范围"。

表4　乐视网2016年纳入合并报表的重要非全资子公司情况

子公司名称	持股比例(%)	2016年综合收益总额(元)
乐视致新电子科技(天津)有限公司	58.55	−635 656 753.31
乐视网文化发展(北京)有限公司	51.00	−289 896.12
乐视云计算有限公司	50.00	−17 619 903.34

不过,自2016年之后,乐视网2017年和2018年的所得税费用均为正值,且递延所得税调整额也为正值。2017年年报中,递延所得税资产余额较2016年年末减少92.77%,公司披露称"主要是本年根据未来五年预计经营所产生的应纳税所得额调减因可抵扣亏损产生的递延所得税资产所致"。而在2018年年报中,公司专门注明"截至2018年12月31日,乐视网除其全资子公司东阳市乐视花儿影视文化有限公司外其他子公司及控股公司形成的可抵扣暂时性差异均未确认递延所得税资产"。

讨论题:

1. 结合本章内容,您认为乐视网将非全资子公司的未弥补亏损确认为递延所得税资产是否符合企业会计准则的规定?

2. 结合可弥补亏损确认为递延所得税资产的条件,您如何看待乐视网在2017年和2018年减少递延所得税资产确认的行为?

3. 在财务报告分析中,如何理解因此类递延所得税资产确认而带来的费用减少和利润增加?

第8章 财务报告解读：现金流量表项目

8.1 现金流量表概述

8.1.1 现金流量表的编制目的

现金流量表是继资产负债表和利润表之后产生的,专门反映企业在一定时期内现金变化过程的财务会计报表。编制现金流量表,系统地反映企业在一定时期内的现金变化过程,以为会计信息使用者的相关预测和决策分析提供帮助。具体而言,编制现金流量表的目的主要有以下三个方面:

(1)有助于会计信息使用者预测企业的未来现金流量。企业的价值取决于其创造的未来现金流量及其风险。因此,股东、债权人等外部投资者,以及企业经理等内部管理者,都需要预测企业的未来现金流量。企业过去年度的现金流量状况,显然是预测未来现金流量的一个很好的参考。

(2)有助于会计信息使用者评价企业管理当局获取和运用现金的途径。为了判断企业的投资价值和信贷风险,投资者和债权人不仅需要了解企业在过去年度中创造了多少现金流量,而且需要更具体地了解企业管理当局获取和运用现金的途径。这是因为,不同途径获取的现金,其未来的可持续性不尽相同;不同途径的现金使用,能够反映管理当局使用资金的合理性和有效性。

(3)有助于会计信息使用者衡量企业在到期日支付利息和股息以及清偿债务的能力。企业的还本付息和股利支付能力,是债权人和股东关心的一个重要事项。虽然盈利能力对企业未来的支付能力影响很大,但是由于企业的现金流量变化不仅取决于经营盈利情况,还要受到融资和投资活动的严重影响,即便是经营利润,由于利润核算是以权责发生制为基础的,其与经营活动创造的现金流量还是存在较大差异的,因此,衡量公司在到期日支付利息和股息以及清偿债务的能力时,有必要使用现金流量表提供的信息。

8.1.2 现金流量表的编制基础

现金流量表是以"现金"为基础编制的。现金流量表中反映的"现金"有其特定的含义,是指现金和现金等价物。这里所称的"现金"包括企业库存现金以及企业存入金融企业、随时可以用于支付的存款。需要说明的是,银行存款和其他货币资金[①]中有些不能随时用于支付的存款,如不能随时支取的定期存款等,不应作为现金,而应列作投资。但是,通知存款包括在现金范围内。

---

① 其他货币资金是指企业存放在金融机构中、有着特定用途的资金,如外埠存款、银行汇票存款、银行本票存款、信用证保证金存款、信用卡存款等。

现金等价物是指企业持有的期限短、流动性强、易于转换为已知金额现金、价值变动风险很小的短期投资。期限短,通常是指自购买之日起三个月内到期。现金等价物通常包括三个月内到期的债券投资等。权益性投资变现的金额通常不确定,因而不属于现金等价物。实务中,企业应当根据具体情况,确定现金等价物的范围,一经确定不得随意变化。

现金等价物虽然不是现金,但其支付能力与现金类似,因而可视同现金。

综上所述,在解读现金流量表的基本特性时,需要特别注意理解的因素包括:

(1) 编制现金流量表是为了系统地反映企业在一定时期内的现金变化过程,以为会计信息使用者的相关预测和决策分析提供帮助。

(2) 现金流量表中反映的"现金"有其特定的含义,是指现金和现金等价物。其中,现金包括企业库存现金以及企业存入金融企业、随时可以用于支付的存款;现金等价物是指企业持有的期限短、流动性强、易于转换为已知金额现金、价值变动风险很小的短期投资,通常包括三个月内到期的债券投资等。

8.2 现金流量表的列报要求

8.2.1 现金流量表列报的基本要求

一定时期内现金净流量的结果,根据资产负债表提供的信息便基本可以获知。现金流量表重在反映产生这一结果的现金流动过程,即现金流入和现金流出的具体情况。企业在一定时期内的现金流入和现金流出是由各种不同的业务活动引起的,分别以现金流入量和现金流出量总额列示,比之于以两者相抵后的净额列示,能够提供更充分的决策相关信息。我国企业会计准则明确要求,现金流量应当分别按照现金流入和现金流出总额列报。①

不同企业的业务特征不同,现金流量的具体构成自然也就不完全一样。但是,无论什么样的企业,其业务活动无外乎经营活动、投资活动和筹资活动三方面。因此,会计实务中通常就将现金流量划分为三类,即经营活动产生的现金流量、投资活动产生的现金流量和筹资活动产生的现金流量。我国企业会计准则也要求在现金流量表上分别按经营活动、投资活动和筹资活动列报现金流量。为此,就需要将企业的经济业务活动严格地区分为三个类别,即经营活动、投资活动和筹资活动。

经营活动是指企业投资活动和筹资活动以外的所有交易和事项。就一般的工商企业而言,经营活动的内容主要包括:销售商品、提供劳务、经营租赁、购买商品、接受劳务、

---

① 企业会计准则也允许在一些特殊情况下按现金流入与现金流出的净额列报。这些情况包括:(1) 代客户收取或支付的现金;(2) 周转快、金额大、期限短项目的现金流入和现金流出;(3) 金融企业的有关项目,包括短期贷款发放与收回的贷款本金、活期存款的吸收与支付、同业存款与存放同业款项的存取、向其他金融企业拆借资金以及证券的买入与卖出等。

广告宣传、推销产品、交纳税金,等等。由于行业特点不同,各类企业经营活动的具体内容不尽相同,因此在编制现金流量表时,企业应当根据其实际情况,对经营活动进行合理的界定。

投资活动是指企业长期资产的购建和不包括在现金等价物范围内的投资及其处置。这里所称的"长期资产",是指固定资产、在建工程、无形资产、其他资产等持有期限在1年或一个营业周期以上的资产。由于"现金等价物"已经包含在广义的"现金"之中,有关现金等价物的购买或出售等行为均不包括在投资活动之中,因此投资活动的内容主要包括:取得和收回投资,购建和处置固定资产、无形资产和其他长期资产等。

筹资活动是指导致企业资本及债务规模和构成发生变化的活动。其中,资本包括实收资本(股本)和资本溢价(股本溢价)。与资本有关的现金流动包括:吸收投资、发行股票、分配利润等。债务是指企业对外举债所借入的款项。与债务有关的现金流动包括:发行债券、向金融企业借入款项以及偿还债务等。

之所以需要合理划分这些活动,是因为不同活动产生的现金流量,对于未来现金流量的预测和管理当局业绩评价等的影响不尽相同。上述划分是基于企业会计准则的规定,有些活动究竟应该归于哪一类,从理论上讲其实并不那么绝对。例如,对于利息收入和股利收入、利息支出和股利支出,究竟应该归为经营活动,还是归为投资活动或筹资活动,就有着不同的看法。一般认为,利息支出和股利支出是由筹资直接引起的,应该归为筹资活动;利息收入和股利收入是由投资直接引起的,应该归为投资活动。但也有人不完全同意这样的观点。因为这些项目都列入了利润表,若将其归为经营活动,从权责发生制转换为现金制时就比较方便。我国企业会计准则将其归为投资活动和筹资活动,这主要是从现金流量的性质角度考虑的。此外,某些现金收支的所属类别并不确定,需要根据具体情况加以考虑。例如,企业交纳的所得税,实际上很难具体区分出源于经营活动的所得税与源于投资活动及筹资活动的所得税,实务中通常将其作为经营活动的现金流量。

8.2.2 现金流量表列报的主要内容

现金流量表应当列报的内容,尤其是应列报的经营活动现金流量的内容,可以根据企业的行业特点和现金流量实际情况,合理确定现金流量的项目的类别。

企业会计准则就经营活动、投资活动和筹资活动产生的现金流量应列报的主要项目作出了规定,具体如下:

1. 经营活动产生的现金流量

经营活动产生的现金流量至少应当单独列示反映下列信息的项目[①]:① 销售商品、提供劳务收到的现金;② 收到的税费返还;③ 收到其他与经营活动有关的现金;④ 购买商品、接受劳务支付的现金;⑤ 支付给职工以及为职工支付的现金;⑥ 支付的各项税费;⑦ 支付其他与经营活动有关的现金。

---

① 金融企业可以根据行业特点和现金流量的实际情况,合理确定经营活动现金流量项目的类别。

2. 投资活动产生的现金流量

投资活动产生的现金流量至少应当单独列示反映下列信息的项目:① 收回投资收到的现金;② 取得投资收益收到的现金;③ 处置固定资产、无形资产及其他长期资产收回的现金净额;④ 处置子公司及其他营业单位收回的现金净额;⑤ 收到其他与投资活动有关的现金;⑥ 购建固定资产、无形资产和其他长期资产支付的现金;⑦ 投资支付的现金;⑧ 取得子公司及其他营业单位支付的现金净额;⑨ 支付其他与投资活动有关的现金。

3. 筹资活动产生的现金流量

筹资活动产生的现金流量至少应当单独列示反映下列信息的项目:① 吸收投资收到的现金;② 取得借款收到的现金;③ 收到其他与筹资活动有关的现金;④ 偿还债务支付的现金;⑤ 分配股利、利润或偿付利息支付的现金;⑥ 支付其他与筹资活动有关的现金。

综上所述,在解读现金流量表的列报要求时,需要特别注意理解的因素包括:

(1) 现金流量应当分别按照现金流入和现金流出总额列报。

(2) 在现金流量表上,应当分别按经营活动、投资活动和筹资活动列报现金流量。

8.3 经营活动现金流量的编制——直接法和间接法

如前所述,现金流量表需要分别按经营活动、投资活动和筹资活动反映现金流量。在这三类现金流量的编制中,经营活动现金流量的编制是最复杂的。之所以经营活动现金流量的编制相对于其他两类现金流量编制而言更为复杂,主要是因为经营活动业务量大、业务类型繁杂,而投资活动和筹资活动的业务量相对比较有限。因此,现金流量表编制的重点和难点,主要就在于经营活动现金流量的编制。

编制经营活动现金流量的方法有直接法和间接法两种。所谓直接法,是指通过现金收入和现金支出的主要类别列示经营活动的现金流量。所谓间接法,是指通过调整净利润形成过程中的应计项目来计算经营活动的净现金流量。直接法的主要优点是具体显示了经营活动产生的各项现金流入和现金流出的内容,易于理解。而间接法则有助于分析影响经营活动现金流量的因素,便于从现金流量角度分析企业利润的质量,亦即利润与现金流量之间的协调性。

美国财务会计准则委员会倾向于采用直接法,国际会计准则鼓励企业采用直接法编制现金流量表,我国企业会计准则规定采用直接法列示经营活动产生的现金流量。

8.3.1 直接法

现金流量表中经营活动现金流入和现金流出各项目的数据,是根据资产负债表有关项目(账户)和利润表有关项目(账户)计算而得的。下面就以其中的两个最主要的项目——"销售商品、提供劳务收到的现金"和"购买商品、接受劳务支付的现金"——为例,说明经营活动现金流量的具体计算方法。

1. "销售商品、提供劳务收到的现金"的计算方法

"销售商品、提供劳务收到的现金"是经营活动现金流入项目中最基本和最主要的一个项目,反映企业因实现销售收入而收到的现金,以及收到的应向购买者收取的增值税销项税额,具体包括:本期销售商品、提供劳务收到的现金,前期销售商品、提供劳务收到的现金,本期预收的款项,收回前期已核销的坏账,但需要扣除销售退回而支付的现金。用计算公式表示即为:

销售商品、提供劳务收到的现金
= 本期销售商品、提供劳务收到的现金 +
本期收到前期的应收款项(应收账款和应收票据,下同) +
本期的预收账款 + 本期收回前期核销的坏账 −
本期因销售退回支付的现金

"销售商品、提供劳务收到的现金"也可以按照以下公式计算:

销售商品、提供劳务收到的现金
= 本期销售商品、提供劳务收入 −
(应收款项期末余额 − 应收款项期初余额) +
(预收账款期末余额 − 预收账款期初余额) +
本期收回前期核销的坏账 − 本期因销售退回支付的现金

由上式可以看到,在不考虑预收账款等其他因素的情况下,如果应收款项的期末余额等于期初余额,亦即本期应收款项的净变化为零,那么本期因销售商品、提供劳务收到的现金就恰好等于本期销售商品、提供劳务收入;如果应收款项的期末余额大于期初余额,亦即本期应收款项的净变化为正,那么本期因销售商品、提供劳务收到的现金就小于本期销售商品、提供劳务收入;如果应收款项的期末余额小于期初余额,亦即本期应收款项的净变化为负,那么本期因销售商品、提供劳务收到的现金就大于本期销售商品、提供劳务收入。换言之,"应收款项期初余额"与"本期销售商品、提供劳务收入"之和,代表企业本期应收取的销售款项,而"应收款项期末余额"则代表企业本期应收而未收取的销售款项,两者之差就代表本期实际收取的销售款项。

2. "购买商品、接受劳务支付的现金"的计算方法

"购买商品、接受劳务支付的现金"是经营活动现金流出项目中最基本和最主要的一个项目,反映企业购买材料、商品及接受劳务实际支付的现金,包括支付的货款以及与货款一并支付的增值税进项税额,具体包括:本期购买商品、接受劳务支付的现金,本期支付前期购买商品、接受劳务的未付款项和本期预付款项,减去本期发生的购货退回收到的现金。用计算公式表示即为:

购买商品、接受劳务支付的现金
= 本期购买商品、接受劳务支付的现金 +
本期支付前期的应付款项(应付账款和应付票据,下同) +
本期的预付账款 − 本期因购货退回收到的现金

"购买商品、接受劳务支付的现金"也可以按照以下公式计算:

购买商品、接受劳务支付的现金

= 本期销售成本 +（存货期末余额 – 存货期初余额）–
（应付款项期末余额 – 应付款项期初余额）+
（预付账款期末余额 – 预付账款期初余额）–
本期因购货退回收到的现金

由上式可以看到,在不考虑预付账款等其他因素的情况下,如果存货的期末余额等于期初余额,应付款项的期末余额也等于期初余额,亦即本期存货和应付款项的净变化均为零,那么购买商品、接受劳务支付的现金就恰好等于本期销售成本;如果存货的净变化为正,和/或应付款项的净变化为负,那么购买商品、接受劳务支付的现金就大于本期销售成本;如果存货的净变化为负,和/或应付款项的净变化为正,那么购买商品、接受劳务支付的现金就小于本期销售成本。换言之,在不考虑预付账款等其他因素的情况下,通过"本期销售成本 +（期末较期初）存货增加额",调整计算出本期实际购货金额,再减去"（期末较期初）应付款项增加额",便可得到因购货而支付的现金。

8.3.2 间接法[①]

经营活动产生的现金流量也可以通过"间接法"进行计算。其计算过程其实就是将以权责发生制为基础的净利润调整为经营活动现金流量的过程,即以净利润为出发点,对相关资产或负债账户的变化进行加减调整。用公式表示如下:

经营活动产生的现金净流量 = 净利润 + 计提的资产减值准备 +
固定资产折旧 + 无形资产摊销 + 长期待摊费用摊销 +
处置固定资产、无形资产和其他长期资产的损失（减:收益）+
固定资产报废损失 + 公允价值变动损益 + 财务费用 +
投资损失（减:收益）+ 递延所得税负债（减:递延所得税资产）+
存货的减少（减:增加）+ 经营性应收项目的减少（减:增加）+
经营性应付项目的增加（减:减少）+ 其他[②]

上述调整计算说明如下:

(1) 存货、经营性应收项目及经营性应付项目增、减变化的调整计算,与直接法下的情况相同。

(2) 在将净利润调节为经营活动现金净流量时,之所以要在净利润基础上,加上计提的资产减值准备、固定资产折旧、无形资产摊销、长期待摊费用摊销等项目,是因为这些项目在利润计算过程中都是导致利润减少的费用因素,但这些费用的发生并不导致企业本期现金的流出。

(3) 处置固定资产、无形资产和其他长期资产的损益、固定资产报废损失、公允价值变动损益、财务费用以及投资损益,是由投资活动和筹资活动产生的损益,而不是经营活动产生的损益,故应在将净利润调节为经营活动现金净流量时加回这些项目上的净损

[①] 按间接法编制的现金流量信息在补充资料中披露。
[②] 本公式中给出的是通常的调整因素,各企业的具体调整因素会因行业特点和业务内容的差异而不尽相同。

失,同时扣除这些项目上的净收益。

(4) 递延所得税负债是计入当期所得税费用的金额大于当期应交所得税而产生的差额,该差额导致利润减少,但并未导致本期现金流出,故应在将净利润调节为经营活动现金净流量时予以加回;与此相反,递延所得税资产是计入当期所得税费用的金额小于当期应交所得税而产生的差额,该差额已经导致现金流出,但在计算净利润时未予以扣除,故应在将净利润调节为经营活动现金净流量时予以扣除。

综上所述,在解读现金流量表的编制方法时,需要特别注意理解的因素包括:

(1) 编制经营活动现金流量的方法有直接法和间接法两种,企业会计准则要求采用直接法列示经营活动产生的现金流量。

(2) 销售商品、提供劳务收到的现金 = 本期销售商品、提供劳务收到的现金 + 本期收到前期的应收款项(应收账款和应收票据) + 本期的预收账款 + 本期收回前期核销的坏账 – 本期因销售退回支付的现金。

(3) 购买商品、接受劳务支付的现金 = 本期购买商品、接受劳务支付的现金 + 本期支付前期的应付款项(应付账款和应付票据) + 本期的预付账款 – 本期因购货退回收到的现金。

(4) 经营活动产生的现金流量也可以通过"间接法"进行计算,其计算过程其实就是将以权责发生制为基础的净利润调整为经营活动现金流量的过程,即:经营活动产生的现金净流量 = 净利润 + 计提的资产减值准备 + 固定资产折旧 + 无形资产摊销 + 长期待摊费用摊销 + 处置固定资产、无形资产和其他长期资产的损失(减:收益) + 固定资产报废损失 + 公允价值变动损益 + 财务费用 + 投资损失(减:收益) + 递延所得税负债(减:递延所得税资产) + 存货的减少(减:增加) + 经营性应收项目的减少(减:增加) + 经营性应付项目的增加(减:减少) + 其他。

8.4 现金流量表的其他问题

8.4.1 外币现金流量与境外子公司现金流量

在编制现金流量表时,外币现金流量应当折算成企业的报告货币,并在现金流量表中反映。按照企业会计准则的规定,外币现金流量以及境外子公司的现金流量,应当采用现金流量发生日的即期汇率或按照系统合理的方法确定的、与现金流量发生日即期汇率近似的汇率折算。汇率变动对现金的影响额应当作为调节项目,在现金流量表中单独列报。

这里所谓"按照系统合理的方法确定的、与现金流量发生日即期汇率近似的汇率",通常是指平均汇率。它既可以是报告期的加权平均汇率,也可以是报告期期初汇率与期末汇率的简单平均。

外币现金及现金等价物的增减净额是由外币现金流量引起的,且已按期末汇率折算。而外币现金流量则是按发生日汇率或报告期平均汇率折算的。这样,两者之间就会产生一个差额,这个差额即为汇率变动对外币现金及现金等价物的影响额。

外币现金流量只不过是因企业以记账本位币以外的其他货币作为计量和结算单位而产生的,并不是什么新的现金流量来源。经折算后的外币现金流量应依其性质分别归入经营活动现金流量、投资活动现金流量或筹资活动现金流量中合并反映。

8.4.2 不涉及现金收支的投资和筹资活动

有些投资或筹资活动,虽然不涉及本期的现金收支,但对以后各期的现金流量具有重大影响。这样的投资或筹资活动信息也应当在报表附注中进行披露。

不涉及现金收支的投资和筹资活动主要包括:债务转为资本、可转换债券转换为股票、融资租入固定资产等。以融资租入固定资产为例,该业务发生时,企业取得了固定资产(属于投资活动),同时形成"长期应付款"(属于融资活动)。这类业务发生的当期,并不涉及现金收支,但在以后一定时期内形成了一项固定的现金支出。因此,将这类不涉及当期现金收支的投资和筹资活动在报表附注中进行披露,有助于会计信息使用者恰当预测企业未来现金流量。

综上所述,在解读现金流量表的其他问题时,需要特别注意理解的因素包括:

(1) 外币现金流量应当折算成企业的报告货币,并在现金流量表中反映。

(2) 外币现金流量以及境外子公司的现金流量,应当采用现金流量发生日的即期汇率或按照系统合理的方法确定的、与现金流量发生日即期汇率近似的汇率折算,汇率变动对现金的影响额应当作为调节项目,在现金流量表中单独列报。

(3) 经折算后的外币现金流量应依其性质分别归入经营活动现金流量、投资活动现金流量或筹资活动现金流量中合并反映。

(4) 不涉及现金收支的投资和筹资活动,也应当在报表附注中进行披露。

格力电器 2018 年度现金流量表见第 3 章附录。此外,格力电器在 2018 年度财务报告"财务报表附注(七)51/52"中,还就现金流量表作了如下附注说明:

51. 现金流量表相关信息

(1) 收到其他与经营活动有关的现金

单位:元

项目	本期发生额	上期发生额
政府补助	726 492 184.73	826 164 989.06
利息收入	395 203 295.82	812 081 309.38
票据质押保证金减少额	5 840 941 705.02	
其他	604 349 038.28	1 061 648 315.00
小计	7 566 986 223.85	2 699 894 613.44

(2) 支付其他与经营活动有关的现金

单位:元

项目	本期发生额	上期发生额
销售费用支付的现金	12 135 151 238.29	10 397 434 922.53
管理费用及研发费用支付的现金	1 751 411 196.88	1 671 083 686.09
票据质押保证金增加额		2 739 614 841.84
归还代垫工程款	745 496 451.32	280 282 103.00
其他	394 775 297.23	541 494 981.40
小计	15 026 834 183.72	15 629 910 534.86

(3) 收到其他与投资活动有关的现金

单位:元

项目	本期发生额	上期发生额
远期结购汇收款	152 397 919.95	197 777 274.96
定期存款利息收入及其他	2 500 000 185.53	245 467 150.49
小计	2 652 398 105.48	443 244 425.45

(4) 支付其他与投资活动有关的现金

单位:元

项目	本期发生额	上期发生额
定期存款净增加额	11 449 720 529.14	50 815 758 496.45
期权平仓费		10 600 000.00
其他	72 502.20	585 338 813.82
小计	11 449 793 031.34	51 411 697 310.27

(5) 收到其他与筹资活动有关的现金

单位:元

项目	本期发生额	上期发生额
借款质押保证金净减少额	5 110 000.00	160 275 000.00
小计	5 110 000.00	160 275 000.00

(6) 支付其他与筹资活动有关的现金

单位:元

项目	本期发生额	上期发生额
同一控制下合并股权对价	31 501 100.00	
其他	3 661 549.65	
小计	35 162 649.65	

52. 现金流量表补充资料

(1) 将净利润调节为经营活动现金流量等信息

单位：元

项目	本期金额	上期金额
1. 将净利润调节为经营活动现金流量：		
净利润	26 379 029 817.06	22 507 506 840.41
加：资产减值准备	261 674 177.33	264 786 959.82
固定资产折旧、油气资产折耗、生产性生物资产折旧	2 859 799 547.55	1 947 939 761.97
无形资产摊销	249 550 269.72	84 703 931.72
长期待摊费用摊销	979 454.55	355 828.90
处置固定资产、无形资产和其他长期资产的损失(收益以"－"填列)	－636 629.29	1 022 346.31
固定资产报废损失(收益以"－"填列)	23 701 564.64	7 440 716.00
公允价值变动损失(收益以"－"填列)	－46 257 424.83	－9 212 503.59
财务费用(收益以"－"填列)	－1 112 658 684.94	1 532 766 275.29
投资损失(收益以"－"填列)	－106 768 935.01	－396 648 138.32
递延所得税资产减少(增加以"－"填列)	－472 601 783.52	－1 155 761 894.91
递延所得税负债增加(减少以"－"号填列)	115 790 793.93	128 934 696.45
递延收益的摊销	－41 447 880.48	－138 721 557.03
存货的减少(增加以"－"填列)	－3 003 461 176.91	－7 583 437 385.83
经营性应收项目的减少(增加以"－"填列)	－10 631 225 706.46	－7 864 170 234.42
经营性应付项目的增加(减少以"－"填列)	6 728 841 135.00	9 710 075 219.29
其他【注】	5 736 483 004.64	－2 699 498 087.81
经营活动产生的现金流量净额	26 940 791 542.98	16 338 082 774.25
2. 不涉及现金收支的重大投资和筹资活动：		
债务转为资本		
一年内到期的可转换公司债券		
融资租入固定资产		
3. 现金及现金等价物净变动情况：		
现金的期末余额	28 772 120 824.34	21 359 616 223.94
减：现金的期初余额	21 359 616 223.94	71 321 360 022.83
加：现金等价物的期末余额		
减：现金等价物的期初余额		
现金及现金等价物净增加额	7 412 504 600.40	－49 961 743 798.39

【注】"其他"包括法定存款准备金增加额 104 458 700.38 元，票据保证金减少额 5 840 941 705.02 元。

(2) 本期支付的取得子公司的现金净额

单位：元

项目	金额
本期发生的企业合并于本期支付的现金或现金等价物	1 247 087 108.76
其中：合肥晶弘电器有限公司	1 247 087 108.76
减：购买日子公司持有的现金及现金等价物	217 400 795.82
其中：合肥晶弘电器有限公司	217 400 795.82
取得子公司支付的现金净额	1 029 686 312.94

(3) 本期无收到的处置子公司的现金净额

(4) 现金和现金等价物的构成

单位：元

项目	期末余额	期初余额
一、现金	28 772 120 824.34	21 359 616 223.94
其中：库存现金	1 678 449.67	3 058 609.51
可随时用于支付的银行存款	7 623 570 836.65	1 510 808 232.57
可随时用于支付的其他货币资金	647 967 329.10	17 111 717.70
可用于支付的存放中央银行款项	2 094 863.38	1 998 257.83
存放同业款项	20 496 809 345.54	19 826 639 406.33
二、现金等价物		
其中：三个月内到期的债券投资		
三、期末现金及现金等价物余额	28 772 120 824.34	21 359 616 223.94

(5) 货币资金与现金及现金等价物的调节

单位：元

项目	本期金额	上期金额
货币资金	113 079 030 368.11	99 610 976 256.82
减：使用受到限制的存款	6 005 776 370.05	11 555 319 700.43
其中：法定存款准备金	3 045 424 177.23	2 940 965 476.85
票据、信用证等保证金	2 960 352 192.82	8 614 354 223.58
减：不属于现金及现金等价物范畴的定期存款	78 301 133 173.72	66 696 040 332.45
加：其他现金等价物		
期末现金及现金等价物余额	28 772 120 824.34	21 359 616 223.94

(6) 票据支付情况

单位：元

票据支付项目	本期发生额	上期发生额
使用票据购买商品接受劳务	70 268 012 322.71	64 685 981 640.17
使用票据购买固定资产及无形资产	275 517 455.97	399 817 178.17
合计	70 543 529 778.68	65 085 798 818.34

专业词汇

现金流量表(Statement of Cash Flows)
现金等价物(Cash Equivalents)
现金流入(Cash Flow-in)
现金流出(Cash Flow-out)
直接法(Direct Method)
间接法(Indirect Method)
经营活动(Operational Activity)
销售商品、提供劳务收到的现金(Receipts from Sale of Goods or Rendering of Services)
收到的税费返还(Refund of Tax and Fee Received)
收到的其他与经营活动有关的现金(Other Cash Received Related to Operating Activities)
购买商品、接受劳务支付的现金(Payments to Suppliers for Goods and Services)
支付给职工以及为职工支付的现金(Payments to or on Behalf of Employees Payments of Taxes)
支付的各项税费(Taxes and Fees Paid)
支付其他与经营活动有关的现金(Other Cash Paid Related to Operating Activities)
经营活动产生的现金流量净额(Cash Flow Generated from Operating Activities Net Amount)
投资活动(Investing Activity)
收回投资收到的现金(Cash from Investment Withdrawal)
取得投资收益收到的现金(Cash from Investment Income)
处置固定资产、无形资产及其他长期资产收回的现金净额(Net Cash from Disposing Fixed Assets, Intangible Assets and other Long-term Assets)
处置子公司及其他营业单位收回的现金净额(Net Cash Inflows of Disposal of Subsidiaries and Other Business Entities)
收到其他与投资活动有关的现金(Other Cash Received Related to Investing Activities)
购建固定资产、无形资产和其他长期资产支付的现金(Cash Paid for Buying Fixed Assets, Intangible Assets and Other Long-term Assets)
投资支付的现金(Cash Paid for Investment)
取得子公司及其他营业单位支付的现金(Net Cash Outflows of Procurement of Subsidiaries and Other Business Units)
支付其他与投资活动有关的现金(Other Cash Paid Related to Investing Activities)
投资活动产生的现金流量净额(Cash Flow Generated from Investing Activities Net Amount)
筹资活动(Financing Activity)
吸收投资收到的现金(Cash Received from Accepting Investment)
取得借款收到的现金(Borrowings)
收到其他与筹资活动有关的现金(Other Cash Received Related to Financing Activities)
偿还债务支付的现金(Cash Paid for Debt)
分配股利、利润或偿付利息支付的现金(Cash Paid for Dividend, Profit or Interest)
支付其他与筹资活动有关的现金(Other Cash Paid Related to Financing Ac-

tivities) 筹资活动产生的现金流量净额(Cash Flow Generated from Financing Activities Net Amount)

思考题

1. 为什么要编制现金流量表？现金流量表为什么要分别按经营活动现金流量、投资活动现金流量和筹资活动现金流量进行列报？

2. 什么是现金流量表编制的直接法和间接法？导致经营活动现金流量与经营利润不一致的主要原因有哪些？

教学案例

山西汾酒下滑的现金流量*

山西杏花村汾酒厂股份有限公司(以下简称"山西汾酒")的前身系山西杏花村汾酒厂。1993年12月，山西杏花村汾酒厂经批准改制为股份有限公司，并经中国证券监督管理委员会证监发审字〔1993〕37号文批准，发行社会法人股与社会自然人股共计78 000 000股，总股本为376 400 000股，1994年1月正式在上海证券交易所上市。1996年，山西汾酒根据股东大会决议对国有法人股股东及社会公众股股东每10股送1股红股，对社会法人股股东每10股送1元红利，同时经中国证券监督管理委员会证监配审字〔1996〕5号文批准，公司对全体股东每10股配3股，配股价3.5元/股，实际获配股19 712 838股，送配后公司总股本变更为432 924 133股，并于1996年11月21日变更企业法人营业执照。截至2018年6月30日，山西汾酒股本总数为865 848 266股，全部为无限售条件的流通股份。公司所属行业为食品酿造类，主要经营生产及销售汾酒、竹叶青酒及其系列酒并提供广告服务，主导产品为汾酒、竹叶青酒、玫瑰汾酒、白玉汾酒等系列。

山西汾酒于2019年5月17日收到上海证券交易所《关于对山西杏花村汾酒厂股份有限公司2018年年度报告的事后审核问询函》(上证公函〔2019〕0699号)。上交所从业务经营、关联交易和财务数据三个方面对山西汾酒2018年年报的信息披露提出质疑，并要求公司对问询涉及的十个事项进行补充说明。其中，上交所指出，公司营业收入和归属于上市公司股东的净利润当年均同比增长，但经营活动产生的现金流量净额却同比下降。同时，要求公司补充披露：① 经营活动现金流量变动与营业收入和净利润的变动不一致的原因；② 公司营业收入、净利润和经营活动现金净流量的变动趋势是否与行业相一致。从2018年年报披露的信息来看，山西汾酒营业收入上涨47.48%，扣非归母净利润上涨了55.24%，经营活动产生的现金流量净额却同比下滑0.96%(详见表1)。而这也并非山西汾酒财报第一次表现出现金流量下滑的情况，早在2018年10月25日公布的2018年第三季度报告中，其营业收入上涨42.41%，归属于上市公司股东的净利润同比

---

* 本案例根据巨潮资讯网发布的山西杏花村汾酒厂股份有限公司年度财务报告及相关公告编写。

上涨56.89%,而经营活动产生的现金流量净额却同比下滑58.50%。

表1 山西汾酒2016—2018年主要财务数据

主要会计数据	2018年金额(元)	2017年金额(元) 调整后*	2017年金额(元) 调整前	本期比上年同期增减(%)	2016年金额(元)
营业收入	9 381 937 874.31	6 361 456 273.59	6 037 481 699.12	47.48	4 404 948 311.55
归属于上市公司股东的净利润	1 466 733 719.47	952 388 312.31	944 101 731.03	54.01	605 125 960.75
归属于上市公司股东的扣除非经常性损益的净利润	1 463 410 811.20	942 646 074.07	942 646 074.07	55.24	602 802 283.73
经营活动产生的现金流量净额	965 920 920.88	975 328 692.01	896 452 001.32	-0.96	585 922 001.60
归属于上市公司股东的净资产	6 214 160 849.13	5 365 905 102.72	5 236 179 627.43	15.81	4 760 065 136.37
总资产	11 828 963 704.04	9 503 843 596.48	8 939 785 369.10	24.47	7 416 626 615.44

注:*报告期内,公司收购山西杏花村国际贸易有限责任公司部分资产及其6个子公司和山西杏花村汾酒集团酒业发展区销售有限责任公司51%的股权,根据《企业会计准则第33号——合并财务报表》的规定,公司对资产负债表2018年期初数、利润表和现金流量表2017年数据及相关经营数据进行了追溯调整。

山西汾酒于2019年5月31日回复了上交所的问询。针对现金流量变动与营业收入和净利润变动不一致的问题,公司认为,"报告期内,公司营业收入、净利润大幅增长,经营活动现金流量同比下降,主要系公司加大了对经销商的支持力度,将接收银行承兑汇票的承兑期限从六个月延期至一年,致使报告期应收票据大幅增加;同时为了提升产能,公司在报告期内新设酿酒三厂,所发生的各项支出均以现金结算。"同时,公司在回复函中列出了可比公司的营业收入、净利润和经营活动现金流量变动情况(详见表2)。公司称报告期内公司营业收入、净利润变动趋势与行业基本一致,经营活动现金流量增长率略低于行业平均值。为了更加深入地了解山西汾酒的现金流量情况,我们列出了公司2016—2018年现金流量表、现金流量表补充资料和部分附注(详见表3至表6)。

表2 可比公司2018年度指标变动情况 单位:%

可比公司	2018年度营业收入同比增长率	2018年度净利润同比增长率	经营活动现金流量同比增长率
贵州茅台	26.49	30.42	86.82
古井贡酒	24.65	46.88	54.78
洋河股份	21.30	22.61	31.58
五粮液	32.61	39.19	26.12
泸州老窖	25.60	34.91	16.04
舍得酒业	35.02	162.40	4.13
山西汾酒	47.84	54.01	-0.96
酒鬼酒	35.13	27.86	-5.72
口子窖	18.50	37.62	-28.63
水井坊	37.62	72.72	-29.50

表 3　山西汾酒 2016—2018 年现金流量表　　　　　　　　　　　　　　　　单位：元

项目	2018 年	2017 年	2016 年
一、经营活动产生的现金流量：			
销售商品、提供劳务收到的现金	8 694 379 460.25	6 334 014 332.50	4 459 354 327.09
客户存款和同业存放款项净增加额			
向中央银行借款净增加额			
向其他金融机构拆入资金净增加额			
收到原保险合同保费取得的现金			
收到再保险业务现金净额			
保户储金及投资款净增加额			
处置以公允价值计量且其变动计入当期损益的金融资产净增加额			
收取利息、手续费及佣金的现金			
拆入资金净增加额			
回购业务资金净增加额			
收到的税费返还			
收到其他与经营活动有关的现金	139 665 399.43	221 575 945.45	167 888 519.05
经营活动现金流入小计	8 834 044 859.68	6 555 590 277.95	4 627 242 846.14
购买商品、接受劳务支付的现金	3 211 461 039.43	1 664 349 984.29	1 110 119 403.09
客户贷款及垫款净增加额			
存放中央银行和同业款项净增加额			
支付原保险合同赔付款项的现金			
支付利息、手续费及佣金的现金			
支付保单红利的现金			
支付给职工以及为职工支付的现金	1 235 524 671.67	996 366 272.69	765 580 529.74
支付的各项税费	2 837 977 137.89	2 474 725 754.62	1 701 070 294.24
支付其他与经营活动有关的现金	583 161 089.81	444 819 574.34	464 550 617.47
经营活动现金流出小计	7 868 123 938.80	5 580 261 585.94	4 041 320 844.54
经营活动产生的现金流量净额	965 920 920.88	975 328 692.01	585 922 001.60
二、投资活动产生的现金流量：			
收回投资收到的现金	47 371 840.93	122 836 543.46	10 000 000.00
取得投资收益收到的现金	23 820 283.78	9 158 185.56	596 373.87
处置固定资产、无形资产和其他长期资产收回的现金净额	179 556.50	700.00	
处置子公司及其他营业单位收到的现金净额			
收到其他与投资活动有关的现金			
投资活动现金流入小计	71 371 681.21	131 995 429.02	10 596 373.87
购建固定资产、无形资产和其他长期资产支付的现金	75 065 309.04	67 076 227.79	106 607 577.89
投资支付的现金	357 250 000.00	424 500 000.00	43 000 000.00
质押贷款净增加额			
取得子公司及其他营业单位支付的现金净额			

单位:元(续表)

项目	2018年	2017年	2016年
支付其他与投资活动有关的现金			
投资活动现金流出小计	432 315 309.04	491 576 227.79	149 607 577.89
投资活动产生的现金流量净额	−360 943 627.83	−359 580 798.77	−139 011 204.02
三、筹资活动产生的现金流量:			
吸收投资收到的现金			
其中:子公司吸收少数股东投资收到的现金			
取得借款收到的现金			
发行债券收到的现金			
收到其他与筹资活动有关的现金			
筹资活动现金流入小计			
偿还债务支付的现金			
分配股利、利润或偿付利息支付的现金	560 412 577.60	507 087 438.80	305 079 283.74
其中:子公司支付给少数股东的股利、利润			
支付其他与筹资活动有关的现金	215 148 500.00		
筹资活动现金流出小计	775 561 077.60	507 087 438.80	305 079 283.74
筹资活动产生的现金流量净额	−775 561 077.60	−507 087 438.80	−305 079 283.74
四、汇率变动对现金及现金等价物的影响			
五、现金及现金等价物净增加额	−170 583 784.55	108 660 454.44	141 831 513.84
加:期初现金及现金等价物余额	1 259 290 196.66	1 150 629 742.22	996 072 721.81
六、期末现金及现金等价物余额	1 088 706 412.11	1 259 290 196.66	1 137 904 235.65

表4 山西汾酒2016—2018年现金流量表补充资料

单位:元

	2018年	2017年	2016年
1. 将净利润调节为经营活动现金流量:			
净利润	1 559 890 179.07	1 011 559 250.18	641 573 677.36
加:资产减值准备	2 210 260.88	−17 073 063.13	25 868 082.51
固定资产折旧、油气资产折耗、生产性生物资产折旧	140 799 253.58	127 547 593.35	133 576 444.28
无形资产摊销	8 048 896.09	13 520 722.31	5 849 407.17
长期待摊费用摊销	355 038.14	202 404.89	216 730.05
处置固定资产、无形资产和其他长期资产的损失(收益以"−"号填列)	−280 295.52		36 582.04
固定资产报废损失(收益以"−"号填列)	475 269.99	−156 955.04	
公允价值变动损失(收益以"−"号填列)			
财务费用(收益以"−"号填列)	−19 911 721.89	−7 685 662.59	201 146.86
投资损失(收益以"−"号填列)	−997 940.34	−895 457.16	879 954.14

单位:元(续表)

补充资料	2018 年	2017 年	2016 年
递延所得税资产减少(增加以"-"号填列)	-247 146 548.38	-165 291 468.01	-39 194 566.86
递延所得税负债增加(减少以"-"号填列)	3 593 925.40		
存货的减少(增加以"-"号填列)	-709 366 641.87	-331 977 178.24	-20 214 913.59
经营性应收项目的减少(增加以"-"号填列)	-1 296 823 179.43	-730 543 091.11	-517 165 849.20
经营性应付项目的增加(减少以"-"号填列)	1 525 074 425.16	1 076 121 596.56	354 295 306.84
其他			
经营活动产生的现金流量净额	965 920 920.88	975 328 692.01	585 922 001.60
2. 不涉及现金收支的重大投资和筹资活动:			
债务转为资本			
一年内到期的可转换公司债券			
融资租入固定资产			
3. 现金及现金等价物净变动情况:			
现金的期末余额	1 088 706 412.11	1 259 290 196.66	1 137 904 235.65
减:现金的期初余额	1 259 290 196.66	1 150 629 742.22	996 072 721.81
加:现金等价物的期末余额			
减:现金等价物的期初余额			
现金及现金等价物净增加额	-170 583 784.55	108 660 454.44	141 831 513.84

表5 山西汾酒2018年度收到的其他与经营活动有关的现金明细

单位:元

项目	本期发生额	上期发生额
保证金及押金	87 018 187.97	39 725 185.65
利息收入	11 916 811.36	17 311 220.42
个人借款归还		1 484 495.34
赔偿款及处罚收入	1 789 943.46	2 993 109.80
收回代垫款项	32 975 050.85	55 693 158.05
加盟费		1 650 000.00
收回质押的定期		80 000 000.00
其他	5 965 405.79	22 718 776.19
合计	139 665 399.43	221 575 945.45

表6 山西汾酒2018年度支付的其他与经营活动有关的现金明细

单位:元

项目	本期发生额	上期发生额
退保证金	49 574 010.32	22 367 666.08
保险费	5 816 040.95	5 933 047.97
办公费	16 445 500.02	9 425 454.67
差旅费	73 707 353.06	44 960 724.86
广告及宣传费	299 936 135.32	230 734 556.60
业务招待费	8 806 622.93	10 019 767.91
打假费	4 855 886.98	4 090 060.00

单位:元(续表)

项目	本期发生额	上期发生额
会议费(服务费)	26 433 775.19	10 514 518.47
劳务费	7 643 069.13	11 168 607.80
咨询费	2 749 861.61	4 096 498.42
租赁费	21 459 762.63	17 579 763.32
手续费	2 887 365.93	2 246 449.89
奖励费	903 240.00	1 009 329.90
研究开发费	5 727 599.36	11 247 819.84
售后服务费	115 897.99	
赞助费	2 000 000.00	
个人借款		20 000.00
代垫款	22 398 468.06	34 666 747.33
维修费	340 204.34	
车辆使用、运输费	6 163 699.31	2 613 193.10
仓储费	11 008 998.72	4 368 800.00
其他	14 187 597.96	17 756 568.18
合计	583 161 089.81	444 819 574.34

讨论题:

1. 结合本案例,请谈谈您对山西汾酒针对 2018 年度经营活动现金流量净额同比下降的原因说明的看法,您通过这些说明能获取关于公司财务状况的哪些信息?

2. 从同行业可比公司的营业收入、净利润和现金流量情况来看,您认为山西汾酒的经营活动现金流量情况是否存在问题?

3. 根据案例中的现金流量数据,请分析是哪些因素导致山西汾酒的经营活动现金净流量下滑。

4. 通过对山西汾酒现金流量情况的分析,您认为公司未来是否会存在资金周转方面的风险?如果存在,应该如何应对?

第9章 财务报告解读：合并财务报表

9.1 企业合并日的报表合并

9.1.1 企业合并及其方式

企业合并是指将两个或两个以上单独的企业合并形成一个报告主体的交易或事项。具体而言,企业合并又包括两种情形:一是获得另一个(或多个)企业控制权的交易行为,二是吸收另一个(或多个)企业净资产的交易行为。

企业合并的方式主要有三类,即控股合并、吸收合并和新设合并。

所谓控股合并,是指参与合并的一家企业通过支付现金、转让非现金资产、承担债务或发行权益性证券等方式取得另一家企业的控制权。交易完成后,虽然合并企业和被合并企业依然作为两个不同的法人实体独立存在,但两者形成了控制与被控制的母子公司关系。例如,A 公司以现金出资,购买了 B 公司 55% 的有表决权的股份,B 公司依然作为独立法人存续,但 B 公司成了 A 公司的一个控股子公司。

所谓吸收合并,是指一家企业通过支付现金、转让非现金资产、承担债务或发行权益性证券等方式,吸收另一家企业的净资产(即接收全部资产和负债),吸收企业继续存在,被吸收企业解散。这些在合并后丧失法律地位从而被解散了的企业,其经营活动可能继续进行,但只是作为合并后企业的一个组成部分存在。

所谓新设合并,是指两个以上的企业合并成立一个新的企业,参与合并的原企业或解散,或作为新设企业的全资子公司存在。

企业应当在合并日或购买日确认因企业合并取得的资产和负债。所谓合并日或购买日,是指合并方或购买方实际取得对被合并方或被收购方控制权的日期,即被合并方或被购买方的净资产或生产经营决策的控制权转移给合并方或购买方的日期。同时满足下列条件的,通常可认为实现了控制权的转移:① 企业合并合同或协议已获股东大会等通过;② 企业合并事项需要经过国家有关主管部门审批的,已获批准;③ 参与合并各方已办理了必要的财产权转移手续;④ 合并方或购买方已支付了合并价款的大部分(一般应超过 50%),并且有能力、有计划支付剩余款项;⑤ 合并方或购买方实际上已经控制了被合并方或被购买方的财务与经营政策,并享有相应的利益、承担相应的风险。

在我国《企业会计准则第 20 号——企业合并》中,还按照参与合并的企业是否受同一方控制,将合并分为同一控制下的企业合并和非同一控制下的企业合并两种类型。

所谓同一控制下的企业合并,是指参与合并的企业在合并前后均受同一方或相同的多方最终控制,且该控制并非暂时性的。也就是在同一方控制下,一个企业获得另一个或多个企业股权或净资产的行为。它包括在一个企业集团内部的企业合并和在同一所有者控制下的企业合并两种情形。同一控制下的企业合并一般发生于企业集团内部,如集团内母子公司之间、全资子公司之间、控股子公司之间、全资子公司和控股子公司之间的合并等。企业合并是否属于同一控制下的企业合并,应该综合考虑构成企业合并交易的各方面情况,依据实质重于形式原则进行判断。涉及参股子公司的合并,一般不作为同一控制下的企业合并,但是当集团公司拥有该参股公司的实际控制权时,集团内部涉及该参股公司的合并就应该作为同一控制下的企业合并。至于同一所有者控制下的企业合并,从理论上说,其中的"所有者"既包括企业和个人,也包括国家。按照我国企业会计准则的规定,通常情况下,同一控制下的企业合并是指发生在同一企业集团内部企业之间的合并。除此之外,一般不作为同一控制下的企业合并。同受国家控制的企业之间发生的合并,不应仅仅因为参与合并各方在合并前后均受国家控制而将其作为同一控制下的企业合并。

所谓非同一控制下的企业合并,是指参与合并的各方在合并前后不受同一方或相同的多方最终控制的企业合并。

9.1.2 企业合并日的报表合并——购买法与权益结合法及其比较

企业合并日报表合并的方法主要有购买法和权益结合法。

所谓购买法,就是将企业合并视为一家企业购买另一家企业的行为,购买方以购买(合并)过程中付出的代价为基本依据来记录所获得的资产的价值。

在购买法下,会计处理的基本程序是:① 确定目标公司的可辨认资产和负债,包括一切有形资产和无形资产以及负债的公允价值;② 计算目标公司净资产即股东权益的公允价值,它等于可辨认资产与负债的公允价值之差;③ 将合并成本超过目标公司净资产公允价值的部分记作商誉。

例 9-1 2019 年 7 月 1 日,M 公司支付 600 万元现金购买 N 公司的全部净资产(取得 N 公司的全部资产,同时承担其全部负债)。购并日,N 公司简化的资产负债表信息及资产和负债的公允价值如表 9-1 所示。

表 9-1 N 公司简化的资产负债表及资产和负债的公允价值　　　　　单位:万元

	账面价值	公允价值
流动资产	200	200
固定资产	380	500
资产总计	580	700
负债	170	170
普通股	290	
留存收益	120	
负债及股东权益总计	580	

在本例中,M 公司支付的购买成本为 600 万元,所取得的净资产的公允价值为 530 万元(700-170)。两者的差额 70 万元确认为商誉。因此,M 公司在购买 N 公司时,应作如下反映:流动资产增加 200 万元(借方),固定资产增加 500 万元(借方),负债增加 170 万元(贷方),银行存款减少 600 万元(贷方),商誉增加 70 万元(借方)。

关于企业合并中形成的商誉是否应该在以后的会计期间分期摊销,转为各期的费用,会计理论界的认识不尽一致。有些学者认为,商誉的价值一般只会增加不会下降,从而不是一种消耗性资产,故摊销是不合适的,只需在测试发现商誉减值时计提减值准备。但也有些学者认为,记录为商誉的某些要素可能具有有限寿命,因而至少部分地属于消耗性资产,故应该分期摊销。这些学者还认为,由于商誉不独立地产生现金流,测试商誉是否发生减值以及发生了多少减值存在很大的不确定性,因此仅仅依靠减值准备计提进行商誉的后续计量是很难行得通的。国际会计准则2004年之前允许商誉按不超过20年的时间摊销,但2004年之后禁止摊销,而只能在商誉发生减值时计提减值准备。我国2006年之前的企业会计准则规定,商誉应该按不超过10年的时间摊销。2006年发布的《企业会计准则第20号——企业合并》规定,初始确认后的商誉应当以其成本扣除累计减值准备后的金额计量;商誉减值应当按照《企业会计准则第8号——资产减值》处理。

如果在企业合并过程中出现相反的情形,即实际合并成本小于被合并方净资产的公允价值,其差额就被称为负商誉。在会计实务中,通常将其一次性计入当期损益。

所谓权益结合法,是指将企业合并视为参与合并的企业的平等联合的行为,因而企业合并日的报表合并就可以是简单地将参与合并的各家企业的报表项目相互结合。

权益结合法会计处理的基本程序是:① 将两个公司相互间的债权、债务予以抵销;② 其余资产负债表项目简单相加即可。①

购买法下的公司利润往往要比权益结合法下的公司利润低。原因如下:第一,采用购买法,被合并方自合并当期期初至收购日实现的损益不计入合并方的合并当期损益;而按照权益结合法,被合并方自合并当期期初至合并日实现的损益计入合并方的合并当期损益。若被合并方在合并前为盈利,则权益结合法可以提高合并当年合并方的利润。第二,按照购买法,用合并日的公允价值计量被合并方的资产;而按照权益结合法,则是用账面价值计量被合并方的资产。若被合并方资产的账面价值低于公允价值(这也是常见的现象,尤其是对于某些固定资产),则购买法下资产的入账价值较高,从而以后期间的折旧和摊销费用也较高,故会进一步导致以后年度利润较权益结合法下的利润低。同时,购买法下较高的资产入账价值,也会使得以后年度资产报酬率等财务比率因分母增大而下降。因此,企业管理者往往更偏好于权益结合法。

9.1.3 企业合并日的报表合并——我国企业会计准则的规定

我国企业会计准则将企业合并区分为同一控制下的企业合并和非同一控制下的企业合并。相应地,企业会计准则也分别规范了这两类合并的确认和计量办法:同一控制下的企业合并,原则上采用权益结合法;非同一控制下的企业合并,原则上采用购买法。

1. 同一控制下的企业合并

在同一控制下的企业合并中,合并方在企业合并中取得的资产和负债,应当按照合

---

① 这是指吸收合并或新设合并情况下的做法,如果是通过控股方式实现的合并,会计处理则有所不同。此外,实践中还可能存在合并成本与所取得被合并企业净资产账面价值的差异,这个差异需要调整所有者权益相关项目。这些内容将在9.1.3小节中具体介绍。

并日在被合并方的账面价值计量。合并方取得的净资产账面价值与支付的合并对价账面价值(或发行股份面值总额)的差额,应当调整资本公积(资本溢价或股本溢价);资本公积(资本溢价或股本溢价)不足冲减的,调整留存收益。下面分别就控股合并与吸收合并及新设合并情况下的会计处理进行分析和说明。

在控股合并情形下,合并方无论是支付现金、非现金资产、承担债务还是发行权益性证券,换取的只是被合并方的股权,实际上是一种长期股权投资行为。合并方以支付现金、转让非现金资产或承担债务方式作为合并对价的,应当在合并日按照取得被合并方所有者权益账面价值的份额作为长期股权投资的初始投资成本。长期股权投资的初始投资成本与支付的现金、转让的非现金资产及所承担债务账面价值之间的差额,应当调整资本公积(资本溢价或股本溢价);资本公积(资本溢价或股本溢价)不足冲减的,调整留存收益。合并方以发行权益性证券作为合并对价的,应当在合并日按照取得被合并方所有者权益账面价值的份额作为长期股权投资的初始投资成本,按发行股份面值总额作为股本或实收资本,长期股权投资的初始投资成本与所发行股份面值的差额,应当调整资本公积(资本溢价或股本溢价);资本公积(资本溢价或股本溢价)不足冲减的,调整留存收益。

同一控制下企业合并过程中发生的各项直接相关费用,诸如为进行企业合并支付的审计费用、资产评估费用及有关的法律咨询费用等,应于发生时计入当期损益,借记"管理费用"等账户,贷记"银行存款"等账户。但以下两种情况除外:① 以发行债券方式进行的企业合并,与发行债券相关的佣金、手续费等虽然与筹集用于企业合并的对价直接相关,但应计入负债的初始计量金额;② 以发行权益性证券作为合并对价的,与发行权益性证券相关的佣金、手续费等无论是否与企业合并直接相关,均应自所发行证券的发行收入中扣减——在权益性证券发行有溢价的情况下,自溢价收入中扣减;在权益性证券发行无溢价或溢价不足扣减的情况下,应当冲减盈余公积和未分配利润。

例9-2 H集团计划将下属的A、B公司合并,合并计划如下:A公司以控股合并方式合并B公司,取得B公司60%的股份。为此,A公司支付给B公司5 000万元现金,同时承担B公司所欠Y公司债务3 000万元。在合并日,B公司所有者权益账面价值为2亿元。

这项合并显然属于同一控制下的企业合并,合并的方式是控股合并,对价支付方式是现金支付并承担债务。

根据这些情况,作为合并方的A公司在合并B公司时,应作如下反映:"长期股权投资"增加12 000万元(借方),"现金"减少5 000万元(贷方),"应付账款"增加3 000万元(贷方),"资本公积"增加4 000万元(贷方)。

例9-3 H集团计划将下属的A、B公司合并,合并计划如下:A公司以控股合并方式合并B公司。B公司账面资产为12 000万元,账面负债为7 000万元。A公司发行股票9 000万股(每股面值1元)给B公司的母公司,取得B公司100%的股份。

这项合并显然属于同一控制下的企业合并,合并的方式是控股合并,对价支付方式是发行权益性证券。

根据这些情况,作为合并方的A公司在合并B公司时,应作如下反映:"长期股权投资"增加5 000万元(借方),"股本"增加9 000万元(贷方),"资本公积"减少4 000万元(借方)。

与控股合并不同,吸收合并和新设合并都涉及企业实体的合并,即被合并方的资产和负债全部要并入合并方,被合并方不再独立存在。因此,在这两种合并方式下,会计处理的核心问题是确认和计量合并资产及负债的价值。在同一控制下的企业合并中,应当按被合并方资产及负债的原账面价值进行确认和计量。如果合并方对相关资产及负债所采用的会计政策与被合并方不同,应当按照合并方的会计政策对取得的资产及负债进行调整,并按调整后的账面价值进行确认和计量。

无论是吸收合并还是新设合并,都可以采取现金、非现金资产、承担债务和发行权益性证券等方式作为支付对价。合并方确认取得的净资产入账价值与支付的对价的账面价值不一致的,需要调整所有者权益相关项目。

例 9-4 H 集团计划将下属的 A、B 公司合并,合并计划如下:A 公司采取吸收合并的方式合并 B 公司。B 公司账面资产为 13 000 万元(其中,货币资金 1 000 万元、应收账款 3 000 万元、存货 4 000 万元、固定资产 5 000 万元),账面负债为 9 000 万元(其中,短期借款 2 000 万元,应付债券 7 000 万元)。A 公司发行股票 7 000 万股(每股面值 1 元)给 B 公司的母公司。

这项合并显然属于同一控制下的企业合并,合并的方式是吸收合并,对价支付方式是发行权益性证券。

根据这些情况,作为合并方的 A 公司在合并 B 公司时,得到的净资产账面价值为 4 000 万元,支付的对价是 7 000 万元,因此,需要冲减资本公积 3 000 万元。合并方在合并发生时应作如下反映:资产增加 13 000 万元(记入相关资产账户的借方),负债增加 9 000 万元(记入相关负债账户的贷方),"股本"增加 7 000 万元(贷方),"资本公积"减少 3 000 万元(借方),假定资本公积有足够的余额供冲减。

吸收合并后 B 公司将不复存在。作为被合并方的 B 公司应当按照企业清算的相关规定进行会计处理。

最后需要说明的是:① 被合并方采用的会计政策与合并方不一致的,合并方在合并日应当按照本企业会计政策对被合并方的财务报表相关项目进行调整;② 在企业合并过程中,合并方为进行企业合并而发生的各项相关费用,包括为合并而发生的评估费、审计费、咨询费等,都作为合并方发生的管理费用,直接计入当期损益;③ 企业合并形成母子公司关系的,母公司应当编制合并日的合并资产负债表、合并利润表和合并现金流量表。合并资产负债表中,被合并方的各项资产、负债应当按其账面价值计量;合并利润表应当包括参与合并各方自合并当期期初至合并日所发生的收入、费用和利润,被合并方在合并前实现的净利润应当在合并利润表中单独列示;合并现金流量表应当包括参与合并各方自合并当期期初至合并日的现金流量。

2. 非同一控制下的企业合并

在非同一控制下的企业合并中,购买方应当区别下列情况确定合并成本:① 一次交换交易实现的企业合并,合并成本为购买方在购买日为取得对被购买方的控制权而付出的资产、发生或承担的负债以及发行权益性证券的公允价值;② 通过多次交换交易分步实现的企业合并,合并成本为每一单项交易成本之和;③ 购买方为进行企业合并发生的各项直接相关费用,也应当计入企业合并成本;④ 在合并合同或协议中对可能影响合并成本的未来事项作出约定的,购买日估计未来事项很可能发生并且对合并成本的影响金额能够可靠计量的,购买方应当将其计入合并成本。

购买方在购买日对作为企业合并对价付出的资产、发生或承担的负债应当按照公允价值计量,公允价值与账面价值的差额,计入当期损益。

对合并成本大于合并中取得的被购买方可辨认净资产公允价值份额的,购买方应当将两者的差额确认为商誉;对合并成本小于合并中取得的被购买方可辨认净资产公允价值份额的,购买方应当将两者的差额计入当期损益。

企业合并形成母子公司关系的,母公司应当设置备查簿,记录企业合并中取得的子公司各项可辨认资产、负债及或有负债等在购买日的公允价值。编制合并报表时,应当以购买日确定的各项可辨认资产、负债及或有负债的公允价值为基础对子公司的财务报表进行调整。

企业合并形成母子公司关系的,母公司应当编制购买日的合并资产负债表,因企业合并取得的被购买方各项可辨认资产、负债及或有负债,应当以公允价值列示。母公司的合并成本与取得的子公司可辨认净资产公允价值份额的差额,以商誉(合并成本大于合并中取得的被购买方可辨认净资产公允价值份额的)或当期损益(合并成本小于合并中取得的被购买方可辨认净资产公允价值份额的)列示。

格力电器在2018年度财务报告"财务报表附注(八)1/2"中对本年度发生的企业合并情况有如下说明:

1. 非同一控制下企业合并

(1) 本期发生的非同一控制下企业合并

被购买方名称	股权取得时点	股权取得成本(元)	股权取得比例(%)	股权取得方式	购买日	购买日至期末被购买方的收入(元)	购买日至期末被购买方的净利润(元)
合肥晶弘电器有限公司	2018年9月30日	1 247 087 108.76	100.00	现金收购	2018年9月30日	783 787 591.39	88 808 497.39

【注】本公司本期购入合肥晶弘电器有限公司(以下简称"合肥晶弘")100%股权,并于2018年9月30日完成股权交割。

(2) 合并成本以及商誉

单位:元

项目	合肥晶弘电器有限公司
合并成本:	
支付的现金	1 247 087 108.76
合并成本合计	1 247 087 108.76
减:取得的可辨认净资产的公允价值	1 195 282 758.29
商誉	51 804 350.47

【注】本公司本期收购合肥晶弘100%股权,企业合并成本1 247 087 108.76元,合肥晶弘截至2018年3月31日可辨认净资产的公允价值为1 213 762 004.29元,相应可辨认净资产公允价值经众联资产评估有限公司评估,并出具众联评报字[2018]第1206号评估报告,截至2018年9月30日,合肥晶弘可辨认净资产公允价值为1 195 282 758.29元。

(3) 被购买方于购买日可辨认资产、负债的情况

单位:元

项目	合肥晶弘电器有限公司	
	购买日公允价值	购买日账面价值
资产:		
货币资金	748 580 903.83	748 580 903.83
以公允价值计量且其变动计入当期损益的金融资产	3 386 861.64	3 386 861.64
应收票据及应收款项	315 299 774.89	315 299 774.89
预付款项	4 946 202.61	4 946 202.61
其他应收款	13 217 731.24	134 217 731.24
存货	518 835 077.13	518 835 077.13
其他流动资产	141 410.33	141 410.33
长期股权投资	1 662 661.79	1 546 153.08
固定资产	912 626 192.02	861 544 948.47
投资性房地产	52 140 378.99	47 544 700.85
在建工程	1 708 875.20	1 708 875.20
无形资产	235 602 675.06	174 086 942.24
递延所得税资产	1 552 506.59	1 552 506.59
资产小计	2 809 701 251.32	2 692 392 088.10
负债:		
应付票据及应付款项	1 437 358 300.77	1 437 358 300.77
预收账款	8 488 900.11	8 488 900.11
应付职工薪酬	25 112 005.64	25 112 005.64
应交税费	15 516 927.60	15 516 927.60
其他应付款	110 363 460.73	110 363 460.73
递延所得税负债	17 578 898.18	
负债小计	1 614 418 493.03	1 596 839 594.85
净资产	1 195 282 758.29	1 095 552 493.25
减:少数股东权益		
取得的净资产	1 195 282 758.29	1 095 552 493.25

2. 同一控制下企业合并

(1) 本期发生的同一控制下企业合并

被合并方名称	企业合并中取得的权益比例(%)	合并日	合并日的确定依据	合并本期期初至合并日的收入(元)	合并本期至合并日的净利润(元)	比较期间被合并方的收入(元)	比较期间被合并方的净利润(元)
珠海格力机电工程有限公司	100.00	2018年11月20日	取得实际控制权	3 335 640.24	184 503.98		-1 092 203.68

【注1】本公司本期向珠海市建安集团有限公司(以下简称"建安集团")收购其持有的珠海格力机电工程有限公司(以下简称"格力机电")100%股权,建安集团为本公司母公司珠海格力集团有限公司100%控股企业,本次股权交易为同一控制下企业合并。

【注2】本次股权交易价格为31 501 100.00元,公司与建安集团于2018年11月20日完成格力机电相应股权交割并取得格力机电控制权,根据相应企业会计准则,公司对本年度财务报表的比

较报表进行了追溯调整,相应报表影响详见财务报表附注(十六)6。

(2) 合并日被合并方资产、负债的账面价值

单位:元

项目	珠海格力机电工程有限公司	
	合并日	上年年末
资产:		
货币资金	20 984 036.41	544 526.42
应收票据及应收账款	75 244.08	
预付款项	50 000.00	
其他应收款	161 500.00	18 999 202.00
其他流动资产	65 572.78	
递延所得税资产	302 566.58	364 067.90
其他非流动资产	300 000.00	
资产小计	21 938 919.85	19 907 796.32
负债:		
应付票据及应付账款	1 546 619.55	
其他应付款	300 000.00	
负债小计	1 846 619.55	
取得的净资产	20 092 300.30	19 907 796.32

综上所述,在解读企业合并日报表合并问题时,需要特别注意理解的因素包括:

(1) 企业应当在合并日或购买日确认因企业合并取得的资产和负债。

(2) 企业合并日报表合并的方法主要有购买法和权益结合法。所谓购买法,就是将企业合并视为一家企业购买另一家企业的行为,因而购买方按照公允价值来记录所获得的各项资产和负债。所谓权益结合法,是指将企业合并视为参与合并的企业的平等联合的行为,因而企业合并日的报表合并就可以是简单地将参与合并的各家企业的报表项目相互结合。

(3) 根据我国现行企业会计准则,同一控制下的企业合并,原则上采用权益结合法;非同一控制下的企业合并,原则上采用购买法。

(4) 在同一控制下的企业合并中,合并方在企业合并中取得的资产和负债,应当按照合并日在被合并方的账面价值计量,合并方取得的净资产账面价值与支付的合并对价账面价值(或发行股份面值总额)的差额,应当调整资本公积(资本溢价或股本溢价),资本公积(资本溢价或股本溢价)不足冲减的,调整留存收益。

(5) 在同一控制下的企业合并中,企业合并形成母子公司关系的,母公司应当编制合并日的合并资产负债表、合并利润表和合并现金流量表。

(6) 在非同一控制下的企业合并中,购买方在购买日对作为企业合并对价付出的资产、发生或承担的负债应当按照公允价值计量,公允价值与账面价值的差额,计入当期损益。

(7) 在非同一控制下的企业合并中,对合并成本大于合并中取得的被购买方可辨认

净资产公允价值份额的,购买方应当将两者的差额确认为商誉;对合并成本小于合并中取得的被购买方可辨认净资产公允价值份额的,购买方应当将两者的差额计入当期损益。

(8) 在非同一控制下的企业合并中,企业合并形成母子公司关系的,母公司应当编制购买日的合并资产负债表,因企业合并取得的被购买方各项可辨认资产、负债及或有负债应当以公允价值列示,母公司的合并成本与取得的子公司可辨认净资产公允价值份额的差额,以商誉(合并成本大于合并中取得的被购买方可辨认净资产公允价值份额的)或当期损益(合并成本小于合并中取得的被购买方可辨认净资产公允价值份额的)列示。

9.2 合并日后的报表合并

9.2.1 合并财务报表的产生、发展及合并理论

合并财务报表是企业集团面临的一个特殊财务会计问题。企业集团的成员——母公司和子公司——都是独立法人,而企业集团则是这多个独立法人的联合体。因此,在企业集团发展的早期,西方国家并不要求编制合并财务报表,而是分别就母公司和子公司等法人企业编制独立的财务报表。然而,随着企业集团的发展,人们越发意识到,企业集团虽然不是独立法人,但确为一个"经济实体"。企业集团母公司的股东,如果只关注母公司自身财务报表反映的财务状况和收益情况,而没有看到企业集团整体的财务状况,那么其对整个集团财务状况的理解可能是相当片面的。

合并财务报表最早出现于美国。1940年,美国证券交易委员会规定证券上市公司必须编制和提供合并财务报表。英国《1948年公司法》中规定,企业在拥有子公司时必须在提供个别财务报表的基础上,编制反映整个企业集团经营状况的合并财务报表。法国证券交易委员会于1971年要求公开发行债券的公司、股票上市公司及所有公营企业编制合并财务报表。德国在《1965年公共公司法》中要求企业编制集团财务报表。日本从1977年开始要求编制和公开合并财务报表。国际会计准则委员会在20世纪70年代中期,开始制定发布关于合并财务报表方面的会计准则。我国财政部于1992年11月发布的《企业会计准则》首次提出合并财务报表的要求:企业对外投资如占被投资企业资本总额半数以上,或者实质上拥有被投资企业控制权的,应当编制合并财务报表。此后,1995年2月制定并颁布的《合并会计报表暂行规定》、1998年1月发布的《股份有限公司会计制度》以及2000年12月颁布的《企业会计制度》等,进一步规范了合并财务报表的编制。在借鉴国际财务报告准则和充分考虑我国特殊国情的基础上,我国于2006年2月颁布了《企业会计准则第33号——合并财务报表》,并于2014年2月对其进行了修订。

合并财务报表理论主要有母公司理论和实体理论。

母公司理论的基本观点是,集团的业主权益只属于母公司的股东。基于母公司理论编制合并财务报表的主要特征是:① 不把子公司资产负债表中属于只拥有少数股权的股

东的权益(即少数股东权益)包括在合并资产负债表的股东权益内,而是将少数股东权益列示在负债与股东权益之间;② 将子公司净利润中的少数股东损益从合并净利润中扣除;③ 在收购的合并方式下,对子公司的同一资产项目采取双重计价,属于母公司权益的部分按购买价格(即按母公司取得这些资产的历史成本)计价,属于少数股东权益的部分则按子公司的账面价值(按子公司原先取得这些资产的历史成本)计价;④ 集团的未实现利润实行100%的消除。

实体理论的基本观点是,不能把子公司的少数股东权益排除在集团这个单一主体的业主权益之外,正如不能把单一公司中的少数股东权益排除在业主权益之外一样。也就是说,不能仅从集团母公司股东的角度考虑问题,而是应该将"集团"视为一个实体,从集团这个实体的所有股东角度考虑问题。基于实体理论编制合并财务报表的主要特征是:① 把子公司资产负债表中的少数股东权益包括在合并资产负债表的股东权益内;② 把子公司少数股东损益包括在合并净利润中;③ 子公司的资产和负债项目都应以企业合并日(母公司收购股权日)的公允价值为基础来计量;④ 公司间未实现利润应100%消除。

我国过去有关合并财务报表的暂行规定基本遵循的是母公司理论[①],2006年2月颁布的《企业会计准则》则遵循实体理论。

9.2.2 合并财务报表的合并范围

合并财务报表的合并范围,是指哪些被投资企业的财务报表应该加以合并,哪些被投资企业的财务报表不应该加以合并。合并财务报表合并范围的确定应当以控制为基础加以确定。由于是否存在控制关系有时是一件很难判断的事情,因此,为了防止企业滥用"控制"概念,随意扩大或缩小合并范围,企业会计准则就需要对"控制"作出更为具体的界定。

根据我国2014年2月发布的经修订的《企业会计准则第33号——合并财务报表》的规定,所谓控制,是指投资方拥有对被投资方的权力,通过参与被投资方的相关活动而享有可变回报,并且有能力运用对被投资方的权力影响其回报金额。投资方应当在综合考虑所有相关事实和情况的基础上对是否控制被投资方进行判断。这里所说的相关事实和情况主要包括:① 被投资方的设立目的;② 被投资方的相关活动以及如何对相关活动作出决策;③ 投资方享有的权利是否使其目前有能力主导被投资方的相关活动;④ 投资方是否通过参与被投资方的相关活动而享有可变回报;⑤ 投资方是否有能力运用对被投资方的权力影响其回报金额;⑥ 投资方与其他方的关系。

投资方享有现时权利使其目前有能力主导被投资方的相关活动,而不论其是否实际行使该权利,视为投资方拥有对被投资方的权力。两个或两个以上投资方分别享有能够单方面主导被投资方不同相关活动的现时权利的,能够主导对被投资方回报产生最重大影响的活动的一方拥有对被投资方的权力。但是,仅享有保护性权利的投资方不拥有对被投资方的权力。所谓保护性权利,是指仅为了保护权利持有人利益却没有赋予持有人

---

① 在我国过去的合并报表实务中,资产负债均按照子公司账面价值进行合并。

对相关活动决策权的一项权利。保护性权利通常只能在被投资方发生根本性改变或某些例外情况发生时才能够行使,它既没有赋予其持有人对被投资方拥有权力,也不能阻止其他方对被投资方拥有权力。

除非有确凿证据表明其不能主导被投资方相关活动,下列情况表明投资方对被投资方拥有权力:① 投资方持有被投资方半数以上的表决权的;② 投资方持有被投资方半数或以下的表决权,但通过与其他表决权持有人之间的协议能够控制半数以上表决权的。

投资方持有被投资方半数或以下的表决权,但综合考虑下列事实和情况后,判断投资方持有的表决权足以使其目前有能力主导被投资方相关活动的,视为投资方对被投资方拥有权力:① 投资方持有的表决权相对于其他投资方持有的表决权份额的大小,以及其他投资方持有表决权的分散程度;② 投资方和其他投资方持有的被投资方的潜在表决权,如可转换公司债券、可执行认股权证等;③ 其他合同安排产生的权利;④ 被投资方以往的表决权行使情况等其他相关事实和情况。

某些情况下,投资方可能难以判断其享有的权利是否足以使其拥有对被投资方的权力。在这种情况下,投资方应当考虑其具有实际能力以单方面主导被投资方相关活动的证据,从而判断其是否拥有对被投资方的权力。投资方应考虑的因素包括但不限于下列事项:① 投资方能否任命或批准被投资方的关键管理人员;② 投资方能否出于自身利益决定或否决被投资方的重大交易;③ 投资方能否掌控被投资方董事会等类似权力机构成员的任命程序,或者从其他表决权持有人手中获得代理权;④ 投资方与被投资方的关键管理人员或董事会等类似权力机构中的多数成员是否存在关联方关系。

如果母公司是投资性主体,则母公司应当仅将为其投资活动提供相关服务的子公司(如有)纳入合并范围并编制合并财务报表;其他子公司不应当予以合并,母公司对其他子公司的投资应当按照公允价值计量且其变动计入当期损益。当母公司同时满足下列条件时,该母公司属于投资性主体:① 该公司是以向投资者提供投资管理服务为目的,从一个或多个投资者处获取资金;② 该公司的唯一经营目的,是通过资本增值、投资收益或两者兼而有之让投资者获得回报;③ 该公司按照公允价值对几乎所有投资的业绩进行考量和评价。母公司属于投资性主体的,通常情况下应当符合下列所有特征:① 拥有一个以上投资;② 拥有一个以上投资者;③ 投资者不是该主体的关联方;④ 其所有者权益以股权或类似权益方式存在。

9.2.3 合并财务报表编制的一般原理

在编制合并财务报表时,首先应对各子公司进行分类。对于属于同一控制下企业合并中取得的子公司的个别财务报表,如果不存在与母公司会计政策和会计期间不一致的情况,则不需要对该子公司的个别财务报表进行调整。对于属于非同一控制下企业合并中取得的子公司,除存在与母公司会计政策和会计期间不一致的情况,需要对该子公司的个别财务报表进行调整之外,还应当根据母公司为该子公司设置的备查簿的记录,以记录的该子公司的各项可辨认资产、负债及或有负债等在购买日的公允价值为基础,通过编制调整分录,对该子公司的个别财务报表进行调整,以使该子公司的个别财务报表反映为在购买日公允价值基础上确定的可辨认资产、负债及或有负债在本期资产负债表日的金额。然后,应当以母公司和其子公司的财务报表为基础,根据其他有关资料,按照权益法调整对子公司的长期股权投资后,由母公司编制合并财务报表。

合并财务报表主要包括合并资产负债表、合并利润表、合并现金流量表、合并所有者权益变动表以及附注。合并资产负债表是反映母公司和子公司所形成的企业集团某一特定日期财务状况的会计报表。合并利润表是反映母公司和子公司所形成的企业集团在一定期间内经营成果的会计报表。合并现金流量表是反映母公司和子公司所形成的企业集团在一定期间内现金流入、流出量以及现金净增减变动情况的会计报表。合并所有者权益变动表是反映母公司与子公司的所有者权益变动情况的会计报表。附注是对有关合并会计报表编制基础、编制依据、编制原则和方法及主要项目等所作的解释。其中,最为关键的是合并资产负债表和合并利润表。下面简要说明这两种合并财务报表编制的一般原理。

1. 合并资产负债表的编制

合并资产负债表的编制,就绝大多数资产负债表项目而言,就是纳入合并范围的各公司个别资产负债表相应项目的加总。[①] 但是,对于发生在合并范围内公司之间的所有交易和事项,必须加以相互抵销,否则会形成重复计算。具体来讲,编制合并资产负债表时需要进行"内部"抵销的项目主要有:

(1) 集团内部长期股权投资项目与被投资单位所有者权益项目的抵销。母公司对子公司的长期股权投资与母公司在子公司所有者权益中所享有的份额应当相互抵销。各子公司之间的长期股权投资以及子公司对母公司的长期股权投资,也应当将长期股权投资与其对应的子公司或母公司所有者权益中所享有的份额相互抵销。为了叙述的方便,下面着重说明母公司对子公司的长期股权投资与子公司所有者权益中母公司所享有的份额的抵销处理。

纳入合并范围的子公司,可能是全资子公司,也可能是非全资子公司。当子公司为全资子公司时,母公司对子公司长期股权投资的数额和子公司所有者权益各项目的数额应当全部抵销。抵销分录的形式是:借记"实收资本""资本公积""盈余公积"和"未分配利润"等项目,贷记"长期股权投资"项目。当母公司对子公司长期股权投资的数额与子公司所有者权益的数额不一致时,应将其差额计入"商誉"项目。需要注意的是,"长期股权投资"是经过权益法调整之后的,而非母公司个别财务报表中的账面价值。而非同一控制下企业合并取得的子公司的所有者权益项目也是根据合并日的公允价值进行相关调整之后的,而非子公司个别财务报表中的账面价值。

当纳入合并范围的子公司为非全资子公司时,应当将母公司对子公司长期股权投资的数额和子公司所有者权益中母公司所享有的数额相抵销。子公司所有者权益不属于母公司的份额,应当作为非控制权益。非控制权益应当以子公司资产负债表日的股本结构为基础确定,在合并资产负债表中所有者权益项目下以"少数股东权益"项目单独列示,表示其他投资者在子公司所有者权益中所拥有的份额。抵销分录的形式是:借记"实

---

① 当然,对于非同一控制下企业合并取得的子公司的个别财务报表,需要根据合并日的公允价值对其可辨认资产、负债及或有负债进行调整。

收资本""资本公积""盈余公积"和"未分配利润"等项目,贷记"长期股权投资"和"少数股东权益"项目。

与合并全资子公司时的情况类似,合并非全资子公司时,当母公司对子公司长期股权投资的数额与子公司所有者权益中母公司所享有的数额不一致时,应将其差额计入"商誉"项目。

例 9-5 2019 年 12 月 31 日,A 公司对 B 公司的长期股权投资经调整后的数额为 6 000 万元,持有 B 公司的股份比例为 80%。B 公司经调整后的所有者权益的数额为 7 000 万元,其中,股本 3 000 万元,资本公积 2 800 万元,盈余公积 1 000 万元,未分配利润 200 万元。

在本例中,应该予以抵销的 A 公司的"长期股权投资"数额为 6 000 万元,而应该抵销的 B 公司属于 A 公司的所有者权益数额则为 5 600 万元(7 000 万元×80%),差额 400 万元(6 000 - 5 600)应当在合并资产负债表上作为商誉列示。B 公司所有者权益中其余的 1 400 万元属于"少数股东权益"。为编制合并资产负债表所须做的抵销分录如下:

借:股本	30 000 000
资本公积	28 000 000
盈余公积	10 000 000
未分配利润	2 000 000
商誉	4 000 000
贷:长期股权投资——B 公司	60 000 000
少数股东权益	14 000 000

(2) 集团内部债权与债务项目的抵销。发生在集团内部母公司与子公司之间,或者子公司相互之间的债权与债务项目,在各公司个别资产负债表上,一方表现为资产,另一方表现为负债。从集团整体的角度来看,它们都是不存在的。因此,在编制合并资产负债表时,需要予以相互抵销。与此同时,也应该抵销应收账款的坏账准备和债券投资的减值准备。母公司与子公司、子公司相互之间的债券投资和应付债券相互抵销后,产生的差额应当计入合并利润表的投资收益或财务费用项目。

例 9-6 2019 年 12 月 31 日,母公司 A 个别资产负债表中的应收账款中的 600 万元为其子公司 B 所欠,A 公司已就该项应收账款计提了坏账准备 1 万元。

在本例中,编制合并资产负债表时需要做的抵销分录如下:

借:应付账款	6 010 000
贷:应收账款	6 010 000

同时,

借:应收账款——坏账准备	10 000
贷:资产减值损失	10 000

例 9-7 2019 年 12 月 31 日,母公司 A 作为"持有至到期投资"持有的子公司 B 发行的面值为 100 元的公司债券 3 万张,账面价值为 320 万元。子公司账面上对应的应付债券为 300 万元。

在本例中,母公司账面上的"持有至到期投资"数额之所以与子公司账面上的"应付债券"数额不一致,是因为母公司持有的这些债券并非直接从子公司手中购买,而是从市

场上其他投资者手中购买的。因此,两者之间的差额20万元应当计入财务费用。编制合并资产负债表时需要做的抵销分录如下:

借:应付债券　　　　　　　　　　　　　　　　　　　3 000 000
　　财务费用　　　　　　　　　　　　　　　　　　　　 200 000
　贷:持有至到期投资　　　　　　　　　　　　　　　　　3 200 000

(3) 存货中所包含的未实现内部销售利润的抵销。如果纳入合并范围的各公司期末存货中包含经历过集团内部交易的存货,那么这部分存货账面金额中事实上就包含了一部分"未实现的内部销售利润"。所谓"未实现",是指这种包含在存货账面金额中的"销售利润",对于具体的销售方(母公司或子公司)来讲虽然业已实现,但对于整个集团来讲却尚未实现,原因是这种存货依然保留在集团手中,并未最终销售给集团之外的第三方。因此,在编制合并资产负债表时,应当将存货价值中所包含的未实现内部销售利润予以抵销,否则,合并资产负债表就会夸大集团的资产价值。在编制抵销分录时,按照集团内部销售方销售该商品的销售收入,借记"主营业务收入"等项目;按其销售成本,贷记"主营业务成本"等项目;按照集团内部购买方期末存货中所包含的未实现内部销售利润的数额,贷记"存货"等项目。

例9-8　2019年12月31日,子公司B的存货中有780万元是本期从其子公司C购入的。经核查C公司的有关账目,发现对应于上述B公司存货的子公司C的销售成本为560万元。

在本例中,该批存货在B公司账面上显示为780万元,但如果不发生内部销售,该批存货继续保留在C公司账面上,则其账面价值依然为560万元。"虚增"的220万元就是内部销售利润。因此,在编制合并资产负债表时,应该编制如下抵销分录:

借:营业收入　　　　　　　　　　　　　　　　　　　　7 800 000
　贷:营业成本　　　　　　　　　　　　　　　　　　　　5 600 000
　　　存货　　　　　　　　　　　　　　　　　　　　　　2 200 000

(4) 固定资产、无形资产和在建工程中所包含的未实现内部销售利润的抵销。固定资产价值中所包含的未实现内部销售利润,是指在企业集团内部销售中,销售方以高于成本或固定资产净值的价格将产品或固定资产销售给集团内的其他企业作为固定资产使用,并将售价与成本的差额确认为当期损益;而购买方以实际支付的价款作为固定资产原值入账,从而购买方所入账的固定资产原值中就包含销售方因该内部销售而确认的利润。从集团整体的角度看,这种内部固定资产交易所形成的销售方入账的利润,并非集团已实现的利润;相应地,购买企业固定资产原值也不应该包含这种就集团整体而言并未实现的内部交易利润。因此,编制合并资产负债表时,必须将固定资产原值中所包含的未实现内部销售利润予以抵销。无形资产和在建工程中所包含的未实现内部销售利润同样应该予以抵销。

例9-9　2019年12月31日,子公司G资产负债表中所列示的固定资产中包含一项原值为87 000元的设备,系本年12月从母公司A购入并投入使用,本期未计提折旧。该设备的生产成本(母公司)为75 000元。

在本例中,编制合并资产负债表时,需要将该固定资产原值中所包含的内部销售利润12 000元予以抵销,即需要编制如下抵销分录:

借:营业收入	87 000	
贷:营业成本		65 000
固定资产——原价		12 000

2. 合并利润表的编制

合并利润表应当以母公司与子公司的利润表为基础,在抵销母公司与子公司、子公司相互之间发生的内部交易对合并利润表的影响后,由母公司编制。编制合并利润表时需要进行抵销处理的项目主要有:

(1) 内部营业收入与营业成本的抵销。母公司与子公司、子公司相互之间销售商品所产生的营业收入和营业成本应当抵销。母公司与子公司、子公司相互之间销售商品,期末全部实现对外销售的,应当将购买方的营业成本与销售方的营业收入相互抵销;母公司与子公司、子公司相互之间销售商品,期末未实现对外销售而形成存货、固定资产、工程物资、在建工程和无形资产等资产的,在抵销销售商品的营业成本和营业收入的同时,还应当将各项资产所包含的未实现内部销售损益予以抵销。

如果购买方从集团内部购入的商品在当期全部对外售出,那么购买方和销售方就对同一批商品的销售分别确认了一次销售收入、销售成本和相应的损益。但从集团角度来看,这只是实现了一次销售,其销售收入只是购买方对外销售所实现的销售收入,其销售成本只是销售方销售该批商品的成本。也就是说,销售方销售该批商品的收入属于内部销售收入;相应地,购买方销售该批商品的销售成本属于内部销售成本。因此,在编制合并利润表时,应该将重复反映的内部销售收入和内部销售成本予以抵销。进行抵销处理时,应按内部销售金额借记"营业收入"(销售方)等项目,贷记"营业成本"(购买方)等项目。

如果购买方从集团内部购入的商品在当期并未对外售出,那么销售方已确认销售收入,结转销售成本,并将相应的销售利润反映在其利润表中。而事实上,从集团角度来看,这种内部销售只是商品存放地点的改变,并没有真正实现对外销售,故不应该确认销售收入,结转销售成本,以及在利润表中反映这种内部销售利润。因此,在编制合并利润表时,就应该将销售方确认的这种内部销售收入和内部销售成本予以抵销。与此同时,购买方对于这种内部采购,业已按支付给销售方的价款作为存货成本入账,因而在其个别资产负债表的存货价值中就包含了该批商品的内部销售毛利。就集团而言,这是未实现的销售毛利,应该在编制合并财务报表时一并予以抵销。

例 9-10 2019 年母公司 K 的个别利润表的营业收入中有 800 000 元系向其子公司 J 销售商品实现的收入。K 公司销售该批商品的成本为 630 000 元。J 公司本年年末存货中包含有 800 000 元从 K 公司购进的存货,该批存货中包含的未实现内部销售利润为 170 000 元。

在本例中,编制合并利润表时需要做的抵销分录如下:

借:营业收入	800 000	
贷:营业成本		630 000
存货		170 000

如果购买方从集团内部购入的商品部分在当期对外销售,部分形成期末存货,那么,对外销售部分,应该抵销相应的内部销售收入(销售方)和内部销售成本(购买方);形成

期末存货部分,则应抵销内部销售收入(销售方)、内部销售成本(销售方)及存货(购买方)中所包含的内部销售毛利。

如果集团成员企业将其产品出售给另一成员企业作为固定资产使用,销售方在发生集团内部销售时确认了销售收入,结转了销售成本,从而也就在其个别利润表上反映了内部销售利润。与此同时,购买方则按销售方的销售价格记录固定资产账面价值。事实上,由于属于集团内部销售,从集团的角度看,购买方应该按照销售方的生产成本记录固定资产账面价值,因此在编制合并利润表时,需要将这种内部销售收入和内部销售成本予以抵销,同时也要抵销固定资产原价中包含的未实现内部销售利润,即借记"营业收入"项目,贷记"营业成本"和"固定资产"项目。

(2) 其他有关项目的抵销。除内部销售收入和内部销售成本需要抵销之外,编制合并利润表时所需编制的抵销分录还包括:内部应收账款计提的坏账准备的抵销;内部利息收入和利息支出的抵销;内部投资收益和子公司利润分配有关项目的抵销;内部提取盈余公积的抵销等。

如前所述,在编制合并资产负债表时需要将内部应收账款和应付账款相互抵销,与此相适应,需要将内部应收账款计提的坏账准备予以抵销,即借记"应收账款——坏账准备"项目,贷记"资产减值损失"项目。在连续编制合并资产负债表时,应将上期资产减值损失中抵销的内部应收账款计提的坏账准备对本期期初未分配利润的影响予以抵销,即借记"应收账款——坏账准备"项目,贷记"未分配利润——年初"项目。对于本期个别财务报表中的内部应收账款相对应的坏账准备增减变动的金额也予以抵销,即按照本期个别资产负债表中期末内部应收账款相对应的坏账准备的增加额,借记"应收账款——坏账准备"项目,贷记"资产减值损失"项目,或按照本期个别资产负债表中期末内部应收账款相对应的坏账准备的减少额,借记"资产减值损失"项目,贷记"应收账款——坏账准备"项目。

集团内部也可能发生相互之间持有对方债券或提供内部资金借贷等业务。为此,应该在抵销内部应付债券和持有至到期投资(假定购买债券的企业将该债券投资归类为持有至到期投资)的同时,将内部利息收入和内部利息支出也予以抵销,即借记"投资收益"项目,贷记"财务费用"项目(假定所发生的利息费用全部计入当期损益,不存在资本化的情况)。

内部投资收益是指母公司对子公司权益性资本投资的收益。当纳入合并范围的为全资子公司时,母公司对某一子公司的投资收益就是该子公司当期实现的净利润。假定子公司期初未分配利润为零,则子公司本期的净利润就是企业本期可供分配的利润,而子公司本期利润分配(包括提取盈余公积、应付利润/股利等)的金额与期末未分配利润的金额,则是本期利润分配的结果。母公司的投资收益正好与子公司的利润分配项目相抵销。编制合并利润表时应做的抵销分录为:借记"投资收益""未分配利润——年初"项目,贷记"提取盈余公积""对所有者(或股东)的分配""未分配利润——年末"等项目。

当纳入合并范围的为非全资子公司时,母公司本期对子公司的股权投资收益与属于少数股东的收益之和,即为子公司本期净利润。假定子公司期初未分配利润为零,母公司本期对子公司的股权投资收益与属于少数股东的收益之和,正好与子公司的利润分配项目相抵销。编制合并利润表时应做的抵销分录为:借记"投资收益""少数股东损益"

"未分配利润——年初"项目,贷记"提取盈余公积""对所有者(或股东)的分配""未分配利润——年末"等项目。

需要说明的是,按照企业会计准则的规定,当期合并财务报表不需要再将已经抵销的提取盈余公积的金额调整回来。

例 9-11 A 公司拥有 B 公司 60% 的股份。A 公司按照权益法调整的 B 公司本期投资收益为 300 万元,B 公司本期少数股东损益为 200 万元。B 公司期初未分配利润为 100 万元,本期提取盈余公积 250 万元,分派现金股利 150 万元,期末未分配利润为 200 万元。

在本例中,应编制的抵销分录如下:

借:投资收益	3 000 000
少数股东损益	2 000 000
未分配利润——年初	1 000 000
贷:提取盈余公积	2 500 000
对所有者(或股东)的分配	1 500 000
未分配利润——年末	2 000 000

最后需要说明的是,子公司当期净利润中属于少数股东权益的部分,应该在合并利润表"净利润"项目之下以"少数股东损益"列示。子公司少数股东分担的当期亏损超过少数股东在该子公司期初所有者权益中享有的份额的,其余额应当分别按下列情况进行处理:① 公司章程或协议规定少数股东有义务承担,并且少数股东有能力予以弥补的,该项余额应该冲减少数股东权益。② 公司章程或协议未规定少数股东有义务承担的,该余额应该冲减母公司的所有者权益;该子公司以后期间实现的利润,在弥补了由母公司所有者权益所承担的属于少数股东的损失之前,应当全部归属于母公司的所有者权益。

另外,母公司在报告期内因同一控制下企业合并增加子公司的,应当将该子公司自合并当期期初至报告期期末的收入、费用和利润纳入合并利润表;因非同一控制下企业合并增加子公司的,应当将该子公司自购买日至报告期期末的收入、费用和利润纳入合并利润表。母公司在报告期内处置子公司的,应当将该子公司自期初至处置日的收入、费用和利润纳入合并利润表。

综上所述,在解读企业合并日后的报表合并问题时,需要特别注意理解的因素包括:

(1) 合并财务报表理论主要有母公司理论和实体理论。母公司理论的基本观点是,集团的业主权益只属于母公司的股东;实体理论的基本观点是,不能把子公司的少数股东权益排除在集团这个单一主体的业主权益之外,正如不能把单一公司中的少数股东权益排除在业主权益之外一样。

(2) 我国过去有关合并财务报表的暂行规定遵循的是母公司理论,现行企业会计准则遵循实体理论。

(3) 合并财务报表的合并范围应当以控制为基础予以确定。所谓控制,是指一个企业能够决定另一个企业的财务和经营政策,并据以从另一个企业的经营活动中获取利益的权力。

(4) 如果母公司直接或通过子公司间接拥有被投资单位半数以上的表决权,就表明母公司能够控制被投资单位,应当将该被投资单位认定为子公司,纳入合并财务报表的合并范围,但有证据表明母公司不能控制被投资单位的除外。

(5) 有些情况下，母公司拥有被投资单位半数或以下的表决权，但事实上对被投资单位的经营和财务决策具有控制权，那么，这种被投资单位也被视为母公司的子公司，应当将其纳入合并范围。

(6) 我国企业会计准则要求将母公司控制的所有子公司都纳入合并范围，但下列被投资单位不是母公司的子公司，不应当纳入母公司合并财务报表的合并范围：已宣告被清理整顿的原子公司、已宣告破产的原子公司、母公司不能控制的其他被投资单位。

(7) 合并财务报表应当以母公司和其子公司的财务报表为基础，根据其他有关资料，按照权益法调整对子公司的长期股权投资后，由母公司编制。对于属于非同一控制下企业合并中取得的子公司，除了存在与母公司会计政策和会计期间不一致的情况，需要对该子公司的个别财务报表进行调整外，还应当根据母公司为该子公司设置的备查簿的记录，以该子公司的各项可辨认资产、负债及或有负债等在购买日的公允价值为基础，通过编制调整分录，对该子公司的个别财务报表进行调整，以使该子公司的个别财务报表反映为在购买日公允价值基础上确定的可辨认资产、负债及或有负债在本期资产负债表日的金额。

(8) 合并财务报表主要包括合并资产负债表、合并利润表、合并现金流量表、合并所有者权益变动表以及附注，其中最为关键的是合并资产负债表和合并利润表。

(9) 合并资产负债表的编制，就绝大多数资产负债表项目而言，就是纳入合并范围的各公司个别资产负债表相应项目的加总，但是对于发生在合并范围内公司之间的所有交易和事项必须加以抵销。

(10) 合并利润表应当以母公司与子公司的利润表为基础，在抵销母公司与子公司、子公司相互之间发生的内部交易对合并利润表的影响后，由母公司编制。

9.3 外币报表的折算

以上讨论的合并财务报表问题，都是假设集团的成员企业在一个国家。对于跨国企业而言，需要将国外子公司的财务报表与母公司的财务报表进行合并，编制合并财务报表。如果国外子公司的记账本位币不同于母公司的记账本位币，则在编制合并财务报表之前，需要先将以外币表达的子公司财务报表折算为以母公司编报货币表达的财务报表，然后再进行合并。

外币报表折算的关键问题是，对财务报表上的不同项目，究竟应该用什么样的汇率进行折算。理论上，外币报表折算的方法主要有：现行汇率法、货币与非货币性项目法、流动与非流动性项目法及时态法等。所谓现行汇率法，就是所有报表项目均按现行汇率进行折算，从而使得折算前后的财务报表的所有项目发生同样比例的变化，不产生折算差额。所谓货币与非货币性项目法[①]，就是对货币性项目采用现行汇率折算，对非货币性

[①] 货币性项目是指企业持有的货币资金和将以固定或可确定的金额收取的资产或者偿付的负债，非货币性项目是指货币性项目以外的项目。

项目则按交易发生日的汇率(即历史汇率)折算,折算差额列入所有者权益。所谓流动与非流动性项目法,就是对流动性项目按现行汇率折算,对非流动项目则按交易发生日的汇率(即历史汇率)折算,折算差额列入所有者权益。所谓时态法,就是对每一个报表项目,均按其发生日的汇率折算,折算差额列入所有者权益。然而,在各国会计实务中,外币报表的折算未必简单地选择采用上述某一种理论意义上的折算方法,而往往采取上述方法的变形或折中。

根据我国《企业会计准则第19号——外币折算》①,我国企业在对境外经营的财务报表进行折算时应当遵循下列规定:① 资产负债表中的资产和负债项目采用资产负债表日的即期汇率折算,除"未分配利润"之外的所有者权益项目采用发生时的即期汇率折算;② 利润表中的收入和费用项目采用交易发生日的即期汇率折算,也可以采用按照系统合理的方法确定的、与交易发生日即期汇率近似的汇率折算②;③ 按照上述①、②折算产生的外币报表折算差额,在资产负债表中所有者权益项目下单独列示,其中属于少数股东权益的部分,应当并入少数股东权益项目。从这些规则可以发现,我国外币报表的折算实行的基本是现行汇率法。

企业在并入处于恶性通货膨胀经济③中的境外经营的财务报表时,应当对资产负债表项目运用一般物价指数予以重述,对利润表项目按一般物价指数变动予以重述,再按照最近资产负债表日的即期汇率进行折算。在境外经营不再处于恶性通货膨胀经济中时,应当停止重述,按照停止之日的价格水平重述的财务报表进行折算。企业在处置境外经营时,应当将已列入并入后的资产负债表中所有者权益项目下的、与该境外经营相关的外币财务报表折算差额,自所有者权益项目转入处置当期损益;部分处置境外经营的,应当按处置的比例计算处置部分的外币财务报表折算差额,转入处置当期损益。

综上所述,在解读外币报表折算问题时,需要特别注意理解的因素包括:

(1) 在编制合并财务报表之前,需要先将以外币表达的子公司财务报表折算为以母公司编报货币表达的财务报表,然后再进行合并。

(2) 我国企业在对境外经营的财务报表进行折算时,资产负债表中的资产和负债项目采用资产负债表日的即期汇率折算,除"未分配利润"之外的所有者权益项目采用发生时的即期汇率折算;利润表中的收入和费用项目采用交易发生日的即期汇率折算,也可

---

① 该准则除规范外币报表的折算之外,也规范了外币交易的折算。所谓外币交易,是指以外币计价或者结算的交易。外币是指企业记账本位币以外的货币。外币交易包括:(1) 买入或者卖出以外币计价的商品或劳务;(2) 买入或者借出外币资金;(3) 其他以外币计价或者结算的交易。对于外币交易,企业应当将外币金额折算为记账本位币金额。外币在初始确认时,应当采用交易发生日的即期汇率将外币金额折算为记账本位币金额,也可以采用按照系统合理的方法确定的、与交易发生日即期汇率近似的汇率折算。在资产负债表日,对于外币货币性项目,采用资产负债表日即期汇率折算,因资产负债表日即期汇率与初始确认时或者前一资产负债表日即期汇率不同而产生的汇兑差额,计入当期损益;对于以历史成本计量的外币非货币性项目,仍采用交易发生日的即期汇率折算,不改变其记账本位币金额;对于以公允价值计量的外币非货币性项目,如交易性金融资产,采用公允价值确定日的即期汇率折算,折算后的记账本位币金额与原记账本位币金额的差额作为公允价值变动(含汇率变动)处理,计入当期损益。

② 通常是指当期平均汇率或加权平均汇率。企业通常应当采用即期汇率进行折算;汇率变动不大的,也可以采用即期汇率的近似汇率进行折算。

③ 恶性通货膨胀经济通常按照以下特征进行判断:(1) 最近三年累计通货膨胀率接近或超过100%;(2) 利率、工资和物价与物价指数挂钩;(3) 公众不是以当地货币而是以相对稳定的外币为单位,作为衡量货币金额的基础;(4) 公众倾向于以非货币性资产或相对稳定的外币来保存自己的财富,持有的当地货币立即用于投资以保持购买力;(5) 即使信用期限很短,赊销、赊购交易仍按补偿信用期预计购买力损失的价格成交。

以采用按照系统合理的方法确定的、与交易发生日即期汇率近似的汇率折算。按照上述折算产生的外币报表折算差额,在资产负债表中所有者权益项目下单独列示,其中属于少数股东权益的部分,应当并入少数股东权益项目。

（3）企业在并入处于恶性通货膨胀经济中的境外经营的财务报表时,应当对资产负债表项目运用一般物价指数予以重述,对利润表项目按一般物价指数变动予以重述,再按照最近资产负债表日的即期汇率进行折算。

专业词汇

成本法（Cost Method）
权益法（Equity Method）
企业合并（Business Combination）
同一控制下的企业合并（Business Combination Involving Enterprises under Common Control）
购买方（Acquirer）
被购买方（Acquiree）
控股合并（Acquisition of Majority Interest）
吸收合并（Merger）
新设合并（Consolidation）
合并财务报表（Consolidated Financial Statement）
合并范围（Consolidation Scope）
合并程序（Consolidation Procedures）
统一母子公司的会计政策（Uniformity of Accounting Policies）

购买法（Purchase Method）
权益结合法（Pooling of Interest Method）
控制（Control）
权力（Power）
重大影响（Significant Influence）
多数表决权（Majority of Voting Rights）
拥有被投资单位半数或以下的表决权（Less than a Majority of Voting Rights）
对合营或联营企业的投资（Investments in Associates and Joint Ventures）
内部商品交易（Intercompany Transactions Between Investor and Investee）
商誉（Goodwill）
母公司（Parent Company）
子公司（Subsidiary）
少数股东权益（Minority Interest）

思考题

1. 什么是购买法？什么是权益结合法？它们的主要区别是什么？

2. 按照我国企业会计准则的规定,在同一控制下的企业合并中,合并方在合并日应该如何计量合并中取得的资产和负债？应该如何计量合并对价（即合并成本）？合并方取得的净资产与支付的合并对价的差额应该如何处理？

3. 按照我国企业会计准则的规定,在非同一控制下的企业合并中,合并方在购买日作为企业合并对价付出的资产、发生或承担的负债应当如何计量？合并方对合并成本与合并中取得的被购买方可辨认净资产公允价值份额的差额,应当如何确认？

4. 合并财务报表合并范围的确定应当以控制为基础加以确定。这里所称的"控制"是什么含义？哪些情形表明存在控制关系,从而应该合并被控制企业的财务报表？

教学案例

案例1：尔康制药未合并抵销的内部销售*

湖南尔康制药股份有限公司(以下简称"尔康制药")成立于2003年10月，是一家完全按照《药品生产质量管理规范》管理的现代化制药企业，主要业务包括药用辅料及新型抗生素产品。尔康制药是国内品种最全、规模最大的专业药用辅料生产企业之一，并且是国内少数几家拥有新型青霉素类抗生素——磺苄西林钠原料药和成品药注册批件的企业之一。

《企业会计准则第33号——合并财务报表》第三章第一节"合并资产负债表"中第三十条规定："(三)母公司与子公司、子公司相互之间销售商品(或提供劳务，下同)或其他方式形成的存货、固定资产、工程物资、在建工程、无形资产等所包含的未实现内部销售损益应当抵销。"然而，尔康制药在2016年度合并报表中，未对从子公司湖南尔康(柬埔寨)投资有限公司(以下简称"柬埔寨尔康"，其基本情况见表1)采购原材料实现的收益部分进行抵销处理。这部分从柬埔寨尔康采购的原材料主要用于生产淀粉空心胶囊，且在2016年未对外形成销售，此内部交易产生的损益属于企业会计准则规定的"未实现内部销售损益"，应当在并表时予以抵销。在明知企业会计准则规定的情况下，尔康制药却绕过"必须抵销"的规定。之所以能够在2016年年报中避免内部交易的抵销实现合并报表利润虚增，是因为尔康制药并不直接向柬埔寨尔康采购，而是引入第三方供应商。尔康制药通过第三方供应商向柬埔寨尔康购买原材料，即使其并未对外销售产成品，也不属于企业会计准则规定的"未实现内部销售"。

表1 柬埔寨尔康的基本情况

资产的具体内容	形成原因	资产规模(元)	所在地	运营模式	保障资产安全性的控制措施	收益状况(元)	境外资产占公司净资产的比重(%)	是否存在重大减值风险
湖南尔康(柬埔寨)投资有限公司	全资子公司湖南尔康(香港)有限公司下设的全资子公司	1 036 572 808.18	柬埔寨	直接经营	直接控制	615 606 651.95	19.77	否

对于第三方供应商的存在，尔康制药并未在2016年年报中具体披露，在"公司前5名供应商资料"中也仅仅以星号替代。尔康制药后来解释这是"备货过程中出于商业保密的考虑"。对于此次采购并未完成销售的事实，尔康制药也进行了解释，"由于各省份药品集中采购政策发生重大变化，所有单列分组招标的药品采购政策均未能实施，因此

---

* 本案例主要根据东方财富网2017年11月25日发布的《上市公司重大会计差错！2亿利润2亿资产瞬间灰飞烟灭》一文进行改编，并参考了巨潮资讯网发布的湖南尔康制药股份有限公司年度财务报告及相关公告。

公司淀粉胶囊制剂产品的生产、推广计划受到较大影响。因为公司上述误判政策行为,导致公司备货的空心胶囊用改性淀粉未能全部生产淀粉植物空心胶囊,也未全部对外形成销售"。而且认为,"在2016年财务报告准备期间,公司业务部门和柬埔寨尔康未就上述内部采购事项及时与财务部门进行信息传递和沟通"。

对于这样隐秘的准则套利行为,还是能从财务报告各项目之间的勾稽关系中找到一些蛛丝马迹的。从尔康制药2016年年报中披露的主要财务数据来看,营业收入较2015年增长68.62%,净利润较2015年增长69.78%,但经营活动产生的现金流量净额却下降6.25%(见表2)。尔康制药认为业绩增长是源于药用辅料业务的大幅增长。而从分行业的实物销售情况来看,药用辅料销售量增加265.71%,生产量增加326.66%,库存量却不成比例地猛增1 075.59%(见表3)。尔康制药对相关数据变动给出的说明是,原辅料药期末库存量较期初增长主要系药用淀粉系列及柠檬酸钠系列库存量增加所致。

表2 尔康制药主要会计数据和财务指标

	2016年	2015年	2014年
营业收入(元)	2 960 896 815.03	1 755 998 915.76	1 370 358 491.18
归属于上市公司股东的净利润(元)	1 026 434 494.30	604 578 672.02	288 288 645.94
归属于上市公司股东的扣除非经常性损益的净利润(元)	980 970 173.08	592 629 642.26	284 056 506.06
经营活动产生的现金流量净额(元)	486 495 536.30	518 955 781.70	175 382 420.41
基本每股收益(元/股)	0.50	0.29	0.32
稀释每股收益(元/股)	0.50	0.29	0.32
加权平均净资产收益率(%)	22.00	29.02	19.84
	2016年年末	2015年年末	2014年年末
资产总额(元)	5 653 240 595.76	4 801 355 378.30	2 220 553 960.84
归属于上市公司股东的净资产(元)	5 182 607 008.43	4 183 662 660.89	1 621 723 439.03

表3 尔康制药实物销售情况

行业分类	项目	2016年(吨)	2015年(吨)	同比增减(%)
医药制造业-原辅料药	销售量	329 267.07	90 034.23	265.71
	生产量	401 572.92	94 121.08	326.66
	库存量	78 829.82	6 705.53	1 075.59

2017年5月,尔康制药的年报引起媒体质疑,并引发监管层注意。2017年11月22日晚,尔康制药发布《关于媒体报道自查报告的公告》,承认2016年年报存在重大会计差

错,拟对财务报告进行追溯调整。上述未合并抵销的收入差错更正导致公司 2016 年度财务报告虚增主营业务收入 229 315 853.50 元,虚增净利润 208 981 130.18 元。

讨论题:

1. 根据本案例中的重大会计差错的具体情形,您认为如果不对财务报告进行追溯调整,将会影响到哪些报表的哪些项目的错报?

2. 结合本案例,查阅公司 2016 年年度追溯调整前的财务报告,假设用存货期末余额加上营业成本减去存货期初余额作为当年含税采购总额的粗略替代值,请简单推算采购总额体现在报表各科目间的勾稽关系。

3. 对于尔康制药未在 2016 年年报中披露第三方供应商情况的内部采购行为,且其事后声称的"备货过程处于商业保密的考虑"以及"未及时与财务部门进行信息传递和沟通"的情况,您是如何看待的?本案例对财务报告分析有哪些借鉴意义?

案例 2:康美药业"现金流造假"风波*

一、公司概况

康美药业股份有限公司(以下简称"康美药业")创建于 1997 年,是一家以中药饮片生产为核心,业务涵盖中药全产业链的现代化大型医药资源型企业、国家重点高新技术企业。公司于 2001 年在沪交所挂牌上市(股票代码:600518)。截至 2012 年年底,康美药业总资产约 180 亿元,净资产 106 亿元,员工 5 000 多人。2012 年实现销售收入 111.6 亿元,同比增长 83.62%;实现净利润 14.41 亿元,同比增长 43.4%,股票市值超过 380 亿元,在中国资本市场大医药行业中排名第二。康美药业 2001 年上市以来主营业务以化学药品生产及药品医疗器械经营为主,2002 年后增加中药生产及经营业务,2010 年后增加食品和专业市场物业管理业务。

康美药业的股权关系如图 1 所示。

图 1 康美药业与实际控制人之间的控制关系

从图 1 中可以看出,康美药业实际控制人马兴田通过其控股公司普宁市康美实业有限公司持有康美药业 30.42% 的股份。另外,康美药业前五大股东中,其他四位分别为普宁市金信典当行有限公司(与马兴田存在关联关系,持股 2.12%)、普宁市国际信息咨询

---

* 本案例依据康美药业公司主页信息、康美药业 2011 年度财务报告以及雪球网相关信息编写。

服务有限公司(与马兴田存在关联关系,持股2.12%)、自然人许冬瑾(马兴田妻子,持股2.12%)、许燕君(与马兴田存在关联关系,持股1.59%)。前十大股东中,除此之外的五位股东均为机构投资者。康美药业2012年年报显示,公司下辖的24家子公司,全部为全资控股(子公司具体信息详见附表1)。

二、事件起因:康美药业被指"现金流造假"

2012年5月9日,网友"奥德修斯"在国内知名投资者门户网站"雪球"上发文,质疑康美药业2011年财务报告现金流造假,称"康美药业2010、2011年报中现金流数据的诡异,足以证明康美药业和为其提供审计服务的珠江正中在肆意造假"。

以下为文章主要内容:

康美药业自2006年"绑定"广发证券后,在持续巨额融资的同时,收入、盈利也高速增长,合并现金流量表上反映的"净经营现金流"数据相当强劲,对挑剔的投资者和分析家而言,这样的增长也是高质量的增长,以高质量的增长为基础的持续大额资本开支,从长期而言也将有利于上市公司,于是自由现金流的持续恶化似乎也情有可原。

但是,整理康美药业自有合并子公司以来合并报表和母公司报表中"净经营现金流"的数据(见表1),可以看到,虽然历年合并报表中"净经营现金流"数据靓丽,但在2011年母公司报表中,"净经营现金流"为-2.41亿元,合并报表与母公司报表数据差额为8.16亿元,这部分现金流只能来自当年纳入合并报表范围的子公司。

表1 康美药业合并-母公司报表经营性净现金流差异 单位:万元

经营性净现金流					
	2007年	2008年	2009年	2010年	2011年
合并报表	16 255	302	11 947	66 919	57.496
母公司报表	16 571	682	9 188	16 777	-24 066
差额	-315	-381	2 759	**50 141**	**81 562**

2011年年报中,纳入合并报表范围的共有25家公司,其中在年报中分两部分披露了17家附属子公司不同内容的数据,基础数据质量很差。这17家公司当年净利润合计为-668万元,处于亏损状态。由于康美药业的主要收入和资产集中在母公司,因此子公司正常经营且获得8.16亿元净经营现金流,是根本不可能的。对这一巨大差额的另一种解释是,可能来自被计入"其他与经营活动相关的现金流"的政府补贴。经查证,2011年年报中当期政府补贴为3876.8万元,还有因亳州中药城项目而收到的亳州政府返还款2.81亿元,但即便这两笔金额都计入子公司现金流量表,也还有近5亿元的缺口。唯一有可能填上这个缺口的,就是在亳州从事商业地产开发的华佗中药城了。

据康美药业2011年年报,有关康美(亳州)华佗国际中药城有限公司的数据如下:公司注册资本1亿元,总资产8.22亿元,所有者权益8800万元,净利润为亏损1100万元。该公司成立于2010年12月1日,至2011年年底,总投资为15亿元的项目,工程累计投入6.78亿元,完成进度45.2%,当时还处在投入期,不可能为康美药业贡献约5亿元的经营现金流。那么康美药业又如何将母公司的-2.41亿元经营性净现金流变成合并报表中的 5.75 亿元?

进一步的分析需要一点笨功夫,直接对比年报中合并报表和母公司报表中"将净利润调节为经营活动现金流"的部分(见表2)。

表2　2011年度间接法下的合并-母公司现金流量表编制　　　　　　　单位:万元

	合并报表	母公司报表	差额	观察
净利润	100 520	99 197	1 323	净利润几乎都由母公司贡献
加:资产减值准备	844	404	440	
固定资产折旧等	8 029	6 420	1 609	
无形资产摊销	3 400	2 298	1 102	
长期待摊费用摊销	793	183	610	
处置固定资产、无形资产等	−419	−403	−16	
固定资产报废	1		1	
公允价值变动损失				
财务费用	26 915	26 913	2	财务费用都在母公司
投资损失	−5 615	−5 615		
递延所得税资产减少	−969	−61	−908	
递延所得税负债增加	—	—	—	
存货减少	−74 581	−64 484	−10 097	存货增加主要在母公司
经营性应收项目减少	−48 577	−91 747	**43 170**	子公司应收项目减少
经营性应付项目增加	47 156	2 828	**44 328**	子公司应付项目增加
其他	—	—	—	
净经营现金流	57 497	−24 067	81 564	

可以看到,两张报表主要的差额集中在"经营性应收项目减少"和"经营性应付项目增加"上,两项差额合计约8.7亿元。更具体地说,2011年度纳入康美药业合并报表中的25家子公司当年"经营性应收项目"比2010年减少了4.3亿元,同时这些子公司的"经营性应付项目"增加了4.4亿元。由于我们直接观察合并报表与母公司报表数据的差额,在正常的合并报表处理过程中所有内部交易项目都必须抵销,因此,未被抵销部分只能是来自合并报表范围之外的真实交易数据,不受处理合并报表过程中诸多内部交易项目的影响。就这样,康美药业子公司作为一个整体,"贡献"出8.7亿元现金。为了查证这多出来的现金,我们继续分析康美药业的"货币资金"(见表3)。

表3　合并-母公司报表货币资金差异　　　　　　　单位:万元

	2007年	2008年	2009年	2010年	2011年
合并报表货币资金	151 819	148 235	199 022	275 969	632 504
母公司报表货币资金	149 188	147 334	194 178	273 144	606 692
差额	2 631	901	4 844	2 825	25 812

2011年年底,康美药业合并报表显示其持有63.25亿元货币资金,其中60.67亿元由母公司直接持有,而25家子公司合计持有2.58亿元,也就是说,康美药业子公司作为一个整体,持有的货币资金合计远远不到8.7亿元。

核查2011年度收入和盈利情况,可以看到25家子公司作为一个整体,对集团外部实现的营业收入为5.7亿元,获得1322万元净利润。由于2011年年报并未披露17家主要子公司的收入数据,无从对比,但是要将净利润从合计-668万元提升到1322万元,需要增加净利润1990万元,而这只能是17家主要子公司之外的公司,查看其余8家子公司的业务和注册资本,就知道这几乎不可能,否则它们也就能够成为"主要子公司"而予以披露了。即使认可25家子公司实现的对外销售合计为5.7亿元,净利润有1322万元,以这样的销售和盈利能力,如何"贡献"8.7亿元净经营现金流呢?

因此,可以认定,康美药业在2011年度财务报表中虚构了约8亿元净现金流量。

三、网友热议:巨额合并-母公司报表经营性净现金流差异是否虚构?

上文一经发出,便引起各大媒体和网民的广泛关注与讨论。中国经济网、新浪财经、网易财经、环球网、新民网等众多门户网站作全文转载报道。

在众多的讨论中,不乏对"奥德修斯"提出质疑的网友,也有网友试图解释巨额合并-母公司报表经营性净现金流差异的来源,例如:

网友1:写这篇文章的人根本不懂合并报表。子公司整体亏损,为什么经营性现金流量净额可以达到8亿元呢?我来解释一下。这是因为子公司把从母公司借入的资金暂时列入其他应付款(与母公司列入其他应收款对应),因此子公司经营活动现金流量会相应增加。另外,从母公司现金流量表和合并现金流量表可以看出,母公司2011年度购建固定资产、无形资产及其他长期资产所支付的现金为15亿元,合并后2011年度购建固定资产、无形资产及其他长期资产所支付的现金为23亿元。合并-母公司报表净现金流差额很可能系母公司借钱给子公司,之后子公司用于购建固定资产、无形资产及其他长期资产。

网友2:合并前母公司长短期借款及应付债券与合并后是一样的,这就说明子公司根本没有从外部借过款,子公司支付的8亿元用于购建固定资产及其他长期资产所支付的现金只能从母公司借入。查阅母公司报表,其他应收款合并前为12亿多元,而合并后其他应收款不到1亿元,可见母公司借了大量的现金给子公司,而这些借给子公司的现金在母公司的报表里列入了经营现金流量流出,但从合并的角度,这8亿元并不是经营现金流出,合并抵销后,经营现金流出自然减少了8亿元,从而经营现金流量净额增加了8亿元。

网友3:母公司经营现金流出现负数,主要是需要支付内部的各子公司的往来款项。而8.16亿元的差异主要是母子公司之间的内部往来款、子公司所收政府补助款和预收货款所形成的。母子公司的内部往来款主要用于各子公司的日常经营所需现金,包括投资活动所支付的现金和经营活动所支付的现金。由于2011年度康美药业处于迅速发展的业务状态,在当年度通过设立方式取得9家子公司,通过收购方式取得2家子公司,各子公司的现金流出主要是前期开办费用、购建长期资产支付款项和支付收购子公司前股东的股权余款。

网友4:作者竟毫无常识地认为合并数超过母公司数8亿元就是虚构,显然,他根本不懂合并报表是怎么做的。其实只要简单看一下母公司报表和合并报表中与抵销项目有关的数据就可理解这很正常——仅"其他应收款"就有近11亿元差额,其中一年以内的"其他应收款"余额就有4.5亿元,说明2011年当年母公司至少向下属子公司拆借资金4.5亿元。这种情况再正常不过了——几乎所有子公司都是全资子公司,资金的统一调度是规范化管理的要求。这些质疑者真的应该去进修一下了,免得一次又一次地出洋相。更令人感慨的是有的散户又要被误导割肉了。

网友5:母公司把钱借给子公司付工程款,没有什么不妥。做过合并报表的人都会懂得,这些质疑没有实质证据。就算有问题,看账是不可能发现什么的,派独立审计再查一遍,它同样会告诉你报表真实。

四、康美药业股价走势

图2给出了上证综指和康美药业2012年5月的股价走势图。可以看出,在被质疑经营性现金流造假后,在5月10日至5月22日近10个交易日内,康美药业的股价走势呈短期下滑趋势,5月22日之后至5月底股价出现强劲反弹。

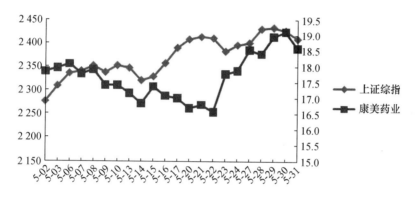

图2 康美药业2012年5月股价走势图

讨论题:

1. 在关于康美药业2011年度财务报告中是否虚构8亿元现金流的问题上,您更支持哪种观点?

2. 结合上述讨论以及康美药业控股股东与子公司的情况,您如何评价康美药业对子公司的管理模式?

3. 您认为母公司与子公司之间的内部资金往来计入经营性现金流量披露是否合适?若是,请说明理由;若否,请指明您认为合理的披露方式。

附表1 康美药业子公司概况

康美药业子公司概况

子公司全称	法人代表	业务性质	持股比例(%)	表决权比例(%)
康美新开河(吉林)药业有限公司	许冬瑾	制药	100	100
成都康美药业有限公司	许冬瑾	制药	100	100
北京康美制药有限公司	许冬瑾	制药、服装制造	100	100
康美(亳州)华佗国际中药城有限公司	许冬瑾	商务会展	100	100

(续表)

子公司全称	法人代表	业务性质	持股比例（%）	表决权比例（%）
深圳市康美人生医药有限公司	许冬瑾	药品研发	100	100
广东康美之恋大药房有限公司	马玉贤	药物零售	100	100
广东康美药物研究院有限公司	许冬瑾	医药产品开发	100	100
康美药业（文山）药材种植管理有限公司	马汉耀	种植	100	100
康美药业（四川）有限公司	许冬瑾	药物批发	100	100
康美（普宁）中药材专业市场物业管理有限公司	许冬瑾	物业管理及柜台出租	100	100
康美甘肃西部中药城有限公司	许冬瑾	批发贸易	100	100
康美（亳州）华佗国际中药城商业有限公司	许冬瑾	中药材市场开发与管理	100	100
上海康美药业有限公司	王敏	医药咨询	100	100
成都康美药业生产有限公司	许冬瑾	中药饮片	100	100
康美（北京）药业有限公司	吴晓东	制药	100	100
上海金像食品有限公司	许冬瑾	食品加工	100	100
上海美峰食品有限公司	许冬瑾	贸易	100	100
康美（亳州）世纪国药有限公司	许冬瑾	租赁、贸易	100	100
康美（亳州）世纪国药中药有限公司	许冬瑾	贸易	100	100
康美滕王阁（四川）制药有限公司	许冬瑾	制药	100	100
康美保宁（四川）制药有限公司	许冬瑾	制药	100	100
上海康美医药咨询有限公司	王敏	医药咨询	100	100
浙江省土副保健品有限公司	王敏	保健食品	100	100
集安大地参业有限公司	许冬瑾	种植	90	90

附表2　康美药业2011年12月31日的资产负债表

资产负债表

2011年12月31日　　　　　　　　　　　　　　　　　　　　　　　单位：元

	合并报表	母公司报表
流动资产：		
货币资金	6 323 039 895.87	6 066 923 762.30
交易性金融资产		
应收票据	102 060 104.74	101 560 104.74
应收账款	675 733 413.28	573 890 109.24
预付款项	402 887 898.76	260 330 752.61
应收利息		
应收股利		
其他应收款	44 708 089.11	1 238 168 757.38
存货	1 906 031 776.16	1 587 438 865.36
一年内到期的非流动资产		
其他流动资产		
流动资产合计	9 454 461 177.92	9 828 312 351.63

单位:元(续表)

	合并报表	母公司报表
非流动资产:		
可供出售金融资产		
持有至到期投资		
长期应收款		
长期股权投资	204 738 464.54	894 737 926.14
投资性房地产	54 536 317.21	
固定资产	1 761 752 160.21	1 604 027 644.39
在建工程	1 593 380 685.76	832 400 294.13
工程物资		
固定资产清理		
生产性生物资产		
油气资产		
无形资产	1 953 081 151.49	1 422 143 828.41
开发支出		
商誉	169 597 445.40	
长期待摊费用	28 018 278.48	11 653 723.08
递延所得税资产	17 928 868.98	2 399 838.88
其他非流动资产		
非流动资产合计	5 783 033 372.07	4 767 363 255.03
资产总计	15 237 494 549.99	14 595 675 606.66
流动负债:		
短期借款	1 000 000 000.00	1 000 000 000.00
交易性金融负债		
应付票据		
应付账款	453 067 391.77	291 815 744.66
预收款项	145 939 948.25	
应付职工薪酬	12 401 766.97	8 527 488.66
应交税费	-25 688 206.81	-18 652 516.72
应付利息	86 513 715.58	86 513 715.58
应付股利		
其他应付款	34 768 653.62	2 170 000.00
一年内到期的非流动负债	340 000 000.00	336 000 000.00
其他流动负债	2 880 000.00	
流动负债合计	2 049 883 269.38	1 706 374 432.18
非流动负债:		
长期借款	400 000 000.00	400 000 000.00
应付债券	3 254 303 882.61	3 254 303 882.61
长期应付款		
专项应付款		
预计负债		
递延所得税负债		
其他非流动负债	285 026 405.86	39 642 857.14

单位:元(续表)

	合并报表	母公司报表
非流动负债合计	3 939 330 288.47	3 693 946 739.75
负债合计	5 989 213 557.85	5 400 321 171.93
所有者权益(或股东权益):		
实收资本(或股本)	2 198 714 483.00	2 198 714 483.00
资本公积	4 739 759 592.95	4 739 759 592.95
减:库存股		
专项储备		
盈余公积	324 687 144.35	324 687 144.35
一般风险准备		
未分配利润	1 983 132 564.84	1 932 193 214.43
归属于母公司所有者权益合计	9 246 293 785.14	
少数股东权益	1 987 207.00	
所有者权益合计	9 248 280 992.14	9 195 354 434.73
负债和所有者权益总计	15 237 494 549.99	14 595 675 606.66

附表3　康美药业2011年度利润表

利润表

2011年1—12月　　　　　　　　　　　　　　　　　　　单位:元

项目	合并报表	母公司报表
一、营业总收入	6 080 507 225.35	5 512 331 437.36
其中:营业收入	6 080 507 225.35	5 512 331 437.36
利息收入		
已赚保费		
手续费用佣金收入		
二、营业总成本	4 988 509 617.36	4 424 936 242.48
其中:营业成本	4 245 389 711.41	3 822 829 213.81
利息支出		
营业税金及附加	27 036 235.97	24 633 470.48
销售费用	236 398 861.41	185 256 559.52
管理费用	266 698 863.64	180 359 168.13
财务费用	204 547 070.85	207 813 492.20
资产减值损失	8 438 874.08	4 044 338.34
加:公允价值变动收益(损失以"-"号填列)		
投资收益(损失以"-"号填列)	56 151 502.32	56 151 502.32
其中:对联营企业和合营企业的投资收益	56 151 502.32	56 151 502.32
汇兑收益(损失以"-"号填列)		
三、营业利润(亏损以"-"号填列)	1 148 149 110.31	1 143 546 697.20
加:营业外收入	43 075 262.59	25 000 191.71
减:营业外支出	10 802 997.55	10 572 928.86
其中:非流动资产处置损失	7 884.76	

单位:元(续表)

项目	合并报表	母公司报表
四、利润总额(亏损总额以"-"号填列)	1 180 421 375.35	1 157 973 960.05
减:所得税费用	175 226 680.96	166 000 917.49
五、净利润(净亏损以"-"号填列)	1 005 194 694.39	991 973 042.56
归属于母公司所有者的净利润	1 005 031 018.55	
少数股东损益	163 675.84	

附表4 康美药业2011年度现金流量表

现金流量表

2011年1—12月

单位:元

项目	合并报表	母公司报表
一、经营活动产生的现金流量:		
销售商品、提供劳务收到的现金	6 618 618 134.26	5 880 364 352.45
收到的税费返还		
收到其他与经营活动有关的现金	375 464 426.85	128 301 167.39
经营活动现金流入小计	6 994 082 561.11	6 008 665 519.84
购买商品、接受劳务支付的现金	5 368 346 585.05	4 851 542 528.91
支付给职工以及为职工支付的现金	145 079 965.17	95 832 501.14
支付的各项税费	489 132 264.80	434 958 078.04
支付其他与经营活动有关的现金	416 559 652.89	866 988 472.46
经营活动现金流出小计	6 419 118 467.91	6 249 321 580.55
经营活动产生的现金流量净额	574 964 093.20	-240 656 060.71
二、投资活动产生的现金流量:		
收回投资收到的现金		
取得投资收益收到的现金	36 000 000.00	36 000 000.00
处置固定资产、无形资产和其他长期资产收回的现金净额	12 513 892.25	12 281 356.25
处置子公司及其他营业单位收到的现金净额		
收到其他与投资活动有关的现金		
投资活动现金流入小计	48 513 892.25	48 281 356.25
购建固定资产、无形资产和其他长期资产支付的现金	2 320 953 650.19	1 535 104 662.54
投资支付的现金		208 900 000.00
取得子公司及其他营业单位支付的现金净额	12 187 943.10	2 188 000.00
支付其他与投资活动有关的现金		
投资活动现金流出小计	2 333 141 593.29	1 746 192 662.54
投资活动产生的现金流量净额	-2 284 627 701.04	-1 697 911 306.29
三、筹资活动产生的现金流量:		
吸收投资收到的现金	3 470 889 685.28	3 469 889 685.28
取得借款收到的现金	2 300 000 000.00	2 300 000 000.00
发行债券收到的现金	2 500 000 000.00	2 500 000 000.00
收到其他与筹资活动有关的现金		

单位:元(续表)

项目	合并报表	母公司报表
筹资活动现金流入小计	8 270 889 685.28	8 269 889 685.28
偿还债务支付的现金	2 706 000 000.00	2 704 000 000.00
分配股利、利润或偿付利息支付的现金	249 024 021.94	248 987 686.94
支付其他与筹资活动有关的现金	42 855 395.00	42 855 395.00
筹资活动现金流出小计	2 997 879 416.94	2 995 843 081.94
筹资活动产生的现金流量净额	5 273 010 268.34	5 274 046 603.34
四、汇率变动对现金及现金等价物的影响		
五、现金及现金等价物净增加额	3 563 346 660.50	3 335 479 236.34
加:期初现金及现金等价物余额	2 759 693 235.37	2 731 444 525.96
六、期末现金及现金等价物余额	6 323 039 895.87	6 066 923 762.30

附表5 母公司报表"其他应收款"项目附注

单位名称	与本公司关系	金额(元)	年限	占其他应收账款总额的比例(%)
第一名客户	母子公司	215 000 000.00	1年以内	17.36
第一名客户	母子公司	169 500 041.20	1—2年	13.69
第一名客户	母子公司	54 019 294.03	2—3年	4.36
第二名客户	母子公司	50 000 000.00	1年以内	4.04
第二名客户	母子公司	262 800 000.00	1—2年	21.22
第三名客户	母子公司	107 316 302.00	1年以内	8.67
第三名客户	母子公司	30 243 771.08	1—2年	2.44
第四名客户	母子公司	21 000 000.00	1年以内	1.70
第四名客户	母子公司	96 024 062.49	1—2年	7.75
第五名客户	母子公司	60 750 400.00	1年以内	4.91
第五名客户	母子公司	45 891.13	1—2年	0.00
合计	/	1 066 699 761.93	/	86.14

第 10 章　财务报告分析：方法基础

10.1 财务报告分析的评价标准

尽管财务报告分析的目的是多元的,包括股票估值、信贷评估、业绩评价以及财务失败预测等,但是为达到这些目的所采取的基本手段是类似的,即通过财务报告分析与比较,对企业财务状况和盈利能力等作出恰当的评价。为了使财务评价有意义,首要条件之一是选择适当的评价标准。通常来讲,财务报告分析的评价标准主要有经验标准、历史标准、行业标准及预算标准等。

10.1.1 经验标准

经验标准是指依据大量且长期的实践经验总结而成的财务比率标准值。例如,西方国家根据20世纪70年代及之前的财务实践总结,认为流动比率的经验标准为2:1,速动比率的经验标准为1:1,资产负债率的经验标准(上限)通常认为应该控制在70%之内,等等。需要说明的是,所有这些经验标准通常都是指制造业企业的平均状况,它们未必适用于其他行业,尤其是银行、保险等特殊行业。因此,严格来说,经验标准事实上是一定行业范围内企业的财务指标平均水平。

在财务报告分析实践中,经验标准并不适用于所有方面的分析和评价,而主要适用于偿债能力等方面的分析与评价。例如,对于盈利能力分析而言,经验标准便是不适用的,因为一定行业范围内企业盈利水平的平均值不应是该范围内所有企业追求的目标。盈利能力类财务指标通常越高越好,因此,此类财务指标的平均值就不构成经验性的标准值。

作为财务报告分析的评价标准,经验标准的主要优点是客观和相对稳定,因而可以踏实使用。经验标准的主要不足是受行业限制,不能广泛适用于所有行业的企业,尤其不能适用于那些特殊行业的企业。因此,在财务报告分析过程中,在用经验标准进行财务评价时,一定要注意结合使用行业标准。

10.1.2 历史标准

历史标准是指企业某一财务指标在过去某一时期(如上年、上月或上年同期等)或该期期末的实际值。它在分析评价企业财务状况和盈利水平是否得到改善方面具有不可替代的作用。

历史标准可以是某一财务指标在本企业历史最好水平时期或该期期末的实际值,也可以是紧前一个时期或该期期末的实际值,还可以是上年同期或该期期末的实际值,甚至可以是以往连续多期实际值的平均值。

作为财务报告分析的评价标准,历史标准的主要优点是:① 比较可靠,因为它是企业曾经发生的事实情况;② 通常具有较强的可比性,因为这是同一个会计主体不同时期之间的比较。历史标准的主要不足是:① 比较保守,不能很好地反映现实中经济社会环境的快速变化;② 适用范围较窄,只能说明企业自身的发展变化,不能反映企业相对于竞争者的财务能力;③ 当企业主体发生重大变化(如发生企业合并)时会失去意义或至少不便直接使用;④ 在企业外部环境发生重大变化的情况下,如在严重通货膨胀的环境下,其作用可能变得很有限。

在财务报告分析实践中,究竟采用什么样的历史标准值,除考虑分析与评价的目的之外,还要考虑企业所在行业的业务特征和外部环境的变化特征。例如,分析月度、季度或半年度财务状况时,多采用上年同期而非紧前一期的实际值作为分析评价的依据和标准,这是因为绝大多数企业的生产经营从而财务状况表现出季节性波动的规律。又如,在我国企业财务报告分析实践中,以历史最好水平值进行财务分析与评价的做法越发少见,其原因主要就在于,企业结构和企业环境的快速变化使得企业的"今天"与较早的"昨天"几乎已经没有太大的可比性。

10.1.3 行业标准

行业标准可以是行业财务状况的平均水平,也可以是同行业中某一比较先进企业的财务状况。运用行业标准分析与评价企业财务状况,可以说明企业在行业中所处的相对地位和水平,也可以判断企业的发展趋势。例如,在经济萧条时期,某一企业的资金利润率从15%下降为10%,而同期该企业所在行业的平均资金利润率则由10%下降为3%,那么就可以认为该企业的盈利能力相对而言是比较好的。

作为财务报告分析的评价标准,行业标准的主要优点是:① 企业竞争首先发生在行业内部,因此,进行同行业企业之间的分析与比较是十分必要的;② 同行业企业由于从事相同或类似的业务活动,因而也具有比较强的可比性。但是,在运用行业标准时也需要注意以下几个方面的限制条件:① 同行业内的两个企业并不一定是十分可比的,因为它们提供的具体产品和服务可能是面向不尽相同的细分市场的;② 许多大企业的生产经营业务往往是多元化的,因而所谓的同行业企业往往有着不尽相同的业务结构;③ 同一行业内的不同企业采用的会计方法可能存在差异,从而降低了它们之间财务报告信息的可比性。

10.1.4 预算标准

预算标准是指企业所制定的财务预算指标。新建企业因缺乏历史标准,可能更为依赖预算标准。类似地,垄断性企业由于缺乏可资比较的同行业企业,也会较多地采用预算标准。即便在一般企业的财务报告分析中,预算标准也经常被采用,这主要是因为以财务预算指标作为财务报告分析的评价标准,有助于推动财务预算管理的有效实施。当然,由于财务预算的编制建立在业务和财务预测的基础之上,存在不确定性,甚至还可能存在一定的主观随意性,从而使得财务预算指标未必可靠,因此以财务预算指标作为评价标准存在一定的局限性。

此外,由于企业财务预算不是企业所需公开披露的信息,因此预算标准通常适用于企业内部的财务分析与评价,而不适用于企业外部的财务报告分析与评价。

10.2 消除规模差异影响的方法:同型报表与财务比率

无论是纵向分析还是横向比较,都面临因规模差异而导致的不可比问题。为此,就需要采取一定的技术方法,消除规模差异带来的影响。消除规模差异影响的技术方法主要有同型财务报表比较分析和财务比率比较分析两种。

10.2.1 同型财务报表比较分析

在有着不同规模的企业之间直接进行财务报告的比较分析,会因企业规模的差异而面临困难。[①] 例如,生活中经常听到有人这样议论:"某某企业债台高筑,负债高达×××亿元,很危险!"事实上,负债的绝对额本身并不能说明企业负债风险的大小,只有将其与企业的其他相关财务指标进行比较,才有分析意义。也就是说,在说明企业的负债风险程度时,不能认为负债绝对额大,企业的负债风险就大,而应该(比方说)通过将负债与资产进行比较,描述企业负债的相对程度,来说明企业的负债风险,以及比较不同规模的企业负债风险的大小。为此,在不同规模企业之间进行财务比较分析时,就必须消除规模差异带来的影响。编制共同规模财务报表,就是将财务报表上的项目表达为一定的百分比形式,这是实现这一要求的一种简单而常用的方法。通常,将利润表上的项目都表达为营业收入的百分比,将资产负债表上的项目都表达为资产总额的百分比。表 10-1 以同型利润表列示了同型财务报表比较分析的基本做法。

---

① 在同一个企业不同年度之间进行比较,也会面临同样的困难。本节着重说明在不同规模的企业之间进行比较分析时用于消除规模差异影响的基本方法。这些方法同样适用于在同一个企业不同年度之间进行比较分析时消除规模差异的影响。

表 10-1　甲、乙两家企业[①]

(简化)利润表(2020年度)

同型分析　　　　　　　　　　　　　　　　　　　　　　　　单位:万元

	甲企业	乙企业
一、营业收入	86 960	3 428
二、营业总成本	69 870	2 631
其中:营业成本	52 220	1 629
税金及附加	1 230	212
销售费用	6 140	360
管理费用	7 290	370
财务费用	2 990	60
加:投资收益	3 200	190
三、营业利润	20 290	987
加:营业外收入	120	13
减:营业外支出	280	10
四、利润总额	20 130	990
减:所得税费用	4 605	287
五、净利润	15 525	703
同型百分比		
一、营业收入	100.00	100.00
二、营业总成本	80.35	76.75
其中:营业成本	60.05	47.52
税金及附加	1.41	6.18
销售费用	7.06	10.50
管理费用	8.38	10.78
财务费用	3.45	1.75
加:投资收益	3.68	5.54
三、营业利润	23.33	28.79
加:营业外收入	0.14	0.38
减:营业外支出	0.32	0.29
四、利润总额	23.15	28.88
减:所得税费用	5.30	8.37
五、净利润	17.85	20.51

[①] 假设甲、乙两家企业属于同一行业。

从表 10-1 可以看到,甲、乙两家企业存在显著的规模差异,如果直接依据以绝对额数据编制的利润表比较分析它们的成本费用水平和盈利水平,就很难看出究竟谁优谁劣。而通过编制百分比形式的同型利润表,就可以清晰地发现甲、乙两家企业在成本费用水平和盈利水平上的差异:

甲企业的营业总成本水平较乙企业高出 3.6 个百分点(80.35 – 76.75),甲企业的投资收益水平则较乙企业低了 1.86 个百分点(3.68 – 5.54),从而使得甲企业的营业利润水平较乙企业低了 5.46 个百分点(23.33 – 28.79);由于两家企业的营业外收支都不大,因此,它们的利润总额差异和营业利润差异程度相当;甲企业的净利润水平较乙企业只低了 2.66 个百分点(17.85 – 20.51),小于它们的营业利润差异或利润总额差异,那是因为甲企业的所得税费用水平较乙企业低了 3.07 个百分点(5.30 – 8.37)。

由以上分析可以看到,甲企业的盈利水平低于乙企业的主要原因就在于其营业总成本水平偏高。进一步观察两家企业营业总成本的各个构成项目之间的差异,发现甲企业的营业成本水平高出乙企业 12.53 个百分点(60.05 – 47.52),而甲企业的销售费用和管理费用水平都低于乙企业。因此,营业成本水平偏高才是甲企业相对于乙企业盈利水平不足的最重要原因。甲企业如欲提高盈利水平,控制营业成本(采购成本和/或制造成本)是关键。

10.2.2 财务比率比较分析

除了同型财务报表比较分析,我们也可以采用财务比率比较分析的方法来消除规模差异带来的影响。

财务比率是企业在某一特定时期(或时点)两个相互关联的财务指标之间的比值,通常以百分比或倍数表示。这里需要特别强调的是,用于计算财务比率的两个财务指标必须是相互关联的,否则,如果以任意抽取的两个财务指标来计算比值,有可能并不具有实际的财务分析意义,即不能说明太多的财务问题。况且,财务指标很多,如果不加选择地任意抽取财务指标来计算财务比率,形成的财务比率就非常多,而其中的绝大多数可能是没有或几乎没有实际分析意义的。如果这样做,不仅会大大增加财务报告分析的成本,而且会使分析工作缺乏效果。所以,在进行财务分析时,总是根据需要选择一些基本和主要的财务比率加以具体应用。

综上所述,在设计或选择财务比率时,通常需要遵循以下两个原则:一是财务比率的分子和分母必须来自同一个企业同一个期间的财务报告,但不一定来自同一张财务报表;二是财务比率的分子与分母之间必须有着一定的逻辑关系(如因果关系、结构关系等),从而保证所计算的财务比率能说明一定的问题,具有实际的分析意义。例如,当分析说明企业的负债风险和偿债能力时,我们可以将企业在一定时点的负债或负债的一部分(如流动负债或长期负债)与企业在同一时点的资产或资产的一部分(如流动资产或长期资产)进行对比,计算财务比率,但不可以任意地抽取一些与负债没有太密切关联的财务指标(如销售费用或管理费用等)进行对比。尽管我们很难说销售费用或管理费用等财务指标与负债没有任何逻辑关系,但当这种关系很疏远时,相互对比计算的财务比率的分析意义就非常有限了。所以,在财务报告分析实践中通常就不使用这些比率。

另外,由于资产负债表报告的是时点数,而利润表报告的是时期数,因此,当财务比率反映的是某一资产负债表指标与某一利润表指标的关系时,资产负债表指标就需要计算年度的平均值。然而,对于外部分析者来讲,由于他可能只能得到年初数和年末数,或者各个季末数,而无法得到各个月末数,因此计算此类财务比率会面临一定的困难。只是依据年初数和年末数计算此类财务比率,就无法消除因季节性及周期性变化而带来的问题,也反映不出年度内发生的不规则变化。

财务比率比较分析所应用的财务比率可以归纳为若干类型。不同学者或不同分析者所作的归类可能不尽相同。在本书中,我们将财务比率归纳为以下三个大类:

(1) 反映企业资产流动性和偿债能力的财务比率,包括资产流动性比率(诸如应收账款周转率和存货周转率等)、短期偿债能力比率(诸如流动比率和速动比率等)、长期偿债能力比率(诸如资产负债率和利息保障倍数等)以及用营业现金流量反映的偿债能力比率(诸如营业现金流量对流动负债之比和营业现金流量对全部负债之比等)。

(2) 反映企业盈利性和资产使用效率的财务比率,包括反映企业总体盈利能力的财务比率(诸如销售利润率、资产利润率及资本利润率等)和反映资产使用效率的财务比率(诸如资产周转率和经营资产周转率等)。

(3) 直接反映股东利益的财务比率,即专门用来衡量企业为股东所作贡献的财务比率(诸如普通股每股收益和市盈率等)。

利用财务比率比较分析企业财务状况,是财务报告分析中最常用的手段。如前所述,之所以要以财务比率的形式来加工处理财务数据,并借以分析判断企业的财务状况,是为了控制企业之间和/或同一家企业不同时期之间规模差异的影响。但是,需要注意的是,使用财务比率控制规模差异的一个隐含假设是,财务比率的分子与分母之间存在严格的比例性。例如,假设 A、B 两家企业属于同一行业,但规模有着显著差异。假设在 2020 年度 A 企业和 B 企业的资产报酬率(息税前利润/年度资产平均值)分别为 12% 和 11%,人们就会认为,在资产报酬率方面,A 企业优于 B 企业。或者,如果该年度这两家企业的资产报酬率均为 12%,人们就会认为,它们在资产报酬率方面是无差异的。这样分析和判断似乎是没有任何问题的,至少从数量关系上来看是这样的。问题在于,不同规模企业的资产报酬率是否理应相同呢?实践告诉我们,在不同规模的企业之间,许多财务比率往往存在系统性差异。就资产报酬率而言,除了宏观经济环境很不景气的时期,在按资产规模分组的情况下,最小规模企业的资产报酬率往往高于最大规模企业的资产报酬率。因此,运用财务比率进行不同规模企业之间的财务状况比较分析,是存在一定局限性的。这就意味着,运用财务比率进行比较分析时,还要注意比较对象之间是否具有可比性。

10.3 异常现象的处理办法：负的分母与极端值

10.3.1 负的分母及其处理办法

在使用财务比率进行财务报告分析时，诸如以资产、销售收入等财务指标为分母的财务比率通常不可能面临分母为负的问题，因为资产、销售收入等财务指标通常是不可能为负的。但是，诸如以股东权益等财务指标为分母的财务比率，就有可能面临分母为负的问题。当股本、资本公积及盈余公积之和小于累计未弥补的亏损时，股东权益即为负值。

在计算财务比率时，如果分母为负，则得到的财务比率将是没有分析意义的。例如，假设A、B两家企业2020年度的税后净利润分别为-100万元和100万元，其年均股东权益分别为-10万元和8万元，如果一定要计算并比较这两家企业的股东权益利润率，则A企业的股东权益利润率为10%，B企业的股东权益利润率为8%，从而得出A企业股东权益利润率优于B企业的结论。显然，这样的分析结论是可笑的，因为A是亏损的，B是盈利的，无论如何，应该是B企业的盈利水平优于A企业。

当所需计算的财务比率的分母为负时，可能的解决办法通常是：

(1) 从样本中消除该观察值。例如，在分析A企业股东权益利润率时，原计划将A企业的情况与B、C、D三家同行业企业进行横向比较，但发现D企业的股东权益为负，因此在横向比较该比率时，就可以忽略D企业的股东权益利润率，而只是比较分析A企业与B、C两家企业的股东权益利润率。这种处理办法非常简单，不会引起大的争议。但其问题是，在可供比较对象原本就比较少的情况下，简单地删除一个观察值，可能使得可供比较对象过少，从而影响比较分析的效果。所以，此法比较适用于总的观察值比较充分的条件之下的比较分析。

(2) 考察分母为负的原因，并根据所发现的具体原因对负的分母作适当调整；若调整后的分母为正，则比较分析时就解决了负分母的困扰。例如，假设A企业可比较的同行业企业只有B企业，A企业2020年度平均股东权益为230万元，而同期B企业的股东权益为-150万元。再假设B企业股东权益为负的一个重要原因是，B企业历年来采取了比A企业更为稳健的会计政策，由此使得B企业历年少计利润共320万元。若是如此，那么B企业调整后的股东权益就应该是170万元。这样，就可以比较分析A、B两家企业的股东权益利润率了。

(3) 改用能近似地说明企业为股东创造利润水平的其他财务比率。例如，当股东权益为负且无法合理地调整为正时，可以考虑以资产报酬率等相近比率来替代。当然，这不是一个完美的办法，因为当被比较的两家企业的负债程度差别很大时，即便资产报酬率相似，股东权益利润率也可能存在显著差异。

10.3.2 极端值及其处理办法

所谓极端值,是指一个显得与整个数据系列中的其余数据不一致或不协调的观察值。当遇到极端值时,首先需要注意的是,该极端值的出现是否源于记录和计算原因。记录和计算错误是导致极端值出现的一个很常见的原因。为此,就需要仔细查看并比较年度报告中披露的与该比率计算相关的背景资料。

如果遇到的极端值不是由于简单的记录和计算错误所致,那么就需要进一步判断极端值是否因会计分类、会计方法以及经济或结构变化等所致。会计分类往往是导致极端值的一个重要原因。具体来讲又有两种情形:一是企业会计准则变化导致的分类变化,二是会计实务中的分类不当或分类错误。首先,随着企业会计准则的发展和变化,无论是资产负债表项目,还是利润表项目,其分类都可能被改变。例如,我国 2006 年 2 月颁布的企业会计准则,与之前的企业会计准则和/或企业会计制度相比,就发生了很多会计分类要求的变化。例如,现行准则专门界定了"投资性房地产",而此前并没有这个报表项目;现行准则将各类资产的减值损失都归于"资产减值损失"项目,而此前的会计准则和企业会计制度则将不同类别资产的减值损失归于不同的报表项目——应收账款、其他应收款、存货等流动资产的减值损失归于"管理费用",固定资产、无形资产、在建工程等非流动资产的减值损失归于"营业外支出",短期投资和长期投资的减值损失则归于"投资收益"。这些会计分类规则的变化,使得与这些报表项目相关的财务比率计算受到了影响。如果这些发生分类变化的要素的金额较大,就可能导致相关财务比率出现极端值。其次,在会计实务中,人们对会计准则和交易事项理解上的偏差,也可能导致会计分类不当或分类差错。例如,将一些本该归于流动资产类项目的因素(如一年内到期的债券投资),不恰当地归于非流动资产类项目,就可能导致与流动资产或长期资产相关的财务比率出现极端。

极端值的出现,也可能是由于会计方法的变化或差异。例如,假设某民用航空公司的固定资产(主要是指飞机等)较多是通过经营租赁方式获得的。根据原租赁准则,经营租赁获得并使用着的资产,既不确认和记录资产,也不确认和记录负债;但是,根据新租赁准则,无论租赁形式是经营租赁还是融资租赁,只要是长期租赁,都需要确认资产和负债。因此,租赁准则变化就会导致与固定资产相关的财务比率在新旧租赁准则交替的前后两个年度之间产生重大差异,形成极端值。

当财务分析过程中遇到极端值且不是简单地由于记录和计算错误所致时,分析者可以选择的处理办法主要有:

(1) 如果极端值缺乏能用于解释它的合理理由,则应该予以删除。

(2) 如果极端值代表一种合理的背景特征,则应该予以保留。例如,假设某公司在本期采取了改进生产流程、实施 ERP 管理系统或严格的预算控制制度等措施,使得有关费用的发生或有关资产的占用得到有效控制,进而导致与该费用或资产相关的财务比率变得极端。这种"极端"事实上只是因为"过去"不正常才显得极端,其实它恰恰代表了未来趋势。

（3）对引起该极端值的经济或会计因素作出调整,使极端值变得不再极端。例如,对于那些有大量的表外融资而账面负债很少的企业,可以考虑将这种表外融资假设为表内融资,重新计算其负债额,并相应地重新计算与负债有关的财务比率,极端值就可能不复存在。

（4）去掉最大值和最小值,以使样本整齐化。这是一种最简单的处理方式,适用于样本量不是很大但又不是很小的情形。当样本量很大时,是否去掉最大值和最小值对平均值计算的影响可能也就不大了;当样本量很小时(极端地,只有两个样本时),就不便进行这样的处理。

10.4 财务报告数据与会计方法

10.4.1 影响会计方法选择的表层原因

企业会计准则允许企业根据具体情况在准则规定的范围内选择会计确认和计量的方法。会计方法的可选择性决定了财务报告数字事实上是企业所选择的会计方法集的一个函数。因此,理解企业会计方法的选择及其理由,对于我们真正认识财务报告数字的含义是十分必要和重要的。

按照企业会计准则的要求,企业管理当局选择或变更会计方法必须有适当的理由。这些理由必须反映企业的实际情况,符合企业会计准则的要求,并经得起注册会计师的审计。但实际上,企业要做到这一点并非不可企及。企业在选择或变更会计方法时,解释这种选择或变更的冠冕堂皇的理由(亦即表层原因)主要有:

1. 为了符合会计法规要求

在我国,会计法规包括《会计法》《公司法》中的会计规定、企业会计准则及会计制度等。由于我国尚处于转型经济时期,会计法规的发展与变化比较频繁,因此"为了遵守有关会计法规要求"是许多企业在解释其会计方法选择或变更时的一种常见理由。例如,格力电器在2018年财务报告"财务报表附注(五)30"中对财务报表格式变更有如下陈述:

1) 财务报表格式变更

财政部于2018年6月发布了《关于修订印发2018年度一般企业财务报表格式的通知》(财会[2018]15号),本公司根据相关要求按照一般企业财务报表格式(适用于尚未执行新金融准则和新收入准则的企业)编制财务报表。

针对上述情况,作为财务报告分析者,我们有必要进一步了解和判断该企业究竟是必须采纳新的规定,还是可以选择性地采纳新的规定。若为后者,而企业又确实选择采用新的规定,则很可能有其更为深层次的动机。格力电器作为上市公司,当然必须采用新的规定。但是,假如某一非上市企业也向财政部门申请采用新的规定,就有可能有着自身的内在动机。

2. 为了符合基本会计概念

社会经济环境和交易业务的快速发展与变化,往往使得会计法规在一定时期存在一定的滞后性。此外,会计法规必须具有的普遍实用性与企业交易业务或事项的特殊性,使得许多企业在会计实务处理中有时难以从现有的会计法规条文中找到直接的依据。这时,一些基本的会计概念,诸如权责发生制、配比和稳健等,往往就成为企业处理这些特殊会计业务时所采用的会计方法的概念基础和理论依据,即由这些基本会计概念出发,推演出处理其所面临的特殊会计业务的适当方法。例如,企业可能会说,固定资产折旧由直线法改为双倍余额递减法,是由于后者较前者能够更好地实现收入与费用的配比。

3. 为了更好地揭示经济事实

恰如其分地揭示企业的"经济事实",是财务会计确认和计量的基本目标。但是,由于许多企业的交易业务或事项有着各自的复杂性和特殊性,究竟选择什么样的会计方法才能最恰当地揭示企业的"经济事实",是一个不太容易把握的专业判断问题。只有那些既对企业的交易业务或事项的特征具有深刻理解又深谙会计准则的专业人士,才可能作好这样的判断。因此,当企业管理当局以揭示经济事实为由选择或变更会计方法时,财务报告分析者就需要努力理解企业所采用的会计方法是否很好地揭示了企业的经济事实。

4. 为了与同行业其他企业更具可比性

由于同行业企业经营业务的相似性,它们所采取的会计方法往往也应该是彼此相似的,因此,实现与同行业其他企业财务报告信息的可比性,也就成了许多企业解释会计方法选择或变更的常用理由。

10.4.2 影响会计方法选择的深层原因

无论财务报告中所陈述的会计方法选择或变更的理由看起来多么合理,无论审计师给出的审计意见多么肯定,作为财务报告分析者,我们都不能仅仅停留于此,而应该关注企业会计方法选择或变更是否存在更为深层次的原因,是否对企业财务状况和盈利情况的揭示产生了积极的影响。事实上,企业选择或变更会计方法,除直接言明的理由之外,很可能还存在并未言明的深层原因,诸如:

1. 对税收支出的影响

在现代会计体系中,虽然企业会计准则的规定是可以与税法规定分离的,但两者在很多情况下还是具有一致性的。只要它们之间存在一定程度的一致性,企业会计方法的选择或变更就可能会影响税收支出。例如,某企业根据企业会计准则的规定,对固定资产的使用寿命作出重新估计之后,延长了固定资产的折旧年限,从而使得以后年度的折旧费用减少。在这种情况下,纳税计算中通常也就采纳按财务会计确认的折旧费用。若如此,企业通过延长折旧年限减少折旧费用,从而增加本期财务报告利润的同时,也增加了本期应税利润,从而增加了本期的税收支出。因此,企业就必须在增加财务报告利润与减少税收支出之间作出权衡。

2. 对数据收集成本的影响

不同的会计方法所导致的数据收集成本可能是不尽相同的。例如,历史成本计量较公允价值计量的数据收集成本低;用直线法计提固定资产折旧较用其他方法的数据收集成本低;等等。

3. 对经营成本的影响

会计方法选择可能间接地影响企业的经营成本。例如,企业对固定资产采取加速折旧的方法,可以减少当前的税收支出。但是,到了固定资产使用后期,随着折旧的递减,税收支出就会增加。当然,为了避免税收支出的增加,企业可以不断增添新的固定资产。这样做的结果是,税收支出得到相对节省,但固定资产折旧费用却实质性地增加了,除非固定资产的增加恰好适应了企业生产经营业务发展的需要。

4. 对融资成本的影响

会计方法的选择或变更也可能影响融资成本。例如,假定某企业在向某银行借款时所签订的借款协议中规定了资产负债率的上限为65%,但没有对企业会计方法的选择或变更加以限制。如果企业管理当局预见到某年年末企业的资产负债率很可能突破65%,那么企业管理当局就可能变更会计方法,提高资产的账面价值或降低负债的账面价值,以使资产负债率指标不超过65%,从而避免违背借款协议条款。否则,一旦违约行为发生,银行就将采取诸如通过重新谈判调高利率或强行收回贷款等行动,导致企业融资成本直接或间接上升。

5. 对政治与法规成本的影响

一个行业或一家企业在较长时期内总是表现出异常高的盈利水平,很可能意味着某种意义上的垄断利润。为此,政府就可能采取诸如增加税收等措施使其利润趋于正常化。为了避免或降低此类成本,企业可采取的对策之一便是变更会计方法。例如,缩短固定资产的折旧年限,以增加费用成本,减少会计利润。

6. 对利益人财富再分配的影响

财务报告数字常常是各种不同的利益群体进行财富分配的基本依据,如在企业经理层的报酬契约中,经理报酬往往都以利润或净资产利润率为基础计算确定。因此,企业选择和变更会计方法的一个可能原因,就是改变这种利益分配的结果。国内外的会计研究表明,企业管理层往往会通过采取一定的办法(包括有意识地选择或变更会计方法)来操控利润(如平滑利润等),以增加自己所得的报酬。

专业词汇

财务比率(Financial Ratio)
极端值(Extremum)
会计方法选择(Choices of Accounting Methods)
经济事实(Economic Facts)
可比性(Comparability)

思考题

1. 财务报告分析的评价标准有哪几种?它们各自的优缺点是什么?
2. 什么是财务比率?设计或选择财务比率应该遵循哪些基本原则?
3. 什么是极端值?在财务报告分析中应该如何处理极端值?
4. 企业选择或变更会计方法的原因主要有哪些?

第 11 章 财务报告分析：流动性与偿债能力

11.1 短期资产流动性分析

11.1.1 概述

短期资产或曰流动资产,主要包括现金、交易性金融资产、应收账款及应收票据、存货、预付账款以及其他应收款等项目。所谓短期资产的流动性,实质上就是指短期资产的变现速度。短期资产的变现速度越快,意味着公司越有可能通过短期资产的迅速变现来偿还短期负债。也就是说,当短期资产和短期负债的金额既定时,短期资产的流动性越强,短期偿债能力就越强。

在上述短期资产项目中,现金通常来讲不存在"变现"的问题。但是,在财务报告分析过程中,我们还是应该注意一些可能存在的例外情况。这是因为,当我们说现金不存在变现问题时,隐含的假设是,现金是不受限制的手持现金和银行存款,亦即能够不受任何限制地用于偿付到期债务的手持现金和银行存款。限于偿还特定的短期债务的现金,往往还是被反映为流动资产,但通常会同时揭示限制的用途,不能将其计算在现金范围之内。有些现金,诸如被冻结的银行存款等,事实上已不能算作现金,甚至也不能算作流动资产,而应归入"其他资产"。此外,短期或长期借款的补偿性存款①实际上减少了公司(即借款人)可用于偿还债务的现金,分析时也应该予以剔除。

交易性金融资产通常来讲是一项很容易变现的短期资产,因为在财务报告中作为交易性金融资产列示的有价证券必须具有高度的可流通性。公司管理层购买并短期持有这些有价证券,通常是为了利用生产经营过程中暂时闲置的资金赚取投资收益,而并非打算长期持有。当生产经营需要补充资金时,交易性金融资产可随时出售变现。财务报告分析者需要注意的是,当发现同样的有价证券被年复一年地列为"交易性金融资产"而不是列为"长期股权投资"等非流动资产项目时,出于谨慎的考虑,可以将其改列为非流动资产。因为这可能意味着公司实际上是长期持有该种有价证券,而不是打算在短期内予以出售用于偿还短期债务。此外,财务报告分析者还需要关注交易性金融资产是否已经根据企业会计准则的要求,按照有价证券的公允价值调整其账面价值。如果财务报告中业已按照有价证券的公允价值反映交易性金融资产,那么资产负债表上反映的交易性金融资产价值就能很好地代表资产负债表日的可变现金额。但是,由于有价证券的公允价值(市价)往往处于频繁变动(有时甚至是非常剧烈的波动)之中,因此有价证券在资产负债表日的公允价值并不代表其在将来出售时的可收回现金。这是交易性金融资产与其他流动资产的一个重要差异。正因如此,我们在用交易性金融资产衡量公司的短期偿债能力时就面临着不确定性。例如,假设某公司在资产负债表上反映的现金是1 000

---

① 所谓补偿性存款,是指银行将贷款的一定比例留下来作为借款企业在银行的存款,存款期通常与贷款期一致。因此,补偿性存款实际上减少了借款企业可用于偿还债务的现金。

万元,交易性金融资产(公允)价值是5 000万元,短期负债为6 000万元。从现象上看,即便该公司没有应收账款和存货,或者即便应收账款和存货都不能正常变现用于偿还短期负债,该公司的短期偿债能力还是足够强的。但是,我们作这一推论的前提假设是,交易性金融资产能够按不低于资产负债表日公允价值的金额变现。如果资产负债表日之后交易性金融资产的市场严重下跌(比方说下跌50%),那么该公司可用于偿还短期负债的现金就只有3 500万元(包括交易性金融资产变现),较短期负债少了2 500万元。这就可能导致公司面临短期负债偿还危机。

应收账款[①]和存货通常是公司流动资产中最主要的部分。其他流动资产项目一般金额较小,占流动资产的比例也不大。因此,下面我们重点分析应收账款和存货的流动性。

11.1.2 应收账款流动性分析

分析应收账款的流动性,通常采用三个比率:一是会计期末应收账款与日销售额之比;二是应收账款周转率(也称应收账款周转次数);三是应收账款周转天数。

1. 应收账款与日销售额之比

$$应收账款与日销售额之比 = 应收账款总额 \div 日销售额$$

其中,
$$日销售额 = 年销售净额 \div 365$$

上述公式中的"应收账款"是包括应收票据的,这是因为该计算公式的分母中的"销售净额"不但包括一般商业信用销售方式下实现的销售收入,而且包括商业票据结算方式下实现的销售收入。只有分子中包括应收票据,分子与分母才能保持口径的一致。类似地,尽管企业会计准则要求应收账款按扣除"坏账准备"后的净值反映,但计算该比率时分子应该用"应收账款总额"而不是扣除坏账准备后的"应收账款净额",这是因为分母中的"销售额"并没有扣除预期不能收回的销售额。

在公司内部分析中,分析者将该指标与信用期作比较,即可判断应收账款的管理效率。但是,在外部分析中,分析者未必能得到关于公司信用条件的具体信息,从而难以作出判断。因此,在外部分析中分析者只能就该比率进行同一公司不同时期之间的纵向比较,或者同行业或类似行业中不同公司之间的横向比较。然而,无论是纵向比较还是横向比较,都可能因不同公司或同一公司不同时期的信用条件不同而存在一定的不可比性。当被比较的某一公司或某一年度存在大量现金销售,而其他公司或年度并无大量现金销售时,该比率的不可比性将尤其严重。

在许多西方国家,公司会计年度的起止时间是可以根据公司的具体情况自主确定的。如果公司以自然营业年度作为会计年度,则该比率会被低估,进而应收账款的流动性会被高估,这是因为在自然营业年度年末销售从而年末应收账款往往处于一年中较低的水平。当然,如果公司不采用自然营业年度,该比率也可能因大量销售从而应收账款集中于年末而被高估,或者因年末销售从而年末应收账款大量减少而被低估。在我国,

---

① 在资产负债表上,企业销售引起的债权分别反映为"应收账款"和"应收票据"。事实上,它们的差异只在于商业信用形式的不同(前者是一般形式的商业信用,后者是以票据结算的商业信用),而没有实质性的差别。因此,财务报告分析中计算有关财务比率时,我们使用的"应收账款"在没有特别说明的情况下都包括应收票据。

会计年度一律为日历年度,因而也就不会面临上述问题。但是,由于在日历年度末,有些行业的公司是销售旺季,而有些行业的公司是销售淡季,因此该比率在不同行业的公司之间就会存在严重的不可比性。

最后需要说明的是,按照企业会计准则的规定,如果因销售商品而应收的合同或协议价款的收取采用递延方式,实质上具有融资性质,那么其所形成的应收款项应该反映为"长期应收款",列为非流动资产,而不应列入"应收账款"。但是,如果公司将按资产负债表日计算的到期期间超过一年或一个营业周期的应收款项列入"应收账款",而同行业公司没有此类应收账款,那么分析者在与其他同行业公司进行比较时,就需要特别注意这些应收账款及其对应收账款与日销售额之比和其他相关财务比率的影响。

2. 应收账款周转率(周转次数)

$$应收账款周转率(周转次数) = 年销售净额 \div 年平均应收账款总额$$

在这个比率的计算中,由于分母用的是应收账款总额的年度平均值,因此可以避免年度内不同时点应收账款总额波动对应收账款周转率计算带来的影响,从而使得有着不同营业周期特征的公司之间的可比性得到增强。需要注意的是,在应收账款总额在年度内不同季度或不同月份有着显著波动的情况下,年平均应收账款总额就不能简单地取年初数和年末数的平均值,而应按4个季末数或12个月末数计算平均值。由于外部分析者往往得不到这些数据,尤其是12个月末数据,只能用年初数与年末数计算应收账款的平均值,因此该比率在外部分析中依然存在一定的不可比性。例如,在采用自然营业年度的公司与采用日历年度的公司之间进行比较分析时,我们就必须注意到,采用自然营业年度的公司会高估应收账款周转率。又如,在我国一律以日历年度为会计年度的情况下,有些公司年末是销售旺季,而有些公司年末是销售淡季,那么前者的平均应收账款就显得较高(从而应收账款周转率被低估),而后者的平均应收账款则显得较低(从而应收账款周转率被高估)。

在计算分析应收账款周转率时,还需要注意的一个问题是,该比率与"应收账款与日销售额之比"一样,也会因各公司不同的信用政策和信用条件而面临横向不可比问题。尤其是,在被比较的一家公司(如以零售为主的商业公司)大量采取现金销售方式,而另一家公司(如绝大多数制造业公司)几乎全部采取商业信用销售方式的情况下,前者的应收账款周转率就会被严重高估。这种情况下的理想做法是,该比率计算中的分子不用"销售净额",而用"赊销净额",即在年销售净额中扣除现金销售方式实现的销售净额。这在公司内部分析中是可以做到的,但外部分析者往往难以做到,因为公司通常并不披露年度销售净额中赊销和现销的构成情况。这就意味着,外部分析者应尽量在销售方式类似的同行业公司之间进行横向比较分析。

3. 应收账款周转天数

$$应收账款周转天数 = 年平均应收账款总额 \div 日销售净额$$
$$(或) = 365 \div 应收账款周转次数$$

其中, 日销售净额 = 年销售净额 ÷ 365

应收账款周转天数与应收账款周转率所说明的问题事实上是无差异的,只是表达方式不同而已。前者所表达的是应收账款周转一次(亦即从形成入账到款项收回)所需经历的时间;后者所表达的是一年中能够经历多少次这样的周转。显然,应收账款周转天数越少,说明应收账款周转的速度越快,应收账款的管理效率越高。该比率计算和分析中需要注意的问题,与应收账款周转率计算和分析中需要注意的问题相同。

在分析应收账款的流动性时,除使用上述三个财务比率进行计算和分析之外,还需要特别注意两个方面:一是应收账款的账龄结构,二是应收账款的客户集中程度。

应收账款账龄是指一项应收账款从形成入账至分析之时所经历的时间。应收账款的账龄结构则是指公司的应收账款总额在各账龄区间的分布结构。在应收账款的账龄结构中,账龄长的应收账款占比越大,一般就意味着应收账款的质量越差,亦即应收账款总额中预期成为坏账的比例越大。例如,假设 A、B 为同行业公司,它们在某年年末的应收账款总额相同。假设账龄划分为下列五个区间:信用期内、超过信用期但在 1 年以内、超过信用期 1 年以上但在 2 年以内、超过信用期 2 年以上但在 3 年以内、超过信用期 3 年以上。再假设 A 公司应收账款在这五个账龄区间的分布比例依次是 85%、13%、1.5%、0.4% 和 0.1%;B 公司的相应分布比例依次是 70%、20%、7%、2% 和 1%。那么,相对于 A 公司而言,B 公司的应收账款质量较差,预期发生坏账的比例较大。在这种情况下,如果 A、B 两家公司的年度销售净额相同,从而计算的应收账款周转效率方面的上述财务比率相同,那么我们的推论应该是:从应收账款的流动性角度看,A 公司的短期偿债能力强于 B 公司。

在分析应收账款的流动性时,还要注意应收账款的客户集中程度。当公司的应收账款集中于少数几个客户时,就要特别注意对这些主要客户的分析,因为公司应收账款的回收将在很大程度上取决于这些主要客户的信用状况。所以,当其他条件既定时,应收账款的客户集中程度越高,应收账款的收账风险越大。这对公司的短期偿债能力是一个潜在的威胁。

11.1.3 存货流动性分析

分析存货的流动性通常采用以下三个比率:一是会计期末存货与日销售成本之比;二是存货周转率(也称存货周转次数);三是存货周转天数。

1. 存货与日销售成本之比

$$存货与日销售成本之比 = 年末存货 \div 日销售成本$$

其中,
$$日销售成本 = 年销售成本 \div 365$$

这一指标显示了销售全部存货所需的时间长度,即反映了将期末存货全部销售出去所需的天数。在利用该比率分析存货的流动性时,应该注意以下几个方面的问题:

(1) 该比率会受公司生产经营的季节性波动和会计期间选择的影响。如果采用自然营业年度作为会计期间,那么年末存货相对于年内其他时点的存货就较少,从而该比率会被低估;反之,如果以销售高峰期作为会计期末,年末存货就相对较多,从而该比率会被高估。因此,只有在年度内各月销售基本稳定、没有明显季节性波动的情况下,该比率越低,才能说明公司的存货控制越好;或者,只有在被比较的两个公司或两个年度有着同样的季节性波动特征的情况下,该比率才具有可比性。在我国,由于公司均以日历年度为会计年度,该比率在不同行业的公司之间往往不具有可比性,因此利用该比率对公司存货流动性进行横向比较分析时,应尽可能将公司控制在同行业或类似行业范围之内,或者利用该比率进行纵向比较分析。

(2)该比率会受到存货计价方法选择的影响。在存货成本始终不变的情况下,年末存货成本与日销售成本之比同年末存货数量与日销售数量之比具有完全的一致性。但是,在存货成本经常变化的情况下,年末存货成本与日销售成本之比同年末存货数量与日销售数量之比就不会是一致的,这种不一致的程度除取决于存货成本的变动程度以外,还取决于公司所采用的存货计价方法。假设存货成本是逐渐上升的,且其上升程度既定,那么公司采用加权平均法进行存货计价,相对于采用先进先出法而言,年末的存货成本计量结果就较低,从而使得存货与日销售成本之比被低估。类似地,如果在物价上涨的情况下采用后进先出法进行存货计价,则会出现相反的结果。特别是,如果会计期末计提了大量的存货减值准备,那么存货净额会大幅下降,存货与日销售成本之比会被严重低估。为此,在利用该比率进行存货流动性分析时,最好是在存货计价方法相同的公司或年度之间进行比较。如果被比较的两家公司或同一公司两个年度存货减值准备的计提程度差异显著,就应该用未扣除存货减值准备的存货总额作为计算该比率的分子。只有这样,才能保持可比性。

(3)如果在特殊情况下得不到正确的销售成本资料,则可用销售额替代。但是,这样做会使该比率被低估,从而使存货的流动性被高估。因此,只有在被比较的公司或年度之间的毛利率基本一致的情况下,以销售额替代销售成本计算的该比率才具有可比性。

2. 存货周转率(周转次数)

$$存货周转率(周转次数) = 年销售成本 \div 年平均存货$$

由于对存货取了年度平均值,存货周转率就可能不再像存货与日销售成本之比那样受到存货季节性波动的严重影响。但是,如果在求年平均存货的过程中只是将年初存货与年末存货进行平均,虽然比直接用年末存货要好一些,但对于季节性波动比较严重的公司而言,这样计算的年平均存货并不能很好地代表该公司在该年度的平均存货水平。为此,就需要用4个季末数据甚至12个月末数据来计算年平均存货。当然,由于外部分析者难以获得公司月度财务数据,因此他们通常只能用年初与年末数据,或者至多用4个季末数据进行计算。如果年平均存货的计算只是基于年初和年末数据,那么在利用存货周转率进行存货流动性分析时,就需要特别注意横向比较中的可比性问题。例如,假设A、B两家公司属于同一行业,A公司采用自然营业年度作为会计年度,且年平均存货取年初与年末存货的平均值,那么存货周转率就会被高估;而B公司采用日历年度作为会计年度,且以年初和年末存货为基础计算年平均存货,那么存货周转率就会被低估。可见,A、B两家公司虽然属于同一个行业,但其存货周转率却不具有可比性。类似地,两个不同行业的公司虽然都以日历年度作为会计年度,但其存货周转率也会存在不可比问题。所以,严格来讲,如果年平均存货取年初存货和年末存货的平均值,那么存货周转率在两家公司之间具有可比性的条件是:这两家公司属于同一行业,且其会计年度要么均以日历年度为基础,要么均以自然营业年度为基础;或者,这两家公司不属于同一行业,且均以自然营业年度作为会计年度。

此外,如果被比较的两家公司所采用的存货计价方法不同,且已经历较长时期,年初和年末存货又较多,那么存货计价方法差异所导致的年初、年末存货的账面价值的不可比性就会比较严重。例如,在物价上涨的经济环境中,采用加权平均法的公司,相对于采用先进先出法的公司而言,其存货账面价值就会被低估,从而存货周转率被高估。如果采用后进先出法(假如企业会计准则允许采用的话),这个问题就更为严重了。

3. 存货周转天数

$$存货周转天数 = 年平均存货 \div 日销售成本$$

其中,
$$日销售成本 = 年销售成本 \div 365$$

存货周转天数与存货周转率(周转次数)所说明的问题没有什么实质性的差别,只是表达方式不同而已。存货周转率表达的是存货在一年之中完成了多少次循环,而存货周转天数表达的则是存货每完成一次周转所需经历的时间。显然,存货周转率越高,存货周转天数越少,说明存货周转速度越快,存货管理效率越高。该比率计算和分析中需要注意的问题,与存货周转率计算和分析中需要注意的问题相同。

11.1.4 营业周期

所谓营业周期,是指应收账款周转天数与存货周转天数之和,也就是从购入存货到售出存货并变现所需经历的时间。

如前所述,在分析公司短期资产的流动性时,由于不同公司采取的信用政策不尽相同,因此在不同公司之间单独比较应收账款周转率或周转天数,或者单独比较存货周转率或周转天数,往往就不具有可比性,而以营业周期进行横向比较则可较好地解决这一问题。例如,假设 A、B 两家公司中,A 公司的应收账款周转天数、存货周转天数分别为 100 天和 130 天,B 公司的应收账款周转天数、存货周转天数分别为 130 天和 110 天。如果分别比较它们的应收账款周转效率和存货周转效率,那么我们发现 A 公司的应收账款周转效率优于 B 公司,但 B 公司的存货周转效率优于 A 公司。也就是说,在这两个最为重要的流动资产项目的周转效率上,A、B 两家公司互有长短。但是,这并不意味着它们在这两个流动资产项目上的周转效率是没有差异的。因为通过计算它们的营业周期会发现,A 公司的营业周期是 130 天,B 公司的营业周期则为 140 天。这就说明,总体来看,A 公司短期资产的流动性优于 B 公司。

如果说两家公司的营业周期不同意味着它们的应收账款和存货这两项流动资产项目的总体周转效率存在差异,那么两家公司的营业周期相同是否就意味着它们的应收账款和存货这两项流动资产项目的总体周转效率不存在任何差异呢?一般而言,应该说是这样的。例如,假设 A 公司的应收账款周转天数、存货周转天数分别为 90 天和 130 天,B 公司分别为 100 天和 120 天,那么它们的营业周期均为 220 天,表明它们从存货购入到销售并回笼现金所经历的时间平均而言均为 220 天,不存在总体周转效率的差异。但是,相比较而言,A 公司的应收账款周转效率较高,存货周转效率较低;B 公司则正好相反。那么,同样的营业周期背后是否存在实质性的差异,就看 A、B 两家公司持有较多的存货或持有较多的应收账款所面临的风险是否有显著差异。假设 A、B 两家公司所处行业决定了其持有的存货没有太大的风险(包括过时、毁损及降价等风险),但它们面临的商业信用环境不是太好,从而面临较大的收账风险,那么,虽然它们有着同样的营业周期,但就这两项短期资产的流动性而言,应该说 A 公司优于 B 公司。换言之,在负债(尤其是流动负债)既定的情况下,A 公司的短期偿债能力会更强一些。

11.2 短期偿债能力分析

如前所述,短期资产周转效率越高,意味着其变现速度越快,变现风险越小,从而有助于增强公司的短期偿债能力。然而,短期资产流动性毕竟只是从一个侧面反映其对短期偿债能力的影响,而不是关于公司短期偿债能力的直接度量。直接用来衡量公司短期偿债能力的财务比率主要有流动比率、速动比率和现金比率。这些财务比率的一个共同特点是,直接地将可用于偿还流动负债的流动资产或流动资产中的一部分(即速动资产或现金)与需要偿还的流动负债相比较。

1. 流动比率

流动比率是指公司在某一特定时点上的流动资产与流动负债之比,即:

$$流动比率 = 流动资产 \div 流动负债$$

流动比率通过反映流动资产与流动负债的倍数,借以说明公司所拥有的流动资产对于流动负债偿还的保障程度。一般来讲,流动比率的下限是 1∶1。这是因为,从理论上分析,如果流动比率为 1∶1,则表明公司的流动资产恰好能够保障流动负债的偿还;如果流动比率小于 1∶1,则表明公司的流动资产即使完全变现也难以偿还流动负债,从而需要出售部分非流动资产;如果流动比率大于 1∶1,则表明即使流动负债全部到期偿还,公司依然拥有一定的流动资产支持生产经营业务的需要。显然,从增强短期偿债能力和满足生产经营需要的角度而言,流动比率越高,公司财务越安全。但是,流动比率过高也未必于公司有利。过高的流动比率可能意味着公司非常不善于适当利用短期负债融资,而是过多地使用了长期融资手段,从而增大了公司的融资成本;也可能意味着公司存在严重的流动资产(尤其是存货和应收账款等项目)积压。当然,如果流动比率过低,尤其是低于 1∶1,一般就意味着公司缺乏足够的短期偿债能力。

就一般的制造业公司而言,流动比率的经验值为 2∶1,即流动资产通常应该是流动负债的 2 倍。之所以这样,主要原因是:① 流动资产中的一定比例事实上是长期存在的,具有实质上的长期资产特性,即资金占用的长期性,因而应该由长期资金予以支撑,而不应该以流动负债进行融资;② 流动资产如果全部由流动负债支撑,亦即流动比率等于或小于 1∶1,那么,一旦发生银根紧缩、金融危机或公司信用危机,公司流动负债到期时往往就得不到延展,或者偿还旧债的同时就借不到新债,从而公司资金周转就会面临困难。

在不同公司之间进行流动比率的比较分析时,应该尽可能与同行业公司进行比较;跨行业比较则要谨慎。这是因为,不同行业的公司有着不尽相同的营业周期,对流动比率的适当水平有着不尽相同的要求。一般地,营业周期越短的行业,公司平均的流动比率通常越低;反之,则越高。例如,制造业公司的营业周期通常长于商贸公司,因而前者的流动比率通常要高于后者。

最后需要指出的是,应收账款和存货等需要计提减值准备,凡是计提了减值准备的流动资产项目,在计算流动比率时都应取其扣除减值准备后的净值,而不应取其总额;否则,分析者就会高估流动比率,从而高估公司的短期偿债能力。

2. 速动比率

速动比率是指公司在某时点上的速动资产与流动负债之比,即:

$$速动比率 = 速动资产 \div 流动负债$$

其中,速动资产是指流动资产扣除存货后的余额。

在通常情况下,流动比率是能够较好地反映公司短期偿债能力的。但是,如果流动资产中的存货存在比较严重的流动性问题,从而缺乏正常的变现能力,那么即便流动比率保持在2:1左右,公司的短期偿债能力事实上也是存在问题的。也就是说,在存货的变现能力不太正常的情况下,流动比率就不能恰当地反映公司的短期偿债能力。这时,就需要用速动比率进行补充。存货占流动资产的比例越高,流动比率与速动比率的差异越大,分析者就越应依赖速动比率分析判断公司的短期偿债能力。

速动比率的经验值为1:1。与流动比率相类似,速动比率越低,表明公司短期偿债能力越弱。但是,有些行业或公司很少发生赊销业务,从而也就很少存在应收账款。在这种情况下,速动比率低于经验标准并不一定意味着缺乏短期偿债能力。换言之,在几乎没有应收账款的情况下,只要流动比率正常,速动比率即便显著地低于经验值,也并非存在问题。

速动比率的实际含义会受到应收账款变现能力的影响。在计算速动比率时,应收账款应取其扣除坏账准备后的净值,而不应取其总额。

最后,在计算速动比率时,还可以考虑扣除预付账款及待摊费用等,形成更为保守的速动比率,即:

$$速动比率 = (现金 + 交易性金融资产 + 应收款项) \div 流动负债$$

3. 现金比率

现金比率是指现金及交易性金融资产之和与流动负债之比,即:

$$现金比率 = (现金 + 交易性金融资产) \div 流动负债$$

相比于流动比率和速动比率,现金比率是更为保守的短期偿债能力比率。在通常情况下,分析者不太会主要依据这一比率分析判断公司的短期偿债能力,这是因为,如果公司预期无法依赖应收账款和存货的变现,而只能依赖目前持有的"现金"在未来偿还到期债务,就意味着公司已处于财务困境。也就是说,现金比率主要适用于业已陷入财务困境情形下公司的短期偿债能力分析。当然,如果公司已将应收账款和存货作为抵押品抵押给其他债权人,或者分析者怀疑公司的应收账款和存货存在严重的流动性问题,而公司又没有提足相关流动资产项目的减值准备,那么以现金比率分析判断公司的短期偿债能力也是比较适当的选择。

需要注意的是,在正常情况下,过高的现金比率不应是公司的追求。这是因为,现金比率过高,可能意味着公司没有充分利用现金资源。当然,如果公司已经有了现金使用计划(如厂房扩建等),一定时点的现金比率偏高就属于正常。因此,在分析该比率时,一定要注意公司在分析时点前后的重大融资和投资活动。

4. 营业现金流量与流动负债之比

$$营业现金流量与流动负债之比 = 营业现金流量 \div 流动负债$$

该比率反映用营业现金流量偿还本期到期债务(一年内到期的长期债务及流动负债)的能力。一般地,该比率越高,意味着公司短期偿债能力越强。

该比率的分子之所以取营业现金流量,而不包括融资与投资活动产生的现金流量,是因为利用该比率分析判断公司通过经营活动产生的现金流量净额对于短期债务偿还的保障程度。虽然融资与投资活动产生的现金流量也可以用于偿还短期负债,但是相对于经营活动产生的现金流量而言,它们不具有很强的可持续性。因此,以营业现金流量而不是全部现金流量与流动负债进行比较,计算上述财务比率,方能更有效地预测公司未来的偿债能力。

5. 其他需要关注的问题

上述财务比率固然能够反映公司的短期偿债能力,但它们也存在一定的局限性。分析者应该注意到,有些影响公司短期偿债能力的信息,未必能够包含在上述比率计算之中。例如,公司是否拥有及拥有多少未动用的银行信贷额度?公司是否拥有及拥有多少可以迅速变现的长期资产?公司是否有能力发行及发行多少债券或股票筹集长期资金?是否及有多少已贴现但另一方有追索权的票据、未决税款争议、未决诉讼或担保等引起的或有负债?如果公司拥有较多的未动用的银行信贷额度,或拥有较多的可以迅速变现的长期资产,或有能力发行债券或股票筹集较多的长期资金,其实际的短期偿债能力就会较上述比率显示得更强。反之,如果公司存在较多的已贴现但另一方有追索权的票据、未决税款争议、未决诉讼或担保等引起的或有负债,则其实际的短期偿债能力就会较上述比率显示得更弱。

11.3 长期偿债能力分析

11.3.1 长期偿债能力:利润表角度的分析

公司的偿债能力不仅是还本能力,还包括付息能力。付息能力的重要性甚至不亚于还本能力。如果公司长期以来在偿付利息费用方面有着良好的信用表现,那么公司很可能永远不需要偿还债务本金。这是因为公司的付息能力很强,意味着当债务本金到期时,公司一般有能力重新筹集到新的资金,或者原有的负债能够得以延展。在上一节讨论的短期偿债能力分析中,我们只是从资产负债表的角度分析公司短期债务本金的偿还能力,而没有从利润表的角度分析公司短期债务利息的支付能力。之所以这样,主要是因为短期负债期限短,利息相对于本金而言往往是一个较小的数字。长期负债则不然,如果负债期限足够长,利息就会足够多。因此,在分析长期负债本金偿还能力的同时,就不能不关注公司的付息能力了。通常情况下,我们用利息保障倍数(或称利息抵付次数)或固定费用偿付能力比率来反映公司的付息能力。

1. 利息保障倍数

利息保障倍数是指公司年度盈利与年度利息费用支出之比,即:

$$利息保障倍数 = (利息费用 + 税前利润) \div 利息费用$$

利息保障倍数旨在说明公司在一定时期内实现的盈利能够在多大程度上保障对债权人的利息支付,并借以对公司未来的利息支付能力作出预测。因此,在计算利息保障倍数时需要注意以下几点:

(1) 公司在一定年度实现的税前利润,有些是持续性利润,有些可能是非持续性利润。严格来讲,该比率的分子只应包括那些在以后期间预计还会发生的收益,即持续性或曰经常性损益;非持续性或曰非经常性损益[①],诸如非常项目与特别项目、停止经营以及会计方针变更的累计影响等,应予以剔除。只有这样,该比率才可用于预测公司未来的利息支付能力。

(2) 根据企业会计准则的规定,不同情况下发生的利息支出,其会计处理不尽相同。一般来讲,因日常生产经营而发生的利息支出,反映为当期财务费用;因固定资产投资建设等而发生的利息支出,则资本化为在建工程等的成本。资本化的利息支出虽然在财务报表上未反映为财务费用,但与反映为财务费用的利息支出一样需要支付。也就是说,无论反映为当期财务费用还是加以资本化,它们都是利息支出。因此,在计算利息保障倍数时所使用的利息支出数据,应该是年度全部利息支出。

(3) 在对长期股权投资采用权益法核算的情况下,利润表上反映的投资收益的一部分只是账面收益,即并没有相应的现金在该期流入公司。因此,严格来讲,这样的投资收益并不能构成利息支付的保障,故可考虑予以扣除。

(4) 当存在股权少于100%但需要合并的子公司时,由于被合并子公司的利息费用包括在合并利润表中,因此被合并子公司的全部利润也应全部包含于利息保障倍数的分子(即税前利润)中,也就是说少数股东收益不应扣除。

(5) 从技术上讲,作为利息保障倍数这一比率的分母,"利息费用"如果小于零,该比率实际上就没有意义了。事实上,利息支出本身是不可能为负数的,但当分析者直接从利润表上取"财务费用"数据代表"利息费用"时,就可能因利息收入大于利息支出或者因将汇兑损失计入财务费用而使得财务费用为负。此时,要么放弃使用该比率,要么对分母进行适当的调整(如从财务报表附注中查找有关利息支出的具体数据)以使其变成正数。公司内部分析中当然可以从明细科目中获得利息支出的确切数据。

经验上,利息保障倍数至少需要达到3倍或以上,才表明公司无法偿付其利息债务

---

① 根据《公开发行证券的公司信息披露规范问答第1号——非经常性损益》(2007年修订)的规定,非经常性损益是指公司发生的与主营业务和其他经营业务无直接关系,以及虽与主营业务和其他经营业务相关,但由于该交易或事项的性质、金额和发生频率影响了正常反映公司经营、盈利能力的各项交易、事项产生的损益。非经常性损益应包括以下项目:(1) 非流动资产处置损益;(2) 越权审批或无正式批准文件的税收返还、减免;(3) 计入当期损益的政府补助,但与公司业务密切相关,按照国家统一标准定额或定量享受的政府补助除外;(4) 计入当期损益的对非金融企业收取的资金占用费,但经国家有关部门批准设立的有经营资格的金融机构对非金融企业收取的资金占用费除外;(5) 企业合并的合并成本小于合并时应享有被合并单位可辨认净资产公允价值产生的损益;(6) 非货币性资产交换损益;(7) 委托投资损益;(8) 因不可抗力因素,如遭受自然灾害而计提的各项资产减值准备;(9) 债务重组损益;(10) 企业重组费用,如安置职工的支出、整合费用等;(11) 交易价格显失公允的交易产生的超过公允价值部分的损益;(12) 同一控制下企业合并产生的子公司期初至合并日的当期净损益;(13) 与公司主营业务无关的预计负债产生的损益;(14) 除上述各项之外的其他营业外收支净额;(15) 中国证监会认定的其他非经常性损益项目。

的可能性不会很大。当然,更大的倍数则代表更为安全的利息支付能力。

利息保障倍数在时间上往往有着比较大的波动性,这是因为公司的盈利水平和利息费用都会受经济周期或产业周期的显著影响而发生波动。无论是好年景还是坏年景,利息都是必须支付的。因此,为了考察公司偿付利息能力的稳定性,一般应至少计算 5 年或以上的利息保障倍数。为了保守起见,甚至可以选择 5 年或更长时期中最低的利息保障倍数值作为评判公司利息偿付能力的依据。

2. 固定费用偿付能力比率

公司生产经营中使用的资产(尤其是固定资产),通常是通过一定渠道和方式融资后自行购置的,但有时也可以通过其他方式获得。租赁便是公司获取固定资产比较常见的方式之一。在执行原租赁准则的所有年度里,如果是融资租赁,业务发生后一方面按公允价值反映固定资产的增加,一方面按最低租赁付款额反映负债即融资租赁应付款的增加,两者之差(即未确认融资费用)在租赁期内分期确认为财务费用。因此,融资租赁对公司财务结构产生的影响与借款之后购置固定资产没有太大差异。但是,如果是经营租赁,则既不反映固定资产的增加,也不反映负债的增加,当然也就不产生利息费用。所以,当公司比较多地通过经营租赁方式获得固定资产时,其负债从而利息费用就因此变得较少。这样,就会导致利息保障倍数在公司之间的严重不可比。例如,假设 A、B 两家公司的账面资产分别为 500 万元和 1 000 万元,但 A 公司同时还通过经营租赁的方式获得并投入经营使用的固定资产为 500 万元。又假设 A、B 两家公司的负债分别为 200 万元和 700 万元,负债的利息率均为 10%;A、B 两家公司扣除利息、租赁费用及所得税之前的利润均为 200 万元;A 公司年度租赁费用为 100 万元。那么,如果计算并比较这两家公司的利息保障倍数,则 A 公司的利息保障倍数为 5 倍[(200 − 100) ÷ (200 × 10%)],而 B 公司的利息保障倍数则为 2.86 倍[200 ÷ (700 × 10%)]。如果就利息保障倍数进行比较,结论便是:A 公司的利息支付能力强于 B 公司。然而,上述 A、B 两家公司的利息保障倍数事实上存在比较严重的不可比性,原因是 A 公司使用了通过经营租赁获得的固定资产,自有资产较少,从而负债及由此决定的利息费用也较少。但是,A 公司由于经营租赁而发生了 B 公司所不发生的租赁费支付,租赁费中的一部分其实是融资费用。为此,我们就需要用固定费用偿付能力比率进行比较分析。固定费用偿付能力比率的计算公式如下:

$$固定费用偿付能力比率 = \frac{利息费用 + 税前利润 + 租赁费中的利息部分}{利息费用 + 租赁费中的利息部分}$$

根据经验,租赁费中的利息部分一般约为租赁费的 1/3。在本例中,A 公司的年度租赁费用为 100 万元,故其中所包含的利息部分约为 33 万元。那么,A 公司的固定费用偿付能力比率即为 2.51[(200 − 100 + 33) ÷ (200 × 10% + 33)];而 B 公司由于没有租赁费,因此其固定费用偿付能力比率等于利息保障倍数,即 2.86 倍。这就说明,A 公司的固定费用偿付能力要弱于 B 公司。

固定费用偿付能力比率是对利息保障倍数的修正。它是一种更为保守的度量方式,但比利息保障倍数更具可比性。固定费用偿付能力比率计算中究竟应包括哪些固定费用,其实没有统一的规定。可以如上述计算公式那样只包括"租赁费中的利息部分",也可以包括全部租赁费用,乃至包括所有的折旧及摊销。包括的固定费用越多,该指标反映的偿付能力越保守。

11.3.2 长期偿债能力:资产负债表角度的分析

从利润表角度分析的利息支付能力,只是长期偿债能力的一个侧面,还需要从资产负债表的角度分析长期负债本金的偿还能力。从资产负债表的角度分析公司的长期偿债能力,就是考察公司资产对负债偿还的保障程度。这方面的财务比率包括资产负债率(或曰债务比率)、负债与权益之比以及债务与有形净值之比。

1. 资产负债率

资产负债率是指全部负债与全部资产之比,即:

$$资产负债率=(负债\div 资产)\times 100\%①$$

在资产负债率的计算问题上,有两个问题具有不确定性,从而存在一定的争议。一是该比率的分子即负债应该是长期负债还是全部负债? 一种观点认为应该是长期负债,理由是该比率是用来反映公司的长期偿债能力的,故只需考察资产对长期负债的保障程度。另一种观点则认为,虽然每一笔具体的短期债务是短期的,但短期负债就其整体而言,其中一个比较稳定的部分事实上具有长期性,故应该包括在分子即负债之中。在财务报告分析实践中多采取稳健的态度,即将短期负债包含于该比率的分子之中。二是该比率的分子即负债是否应包括诸如递延所得税负债和少数股东权益等特殊项目? 之所以产生这一问题认识上的争议,是因为这些项目本身究竟是否为负债在会计学上就存在一定的争议。在财务报告分析实践中,递延所得税负债等项目通常都包括在负债之中,但少数股东权益则通常不包括在负债之中。尤其是,在现行企业会计准则条件下,合并财务报表采取实体理论,将少数股东权益列为股东权益的一个构成部分,而不再如过去母公司理论下那样将其列为介于负债和股东权益之间的一个项目。这就意味着,少数股东权益不是负债。需要注意的是,这样做是基于合并财务报表的实体理论思想。从持续经营观出发,这样理解应该没有问题;但从清算观出发,这样理解就存在一定的问题。例如,假设A公司是一家没有任何需要合并其报表的子公司的上市公司,而B公司则是一家拥有需要合并其报表的非全资子公司的上市公司。A公司的资产负债表上显示的资产总额为1 000万元,负债总额为600万元,股东权益总额为400万元,从而资产负债率为60%;B公司的合并资产负债表上显示的资产总额为1 000万元,负债总额为600万元,股东权益总额为400万元(其中包括少数股东权益100万元),从而资产负债率也是60%。从持续经营观来看,A、B两家公司的负债水平完全相同。但是,从清算观来看,B公司合并资产负债表中显示的股东权益400万元中所包含的少数股东权益100万元,显然不属于B公司的股东,因此,如果B公司进入清算,能够保障债权人利益的公司资产其实只有900万元。

经验上,资产负债率在30%至70%之间被认为是适度的。资产负债率过高,意味着

---

① 由于负债通常小于资产,从而资产负债率通常小于1,因此,财务报告分析中习惯上用百分比表示资产负债率,故需乘100%。本书后面讨论的许多财务比率与此类似,故不再一一说明。

公司负债风险过大,从而面临过大的偿债压力;该比率过低,负债风险固然很小,但财务杠杆效应的利用也就太少,不利于实现公司价值和股东财富最大化。经验也表明,资产负债率存在显著的行业差异,因此,分析该比率时应注重与行业平均值相比较。此外,该比率会受到资产计价特征的严重影响,若被比较的某一公司有大量的隐蔽性资产(如大量的按历史成本计价的早年获得的土地等),而另一公司没有类似的资产,则在比较时最好能够对资产计价进行必要的调整,否则,简单比较就没有意义了。

2. 债务与权益之比

债务与权益之比是资产负债率的变形,就是将债务与权益直接进行比较,即:

$$债务与权益之比 = (负债 \div 股东权益) \times 100\%$$

该比率的分析意义与资产负债率完全一样,只是表现形式不同而已。

3. 债务与有形净值之比

债务与有形净值之比是债务与权益之比的改进形式,其表达式为:

$$债务与有形净值之比 = [负债 \div (股东权益 - 无形资产)] \times 100\%$$

该比率主要用于测量债权人在公司破产时的受保障程度。之所以要将无形资产从股东权益中扣除,是因为从保守的观点看,在公司处于破产状态时,无形资产往往会发生严重贬值,因而不会如有形资产那样为债权人提供有效的保障。

11.3.3 长期偿债能力分析:现金流量表角度的分析

从现金流量表角度分析公司的长期偿债能力,通常使用"营业现金流量与债务总额之比",即:

$$营业现金流量与债务总额之比 = 营业现金流量 \div 负债总额$$

该比率反映用营业现金流量偿还所有债务的能力。该比率越高,意味着公司的长期偿债能力越强。在该比率的计算中,分子为营业现金流量而非全部现金流量,即不包括投资和筹资现金流量。这是因为,从长期过程来看,营业现金流量较之于投资和筹资现金流量而言更具有可持续性。

11.3.4 长期偿债能力分析:其他因素

除上述反映长期偿债能力的主要财务比率之外,还有一些财务比率也能从一个侧面反映公司的长期偿债能力。例如,长期负债与长期资本(包括长期负债、优先股及普通股股东权益)之比,该比率越高,意味着长期偿债能力越弱;全部现金流量与债务总额之比,该比率越高,意味着长期偿债能力越强。

此外,如下一些比率计算中未必能够加以反映的因素也影响着公司的长期偿债能力,必须加以关注:

(1)长期资产市价或清算价值与账面价值的比较关系。尤其是,公司缺乏盈利能力时,如果拥有的长期资产具有较高的市价或清算价值,则对于债权人利益的保障是十分重要的。但是,如果财务报表没有详细反映资产的市价或清算价值,外部分析者就较难得到这些信息。

（2）或有事项。这与短期偿债能力分析中所讨论的情况相同。

（3）资产负债表外揭示的各种风险因素,包括金融风险、产业风险和政治风险等。例如,公司是否面临重大汇兑损失?公司所处的产业是否会面临重大的降价风险或成本上升压力?公司或其子公司所处国家或地区是否会面临因政局不稳而导致的经营风险和财务风险?

专业词汇

短期偿债能力(Short-term Solvency)
长期偿债能力(Long-term Solvency)
应收账款周转率(Accounts Receivable Turnover Ratio)
存货周转率(Inventory Turnover Ratio)
总资产周转率(Total Assets Turnover Ratio)
营业周期(Operating Cycle)
流动比率(Current Ratio)
速动比率(Quick Ratio)
现金比率(Cash Ratio)
利息保障倍数(Times Interest Earned)
固定费用偿付能力比率(Fixed Charge Coverage)
资产负债率(Debt Ratio)
债务-权益比率(Debt-Equity Ratio)
债务-有形净值比率(Debt to Tangible Net Worth)
营运资本(Working Capital)

思考题

1. 短期资产流动性分析对于短期偿债能力分析而言有什么意义?
2. 在分析企业长期偿债能力时,分析利息支付能力的意义是什么?
3. 资产负债率过高为什么意味着财务风险过大?

教学案例

案例1:金桥制衣公司比率分析

十年前,王鹏和丁山创办了金桥制衣公司。两人最初的合作关系非常融洽。王鹏极富创造力,在产品和潮流预测方面很有天赋,正是他的天赋使得金桥商标已成为高质量和时尚服装的代名词。丁山善于交际,性格坚韧,主要负责生产和销售策划,已成为公司的实际领导者。

王鹏本来对公司的财务没有兴趣,更乐于设计新款服装,然而几个月前,他觉得有必要更多地了解公司的财务状况。

首先,王鹏考虑卖掉他在金桥制衣公司50%的股份。尽管他非常喜欢这份富有创造性的工作,但他已被公司近年来遭遇的现金短缺搞得疲惫不堪。公司的零售商周期性地面临财务困难,他们纷纷推迟货款的支付,从而导致公司现金短缺。王鹏知道,如果要卖掉股份,则一定会卷入有关公司价值的烦琐谈判。尽管他已经聘请了一个财务顾问帮他谈判,但他觉得最好还是亲自了解一下公司的财务状况。

王鹏对公司财务感兴趣的另一个原因是他想更好地评价丁山的管理技能。当公司规模很小时,王鹏认为丁山做得很好,但随着公司规模的扩大,他怀疑丁山是否具有足够的能力管理这样一家大公司。事实上,如果王鹏认为丁山是一个能干的管理者,他就不会考虑卖掉股份。他还是非常希望做一家服装公司的股东的。但是,他认为服装业在未来的几年中将面临更加严峻的形势,他怀疑丁山能否成功地迎接挑战。

1. 关于借款

丁山事实上制定了公司的全部经营和财务决策。由于对公司经营风险上升的担心,丁山三年前决定收回全部长期欠款。他把这一决定通知了那些顽固的零售商,希望他们支持他的决定。丁山还担心像金桥这样的公司在保持与银行的稳固关系上存在困难。由于日益严格的产业政策,一些银行已经开始收回在制衣这些低技术行业的贷款,许多新贷款的发放也要仔细审查。丁山认为银行贷款"不可靠",并且觉得负责贷款的银行职员简直是在浪费他的时间。

王鹏并不确切了解这些财务问题,但他担心过分逃避债务筹资会明显地降低公司经营的灵活性,因为这意味着所有的投资需求都要由所有者满足。事实上,过去五年里公司从未发放过任何股利,所有的利润都用于再投资。两年前,两位股东还各自贡献了15万元的现金以满足公司的现金需求。按照历史标准,公司目前的现金状况依旧比较糟糕,需要注入新的股本。

然而更为重要的是,王鹏认为公司没有充分利用负债的财务杠杆效应,这损害了公司两位股东的获利能力。

2. 关于营运资本

王鹏认为金桥制衣公司的存货过多,没有必要把资本都挂在存货上。丁山则认为高水平的存货对于迅速满足顾客的需求是必要的。

王鹏对此表示怀疑,他想知道是否还有其他办法来实现对顾客的快捷服务。一位部门经理提出,建立一个服装潮流发布中心。这个机构可以使公司减少存货积压,而且能够获得许多大零售商的订单。但丁山拒绝了这一建议,他认为50万—80万元的投资成本太高了。

王鹏还向丁山询问了公司的信用标准和收账政策。他认为丁山在延期付款方面过于大方,公司几乎40%的应收账款已过期90天以上,而且丁山仍向那些没有支付能力的零售商供货。丁山这样做的目的是不想减少销售额,且认为零售商面临的困境只是暂时的。

王鹏还怀疑公司在采购时拒绝现金折扣是否明智。通常的信用条件为"1/10,$n/30$",即10天内付款可以享受1%的现金折扣,30天内付款则要支付全部款项。丁山很少获得现金折扣,因为他总想"尽可能长时间地控制现金",并且认为这一折扣条件并不慷慨,因为99%的货款仍然要支付出去。

3. 最终意见

尽管王鹏有如此多的担心,但两位股东的关系总的来看还是比较融洽的。王鹏想,可能是自己低估了丁山的管理能力,毕竟他们有过非常良好的合作。

另外,王鹏已和他的财务顾问讨论过卖掉股份的问题。由于公司没有公开上市,因此其股票价值必须经过评估。财务顾问评估的结果是每股价值在55元到65元之间。王鹏对此表示满意。

金桥制衣公司2016—2019年度的利润表及各年年末的资产负债表如表1和表2所示。

表1 金桥制衣公司利润表:2016—2019年 单位:万元

	2016	2017	2018	2019
销售收入	985.0	1 040.0	1 236.0	1 305.1
减:销售成本	748.6	774.8	928.2	978.8
毛利	236.4	265.2	307.8	326.3
减:销售及管理费用	169.4	202.8	236.1	249.3
折旧	10.8	11.4	13.6	14.4
息税前利润	56.2	51.0	58.1	62.6
减:利息	7.0	6.0	5.0	4.0
税前利润	49.2	45.0	53.1	58.6
减:所得税	19.7	18.0	21.2	23.5
净利润	29.5	27.0	31.9	35.1

表2 金桥制衣公司资产负债表:2016—2019年 单位:万元

	2016	2017	2018	2019
资产:				
现金	40.4	51.9	38.6	10.6
应收账款	153.2	158.9	175.1	224.8
存货	117.0	121.1	193.4	191.9
其他流动资产	5.9	6.1	7.3	7.8
流动资产合计	316.5	338.0	414.4	435.1
固定资产原值	44.8	58.9	78.1	96.4
减:累计折旧	(12.0)	(23.4)	(37.0)	(51.4)
固定资产净值	32.8	35.5	41.1	45.0
资产合计	349.3	373.5	455.5	480.1
负债和所有者权益:				
应付账款	53.8	54.7	86.2	84.2
到期长期借款	10.0	10.0	10.0	10.0
其他应付款	19.7	26.0	24.7	26.1
流动负债合计	83.5	90.7	120.9	120.3
长期借款	60.0	50.0	40.0	30.0
普通股股本(含资本公积)	150.0	150.0	180.0	180.0
留存收益	55.8	82.8	114.6	149.8
负债和所有者权益合计	349.3	373.5	455.5	480.1

讨论题:

1. 计算表3中金桥制衣公司2019年的各项财务比率。

表3　金桥制衣公司的财务比率:2016—2019年

	2016	2017	2018	2019	2016—2019年行业平均值		
					上限	中间	下限
流动性比率							
流动比率	3.8	3.7	3.4		2.6	1.7	1.3
速动比率	2.4	2.4	1.8		1.6	0.8	0.6
杠杆比率							
资产负债率(%)	41.1	37.7	35.3		41.0	57.0	71.0
利息周转倍数	8.0	8.5	11.6		7.4	3.9	1.3
周转比率							
存货周转率	6.4	6.4	4.8		8.1	6.0	3.5
固定资产周转率	30.0	29.3	30.1		40.0	25.0	12.0
总资产周转率	2.8	2.8	2.7		3.5	2.8	2.0
平均收账期(天)[a]	56	55	51		41	50	68
平均付款期(天)[b]	26	26	34		18	25	32
盈利能力比率							
销售毛利率(%)	24.0	25.5	24.9		28.0	26.0	24.0
销售净利率(%)	3.0	2.6	2.6		4.2	3.1	1.2
净资产报酬率(%)	14.3	11.6	10.8		27.3	19.5	7.8
总资产报酬率(%)	8.4	7.2	7.0		11.8	8.7	3.4
营业毛利率(%)[c]	6.8	6.0	6.1		9.9	7.2	3.1

注:行业平均值下面每个比率对应的三个数字的计算方法如下:该行业所有公司的比率从好到坏排列。中间的数据代表中间比率,即行业中一半公司的比率好于该指标,而另一半公司的比率差于这个指标;第一个数据代表上限比率,即25%的公司的比率好于该指标;第三个数据表示下限指标,即25%的公司的比率差于该指标。

a. 计算公式为:应收账款÷(销售收入÷360)。
b. 计算公式为:应付账款÷(销售成本÷360)。
c. 计算公式为:(息税前利润+折旧)÷销售收入。

2. 王鹏拥有股份的价值部分取决于表3中公司各项指标与行业平均指标的对比。
(1) 讨论这种方法的局限性。
(2) 既然存在这些局限性,为什么还要经常作这些行业比较?
3. 王鹏认为公司的获利能力因丁山不愿利用大量附息债务而受到损害。请说明原因何在。
4. 案例中提到丁山很少利用现金折扣(通常 1/10, $n/30$),这是一个明智的财务决策吗?请说明。
5. 计算公司市场价值和账面价值的比率(共有 50 000 股普通股股票)。
6. 王鹏怀疑丁山无法胜任公司的管理工作,请结合案例说明理由。
7. 丁山认为他已经有效地管理了公司,请结合案例说明理由。
8. 如果您是仲裁者,能否根据公司的财务比率和案例中的其他信息来评价丁山的管理能力,请说明理由。
9. (1) 这些比率您是根据市场价值还是账面价值计算出来的?请说明。
(2) 您计算比率的基础应该是市场价值还是账面价值?

案例2：怡心冰激凌公司财务预测

马淳在十几年前创立了怡心冰激凌公司（以下简称"怡心公司"）。他取得了一项冰激凌的专利，并且在投产之初就很重视冰激凌产品的质量。公司只生产一种产品，但想要让它有多种口味并非常美味，以获得消费者的青睐。总的来看，公司取得了巨大成功，销售额已排到全国第七位。

1. 对债务的态度

公司计划在2020年有较大的发展，为此，财务主管胡敏希望向银行获得一笔借款，以为公司业务的拓展提供财务支持。但她知道，这肯定会遭到马淳的强烈反对。也许受传统文化的影响太深，马淳非常讨厌债务，他的座右铭就是"决不借债"。胡敏认为这种态度过于极端，而且已经阻碍了公司的发展。例如，根据历史资料，怡心公司的总资产收益率要略高于该行业平均值，而净资产收益率却低于该行业平均值。每一年，胡敏都试图说服马淳利用更多的借款，但都以失败而告终。今年，胡敏打算利用财务预测技术说明她借款的理由，希望可以有所收获。

2. 预测的前提

胡敏决定估算出：① 2020年公司必须增加的资金；② 假如增加的资金通过借款来获得财务支持，那么2020年的收益情况如何？③ 假如增加的资金通过所有者投入来获得，则收益情况又如何？胡敏还邀请了刚刚获得MBA学位的吴大卫帮忙做这项工作。吴大卫提醒胡敏，2020年对公司来说将是一个非常关键的年份，销售额预计将增长25%，毛利率将保持目前的水平（21%）。胡敏指出存货周转率将下降为6.5，材料支出将为101 481 000元。这说明2020年的销售成本将为98 750 000元。

至于管理费用和销售费用，吴大卫认为管理人员的工资应显著提高，因为工资在过去三年内仅有略微的上涨，所以管理费用和销售费用有20%的增长较为合理。

2020年，固定资产将有明显的增加。目前，公司实际上按照最大的生产能力运行，由于预计需求仍将维持较高的水平，因此公司需要扩大生产能力以保持其竞争力。这些计划早已提出，虽然并非一定要在2020年内完成，但2020年若不实施，公司在这一年度就不可能有新的发展。一个合理的预算是在2020年购买500万元的机器设备，假设当年不计提折旧。

胡敏认为，公司去年向供应商付款时有点拖欠，2020年应更快地付款，否则供应商将很不满意，而且提前付款还能得到现金折扣。

胡敏和吴大卫都认为，在过去几年中，影响应付和应收款项的因素（除销售外）是相对稳定的。例如，公司在过去三年内从未改变过信用往来方式。他们认为2020年这些因素也没有理由发生显著变化。胡敏提醒道："当然，这些因素和销售的确切关系也未必存在，既然我们将向一些较小的食品连锁店供货，这就会对我们的应收账款产生一定的影响，因为这些商店的付款时间相对较迟。"

胡敏和吴大卫认为公司的现金营运状况在过去几年中不甚理想，应采取措施解决流动性水平过低的问题。吴大卫认为这一水平应是销售额的4%左右，接近行业平均水平。胡敏表示赞成。另外，公司目前的股利分配率在50%左右。

3. 预测的限制条件

胡敏知道，最终的财务决策将由马淳作出，而要让他接受债务融资，很重要的一点就是,整个计划不能显得债务负担过重。同时,即使公司已经作出举债的决策,胡敏目前还不知道自己使用短期借款的弹性有多大。因此,胡敏提出了预测的两个约束条件:① 负债比例应低于 0.5;② 流动比率与速动比率分别不能低于 2 和 1。也就是说,财务预测及计划不能违反以上任何一个条件。

讨论题:

1. 编制在没有举债的情况下怡心公司 2020 年的预计利润表。
2. 编制在没有举债的情况下怡心公司 2020 年的预计资产负债表。
3. 2020 年 98 750 000 元的销售成本是怎样计算出来的?
4. 2020 年怡心公司需增加多少资金?
5. (1) 如果不违反胡敏设定的限制条件,怡心公司通过长期借款能获得多少资金?
  (2) 如果不违反这些条件,利用应付款项能获得多少资金?
6. 假设所有增加的资金都通过长期借款获得,利率为 8%,请重新编制 2020 年的预计利润表(留存收益同第 1 题)。
7. 如果不通过借款获得资金,马淳家族拥有的公司股份会低于 50% 吗?(假设以 11.50 元/股的价格向非家族成员发售股票,扣除中介费后的净价为 10.50 元/股。)
8. 如果增加的资金由发行新股提供或由借款提供,试计算每股收益和每股股利。
9. 利用销售比率的方法预测筹资额,并说明为什么其预测结果与第 4 题不同。
10. (1) 当您制定财务预算时,必须估计的几个量中哪一个更为重要?为什么?
  (2) 您认为哪一个量是最难预测的?
11. 根据表 1 至表 4 的相关信息,请回答下列问题:
  (1) 哪些比率可以用于评价债务风险,试计算之。
  (2) 根据您前面的回答、问题(1)中计算的比率以及这些比率的行业平均值,您会支持借款计划吗?请说明原因。

表 1 过去三年财务信息精选

	2017	2018	2019
销售额(千元)	88 500	96 000	100 000
应收项目(千元)	7 432	8 533	8 000
平均收账期(天)	30.2	32.0	28.8
应付账款(千元)	5 700	6 000	9 500
应计项目(千元)	2 400	1 800	3 000

表 2 资产负债表 单位:千元

	2019	2020(权益增资)	2020(负债增资)
资产:			
现金和有价证券	3 000		
应收账款	8 000		
存货	11 500		
流动资产	22 500		
固定资产原价	24 000		

单位:千元(续表)

	2019	2020(权益增资)	2020(负债增资)
累计折旧	(4 000)	(4 600)	(4 600)
固定资产净值	20 000		
资产总计	42 500		
负债和所有者权益:			
应付票据	0		
应付账款	9 500		
应计项目	3 000		
流动负债	12 500		
应付债券	0		
股本(每股 10 元)	20 000		
留存收益	10 000		
负债和所有者权益合计	42 500		

表 3 利润表　　　　　　　　　　　　　　　　单位:千元

	2019	2020(权益增资)	2020(负债增资)
销售收入	100 000		
销售成本	79 000		
毛利	21 000		
管理和销售费用	10 000		
折旧	600	600	600
其他费用	200	220	220
息税前利润	10 200		
利息	0		
税前利润	10 200		
所得税费用(50%)	5 100		
净利润	5 100		
股利	2 550		
留存收益	2 550		

表 4 行业平均值

流动比率	1.8
速动比率	0.8
资产负债率(%)	50.0
利息保障倍数	6.0
存货周转率	6.0
平均收账期(天)	26.0
总资产周转率	2.1
毛利率(%)	18.0
总资产收益率(%)	8.5
销售净利率(%)	3.9
净资产收益率(%)	17.0

第 12 章　财务报告分析：盈利性

12.1 以销售净额为基础的盈利性分析

盈利性分析就是通过将公司在一定时期内实现的利润与相关财务指标进行比较,以反映公司的盈利水平。作为利润比较基础的财务指标主要包括销售净额(营业收入)、资产和净资产(股东权益)。这里首先讨论以销售净额为基础的盈利性分析。

以销售净额为基础的盈利性比率主要有毛利率、营业利润率和净利率。

1. 毛利率

毛利率是销售毛利与销售净额之比,即:

$$毛利率 = (毛利 \div 销售净额) \times 100\%$$

其中,
$$毛利 = 销售净额 - 销售成本$$

毛利率虽然是盈利性分析的基础性分析比率,但在财务报告分析中有着相当重要的意义。对于大多数公司而言,销售成本通常是各项成本费用中所占份额最大的一项,因此,毛利是公司实现最终净利润的基础。

在毛利率分析中,最为重要的工作是分析和判断公司毛利率水平的影响因素和潜在变化趋势。通常,影响毛利率变化的直接因素主要包括:

(1) 销售量的变化。由于固定成本的存在,因此,如果销售量减少,单位产品分摊的固定成本就会上升,从而导致毛利率下降;如果销售量增加,单位产品分摊的固定成本就会下降,从而导致毛利率上升。为此,在毛利率分析过程中,就需要关注可能影响公司销售量变化的重要因素,诸如最终用户需求的变化和公司市场份额的变化等。

(2) 销售价格的变化。销售价格通常是影响毛利率的一项很重要的因素。在毛利率分析中,需要关注那些潜在地影响销售价格变化的重要因素,诸如产业竞争强度的变化和公司自身竞争能力的变化等。对于那些出口销售占比较大的公司,还需要关注记账本位币与结算货币之间的汇率变化趋势。此外,对于那些销售价格受政府管制的公司,还需要关注政府对该类产品或服务的价格管制政策的变化趋势。

(3) 销售成本和费用的变化。销售成本和费用是影响毛利率水平的又一重要因素。在毛利率分析中,需要关注那些潜在地影响销售成本和费用变化的重要因素,诸如原材料采购价格的变化、劳动力价格的变化、固定资产购置或建设成本的变化、利率水平的变化、运输成本的变化以及生产经营中耗用的水电气等公共产品价格的变化等。

(4) 产品或服务的品种结构的变化。在多品种经营的情况下,公司实现的毛利率是各种产品或服务毛利率的加权平均。因此,在毛利率分析中,不仅要分析各种产品和服务的毛利率水平,还要关注品种结构的变化趋势。如果毛利率高的产品或服务在公司全部销售额中占比上升,则有助于提高综合毛利率;反之亦然。影响公司品种结构变化的因素主要包括各种产品或服务的市场需求变化,以及公司在各种产品和服务提供方面相对于同行业竞争者的优势和劣势。

2. 营业利润率

营业利润率也称经营利润率,是指营业利润与销售净额之比,即:

$$\text{营业利润率} = (\text{营业利润} \div \text{销售净额}) \times 100\%$$

其中,营业利润是指正常生产经营业务所带来的、未扣除利息及所得税前的利润。

根据我国《企业会计准则第30号——财务报表列报》的规定,在利润表中,营业利润等于毛利减去销售费用、管理费用及财务费用等三项期间费用,以及资产减值损失,再加上公允价值变动收益和投资收益。但是,在计算和分析营业利润率的过程中,是否可以直接采用利润表上反映的营业利润呢?这是一个存在争议的问题。争议的焦点在于利润表上营业利润计算过程中减去或加上的一些因素,究竟是否由公司的经营业务所引起。对于这一问题,人们有着不同的理解。例如,财务费用是利润表上计算营业利润时的一个减项。那么,在分析营业利润率时,分子营业利润在计算过程中究竟是否应该减去财务费用,就取决于如何理解财务费用与经营业务的关系。一种观点认为,财务费用是公司生产经营中使用资金的成本,如同生产经营发生的其他成本费用一样,当然应该理解为生产经营中发生的费用,从而在计算营业利润时予以扣除。另一种观点则认为,在利息率既定的情况下,财务费用的多少主要取决于负债水平,而负债水平是由相对独立于公司"生产经营"活动的"财务"活动所决定的。也就是说,公司生产经营所需的资金,可以选择负债融资,也可以选择股权融资。只要公司更多地选择负债融资,财务费用就多;反之,只要公司更多地选择股权融资,财务费用就少。由此可见,财务费用的多少主要取决于公司的融资结构。因此,在计算和分析公司的营业利润水平时,只有尽可能地剔除"财务"活动带来的影响,即不将财务费用作为营业利润的减项,才能更好地说明纯粹由生产经营所决定的业绩水平。类似地,公允价值变动收益和投资收益等项目,是否应该作为分析营业利润率时在分子营业利润计算过程中的加项,也存在与上述财务费用同样的争议。

对于上述争议,本书的观点是:出于一般的分析目的,可以直接采用利润表上列报的营业利润;但是,如果分析目的是严格地比较分析公司之间或年度之间生产经营业务本身的获利水平,以说明公司核心业务的竞争能力,就应该尽可能避免受到生产经营之外的其他因素(诸如财务杠杆和对外投资等)的影响,在计算营业利润时采用狭义的营业利润,即剔除财务费用、公允价值变动收益和投资收益等非经营性因素对营业利润的影响。

3. 净利率

净利率也称销售净利润率,是指净利润与销售净额之比,即:

$$\text{净利率} = (\text{净利润} \div \text{销售净额}) \times 100\%$$

其中,净利润是指扣除利息和所得税等各项费用后的利润。

净利率的分析意义主要在于,将净利率与营业利润率进行比较,可以反映利息、所得税及投资收益等对公司最终获利水平的影响。但是,从比率计算的逻辑要求上讲,该比率是存在一定缺陷的,即该比率的分子净利润与分母销售净额之间缺乏严格的逻辑关系:净利润既包括来自销售业务的利润,也包括诸如投资收益等来自投资业务的利润,甚至还包括诸如出售子公司损益等非经常性损益。显然,投资收益和非经常性损益往往与销售业务没有直接关联。所以,当被比较的不同公司或同一公司不同年度之间利润构成情况不尽相同时,这一比率事实上是不可比的。为此,当需要严格地说明销售业务本身的净利润水平时,在净利润计算过程中可以考虑将投资收益和非经常性损益予以剔除。当然,如果相互比较的不同公司或同一公司不同年度之间净利润的结构比较一致,那么虽然净利率在计算逻辑上存在上述缺陷,但还是具有可比性,可以进行纵向或横向的比较分析。

12.2 以资产为基础的盈利性分析

以资产为基础的盈利性比率主要有资产报酬率、投资报酬率、EBITDA 率、资产净利率和经营资产利润率。

1. 资产报酬率

资产报酬率也称息税前总资产利润率,是指息税前利润[①]与平均资产总额之比,即:

$$资产报酬率 = (息税前利润 \div 平均资产总额) \times 100\%$$

其中,息税前利润等于税前利润加上利息费用。之所以应该包括利息费用,是因为利息是公司为债权资本所实现的报酬,而债权资本业已包括在分母"资产总额"之中。只有这样计算,才能完整反映公司全部资产实现的报酬水平。否则,如果分子中忽略了利息费用,就会低估资产报酬率。例如,假设 A、B 两家公司的资产总额均为 100 万元,A 公司没有负债,而 B 公司的资产负债率为 50%,即有负债 50 万元,负债年利率 8%。假设 A、B 两家公司的息税前利润均为 10 万元。A 公司由于没有负债,故其税前利润依然为 10 万元;B 公司由于存在负债,故其税前利润为 6 万元(10 − 50 × 8%)。那么,如果以息税前利润作为资产报酬率计算中的分子,A、B 两家公司的资产报酬率均为 10%;如果以税前利润作为资产报酬率计算中的分子,A 公司的资产报酬率为 10%,B 公司的资产报酬率则为 6%。可见,当以税前利润作为分子时,B 公司的资产报酬率就显得低于 A 公司。这是由于两家公司融资结构不同而产生的影响。在本例中,如果以税前利润作为分子,就低估了 B 公司的资产报酬率。

资产报酬率也可以用下述公式进行计算:

$$资产报酬率 = \frac{净利润 + 利息 \times (1 - 所得税税率)}{资产总额} \times 100\%$$

这一计算方式与前一种计算方式的差异是,分子中的"报酬"为税后金额。因此,不仅归于股东的报酬为"净利润",归于债权人的报酬(即利息),也要换算为税后金额。用税前报酬或税后报酬计算资产报酬率都可以,在财务报告分析过程中,应该根据分析需要选择计算公式。只有资产报酬率不低于负债利息率,才能使得公司利用负债为股东实现更多的利润,用税前报酬计算资产报酬率能够清晰地说明资产报酬率与负债利息率之间的关系。因此,通常情况下采用税前报酬计算资产报酬率比较符合分析的需要。但是,有时则需要采用税后报酬计算资产报酬率,以便分析判断资产报酬率与其他以税后利润计算的财务比率之间的相互关系。

[①] 在以资产为基础的盈利性比率计算中,无论采用税前利润还是税后利润,严格来讲都应该剔除非经常性损益。当公司或年度之间的非经常性损益与经常性损益的构成状况基本一致,从而不剔除非经常性损益相关财务比率依然具有可比性时,也就可以使用包括非经常性损益的税前或税后利润。下一节将要介绍的以净资产为基础的盈利性比率计算也是如此。本书后续部分不再赘述。

2. 投资报酬率

投资报酬率是指息税前利润与平均投资总额之比，即：

$$投资报酬率 = (息税前利润 \div 平均投资总额) \times 100\%$$

其中，分子息税前利润与资产报酬率计算中的口径相同；分母中的投资总额是指股东权益与计息负债之和，亦即总资产扣除不计息负债[①]后的差额。这样计算的主要考虑是，不计息负债是供债务人公司无偿使用的资金，因而公司无须为这部分资金实现报酬。显然，那些比较多地利用不计息负债的公司，其投资报酬率会显著地高于资产报酬率。

不计息负债虽然是不计利息的，因而看起来是供债务人公司无偿使用的资金，但是在下述两种情况下，事实上就未必是无偿使用的了：一是因利用应付账款融资而放弃可观的现金折扣；二是因超过信用期仍未付款而导致信用损失。所以，如果公司不计息负债中的较大部分是这样形成的，投资报酬率的分析意义就大为降低了。

与资产报酬率一样，投资报酬率的分子也可以采用税后报酬。

3. EBITDA 率

EBITDA 率是指息税前利润和当期固定资产折旧及无形资产摊销之和与平均资产总额之比，即：

$$EBITDA\ 率 = \frac{息税前利润 + 固定资产折旧及无形资产摊销}{平均资产总额} \times 100\%$$

固定资产折旧及无形资产摊销是一种成本补偿，而不是资产报酬。所以，严格来讲，该比率并不是一个真正意义上的盈利性财务比率，或者说，该比率的分子与分母缺乏严格的逻辑联系，有违财务比率设计的基本原则。但是，当被比较的不同公司或同一公司不同年度之间因折旧和摊销政策的差异而使得息税前利润变得不可比时，资产报酬率或投资报酬率也就不具有可比性了。这时，EBITDA 率才具有可比性，从而比资产报酬率或投资报酬率更具有实际分析意义。特别是，在集团内各子公司的长期投资决策权由母公司控制的情况下，为了鼓励各子公司提高资产周转效率、降低流动资产占用水平，EBITDA 率就变得很有用了，因为在固定资产和无形资产规模既定，从而固定资产折旧及无形资产摊销也既定的情况下，子公司欲提高 EBITDA 率，除增加息税前利润之外，唯有控制流动资产占用，才能减少总资产规模，从而提高 EBITDA 率。

另外，在财务分析实践中，那些固定资产规模越大、固定资产在总资产中占比越大的公司，其管理层更乐于以该比率显示企业的业绩。这是因为这类公司往往因巨大的固定资产折旧及无形资产摊销而处于微利甚至亏损状态。如果计算资产报酬率或投资报酬率，业绩就很不乐观；而若计算 EBITDA 率，业绩就会大为改观。

4. 资产净利率

资产净利率是指净利润与平均资产总额之比，即：

$$资产净利率 = (净利润 \div 平均资产总额) \times 100\%$$

其中，净利润是指扣除利息和所得税之后的利润。

就这一比率本身而言，如同销售净利率一样，也是存在一定缺陷的。因为分子只包

[①] 企业负债按是否付利息，可以区分为计息负债和不计息负债两类。一般地，各种借款和应付债券等均为计息负债；应付账款、应付职工薪酬、应付税金等则为不计息负债。应付票据是否计息，取决于票面上的具体规定。

括归于股东的报酬(即净利润),而不包括归于债权人的报酬(即利息),而分母却既包括股东权益,也包括债权人权益。可见,分子与分母的计算口径并不一致。所以,当被比较的不同公司或同一公司不同年度之间资本结构不尽相同,从而利息与利润的比例不一致时,这一比率事实上就不具有可比性。但是,将资产净利率与按息税前利润计算的资产报酬率进行比较,可以反映利息、所得税及非常项目对公司资产净利润水平的影响。

5. 经营资产利润率

经营资产利润率是指经营利润与平均经营资产之比,即:

$$经营资产利润率 = (经营利润 \div 平均经营资产) \times 100\%$$

其中,经营利润是指来自营业的(税前或税后)利润,但不包括投资收益及非经常性损益;经营资产是指直接服务于生产经营的资产,也就是资产总额扣除投资、无形资产及其他资产后的余额。

经营资产利润率能够反映公司投入生产经营的资产的获利水平。将其与资产报酬率进行比较,可以发现公司利润是否主要来自经营资产的有效利用。尤其是当投资和无形资产等占总资产的比例较大时,分析该比率能发现公司主营业务上配置资金的使用效果。

12.3 以净资产为基础的盈利性分析

以净资产(股东权益)为基础的盈利性比率主要有净资产利润率和普通股权益利润率。

1. 净资产利润率

净资产利润率也称资本利润率或股东权益利润率,是指税后净利润与净资产之比,即:

$$净资产利润率 = \frac{净利润 - 可赎回优先股股利}{年平均股东权益} \times 100\%$$

之所以扣除可赎回优先股股利,是因为分母也不包含可赎回优先股。这一比率的分析意义在于,反映公司为全体股东权益赚取净利润的能力。一般地,这是一个从股东角度反映公司盈利能力的最重要和最基本的财务比率,在公司或年度之间通常也比较具有可比性。但是,由于公司的账面净资产其实是资产与负债的差额,因而会受到公司资产计价特征的影响。在物价上涨的环境下,如果公司的资产计价特征越发表现为较早时期的历史成本,账面净资产的反映就相对较低;反之,如果公司的资产计价特征越发表现为现行市价,账面净资产的反映就相对较高。由于各个公司的资产计价特征不尽相同,公司之间的净资产利润率就会存在一定的不可比性。类似地,当公司发生企业会计准则转换时,前后年度之间的净资产利润率也会存在一定的不可比性。

2. 普通股权益利润率

普通股权益利润率是指净利润与普通股股东权益之比,即:

$$普通股权益利润率 = \frac{净利润 - 优先股股利}{平均普通股股东权益} \times 100\%$$

其中,普通股股东权益是股东权益减去优先股股东权益之后的金额。这一比率的分析意义在于,反映公司为普通股股东权益赚取净利润的能力。该比率与净资产利润率的差异,是由优先股的固定股息率导致的。如果优先股股息率(=优先股股息÷优先股股东权益)高于净资产利润率,则普通股权益利润率就会低于净资产利润率;反之亦然。显然,当没有优先股时,普通股权益利润率与净资产利润率就无差异了。

12.4 资产周转效率分析

资产周转效率分析比率主要包括总资产周转率、经营资产周转率和固定资产周转率。[①]

1. 总资产周转率

总资产周转率是指销售净额与平均资产总额之比,即:

$$总资产周转率 = 销售净额 \div 平均资产总额$$

资产总额反映公司投入的经济资源总量,销售净额则是公司在一定时期内通过资产营运所完成的业务量的综合量度。因此,总资产周转率可用来分析说明公司全部资产的营运效率,亦即从财务角度反映公司的投入产出水平。

不同公司或同一公司不同年度之间比较总资产周转率也可能会面临不可比的问题。许多公司的资产并非仅仅投入生产经营,往往有一部分甚至相当大的部分用于对外投资。除非子公司报表得以合并,否则,被投资单位实现的销售净额并不反映到投资方的利润表中。这样,就使得总资产周转率计算中的分子(销售净额)与分母(资产总额)在口径上出现不一致。如果被比较的不同公司或同一公司不同年度之间资产用于生产经营与对外投资的比例存在显著差异,那么总资产周转率事实上就是不可比的。对于那些将较大比例的资产用于对外投资的公司而言,总资产周转率就会显得较低,这显然不是公司资产使用效率的真实写照。

为了克服总资产周转率的不足,就有必要使用经营资产周转率进行补充。

2. 经营资产周转率

经营资产周转率是指销售净额与平均经营资产之比,即:

$$经营资产周转率 = 销售净额 \div 平均经营资产$$

经营资产周转率旨在反映公司投入生产经营的资产的使用效率。相对于总资产周转率而言,经营资产周转率对生产经营过程中资产使用效率的反映更为准确。因此,在生产经营性资产与对外投资性资产结构比例存在显著差异的不同公司或同一公司不同年度之间比较资产使用效率时,使用经营资产周转率更具有可比性。

经营资产周转率的不足之处在于,由于忽略了对外投资性资产,故不能全面地反映公司所有资产的总体使用效率。

[①] 事实上,上一章中介绍的应收账款周转率和存货周转率也可以归于资产周转效率分析比率,这两项流动资产的周转效率往往对总资产周转率和经营资产周转率产生重要影响。

3. 固定资产周转率

固定资产周转率是指销售净额与平均固定资产之比,即:

$$固定资产周转率 = 销售净额 \div 平均固定资产$$

固定资产周转率旨在反映公司固定资产的使用效率。在许多行业,诸如钢铁、电力、通信等,固定资产通常在公司总资产中占很大比例。在这些公司中,固定资产周转率对总资产周转率具有举足轻重的影响。

资产负债表上反映的固定资产价值,是扣除了累计折旧及减值准备后的净额。通常情况下,计算固定资产周转率时,固定资产指的就是其净额。这就意味着,公司固定资产折旧过快或过慢都会影响固定资产周转率的计算与分析,当然也会间接影响经营资产周转率和总资产周转率的计算和分析。如果这一问题严重到一定程度,以至于固定资产周转率指标难以恰当反映固定资产的使用效率,那么就可以考虑使用非财务指标来衡量和评价固定资产的使用效率。例如,对于酒店,可以用客房入住率反映固定资产的使用效率。

12.5 杜邦分析体系

如果说净资产利润率是公司是否实现股东财富最大化的一个适当量度,那么杜邦分析体系就旨在分析公司实现净资产利润率的途径,并借以说明公司未来净资产盈利能力的可持续性。

诚然,为了实现一定水平的净资产利润率,或者为了提高净资产利润率,需要从生产经营和管理的许多方面采取有效措施。但是,从财务比率角度进行的抽象分析告诉我们,实现或提高净资产利润率的途径只有两个:一是资产报酬率,二是权益乘数。净资产利润率其实就是资产报酬率与权益乘数的乘积,即:

$$净资产利润率 = 资产报酬率 \times 权益乘数 \tag{1}$$

其中,

$$权益乘数 = 资产总额 \div 股东权益$$

类似地,实现或提高资产报酬率的途径也只有两个:一是销售利润率,二是资产周转率。资产报酬率其实就是销售利润率与资产周转率的乘积,即:

$$资产报酬率 = 销售利润率 \times 资产周转率 \tag{2}$$

由公式(1)可以看到,当资产报酬率既定时,提高财务杠杆程度,能够提高净资产利润率。如果仅仅从数量关系上看,资产报酬率和权益乘数这两条途径对于提高净资产利润率有着同样重要的意义。事实上却不尽如此。公司利用财务杠杆既有利益,又有风险。特别是当财务杠杆过高时,财务风险的潜在成本就可能超过财务杠杆利益。经验上,除金融等特殊行业的公司之外,公司资产负债率的上限为70%,从而权益乘数的上限应该约为3.33。这就意味着,当公司以超过上限的权益乘数来提高净资产利润率时,分析者就必须注意,通过这种途径提高净资产利润率是伴随着极大的财务风险的。为此,公司在未来期间就不得不降低财务杠杆。在资产报酬率既定的情况下,通过过大的权益乘数实现的较高的净资产利润率在未来是不可持续的。例如,假设A、B两家公司的净资产利润率均为16%,但形成过程不同:A 公司的净资产利润率是资产报酬率8%与权益乘数2的乘积,而B公司的是资产报酬率4%与权益乘数4的乘积。那么,根据上面的分析,A 公司的净资产利润率应该比B公司的更具有可持续性。

由公式(2)可以看到,当销售利润率既定时,提高资产周转率,能够提高资产报酬率。如果仅仅从数量关系上讲,资产周转率和销售利润率这两条途径对于提高资产报酬率具有同样重要的意义。但事实上,这两条途径对于提高资产报酬率的意义对不同的公司而言就不尽相同,具体取决于公司生产经营的产品或服务的市场需求特征、竞争格局以及公司的内部资源状况等。例如,对于那些所提供的产品或服务的需求-价格弹性很小的公司而言,降低售价并不能显著地增加销售,因此,这类公司通常就应该偏重于提高销售利润率,而不是一味地追求资产周转率的提高。又如,对于那些因内部资源限制而使其所能提供的产品或服务数量有限的公司而言,即便降低售价能够促进需求增长,公司也因缺乏产品或服务的供应而无法实现销售增长,因此,保持较高的销售利润率就应该是这类公司的适当选择。在与上述举例相反的情形下,公司就应该较多地利用提高资产周转率的途径。总之,只有公司选择适当的实现资产报酬率的途径,其所实现的资产报酬率才会是可持续的。

专业词汇

毛利率(Gross Profit Margin on Sales)
营业利润率(Net Operating Margin on Assets)
销售净利润率(Profit Margin on Sales)
资产报酬率(Return on Assets)
投资报酬率(Return on Investment)
EBITDA 率(EBITDA Ratio)
资产净利率(Net Profit on Assets)
经营资产利润率(Return on Operational Assets)
资本利润率/股东权益利润率/净资产收益率(Return on Stockholders' Equity)
普通股权益利润率(Return on Common Equity)
总资产周转率(Total Assets Turnover)
经营资产周转率(Operational Assets Turnover)
固定资产周转率(Fixed Assets Turnover)
权益乘数(Equity Multiplier)
杜邦分析体系(Du Pont Analysis System)
股利支付率(Dividend Payout)

思考题

1. 在计算各种利润率时,应该如何根据各种利润率计算公式中的分母情况来确定分子中"利润"的口径?

2. 为什么说"利用杜邦分析体系,可以通过分析公司实现净资产利润率的途径,来说明公司未来净资产盈利能力的可持续性"?

教学案例

玉冰化妆品公司财务评价

在过去15年里,玉冰化妆品公司(以下简称"玉冰公司")一直从工商银行获得所需贷款。除2014年由于一条新的化妆品生产线投资项目失败导致偿债危机之外,玉冰公司在大部分年份里是一个守信的客户。2014年事件以后,银行对玉冰公司的财务状况监控得非常严密,要求公司每月都提供财务报表,而银行则每季进行一次财务评价。这说明银行一直觉得该公司存在较大的信用风险。目前,玉冰公司需要在不久的将来筹集到675 000元的贷款,以使其生产设备现代化。这对公司当前和未来的发展至关重要。

王健于四个月前被调到工商银行信贷部,目前主管玉冰公司的贷款项目。原来的项目主管一直被认为发放贷款时条件过于宽松。王健知道玉冰公司要求贷款已经有三个星期了,他的第一反应是这笔贷款极为可行,但他从未向玉冰公司的总经理邓杰表达过这个观点。因为情况是不断变化的,如果他在暗示邓杰这笔贷款将"很可能获批"之后却又拒绝了,那将是十分尴尬的。有很多因素表明玉冰公司的债务将面临困境,因此王健和邓杰开了个碰头会,讨论该公司的债务状况。

1. 王健和邓杰的会面

王健提醒邓杰注意中央银行为了缓解国家经济中的通货膨胀压力正在紧缩信用,这意味着贷款将更加困难,银行需要更加仔细地审查每一家申请贷款的公司。更为严重的是,银行刚刚完成了对玉冰公司的年度评价,在他看来,玉冰公司的财务状况非常糟糕,且每况愈下。他还暗示邓杰违反了贷款协议。例如,贷款协议规定流动比率不得低于1.85。

关于玉冰公司的贷款条件,邓杰对王健说:"我正在考虑是否要重组公司的债务结构,而且可能要求银行认购玉冰公司的所有债券,并按五年分期偿还。"王健向邓杰说明,鉴于玉冰公司的财务状况,贷款委员会可能倾向于要求尽快偿还所有债务。这意味着:① 贷款委员会不赞同债务重组方式;② 新的贷款要求即使获得批准,也要采取应付票据的形式。同时,王健告诉邓杰,银行愿意与玉冰公司合作,找到一个令双方都满意的财务安排。王健和邓杰约定不久后再次碰面以进一步讨论。

王健认为允许玉冰公司调整现存债务对银行是有利的,然而新的贷款要求又会出现麻烦。尽管同意贷款是没有问题的,但还需要邓杰提供一个翔实的有说服力的商业计划。

邓杰反复考虑了与王健的会面以及公司目前的状况。他对自己没有事先预计到银行的评价而感到懊恼,但觉得事情还有积极的一面。他想:"这也许会给董事会一个小小的教训。"邓杰深知公司目前正处于困境之中,而董事会却认为事实上萧条时期已经过去,也有迹象表明需求正在上升,2020年较保守的预测是销售额增长10%。

2. 邓杰的建议

邓杰认为玉冰公司可以在许多方面进行改进。以前当公司意识到需求将下降时,常常通过放宽信用政策或产品多样化来增加销售额。邓杰反对这样的措施,因为这导致目前玉冰公司过高水平的存货和大量的应收账款。邓杰相信在2020年应收账款的平均收账期应降至60天,存货周转率(销售/存货)应提升到5.4的行业平均水平。除此之外,邓杰还有很多减少玉冰公司成本的建议。他相信这些措施的实行能将毛利率提高到31%,把销售费用和管理费用降到销售额的21.5%。

邓杰还提议把应付款项调整到销售额的9%,认为只有这个比例才能和其他公司竞争。

邓杰还对近年来公司的筹资方式表示了不满。事实上,新增的资金需求都是由银行提供的。而邓杰认为公司应该减少股利支付或发售更多的股票,从而更多地筹集和利用自有资产。事实上,2017年他就建议公司降低股利支付率,将其从净利润的50%降至20%,但当时这个提议没有获得支持。目前邓杰在犹豫是否再次提出减少股利支付这个建议。最后,他决定在假设股利支付率为50%的条件下作出财务预测。

就目前的情况来看,如果玉冰公司不向银行提供一个详细的计划,那么不仅公司没有可能获得675 000元的新贷款,而且银行将没收已有贷款的担保品。

讨论题:

1. 计算玉冰公司2019年的财务比率(参见表1、表2和表3)。

表1 利润表　　　　　　　　　　　　　　　　　　单位:千元

	2017	2018	2019(当前年度)
销售收入	25 264	25 769	26 671
产品成本	17 180	17 508	18 793
毛利	8 084	8 261	7 878
管理费用	5 254	5 516	6 068
折旧	302	393	479
息税前利润	2 528	2 352	1 331
利息	296	451	578
税前利润	2 232	1 901	753
所得税费用(50%)	1 116	951	377
净利润	1 116	950	376
普通股股利	558	475	188
留存收益	558	475	188

表2 资产负债表　　　　　　　　　　　　　　　　单位:千元

	2017	2018	2019(当前年度)
资产:			
现金及有价证券	1 264	1 237	879
应收账款	3 789	5 204	5 920
存货	4 042	5 102	6 133

单位：千元（续表）

	2017	2018	2019（当前年度）
流动资产合计	9 095	11 543	12 932
固定资产总额	3 024	4 123	5 337
累计折旧	(1 129)	(1 521)	(2 001)
固定资产净值	1 895	2 601	3 336
资产合计	10 990	14 144	16 268
负债和所有者权益：			
应付票据	1 111	1 804	2 400
应付账款	2 021	3 126	3 866
应计项目	656	1 010	1 334
流动负债合计	3 788	5 940	7 600
长期借款	1 254	1 781	2 066
普通股	4 050	4 050	4 050
留存收益	1 898	2 373	2 562
负债和所有者权益合计	10 990	14 144	16 268

表3 玉冰公司的财务比率

	2017	2018	2019	行业平均值 2017—2019
流动性				
流动比率	2.40	1.94		1.95
速动比率	1.33	1.08		1.00
杠杆				
负债率(%)	46.00	55.00		53.00
利息保障倍数	8.54	5.20		5.00
周转效率				
存货周转率(销售额/存货)	6.25	5.10		5.40
固定资产周转率	13.33	9.91		10.00
总资产周转率	2.30	1.82		2.10
平均收账期(天数)	54.00	72.70		51.00
获利能力				
毛利率(%)	32.00	32.00		30.50
净利率(%)	4.40	3.70		3.00
总资产报酬率(%)	10.10	6.70		6.30
净资产报酬率(%)	18.70	14.80		13.30

2. 趋势分析表明玉冰公司的财务状况是在逐渐恶化吗(见表3)？

3. 假设玉冰公司采纳了邓杰2017年的建议，即降低股利支付率，试重新计算公司2019年的负债率和流动比率(假设2017—2019年的股利支付率为20%，多余的资金用于减少公司的应付票据)。

4. (1) 邓杰和另一名业内人士刘波讨论过玉冰公司的情况。在刘波看来,玉冰公司的长期资本太少了,尤其是考虑到应收账款和存货的需要之后。为什么用长期资本(如债券或自有资本)为资产负债表上的流动资产项目(如存货和应收账款)筹集资金通常是适当的?

(2) 用短期负债为长期资产提供资金有什么优点和缺点?

5. (1) 试预计玉冰公司2020年的利润表和资产负债表(见表4和表5)。假设银行提供675 000元的应付票据,年利率为12%,而且没有附息债务被购回。净利润的50%作为股利,现金在预计报表中作为平衡项目。

表4 2020年玉冰公司利润表   单位:千元

销售收入	
产品成本	
毛利	
管理费用	
折旧	568
息税前利润	
利息	
税前利润	
所得税费用	
净利润	

表5 2020年12月31日玉冰公司资产负债表   单位:千元

资产:	
现金及有价证券	
应收账款	
存货	
流动资产合计	
固定资产总额	6 214
累计折旧	(2 569)
固定资产净值	
资产合计	
负债和所有者权益:	
应付票据	
应付账款	
应计项目	1 366
流动负债合计	
公司债券	2 066
普通股	4 050
留存收益	
负债和所有者权益合计	

(2) 估算玉冰公司2020年的最低现金余额(假设2017—2019年现金余额是正常

的)。

(3) 用2020年年末的剩余现金偿还应付票据。

6. (1) 银行会对邓杰提出的改进建议留下深刻印象吗? 请予以解释。

(2) 如果银行拒绝贷款,玉冰公司还有什么其他办法可供选择? 请仔细评价每一种方法。

7. 玉冰公司目前有4 466 000元的附息债务,而且几乎所有债务在未来三年内到期。

王健认为可以让玉冰公司重组债务,将付款至少分散在五年里。他的理由是玉冰公司不太可能以目前的债务结构再筹集足够的现金去支付每年到期的债务。这将给玉冰公司和贷款银行均造成麻烦,因此应尽量避免。

王健还考虑提供一笔325 000元的新贷款,这笔贷款大约是玉冰公司要求的675 000元贷款的一半。此外,王健要求玉冰公司降低股利支付率,甚至达到零股利。

注1:玉冰公司目前的股利支付率是50%。

注2:玉冰公司需要贷款675 000元。如果只获得325 000元的贷款,差额部分将通过发行股票来取得。如果仅仅是进行债务重组,即不提供额外的(即新的)贷款325 000元,那么675 000元将全部通过发行股票取得。

注3:这笔贷款总计4 791 000元,相当于现存的4 466 000元附息负债加上新增的325 000元。每年到期的本金将为958 200元。

S_1是玉冰公司乐观的预期(最有可能的情况),S_2是保守的预期,S_3是悲观的预期。

2020年估计值	S_1	S_2	S_3
销售额增长率	0.10	0.10	0.08
毛利率	0.30	0.29	0.29
平均收账期(天)	60.00	65.00	65.00
销售额/存货	5.40	5.40	5.10
2021—2024年估计值	S_1	S_2	S_3
销售额增长率	0.05	0.05	0.03
毛利率	0.31	0.30	0.30
平均收账期(天)	55.00	60.00	65.00
销售额/存货	5.70	5.40	5.40

对所有的预测,王健都假设每年的管理费用和应付款项分别是销售额的21.5%和9%。王健还假设资本性支出在2020年是900 000元,2013年是200 000元,以后几年按销售额的增长率增长。最后,每年的最低现金余额是1 127 000元。

根据上述材料,试作出合理的分析:

(1) 允许玉冰公司重组其4 466 000元的现存债务是否可行? 请予以解释。

(2) 您会提供给玉冰公司这325 000元的贷款吗? 请予以解释。

注意:当您在解答问题(2)时,所有者权益2020年增加350 000元,负债增加325 000元。

第13章　财务报告分析：股东利益

13.1 每股收益分析

13.1.1 基本每股收益

基本每股收益是指为每一普通股股份所实现的净利润。它等于当期净利润除以发行在外普通股的加权平均数,即:

$$基本每股收益 = 净利润 \div 发行在外普通股加权平均数$$

基本每股收益旨在分析说明公司在一定期间内为每一个普通股所赚取的净利润水平。在该比率计算中,分子是公司在一定期间(年度或半年度等)内实现的净利润[①];而分母使用的公司发行在外的普通股股数是一个时点指标,它会因新股发行等而增加、因股票回购而减少,即在一定期间内的不同时点,发行在外的普通股股数可能是有变化的,因此应该取其加权平均值。根据我国《企业会计准则第34号——每股收益》的规定,发行在外普通股加权平均数的计算公式如下:

$$发行在外普通股加权平均数 = 期初发行在外普通股股数 + 当期新发行普通股股数 \times 已发行时间 \div 报告期时间 - 当期回购普通股股数 \times 已回购时间 \div 报告期时间$$

这个计算公式中的时间权数,是特定股份发行在外的天数占当期总天数的比例,或者发行在外的月份数占当期总月份数的比例。[②] 其中,按月计算的发行在外时间,是指普通股发行的次月至报告期末的月份数,而回购时间是指普通股回购的次月至报告期末的月份数。例如,假设H公司2019年度实现净利润500万元,2019年年初发行在外普通股为1 000万股。又假设H公司于2019年3月20日新发行普通股200万股,于2019年9月16日回购普通股50万股,那么H公司2019年发行在外普通股的加权平均数即为:

$$1\,000 + 200 \times 9 \div 12 - 50 \times 3 \div 12 = 1\,137.50(万股)$$

H公司2019年度基本每股收益为:

$$500 \div 1\,137.50 \approx 0.44(元/股)$$

---

① 严格地说,公司实现的当期净利润归属于其全体股东。如果公司发行的股份,除普通股之外还有优先股,那么,由于优先股股利必须在普通股股东分红之前予以支付,归属于普通股股东的利润金额就应该是净利润减去优先股股利之后的金额。因此,在计算基本每股收益时,分子应该是净利润扣除优先股股利后的剩余部分,亦即应该是净利润中归属于普通股股东的部分。但是,考虑到我国上市公司目前尚不存在优先股,归属于普通股股东的利润也就等同于当期净利润。因此,在本章后续的讨论中,除有特殊说明的以外,就将"归属于普通股股东的利润"简化表述为"净利润"。

② 在新发行普通股时,从应收对价之日(一般指股份发行之日)起该股数就应包括在普通股加权平均数中。具体来说,为收取现金而发行的普通股股数,从应收现金之日起计算;因债务转增资本而发行的普通股股数,从停止计息之日或结算日起计算;作为收购非现金资产的对价而发行的普通股股数,从确认收购之日起计算;非同一控制下的企业合并,作为对价发行的普通股股数,从购买日计算;同一控制下的企业合并,作为对价发行的普通股股数,应该计入各列报期间普通股的加权平均数中。

此外,派发股票股利、资本公积转增资本或拆股,也会导致流通在外普通股股数的增加,而并股则会导致流通在外普通股股数的减少。与新发行普通股或股票回购不同,派发股票股利、资本公积转增资本、拆股或并股只是简单地导致公司发行在外普通股股数的增加或减少,而没有相应地增加或减少公司普通股资本。因此,在公司因股票股利、资本公积转增资本、拆股或并股而导致普通股股数增加或减少前后的每股收益就不具有可比性。为此,就应当按调整后的股数重新计算当期及以往各列报期间的每股收益。只有这样,才能使股票股利、资本公积转增资本、拆股或并股发生年度的每股收益与以往各列报期间的每股收益具有可比性。例如,续上例,假设 H 公司于 2019 年 10 月 20 日发生 2∶1 的拆股,那么 2019 年年末发行在外普通股股数就比原先增加了 1 倍,即由 1 150 万股变成 2 300 万股(1 150×2)。在计算 H 公司 2019 年基本每股收益时,也应该对以往所有时点的股数进行相应的追溯调整(即都乘以 2)。这样,H 公司 2019 年度发行在外普通股的加权平均数即为:

$$1\,000 \times 2 + 200 \times 2 \times 9 \div 12 - 50 \times 2 \times 3 \div 12 = 2\,275(万股)$$

H 公司 2019 年度基本每股收益为:

$$500 \div 2\,275 \approx 0.22(元/股)$$

在追溯调整计算以前年度基本每股收益时,计算发行在外普通股的加权平均数时所使用的各个时点的股数,也应作同样的调整(即都乘以 2)。例如,假设上例中 H 公司 2018 年年初发行在外普通股为 1 000 万股,2018 年度股数未发生增减变化;又假设 H 公司 2018 年度净利润为 400 万元。那么,H 公司 2018 年度的基本每股收益即为 0.4 元。但是,在 H 公司于 2019 年 12 月 31 日发生 2∶1 拆股的情况下,为了使 2018 年(以及以往各列报年度)的基本每股收益与 2019 年(拆股后)的基本每股收益具有可比性,就应该对 2018 年(以及以往各列报年度)的基本每股收益进行追溯调整。H 公司追溯调整后的 2018 年基本每股收益为:

$$400 \div (1\,000 \times 2) = 0.2(元/股)$$

从理论上讲,公司在配股后也应该对以往各列报期间的每股收益进行追溯调整。这是因为,配股价格通常低于股票市价,故配股权事实上包含着红股因素。公司发生配股后,用于计算每股收益的普通股股数,应该是配股前的普通股股数乘以按下列方法计算的调整系数:

$$调整系数 = 执行配股权前的每股公允价值 \div 理论上的每股除权价值$$

其中,理论上的每股除权价值 =(执行配股前所有发行在外普通股的公允价值 + 执行配股收到的总金额)÷(配股前发行在外普通股股数 + 配股时发行的普通股股数)

例如,假设某公司 2018 年、2019 年的净利润分别为 400 万元和 500 万元,2018 年 12 月 31 日发行在外普通股股数为 800 万股。2019 年 1 月 1 日实施的配股方案如下:每 10 股配 2 股,共 160 万新股,行权最后日期为 2019 年 3 月 1 日,行权价格为 6 元,2019 年 3 月 1 日配股前市场价格为 10 元。则:

$$理论上的每股除权价值 = (10 \times 800 + 6 \times 160) \div (800 + 160)$$
$$\approx 9.33(元/股)$$

调整系数 = 10 ÷ 9.33 ≈ 1.07

基本每股收益计算如下：

原来报告的 2018 年每股收益 = 400 ÷ 800 = 0.50(元/股)

因配股而追溯调整计算的 2018 年每股收益 = 400 ÷ (800 × 1.07) ≈ 0.47(元/股)

配股后 2019 年每股收益 = 500 ÷ (800 × 1.07 × 2 ÷ 12 + 960 × 10 ÷ 12) ≈ 0.53(元/股)

以上是按理论上的要求，考虑配股中所包含的红股因素而对基本每股收益所作的调整。国际财务报告准则对于配股对每股收益计算的影响，目前就是按上述做法规定的。在我国，考虑到国有股、法人股不流通，以及 A 股、B 股和 H 股的同时存在等具体情况，企业会计准则并没有考虑配股中包含的红股因素，不计算配股后的理论除权价格及其调整系数，而是将配股视为发行新股处理。因此，上例按我国企业会计准则计算的基本每股收益如下：

原来报告的 2018 年基本每股收益 = 400 ÷ 800 = 0.50(元/股)

2019 年配股后基本每股收益 = 500 ÷ (800 + 160 × 10 ÷ 12) ≈ 0.54(元/股)

13.1.2　稀释每股收益

以上讨论的基本每股收益，也称简单资本结构情形下的每股收益。所谓简单资本结构，是指除普通股和优先股之外，不存在其他稀释性潜在普通股。与简单资本结构相对的，便是复杂资本结构。所谓复杂资本结构，是指除普通股和优先股之外，还存在其他稀释性潜在普通股，包括具有稀释性的可转换公司债券、认股权证和股份期权等。[①] 这些稀释性潜在普通股，虽然目前还不是真正的普通股，但潜在地会成为普通股。一旦它们成为普通股，就会导致普通股每股收益的稀释。可见，稀释性潜在普通股，并不是指所有的可转换公司债券、认股权证和股份期权，而是指假设当期转换为普通股会减少每股收益的潜在普通股。也就是说，假设这些潜在普通股当期转换为普通股，但如果不会减少每股收益，它们就不能算作稀释性潜在普通股，从而在计算稀释每股收益时不予考虑。因此，所谓稀释每股收益，就是当存在稀释性潜在普通股时，应假设稀释性潜在普通股已在当期期初或发行日转换为已发行普通股，分别对归属于普通股股东的当期净利润以及发行在外普通股的加权平均数进行调整，并计算每股收益。

在计算稀释每股收益时，应当根据下列事项对归属于普通股股东的当期净利润进行调整：① 当期已确认为费用的稀释性潜在普通股的利息；② 稀释性潜在普通股转换时将产生的收益或费用。在作这些调整时，应当考虑相关的所得税影响。

在计算稀释每股收益时，当期发行在外普通股的加权平均数，应当为计算基本每股收益时普通股的加权平均数与假定稀释性潜在普通股转换为已发行普通股而增加的普

---

① 在我国，企业会计准则界定的稀释性潜在普通股，只包括具有稀释性的可转换公司债券、认股权证和股份期权三种。在西方发达国家，稀释性潜在普通股还包括或有可发行股份、可用普通股结算的合同、允许雇员取得普通股作为其一部分酬劳的雇员计划以及其他股份购买计划等。

通股的加权平均数之和。其中,在计算稀释性潜在普通股转换为已发行普通股而增加的普通股的加权平均数时,以前期间发行的稀释性潜在普通股应当假设在当期期初转换,当期发行的稀释性潜在普通股应当假设在发行日转换。

对于具有稀释性的可转换公司债券,计算稀释每股收益时,分子的调整项目为可转换公司债券当期已确认为费用的利息等的税后影响额;分母的调整项目为假定可转换公司债券当期期初或发行日转换为普通股股数的加权平均数。对于具有稀释性的认股权证和股份期权,计算稀释每股收益时,作为分子的净利润金额不变,分母应考虑可以转换的普通股股数的加权平均数与按照当期普通股平均市场价格能够发行的普通股股数的加权平均数的差额。

下面举例说明稀释每股收益的计算。

假设 K 公司 2018 年归属于普通股股东的净利润为 8 000 万元,年初发行在外普通股为 4 000 万股,潜在普通股包括:① 期权 600 万股,行权价格为 40 元/股,行权前普通股的市场价格为 60 元/股;② 利率为 4% 的可转换公司债券面值 4 000 万元,每 100 元面值的可转换公司债券可转换 10 股普通股,公司所得税税率为 25%,行权前该普通股的市场价格为 60 元/股。

在本例中,期权若转换为普通股,则对净利润无影响,但会导致无资本增加的新增股份 200 万股[600×(60-40)÷60],故新增股份的每股收益为 0;可转换公司债券若转换为普通股,将使公司净利润增加 120 万元[4 000×4%×(1-25%)],同时将使普通股股数增加 400 万股[(4 000÷100)×10],故新增股份的每股收益为 0.30 元(120÷400)。

在不考虑所有这些稀释性潜在普通股时,K 公司 2018 年的每股收益为:

$$8\ 000 \div 4\ 000 = 2.00(元/股)$$

在考虑期权这一稀释性潜在普通股的潜在影响之后,K 公司 2018 年的稀释每股收益为:

$$8\ 000 \div (4\ 000 + 200) \approx 1.90(元/股)$$

进一步考虑可转换公司债券这一稀释性潜在普通股的潜在影响之后,K 公司 2018 年的稀释每股收益为:

$$(8\ 000 + 120) \div (4\ 000 + 200 + 400) \approx 1.77(元/股)$$

最后需要说明的是,当存在多项稀释性潜在普通股时,应当按照其稀释程度从大到小的顺序计入稀释每股收益,即产生最小新增股份每股收益的稀释性潜在普通股排在最前面,依次类推,直至稀释每股收益达到最小值。在上例中,期权转股只增加股份,不增加净利润,新增股份的每股收益为 0;可转换公司债券转股,增加净利润 120 万元,同时增加股份 400 万股,新增股份的每股收益为 0.30 元。显然,本例中期权转股比可转换公司债券转股对公司每股收益的稀释程度更大。因此,在计算稀释每股收益时,应先考虑期权的稀释性影响,然后再考虑可转换公司债券的稀释性影响。

13.2　市盈率与市净率分析

13.2.1　市盈率

市盈率也称价格-收益倍数,是指每股市价与每股收益之比,即:

$$市盈率 = 每股市价 \div 每股收益$$

市盈率既可以用来分析说明公司未来的获利前景,又可以用来分析说明投资于公司股票的风险。

市盈率的高低,可能代表公司未来获利的大小。相对于当期的每股收益水平,投资者如果预期公司未来的每股收益更大,就会给公司股票一个更高的定价;反之亦然。例如,假设 G 公司当期的每股收益为 1 元,且在未来期间永远保持这样的每股收益水平。又假设投资者投资于 G 公司股票的期望报酬率为 10%。那么,根据永续年金计算公式,可以得到 G 公司股票的理论价值为 10 元(1 ÷ 10%),从而其股票的市盈率就为 10 倍。如果假设 H 公司的其他条件与 G 公司一样,但未来的每股收益将以 20% 的年增长率持续增长 5 年,自第 6 年起保持在第 5 年的每股收益水平上。那么,H 公司股票的理论价值将约为 21.78 元[①],从而其股票的市盈率就为 21.78 倍。显然,预期将有更高未来利润的 H 公司,就比 G 公司表现出了更高的市盈率。

市盈率的高低,也可能代表公司股票投资风险的大小。通常认为,过高的市盈率反映了股票市价与公司当前盈利水平的严重背离,从而意味着股票市价很可能被高估了。诚然,从纯粹理论意义上讲,只要公司的未来利润能够快速增长,多高的市盈率也不一定代表股票市价被高估了。例如,在上例中,假设 G 公司每股收益无增长的情况下,其市盈率为 10 倍是适当的;假设 H 公司每股收益连续 5 年增长 20% 且第 6 年起每股收益保持在第 5 年的水平的情况下,其 21.78 倍的市盈率同样是适当的。显然,如果假设每股收益年增长幅度更大一些,持续增长的时间更长一些,被认为适当的市盈率当然就会更高。所以,从理论上讲,很难简单地根据市盈率判断投资风险。但是,从上面的举例可以看出,判断股价是否被高估和市盈率是否偏高,关键在于对公司未来盈利变化趋势和变化幅度的预期。市盈率的高低(尤其是与同行业公司比较而言)之所以在通常情况下能够用来衡量股票投资风险,是因为在绝大多数情况下,公司"未来"的盈利能力与其"当前"

[①]　按 50 年的计算期进行计算,H 公司股票的理论价值 = 1 × (1 + 20%) × 0.9091 + 1 × (1 + 20%)² × 0.8264 + 1 × (1 + 20%)³ × 0.7513 + 1 × (1 + 20%)⁴ × 0.6830 + 1 × (1 + 20%)⁵ × 0.6209 + 1 × (1 + 20%)⁵ × 9.8628 × 0.6209 ≈ 21.78(元)。

的盈利能力总是存在一定的历史承继性,以及公司盈利水平的均值回归现象①是客观存在的。

在分析市盈率时,分析者还需要特别注意一种现象,即盈利水平奇低但为正时,该市盈率往往是奇高的。从数学意义上讲,这是由于分母的极小化所导致的比率的极大化。从财务报告分析的意义上讲,这主要有两个可能的原因:① 本期极低的每股收益,很可能意味着未来年度每股收益的回升;如果人们普遍这么预期的话,就会呈现一个比较高的市盈率。② 本期极低的每股收益,源自大量的非经常性(尤其是一次性)损失的入账。在这种情况下,当然就没有理由预期未来的每股收益总是像本期这么低。显然,如果出现相反的情形,即本期每股收益水平奇高,则市盈率有可能是奇低的,主要原因也有两个方面:① 本期极高的每股收益,很可能意味着未来年度每股收益的下降;如果人们普遍这么预期的话,就会呈现一个比较低的市盈率。② 本期极高的每股收益,源自大量的非经常性(尤其是一次性)收益的入账。

根据上述分析,我们可以得出两个基本观点:第一,在计算和分析市盈率时,如果公司净利润中包含比较多的非经常性损益,则应该予以剔除;第二,如果公司盈利为零或为负数,市盈率就失去了分析意义。

13.2.2　市净率

市净率也称市价-账面比,是指每股市价与每股净资产(账面价值)之比,即:
$$市净率 = 每股市价 \div 每股净资产$$
其中,每股净资产 =(股东权益总额 − 优先股权益)÷ 发行在外普通股股数

与市盈率类似,市净率的高低也有着双重含义,既可能代表公司未来获利的大小,又可能代表公司股票投资风险的大小。市净率越高,可能意味着公司未来的盈利前景越好,也可能意味着股票价格被高估,严重背离净资产价值。究竟如何理解市净率的含义,关键在于如何理解净资产的会计含义。

首先,资产负债表上反映的净资产,是公司净资产价值的不完全反映。尽管企业会计准则业已在部分资产和负债要素的计量上要求采用公允价值计量标准,但这并不意味着全部资产和负债从而净资产完全按公允价值计量了。资产负债表上反映的许多资产项目(诸如存货和固定资产等)依然遵循历史成本原则和稳健原则,当资产价值下跌时计提减值准备,但当资产价值上升(指超过历史成本)时却并不按公允价值反映。另外,还有许多有价值的经济资源,诸如品牌和人力资源等,并不在资产负债表上予以反映。由此可以说明,资产负债表上反映的资产从而净资产价值是不完全的。这就意味着,只要公司未来发展前景与以往相比基本正常,市净率大于1(亦即每股市价大于每股净资产)

---

① 所谓均值回归现象,是指将同行业的上市公司按其当前盈利水平的高低分成若干组,研究发现,在若干年之后,各组的盈利水平会逐渐向行业平均盈利水平回归,最高盈利组和最低盈利组表现得尤为明显。参见牛建军、岳衡和姜国华,《中国上市公司盈利状况分析:1992—2004》,《中国会计评论》,2007 年第 2 期。

从会计角度理解就是很正常的事情。

其次,不同来源形成的净资产与公司未来盈利水平有着不尽相同的关系。资产负债表上反映的净资产,事实上有着不同的来源。净资产的增加主要有两个途径:一是公司历年实现的净利润形成的积累,即盈余公积和未分配利润;二是公司通过增发新股以及其他资本运作手段增加股本和资本公积。类似地,净资产的减少也有两个途径:一是公司经营亏损导致负的未分配利润,以及用盈余公积弥补亏损;二是公司通过分派红利、回购股票以及其他资本运作手段减少净资产。需要注意的是,当净资产发生增加或减少变化时,有时有相应的资金进入或退出公司,有时则只是账面数字的变化。若是后一种情况(如资本运作过程中资产计量标准改变对净资产账面价值带来的影响),由于没有相应的资金进入或退出公司,就不会对未来盈利产生新的影响,由此导致的每股净资产变化就未必会带动股价的变化。从理论上讲,当每股净资产出于这类原因而增加时,市净率会下降;反之,则会上升。

由于股票价值本质上取决于公司未来盈利及其风险,而未来盈利及其风险又在很大程度上取决于行业和公司未来的发展前景,因此市净率也被用于衡量公司未来投资发展机会的大小。从这个角度讲,在每股净资产既定的情况下,市净率越高,意味着公司未来发展前景越好。所以,为了利用市净率判断股票是否被高估或低估,除需要充分理解每股净资产的会计含义外,还需要对公司的未来发展前景有一个恰当的预期。

13.3 关于股东利益的其他财务比率

1. 留存收益率

留存收益率是指公司在本期所实现的净利润中留作积累的比例,即:

$$留存收益率 = (净利润 - 股利) \div 净利润$$

该比率用来反映公司本期实现净利润的积累程度。一般而言,留存收益率的高低,主要反映管理层对公司未来投资机会的预期和对公司未来融资选择的权衡。此外,还可能反映管理层对诸如税收等更为具体的因素的考虑。例如,当现金股利需要纳税,而资本利得无须纳税时,公司就可能选择多留利、少分红的政策。

2. 股利支付率

股利支付率是指普通股每股股利与每股收益之比,即:

$$股利支付率 = 普通股每股股利 \div 普通股每股收益$$

该比率用来反映公司本期实现的归属于普通股股东的净利润的分派程度。在没有优先股的情况下,股利支付率 + 留存收益率 = 1。

3. 股利率

股利率是指每股股利与每股市价之比,即:

$$股利率 = 普通股每股股利 \div 普通股每股市价$$

该比率用来反映仅仅因股利分派而使股东在本期实现的投资回报。

4. 每股经营现金净流量

每股经营现金净流量是指经营现金净流量与普通股股数之比,即:

每股经营现金流量 =(经营现金净流量 – 优先股股利)÷ 发行在外普通股平均股数

该比率反映公司经营活动为每个普通股股份创造的净现金流量,可用来衡量公司的股利支付能力。

5. 股利现金流保障倍数

$$股利现金流保障倍数 = 经营现金净流量 ÷ 现金股利$$

该比率可用来反映公司用年度经营活动产生的现金净流量支付现金股利的能力。

专业词汇

每股收益(Earnings per Share)
加权平均每股收益(Weighted-average Earnings per Share)
基本每股收益(Basic Earnings per Share)
稀释每股收益(Diluted Earnings per Share)
市盈率(Price-earnings Ratio)
市净率(Price-to-book Ratio)
留存收益率(Retained Earnings Ratio)
股利支付率(Payout Ratio)
股利率(Yield Ratio)

思考题

1. 什么是基本每股收益?如果公司派发股票股利、用资本公积转增资本、拆股或并股,会对基本每股收益的计算产生怎样的影响?

2. 从理论上讲,配股会对基本每股收益的计算产生怎样的影响?在我国企业会计准则下,配股对基本每股收益计算产生的影响如何?

3. 什么是稀释每股收益?在计算稀释每股收益时,应当对每股收益计算的分子和分母作哪些调整?

4. 在分析判断公司股票价格的合理性时,应当如何理解市盈率和市净率的含义?

教学案例

案例1:瑞茂通的每股收益*

瑞茂通供应链管理股份有限公司的前身为山东九发食用菌股份有限公司。山东九发食用菌股份有限公司经中国证券监督管理委员会证监发字〔1998〕147号和〔1998〕148号文批准,于1998年6月8日通过上海证券交易所公开发行社会公众股3 200万股(含

---

* 本案例根据巨潮资讯网发布的瑞茂通供应链管理股份有限公司年度财务报告及相关公告编写。

内部职工股 320 万股),并于 1998 年 7 月 3 日在上海证券交易所上市交易。2011 年 12 月 26 日,山东九发食用菌股份有限公司与郑州瑞茂通供应链有限公司签订《债务代偿协议》《发行股份购买资产协议》。2012 年 8 月 6 日,中国证券监督管理委员会发布《关于核准山东九发食用菌股份有限公司向郑州瑞茂通供应链有限公司发行股份购买资产的批复》(证监许可〔2012〕1042 号)文件,核准山东九发食用菌股份有限公司向郑州瑞茂通供应链有限公司发行 618 133 813 股股份购买相关资产。2012 年 8 月 26 日,山东九发食用菌股份有限公司 2012 年第三次临时股东大会通过决议,将公司名称变更为山东瑞茂通供应链股份有限公司(以下简称"瑞茂通")。瑞茂通是中国领先的煤炭供应链管理服务专家,为客户提供多品种、一站式、全过程煤炭供应链服务,合理配置煤炭资源,提高煤炭资源利用效率。瑞茂通及其控股公司从 2000 年起开始从事煤炭供应链管理业务,依托专业化的供应链管理服务和供应链平台服务,其供应链管理业务已遍布全国主要煤炭生产区和消费区。

2015 年 1 月 14 日,瑞茂通召开第五届董事会第三十七次会议和第五届监事会第十九次会议,会议审议通过了《关于公司股权激励计划限制性股票第二期解锁、首批股票期权第二个行权期可行权、预留部分股票期权第一个行权期可行权的议案》,董事会对股权激励计划限制性股票的解锁条件和股票期权的行权条件进行审核,认为股权激励计划中限制性股票第二期解锁条件、首批股票期权第二期行权条件、预留部分股票期权第一期行权条件已经满足,并同意对限制性股票激励对象进行第二期解锁。2015 年 1 月 20 日,瑞茂通股权激励计划限制性股票第二期解锁,解锁数量为 930 000 股。2015 年 6 月 5 日,瑞茂通股权激励计划首批股票期权第二期、预留部分股票期权第一期行权股份上市流通,上市流通数量分别为 4 470 000 股和 745 000 股。

2015 年 6 月 24 日,瑞茂通向上海豫辉、万永兴、刘轶三名特定对象非公开发行人民币普通股 133 928 571 股,上述股份于 2015 年 7 月 1 日在中国证券登记结算有限责任公司上海分公司办理完毕登记托管手续。上述股份为有限售条件的流通股,本次发行对象认购公司股份自发行结束之日起 36 个月内予以锁定,不得转让或上市流通。

2015 年 8 月 31 日,瑞茂通控股股东持有的本公司有限售条件的流通股限售期满,限售股份上市流通日为 2015 年 8 月 31 日,上市流通数量为 618 133 813 股。

2015 年瑞茂通证券发行情况见表 1,普通股股份变动情况见表 2。

表 1　2015 年报告期内证券发行情况

股票及其衍生证券的种类	发行日期	发行价格(或利率)	发行数量(股)	上市日期	获准上市交易数量(股)
普通股股票类股权激励	2015 年 5 月 5 日	7.66	4 470 000	2015 年 6 月 5 日	4 470 000
期权行权股权激励	2015 年 5 月 5 日	9.53	745 000	2015 年 6 月 5 日	745 000
期权行权非公开发行	2015 年 6 月 24 日	11.20	133 928 571	2018 年 7 月 2 日	133 928 571

表 2 2015 年瑞茂通普通股股份变动情况

	股份变动前		股份变动增减（+，-）			股份变动后	
	数量（股）	比例（%）	发行新股（股）	其他（股）	小计（股）	数量（股）	比例（%）
一、有限售条件股份	619 993 813.00	70.59	133 928 571.00	-619 063 813.00	-485 135 242.00	134 858 571.00	13.26
1. 国家持股							
2. 国有法人持股	619 993 813.00	70.59	133 928 571.00	-619 063 813.00	-485 135 242.00	134 858 571.00	13.26
3. 其他内资持股	618 133 813.00	70.38		-618 133 813.00	-618 133 813.00		
其中：境内非国有法人持股	1 860 000.00	0.21	44 642 857.00	-930 000.00	43 712 857.00	45 572 857.00	4.48
境内自然人持股			89 285 714.00		89 285 714.00	89 285 714.00	8.78
其他							
4. 外资持股							
其中：境外法人持股							
境外自然人持股							
二、无限售条件流通股份	258 270 080.00	29.41	5 215 000.00	619 063 813.00	624 278 813.00	882 548 893.00	86.74
1. 人民币普通股	258 270 080.00	29.41	5 215 000.00	619 063 813.00	624 278 813.00	882 548 893.00	86.74
2. 境内上市的外资股							
3. 境外上市的外资股							
4. 其他							
三、普通股股份总数	878 263 893.00	100.00	139 143 571.00		139 143 571.00	1 017 407 464.00	100.00

讨论题：
1. 计算瑞茂通2015年度的基本每股收益。
2. 计算瑞茂通2015年度的稀释每股收益。
3. 分析说明在财务报告中为什么要区分列示基本每股收益和稀释每股收益。

案例2：从2倍市盈率看五洲交通*

广西五洲交通股份有限公司（以下简称"五洲交通"）系经广西壮族自治区经济体制改革委员会桂体改股字〔1992〕27号文批准，于1992年12月31日采用定向募集方式设立。公司经中国证券监督管理委员会证监发行字〔2000〕158号文批准发行股票。公司股票于2000年12月1日在上海证券交易所上网定价发行人民币普通股8 000万股，并于2000年12月21日在上海证券交易所挂牌交易，总股本为44 200万股。2006年6月，经股东会议审议通过《广西五洲交通股份有限公司股权分置改革方案》，经广西壮族自治区人民政府、广西壮族自治区上市公司股权分置改革工作领导小组办公室及广西壮族自治区人民政府国有资产监督管理委员会批准，公司非流通股股东为获得所持股份的上市流通权，以流通股股份总额10 200万股为基数，按照10∶3.2的比例向流通股股东送股。该送股方案实施后，公司尚未流通的股份变为有限售条件的流通股股份，股份总额为30 736万股，无限售条件的流通股股份总额增加为13 464万股，股东持股数额和比例变化不影响公司股本总额。至2009年7月6日，有限售条件的流通股股份已全部解禁，变为无限售条件的流通股。截至2018年12月31日，公司股本为1 125 632 068.00元。公司主要业务为收费公路、商贸物流、房地产开发与销售等。收费公路方面，公司目前主要经营平王路、南梧路和金宜路三条公路的收费，还接受广西交通厅委托经营、管理南梧路木乐至苍梧段以及贵港至玉林路段桥圩收费站。房地产业务方面，按资质证有效期开展经营活动，公司开发的几个项目带有福利性质。商贸物流方面，子公司万通物流旗下东兴子公司已发展成东兴口岸目前规模最大的物流公司，依托交通部门在口岸建设上的垄断优势，并随着东盟贸易往来的活跃，近年来发展势头良好。

2019年7月13日，一篇名为《五洲交通（600368）——2倍市盈率的优质股？》①的文章对五洲交通2.19倍超低的动态市盈率②提出了质疑。让我们一起来看看如何以市盈率作为财务报告分析的切入点研究公司的经营情况。

从2018年年度报告可知，五洲交通总市值57.49亿元，净利润4.24亿元，以此计算的静态市盈率为13.56，而此时动态市盈率仅为2.19。一般来说，市盈率特别高的股票，风险会特别高。那么，五洲交通的动态市盈率如此低，是否表明公司未来盈利状况预期良好呢？在2019年一季度报告中，归属于上市公司股东的净利润同比增长320.13%，而归属于上市

---

* 本案例根据相关网络报道进行改编，并参考了巨潮资讯网发布的广西五洲交通股份有限公司年度财务报告及相关公告。

① 来自微信公众号"股海灯塔天道酬勤"发布的《五洲交通（600368）——2倍市盈率的优质股？》一文。

② 市盈率可以分为静态市盈率和动态市盈率。静态市盈率等于目前市场价格除以已知的最近公开的每股收益（EPS），或总市值除以净利润。动态市盈率等于市场价格除以未来一年的预测每股收益，或者是静态市盈率乘以动态系数 $1/[(1+i)^n]$。其中，i 为企业每股收益的增长性比率，n 为企业可持续发展的存续期。

公司股东的扣除非经常性损益的净利润却同比下降11.93%(详见表1)。查询非经常性损益项目的明细后发现,净利润的增长主要来自非流动资产处置损益,共计5.12亿元,主要为柳王高速公路小平阳至王灵段(简称平宾路)资产(含收费经营权)与广西交通投资集团持有的广西岑兴高速公路发展有限公司34%股权置换产生的收益所致。值得注意的是,这次处置的平宾路资产包含收费经营权。在经审计的2018年年度报告资料中,公司对主营业务收入分行业、分产品、分地区情况进行了详细说明(详见表2)。其中,交通运输业的收入约11.14亿元,远超过房地产业、物流贸易、金融业,而交通运输业的收入全部来自通行费收入,占比63.69%。查看2018年平宾路的收益可知,其收费经营权带来的年收益共计9888万元,接近1亿元。也就是说,之前公司旱涝保收的公路收费资产被"卖掉"了,进而导致净利润增加。

表1 五洲交通2019年第一季度报告主要财务数据

	年初至报告期末(元)	上年年初至上年报告期末(元)	比上年同期增减(%)
归属于上市公司股东的净资产	4 228 659 158.33	3 571 785 577.16	18.39
经营活动产生的现金流量净额	176 034 156.44	278 430 543.32	-36.78
营业收入	515 619 431.94	321 643 661.13	60.31
归属于上市公司股东的净利润	656 873 581.17	156 349 440.25	320.13
归属于上市公司股东的扣除非经常性损益的净利润	136 631 823.46	155 147 606.38	-11.93

表2 五洲交通2018年年度报告主营业务收入情况

主营业务分行业情况						
分行业	营业收入(元)	营业成本(元)	毛利率(%)	营业收入比上年增减(%)	营业成本比上年增减(%)	毛利率比上年增减百分点(个)
交通运输业	1 113 958 134.03	291 561 502.57	73.83	-2.13	17.06	-4.29
房地产业	179 564 195.28	124 130 212.35	30.87	-9.72	-2.64	-5.02
物流贸易	455 016 445.00	437 351 494.05	3.88	15.87	17.32	-1.19
金融业	374 877.34		100.00	-93.71		0.00
合计	1 748 913 651.65	853 043 208.97	51.22	0.76	13.84	-5.60
主营业务分产品情况						
分产品	营业收入(元)	营业成本(元)	毛利率(%)	营业收入比上年增减(%)	营业成本比上年增减(%)	毛利率比上年增减百分点(个)
通行费收入	1 113 958 134.03	291 561 502.57	73.83	-2.13	17.06	-4.29
房地产收入	179 564 195.28	124 130 212.35	30.87	-9.72	-2.64	-5.02
物流贸易收入	455 016 445.00	437 351 494.05	3.88	15.87	17.32	-1.19
利息收入	374 877.34		100.00	-93.71		0.00
合计	1 748 913 651.65	853 043 208.97	51.22	0.76	13.84	-5.60

(续表)

	主营业务分地区情况					
分地区	营业收入 （元）	营业成本 （元）	毛利率 （％）	营业收入比 上年增减（％）	营业成本比 上年增减（％）	毛利率比 上年增减 百分点（个）
广西地区	1 748 913 651.65	853 043 208.97	51.22	0.76	13.84	−5.60

讨论题：

1. 根据本案例，您如何理解五洲交通如此低的动态市盈率？

2. 假设您是五洲交通的股东，持有五洲交通 1 万股股票。现在您想对公司的股票价值进行评估，以作出继续持有或者卖出的决策。如果依据市盈率这一指标进行分析，您会选择继续持有还是卖出？为什么？

3. 您认为应该如何运用市盈率指标进行股票估值？

第 14 章 财务报告分析：集团企业

14.1 合并报表与母公司报表信息的有用性[①]

14.1.1 引言

企业集团的财务报表包括合并报表和母公司报表。合并报表反映作为经济主体的集团(母公司和子公司)合并的会计信息,母公司报表则提供作为法律主体的母公司自身的会计信息。股东和债权人在其决策过程中应如何恰当利用合并报表和母公司报表信息,在理论界和实务界都是一个颇有争议的问题。尽管人们通常认为,较之于母公司报表,合并报表可以为母公司的股东(特别是控制股东)提供更为有用的信息,但是关于母公司报表是否对合并报表具有补充性的作用尚有争议。此外,合并报表对于债权人的有用性更没有统一的认识。一般认为,母公司和子公司的债权人对企业债权的求偿权是针对法律主体而非经济主体的,而合并报表实际上是母公司和各子公司报表数据的混合,并不能反映每个法律主体的偿债能力。因此,债权人应该主要关注母公司和子公司的个别报表。但是,当母、子公司存在债务交叉担保,或银行对企业集团进行整体授信时,合并报表就可能为债权人提供更有用的信息,且母公司报表对合并报表依然具有补充作用。

1940年,美国证券交易委员会(SEC)规定证券上市公司必须编制和提供合并报表。1959年,美国会计程序委员会(CAP)发布了首份规范合并报表的正式规范——《会计研究公报第51号——合并财务报表》(ARB 51)。ARB 51指出,当集团中一个公司直接或间接拥有其他公司的控制财务权益时,合并报表较母公司报表更有意义。但在某些情况下,除披露合并报表外,披露母公司报表也是必要的,以充分显示母公司的债券持有人和其他债权人或母公司的优先股股东的状况。美国财务会计准则委员会(FASB)于1987年发布的《财务会计准则公告第94号——所有拥有多数股权的子公司的合并》(SFAS 94)和2007年发布的《财务会计准则公告第160号——合并财务报表中的非控制权益:对ARB 51的修订》(SFAS 160)重申了上述观点,并主张合并报表是最恰当的报告方式。国际会计准则理事会(IASB)2008年发布的《国际会计准则第27号——合并财务报表与单独财务报表》(IAS 27)也规定,除满足特定豁免条件外,母公司应编制和披露合并报表。IAS 27没有强制规定哪些主体应当编制供公开使用的单独财务报表(即母公司报表)。如果主体选择或应当地监管部门要求披露单独财务报表,仍应根据IAS 27编制供公开使用的合并财务报表。我国财政部于1995年发布实施了《合并会计报表暂行规定》,首次对合并报表的编制进行了规范。2006年发布的《企业会计准则第33号——合

[①] 本节主要参考了下列论文:陆正飞、张会丽,《会计准则变革与子公司盈余信息的决策有用性》,《会计研究》,2009年第5期;陆正飞、张会丽,《新会计准则下利润信息的合理使用——合并报表净利润和母公司报表净利润之选择》,《会计研究》,2010年第4期;祝继高、林艳霓、陆正飞,《会计准则改革、会计利润信息与银行债务契约》,《中国会计评论》,2011年第2期。

并财务报表》对其进行了修订。此次修订之后,我国企业会计准则关于母公司报表和合并报表编制的规定较以往发生了一个重要变化:母公司对子公司长期股权投资的会计处理由权益法改为成本法。这就使得合并报表净利润反映的是整个集团实现的归属于母公司股东的净利润,而母公司报表净利润则仅反映母公司自身实现的净利润(包括来自子公司的分红,下同)。因此,子公司已实现而未分配利润中归属于母公司股东的部分,就构成了合并报表净利润与母公司报表净利润差异(以下简称"合并-母公司净利润差异")的一个重要内容,从而导致合并-母公司净利润差异的骤然扩大。[①] 也正因如此,如何合理使用合并报表和母公司报表中的利润信息,就更值得深入分析和思考了。

2014 年我国再次修订《企业会计准则第 33 号——合并财务报表》,强调以控制为基础确定合并财务报表的合并范围,并就如何判断控制与否提供了更为具体的原则和标准。此外,我国证监会要求作为母公司的上市公司同时提供母公司报表和合并报表。

由上可见,各个国家对母公司财务报表存在两种制度安排:单一披露制和双重披露制。单一披露制是以合并报表取代母公司报表,母公司只对外提供合并报表,而不提供其自身的财务报表。美国和加拿大等实行单一披露制。双重披露制要求母公司同时提供合并报表与母公司报表。英国、法国、德国、日本和中国等实行双重披露制。总体而言,各国会计准则制定机构及相关证券监管机构对单一披露制和双重披露制的选择大多基于假定,并没有充分的理论和经验证据支持。

14.1.2 合并报表和母公司报表盈余信息的决策有用性:股东角度

关于盈余信息决策有用性的已有研究,往往涉及不同企业特征对盈余信息含量的影响,单个会计政策、会计方法所包含信息含量的比较研究,不同会计报表项目的信息含量研究,以及不同会计准则体系下的会计信息决策有用性的比较。但是,这些研究均未分析会计准则改革对会计盈余信息决策有用性的影响。

合并报表编制过程中的调整、归并以及加总等技术会导致一定程度的信息遗失已成为不争的事实,因此,投资者若只关注合并报表净利润,则势必导致定价决策的不完善。研究发现,美国上市公司采用本国会计准则核算的会计盈余与经英国/澳大利亚会计准则调整后的会计盈余之间的差异对股票回报具有解释力。这表明,投资者不只关注合并报表净利润,也关注各种渠道的盈余差异,用以辅助定价决策。

投资者[②]对上市公司股票定价作决策的实质,就是利用过去的利润信息对公司未来

---

① 陆正飞、张会丽(2009)的研究表明,在我国开始披露合并报表信息的最初几年,合并报表净利润与母公司报表净利润相等的公司占全部上市公司相当大的比例,随后呈现出逐年下降的趋势,但直至 2006 年,逐年下降的幅度都相当有限。然而,受企业会计准则实施的影响,该类公司占全部上市公司之比在 2007 年出现了大幅下降,由 2006 年的 28.04% 下降至 2007 年的 3.48%。同样,合并-母公司净利润差异程度的扩大也主要发生在 2007 年。该差异的均值在 1996 年为 126 万元,2006 年为 1 216 万元,而 2007 年则高达 9 470 万元。2007 年发生重大变化的主要原因是,新企业会计准则下的合并-母公司净利润差异包含了归属于母公司股东的子公司当期已实现而未分配的净利润。

② 本节中,若无特别说明,专指作为母公司的上市公司的股票投资者。

的盈利能力和风险作出预测。然而,当上市公司普遍以母公司形式存在,并控制着越来越多的子公司时,母公司、子公司及集团合并报表的利润信息分别在母公司股票定价中扮演着什么样的角色,是学术界尚未打开的"黑箱"。已有文献在研究净利润的定价功能时均按惯例采用合并报表净利润,其中隐含的假定是母公司股东作决策时会将集团内不同法律实体的利润信息不加区分地同等看待。而现实中,由于母、子公司间的利润转移会受到税收等因素的成本制约,上述假定显然并不符合经济事实。图14-1显示,截至2007年年末,我国约96.52%的上市公司合并报表净利润与母公司报表净利润存在差异。因此,打开投资者如何利用子公司利润信息进行股票定价的"黑箱",对于我们了解投资者的定价决策行为和研究集团内不同法律实体会计信息对于母公司股票定价的决策相关性具有重要意义。

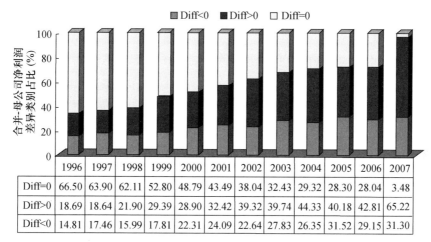

图14-1 合并−母公司净利润差异符号的年度频率分布

解决上述问题的关键在于,认清投资者是否会对母、子公司盈余信息进行甄别定价。如果我们发现子公司盈余在合并报表净利润的基础上具有增量信息含量,就说明投资者在决策时仅利用合并报表净利润信息是不够的。这就意味着,投资者需要在利用合并报表净利润信息的基础上,进一步关注合并报表净利润与母公司报表净利润之间的差异,亦即关注包括在合并报表净利润但未包括在母公司报表净利润中的子公司盈余。由于合并报表编制过程中的调整、归并以及加总等技术会导致母、子公司个体信息的遗失,因此要对上述问题进行深入考察,就离不开单独的母、子公司利润信息。然而,美国等发达市场经济国家实行的单一披露制,导致单独的母公司报表数据无法获取。而在实行双重披露制的国家,由于母公司报表中采取权益法核算对子公司的长期股权投资,母公司利润表和合并利润表的分工不合理,导致母、子公司以及合并报表信息的重叠。这些披露制度特征使得研究者很难获得用于考察合并报表净利润中包含的子公司盈余的增量信息含量的数据。

我国财政部于2006年2月颁布的企业会计准则(以下简称"新准则"[①])对合并报表

---

① 出于表述方便的考虑,本节将2007年1月1日起实施的企业会计准则体系简称为"新准则",之前的准则简称为"旧准则"。

和母公司报表分工的调整,为我们考察投资者如何利用母、子公司的盈余信息进行母公司股票定价决策提供了良好的契机。新准则要求投资企业对子公司长期股权投资的日常核算采用成本法,但在编制合并报表时需要按权益法进行调整。这就使得合并报表净利润反映整个集团实现的利润,而母公司报表净利润则仅反映母公司自身实现的利润。因此,子公司已实现而未分配利润中归属于母公司的部分,就构成了合并-母公司净利润差异的一个重要内容。

我们通过对比新旧准则下合并-母公司净利润差异的经济内涵,以及该差异所反映的在合并报表净利润之外的增量信息含量的变化,考察投资者对合并报表中所包含的子公司盈余的定价行为。研究发现,在旧准则下,合并-母公司净利润差异主要反映集团内部抵销事项对合并报表净利润的影响净额,并没有为投资者的股票定价决策带来额外的信息含量;而在新准则下,该差异能为母公司投资者的股票定价决策提供合并报表净利润之外的增量信息。

在新准则下,合并-母公司净利润差异除包含集团内部抵销事项对合并报表净利润的影响之外,还包含归属于母公司股东的子公司当期已实现而未分配的利润[①]。

例如,四川长虹在其 2006 年和 2007 年的财务报告中详细披露了合并-母公司净利润差异形成原因[②],汇总整理后的信息如表 14-1 所示。表 14-1 Panel A 显示,该公司 2006 年度合并-母公司净利润差异约为 0.06 亿元(3.06 − 3.00)。其中,0.02 亿元归因于"母公司以无形资产投资的摊销影响数",其余 0.04 亿元归因于"收取设计费和固定资产销售等的未实现利润影响数额"。上述两项差异均为母、子公司内部交易事项所致,内部抵销事项净额对母公司净利润造成负向影响,导致合并报表净利润高于母公司报表净利润共计约 0.06 亿元。Panel B 显示,该公司 2007 年度合并-母公司净利润差异为 1.13 亿元(3.37 − 2.24),较 2006 年提高了约 17.8 倍,共计增加了 1.07 亿元。该公司财务报表附注披露的差异形成原因表明,其中 1.12 亿元(2.17 − 1.05)为归属于母公司股东的当期子公司净利润(子公司实现收益减去少数股东损益),影响该合并-母公司净利润差异的因素包括子公司净利润中归属于母公司股东的 1.12 亿元和内部抵销事项净额 0.01 亿元。2007 年新准则实施后,母公司报表净利润不再包含 1.12 亿元的子公司净利润,是该年合并-母公司净利润差异较 2006 年大幅上升的主要原因。在四川长虹 2007 年合并-

---

① 需要说明的是,该部分"归属于母公司股东的子公司当期已实现而未分配的利润"会因子公司的盈利或亏损而影响合并-母公司净利润差异的符号和数值大小。为了表述方便,未对亏损情形加以单独分析。就一般情形而言,在新准则下,合并-母公司净利润差异会因当期子公司盈利而符号为正、数值变大,因子公司亏损而符号为负、数值变小。上述两种情况均会导致该差异的绝对值变大,故我们在探讨新准则"扩大"了合并-母公司净利润差异时,是基于绝对值意义上的大小的考虑(见表 14-2)。但在考察该差异的增量信息含量时,我们充分考虑了子公司盈利和亏损所可能导致的不同影响,不对差异变动(或差异水平)的符号作任何限定。当然,如果内部抵销事项与子公司盈亏状况对合并报表净利润的影响方向相反,就可能出现新准则下合并-母公司净利润差异的绝对值比旧准则下反而更小的情形。对于这种特殊情形,我们专门对所有可以同时获得 2006 年和 2007 年合并-母公司净利润差异数据的非金融业上市公司进行了核查,发现差异绝对值变小的公司数目仅占 10.29%,而且表 14-2 中该差异绝对值的均值在 2007 年和 2006 年的对比,也充分表明该特殊情形并不会对合并-母公司净利润差异扩大的总体趋势造成显著影响。另外,新准则下合并范围的扩大,如要求对特殊行业子公司加以合并,也会对上述差异的变化产生影响,但是上述情形仍然可归结为子公司盈余的影响范畴,与本部分内容并不冲突,故不再单独讨论。

② 之所以选择四川长虹,是因为我们随机抽取了 50 家上市公司阅读其财务报表附注,只有该公司在其 2006 年和 2007 年的年度报告中详细披露了合并-母公司净利润差异形成原因。

母公司净利润差异中,子公司净利润约占 99.12%。

表 14-1　四川长虹 2006 年、2007 年合并-母公司净利润差异形成原因

Panel A：2006 年合并-母公司净利润差异形成原因	
母公司报表净利润	3.00
加:母公司以无形资产投资的摊销影响数	0.02
加:收取设计费和固定资产销售等的未实现利润影响数额	0.04
合并报表净利润	3.06
Panel B：2007 年合并-母公司净利润差异形成原因	
母公司报表净利润	2.24
加:子公司实现收益	2.17
减:少数股东损益	1.05
加:母公司对子公司销售未实现利润	-0.14
加:母公司销售给子公司固定资产、无形资产中包含的销售利润折旧、摊销对本期的影响	0.15
合并报表净利润	3.37

资料来源:巨潮资讯网,四川长虹 2006 年和 2007 年财务报告。

通过以上分析可以发现,旧准则下合并-母公司净利润差异主要反映的是集团内部抵销事项对合并报表净利润的影响净额,新准则下母公司利润表与合并利润表之间的分工更为明确。因此,研究发现,旧准则下的合并-母公司净利润差异并不能为母公司股票定价决策提供合并报表净利润之外的增量信息,而新准则下合并-母公司净利润差异能够提供合并报表净利润之外的增量信息含量。

由表 14-2 可以看出,1996—2007 年样本观测数处于平稳的变化状态;在实施新准则以前,合并-母公司净利润差异绝对值的均值和中位数相应处于较为平稳的变化状态,均值从 1996 年的 1.26 稳步升至 2005 年的 15.10,2006 年略有下降,为 12.16;在实施新准则的 2007 年发生了明显的跳跃,均值由 2006 年的 12.16 升至 2007 年的 94.70,升幅达 678.78%,而中位数由 2006 年的 0.56 突升至 15.42,升幅高达 2 653.57%。可见,与四川长虹的个案相一致,大样本的数据分析表明,从整体上看,新准则给合并-母公司净利润差异所带来的影响是巨大的,进一步凸显了研究该差异对投资者定价带来的经济后果的必要性和重要意义。

表 14-2　合并-母公司净利润差异的绝对值的年度分布描述性统计　　　　单位:百万元

年份	观测数	均值	中位数	最小值	最大值	标准偏差
1996	419	1.26	0	0	56.81	5.60
1997	590	1.74	0	0	321.00	14.43
1998	694	1.65	0	0	342.61	13.87
1999	803	1.66	0	0	182.88	8.27
2000	910	3.01	0.01	0	567.05	23.54

单位:百万元(续表)

年份	观测数	均值	中位数	最小值	最大值	标准偏差
2001	1 021	2.21	0.09	0	150.98	8.51
2002	1 091	3.04	0.20	0	195.24	11.84
2003	1 218	4.78	0.34	0	374.75	24.35
2004	1 347	11.76	0.36	0	9 621.00	264.92
2005	1 431	15.01	0.51	0	11 918.00	318.72
2006	1 523	12.16	0.56	0	4 530.00	144.40
2007	1 521	94.70	15.42	0	17 115.68	545.37

14.1.3 合并报表和母公司报表信息的决策有用性:债权人角度

财务报告也是银行等债权人(以下以银行为代表)进行信贷决策的重要依据。银行依据企业提供的会计信息对企业未来的盈利能力和风险作出预测。

一般而言,债权债务关系是指债权人与作为独立法律主体的母公司或子公司之间的关系,而不是与作为经济主体的企业集团之间的关系。合并报表信息并不能反映每个法律主体的偿债能力。从这一意义上讲,合并报表并不能完全满足债权人的需求。那么,债权人在什么情况下需要利用合并报表信息,在什么情况下需要利用母公司报表信息呢?Francis(1986)讨论了图14-2中的四种情形。当母公司不为子公司提供担保,且债务契约中的条款只针对母公司时,债权人只需关心母公司报表。整体而言,母公司报表相对于合并报表能提供额外的信息。

	母公司为子公司提供担保	母公司不为子公司提供担保
基于合并报表的债务契约	母公司报表	合并报表和母公司报表
基于母公司报表的债务契约	合并报表和母公司报表	母公司报表

图14-2 债权人与合并/母公司报表

通常认为,合并报表较母公司报表而言,可以为母公司的股东,特别是控股股东提供更为有用的信息。但合并报表对债权人的有用性没有达成一致意见,因为母公司和子公司的债权人对企业债务的清偿权通常是针对独立的法律主体而不是针对经济主体的,而合并报表中的数据实际上是母公司和各子公司的混合数,并不能反映每个法律主体的偿债能力,所以并不能完全满足债权人的信息需求。只有当母、子公司存在债务交叉担保,或对企业集团进行整体授信贷款时,合并报表才能为债权人提供更有用的信息。

研究发现,在新准则实施的情况下,合并报表净利润与债务契约(包括借款金额、期限结构、借款类型和借款利率)的相关性在减弱,上述现象在公允价值变动损益高的公司中表现得尤为明显。在新准则实施后,合并-母公司净利润差异越大的公司获得的借款金额越少。这说明合并-母公司净利润差异为银行信贷决策提供了新的信息含量。

综上所述,合并报表盈余信息是银行信贷决策的重要依据。由于新准则引入了公允价值计量,使得合并报表净利润包含了公允价值变动损益等不确定因素,合并报表净利润与债务契约的相关性在减弱,而且在公允价值变动损益高的公司中表现得更为明显。这说明,银行在作出信贷决策时考虑了企业会计准则改革对合并报表盈余信息的影响。在新准则实施后,合并-母公司净利润差异越大的公司获得的借款金额越少。这说明,合并报表和母公司报表的合理分工使子公司利润信息得到释放,从而为银行信贷决策提供了新的信息含量。

14.2 同业竞争与盈余信息质量[①]

14.2.1 引言

上市公司的同业竞争关系,是指上市公司所从事的业务,与其控股股东、实际控制人及其所控制的企业从事的业务,构成或可能构成直接或间接竞争的关系。如果上市公司与其关联企业存在同业竞争关系,那么它们就可能在市场拓展、产品开发与布局、对外合作等方面存在利益冲突,控股股东就可能进行干预,从而使得上市公司及其关联企业无法在正常的市场环境下开展经营业务。这样,上市公司的盈余等财务业绩表现,也就不再是其独立经营结果的真实反映。

同业竞争关系会引发上市公司的控股股东与中小股东的代理问题。控股股东利用其控制力,影响上市公司与其关联企业之间的"竞争",从而导致上市公司与其关联企业之间的利益转移。与关联交易不同,同业竞争关系引发的利益转移发生在"竞争"过程之中,监管机构难以判定,更难以量化,这使得同业竞争关系更可能成为控股股东向上市公司进行利益输送或掏空上市公司的手段。为了防止控股股东利用其控制地位影响上市公司的正常发展,损害中小股东的利益,许多发达国家的法律和证券法规都要求公司避

---

① 本节主要参考了下列论文:陆正飞、王鹏,《同业竞争、盈余管理与控股股东利益输送》,《金融研究》,2013年第6期;王鹏,《同业竞争关系下大股东掏空行为及经济后果研究》,北京大学博士学位论文(导师:陆正飞),2013年6月。

免同业竞争[①],我国的相关规定也有类似的要求[②]。

中国资本市场相对于发达国家资本市场来说,发展历史并不长。在中国资本市场建立之初,考虑到资本市场的容量限制,监管部门对企业上市采取审批制,并对各个地区的上市公司分配一定的发行额度。由于对上市公司的"量"和"质"都有限制,企业(尤其是国有企业)在分拆上市时,大都选择剥离出部分优质资产组成上市公司的方式,因此,我国许多上市公司自成立之日起就不可避免地与其关联企业存在同业竞争关系。分拆上市在当时是一种有效的创新,既满足了企业的融资需求,又适应了资本市场的容量限制。然而,这种上市方式导致的同业竞争关系,客观上为上市公司的控股股东利用其控制地位实现上市公司与其关联企业之间的利益转移提供了便利。

针对同业竞争关系给中国资本市场发展带来的诸多弊端,证监会于2010年年初提出了"解决同业竞争、减少关联交易"专项活动的具体方案,并及时下发了《关于开展解决同业竞争、减少关联交易,进一步提高上市公司独立性工作的通知》。随后,证监会驻各地派出机构督促相关上市公司及其控股股东按照"一司一策""分类推进"的原则制定解决方案,以明确的时间进度来推进同业竞争问题的解决。在证监会及其派出机构的要求和督促之下,许多存在同业竞争关系的企业纷纷发布公告,承诺将在一定期限内解决同业竞争问题,其中不乏大型企业集团,如五矿集团、中国铝业、中国大唐集团、青岛海尔集团等。[③] 由此可见,解决同业竞争问题确实被列入资本市场监管机构的重要议事日程。

14.2.2 我国上市公司同业竞争概况

我们以2007—2010年的A股上市公司作为研究样本。上市公司的控股股东数据、相关财务数据来自CSMAR数据库;主营业务与行业分布数据来自CCER数据库;上市公司的控股股东控制的其他子公司或分公司信息通过手工方式收集,来源于控股股东网站的披露以及上市公司年报的披露。收集数据总体分布情况如表14-3所示。

从表14-3可以看出,同业竞争的绝对数量随时间的推移略有上升,但是同业竞争占总体比例有所下降。其原因主要有两个方面:第一,随着发行审批阶段对于同业竞争关系判定得越发严格,每年新增的上市公司中存在同业竞争关系的上市公司比例随

---

① 如日本《商法》第二编第74条规定:"股东非有其他股东的承诺,不得为自己或第三者进行属于公司营业部类的交易或成为以同种营业为目的的其他公司的无限责任股东或董事;股东违反前项规定进行为自己的交易时,可依其他股东过半数的决议,将其视为公司所作的交易。"

② 如《上市公司治理准则》(证监发〔2002〕1号)第27条规定:"上市公司业务应完全独立于控股股东。控股股东及其下属的其他单位不应从事与上市公司相同或相近的业务。控股股东应采取有效措施避免同业竞争"。《公开发行证券的公司信息披露内容与格式准则第28号——创业板公司招股说明书》《关于修改上市公司重大资产重组与配套融资相关规定的决定》《上市公司收购管理办法》《保荐人尽职调查工作准则》对同业竞争也进行了严格的规定。详细的披露情况可以登录中国证券监督管理委员会网站进行查询。

③ 详细的披露情况可以登录上海证券交易所网站进行查询。

表 14-3 同业竞争关系总体分布

	2007 年	2008 年	2009 年	2010 年	合计
存在同业竞争(家)	606	625	634	676	2 541
没有同业竞争(家)	454	480	542	641	2 117
无法判断(家)	450	460	487	570	1 967
同业竞争占总体比例(%)	40.13	39.94	38.12	35.82	38.35
合计(家)	1 510	1 565	1 663	1 887	6 625

时间的推移而下降;第二,在证监会的监督指导下,部分原有的上市公司在逐步消除同业竞争。

表 14-4 是不同股权性质下同业竞争关系的总体分布情况。从表 14-4 可以看出,国有企业与非国有企业相比,同业竞争关系的数量更多,比例也更高;在国有企业中,中央国有企业与地方国有企业相比,同业竞争关系的数量更多,比例也更高。

表 14-4 不同股权性质下同业竞争关系总体分布

股权性质	2007			2008			2009			2010		
	数量(家)	同业竞争数量(家)	比例(%)	数量(家)	同业竞争数量(家)	比例(%)	数量(家)	同业竞争数量(家)	比例(%)	数量(家)	同业竞争数量(家)	比例(%)
国有企业	721	462	64.08	734	468	63.76	756	482	63.76	774	492	63.57
中央国有企业	243	182	74.90	253	190	75.10	269	198	73.61	282	211	74.82
地方国有企业	478	280	58.58	481	278	57.80	487	284	58.32	492	281	57.11
非国有企业	338	143	42.31	370	156	42.16	418	151	36.12	522	172	32.95
总计	1 059	605	57.13	1 104	624	56.52	1 174	633	53.92	1 296	664	51.23

注:上市公司的控制人股权性质数据根据 CCER 色诺芬数据中的上市公司实际控制人类型整理而成,其中,国有控股公司被进一步划分为地方政府控制和中央政府控制两类。对于部属院校控制的上市公司和地方政府教育部门所属院校控制的上市公司,分别将其认定为中央政府控制的公司和地方政府控制的公司。同时,用 CSMAR 数据库中的实际控制人数据对 CCER 色诺芬数据库中的实际控制人数据作了部分交叉核对,部分控制人数据用手工收集方式作进一步交叉核对。

同业竞争的上述分布特征,与同业竞争关系产生的背景密不可分。大量的同业竞争关系产生于审批制,而审批制下政策会偏向于国有企业;在国有企业战略性重组与国有经济布局调整的过程中,央企集团合并、地方国有企业合并以及央企收购地方国有企业集团等日益增多,而国有企业普遍承担着战略性政策负担和社会性政策负担[①],因此国有

[①] 战略性政策负担,是指在传统的赶超战略的影响下,投资于我国不具备比较优势的资本密集型产业或产业区段所形成的负担;社会性政策负担,是指因国有企业承担过多的冗员和工人福利等社会性职能而形成的负担。

企业在重组过程中要承担保护中小股东、维护稳定和符合产业政策等责任,市场化程度较低。在此情况下,上市公司因与直接控股股东及其竞争方出现业务重合的情况而面临同业竞争;同时,因为国有企业承担的政策负担及其股权结构具有的复杂性,同业竞争问题的解决会更加复杂与困难。

表 14-5 反映了同业竞争的行业分布情况。从表 14-5 可以看到,传播与文化产业(87.10%),采掘业(76.38%),以及电力、煤气及水的生产和供应业(76.06%)等行业的同业竞争比例最高。

表 14-5　同业竞争的行业分布

行业	代码	公司总数(家)	存在同业竞争关系数量(家)	存在同业竞争关系比例(%)	不存在同业竞争关系数量(家)	不存在同业竞争关系比例(%)
农、林、牧、渔业	A	91	48	52.75	43	47.25
采掘业	B	127	97	76.38	30	23.62
制造业:食品、饮料	C0	200	95	47.50	105	52.50
制造业:纺织、服装、皮毛	C1	198	104	52.53	94	47.47
制造业:木材、家具	C2	21	9	42.86	12	57.14
制造业:造纸、印刷	C3	77	32	41.56	45	58.44
制造业:石油、化学、塑胶、塑料	C4	513	235	45.81	278	54.19
制造业:电子	C5	219	131	59.82	88	40.18
制造业:金属、非金属	C6	402	200	49.75	202	50.25
制造业:机械、设备、仪表	C7	810	476	58.77	334	41.23
制造业:医药、生物制品	C8	266	157	59.02	109	40.98
制造业:其他	C9	46	10	21.74	36	78.26
电力、煤气及水的生产和供应业	D	213	162	76.06	51	23.94
建筑业	E	119	62	52.10	57	47.90
交通运输、仓储业	F	217	108	49.77	109	50.23
信息技术业	G	276	143	51.81	133	48.19
批发和零售贸易	H	270	151	55.93	119	44.07
房地产业	J	246	137	55.69	109	44.31
社会服务业	K	141	63	44.68	78	55.32
传播与文化产业	L	31	27	87.10	4	12.90
综合类	M	171	92	53.80	79	46.20

注:分类依据为证监会发布的《上市公司行业分类指引》。

14.2.3　同业竞争、盈余管理与利益输送

我们以 2007—2010 年中国 A 股市场上市公司为样本,研究同业竞争关系对盈余管理方式和控股股东利益输送的影响。2007—2010 年,有 2 541 个样本存在同业竞争关系,2 117 个样本不存在同业竞争关系,1 967 个样本难以判断是否存在同业竞争关系,可以明

确判断为存在同业竞争关系的样本占总样本的38.35%(2 541/6 625)。通过对存在盈余管理动机与不存在盈余管理动机的样本的比较发现,存在盈余管理动机的上市公司操纵性应计更多,说明大多数上市公司倾向于采用操纵性应计的手段来增加利润。这与许多已有文献的研究发现一致。然而,当我们进一步考察同业竞争关系对盈余管理方式的影响时,发现存在同业竞争关系的公司销售收入增长率、销售现金流增长率显著更高,主营业务利润增长率显著更高,而操纵性应计显著更低。最后,我们还发现同业竞争关系没有影响到关联交易或线下项目,说明存在同业竞争关系的公司与不存在同业竞争关系的公司在盈余管理动机下所表现出的上述差异,并非关联交易或线下项目所致。综上所述,存在同业竞争关系的上市公司需要通过盈余管理增加账面利润时,控股股东会利用同业竞争关系向上市公司输送利益,使其所控制的上市公司通过增加销售来满足盈余管理的目标。

同业竞争关系会引发上市公司控股股东与中小股东的代理问题:控股股东利用其控制力,影响上市公司与其关联企业之间的"竞争",从而导致上市公司与其关联企业之间的利益转移。与关联交易不同,同业竞争关系引发的利益转移发生在"竞争"过程之中,监管机构难以判定,更难以量化,这使得同业竞争关系更可能成为控股股东侵占中小股东利益的手段。为了防止控股股东利用其控制地位影响上市公司的正常发展,损害中小股东的利益,许多发达国家的法律和证券法规都要求公司避免同业竞争。

除了对盈余管理的动机进行分析,大量的国内外研究还对盈余管理的方式进行了探讨。早期的研究对使用应计项目的盈余管理方式进行过深入的探讨,而近年来有些学者的研究转向真实活动的盈余管理,并证实真实活动盈余管理行为的存在。但我们必须注意到,无论是使用应计项目还是真实活动进行盈余管理,都有实际的风险与成本。应计项目的盈余管理方式越来越不为管理者所偏好,其主要原因是:① 监管部门与审计师对于应计项目盈余管理方式已具备较强的识别能力,因此,企业使用应计项目进行盈余管理将面临较大的监管风险;② 单独使用应计项目进行盈余管理的调整程度有限,一旦在财务报告末期采用应计项目进行盈余管理仍无法弥补真实盈余与目标盈余之间的差异,管理人员就几乎没有其他方式进行盈余管理了。特别是,在安然事件以及《萨班斯-奥克斯利法案》颁布之后,由于对应计项目盈余管理方式的管制与识别大大超越了法案颁布之前,因此许多管理层开始使用其他方式(如实质性的盈余管理)进行盈余管理。

而真实活动的盈余管理,从已有文献发现的一些操纵方式(如通过加大销售折扣促进销售、通过增加产量降低当年销售产品的生产成本、减少研发和广告等费用支出)来看,尽管会降低引起审计师或者监管部门注意的风险,但会对企业现金流产生直接影响,且会影响企业未来的真实业绩,因而是一种风险与成本很高的盈余管理方式。为此,控股股东利用同业竞争关系对上市公司进行利益输送或者说私有资源让渡,使其通过实现"额外/超常"的销售增长来实现盈余管理目标。

通过以上分析,我们发现:首先,过度依赖应计项目进行盈余管理会提高审计风险,导致审计师出具非标意见从而影响盈余管理的最终目标[①]；其次，在存在同业竞争关系的情况下控股股东利益输送的盈余操纵方式没有影响到企业的正常经营管理，非常好地补充了盈余调整空间。因此，在需要盈余管理的情况下，为了实现盈余目标，具有同业竞争关系的企业会更偏好于以控股股东利益输送的方式进行盈余管理，通过这种方式进行盈余管理，上市公司可以大大降低监管风险以及未来的实际经营风险。因此，当上市公司存在盈余管理动机时，较之于不存在同业竞争关系的上市公司，存在同业竞争关系的上市公司销售收入增长率更高。当上市公司存在盈余管理动机时，存在同业竞争关系的上市公司操纵性应计更低，而销售现金流和主营业务利润等都会增加得更快。

一般文献所指的同业竞争关系是指上市公司所从事的业务与其控股股东（包括绝对控制与相对控制）、实际控制人及其控制的企业所从事的业务相同或近似，双方构成或可能构成直接或间接的竞争关系。我们定义上市公司是否存在同业竞争关系时，主要是考察控股股东除控制上市公司以外，是否还控制着与上市公司从事相同或类似业务的其他子公司或分公司。判断是否同业的标准，主要是观察进行对比的公司是否存在相同或类似的产品与服务。上市公司的产品与服务类型数据主要来自 CCER 上市公司主营业务产品和行业分布数据库。在判断出上市公司产品与服务的基础上，查找上市公司控股股东的主页或者上市公司年报，查看控股股东控制的其他子公司或分公司是否存在相同或类似的产品或服务。如果有，则认为控股股东与上市公司存在同业竞争关系；反之，则认为控股股东与上市公司不存在同业竞争关系。

我们分别以三个比率作为销售增长的代理变量：销售收入增长率、销售现金流增长率和主营业务利润增长率，以 2007—2010 年的 A 股上市公司作为研究样本。同业竞争数据及其分布的具体情况见表 14-3 至表 14-5。在剔除不符合条件的样本之后，最终总体样本分布如表 14-6 所示。

表 14-6　最终总体样本分布　　　　　　　　　　　　　　　　　　　　　　单位：家

	存在盈余管理动机	不存在盈余管理动机	合计
存在同业竞争关系	864	1 511	2 375
不存在同业竞争关系	643	1 180	1 823
合计	1 507	2 691	4 198

研究发现：① 盈余管理动机在 1% 的统计水平上对销售收入增长率具有显著为正的影响；当上市公司存在盈余管理动机时，较之于不存在同业竞争关系的上市公司，存在同业竞争关系的上市公司销售收入增长率更高。② 存在盈余管理动机时，操纵性应计、销

[①]《上市公司证券发行管理办法》（证监发〔2006〕30号）第三十九条规定，"上市公司存在下列情形之一的，不得非公开发行股票：……（六）最近一年及一期财务报表被注册会计师出具保留意见、否定意见或无法表示意见的审计报告。保留意见、否定意见或无法表示意见所涉及事项的重大影响已经消除或者本次发行涉及重大重组的除外"，关于公开发行股票必须符合第八条的规定，"上市公司的财务状况良好，符合下列规定：……（二）最近三年及一期财务报表未被注册会计师出具保留意见、否定意见或无法表示意见的审计报告；被注册会计师出具带强调事项段的无保留意见审计报告的，所涉及的事项对发行人无重大不利影响或者在发行前重大不利影响已经消除"，从这里可以看出，审计师的审计意见会影响盈余管理的结果从而对盈余管理行为产生重大影响。

售现金流增长率和主营业务利润增长率都会更高;当上市公司存在盈余管理动机时,存在同业竞争关系的上市公司操纵性应计更低,而销售现金流和主营业务利润等都会增长得更快。③ 同业竞争关系的存在不会对关联交易和线下项目产生影响。研究结果表明,存在同业竞争关系的上市公司的盈余操纵更多来自控股股东通过同业竞争关系进行的利益输送。

14.2.4 同业竞争、掏空与盈余持续性

上市公司的主要代理问题存在于管理者和股东之间以及大股东和中小股东之间,而在股权相对集中的发展中国家,大股东和小股东之间的代理问题则更为普遍。掏空是针对大股东和小股东之间的代理问题提出的一个概念,是指能够控制公司的股东为了自身的利益侵害小股东的权益,将公司的财产和利润转移出去的行为。

股权的集中度和法律的保护程度是掏空行为产生的主要原因。股权的过度集中很容易造成大股东侵害小股东利益的发生。在控制权私有收益的驱使下,大股东会转移上市公司资源对其进行掏空。大股东对企业的控制权和所有权不一致是大股东损害企业利益从而谋取私利的主要原因。而法律对投资者的保护程度也影响着掏空的实施。中小投资者受到大股东侵害的主要原因就在于对投资者的法律保护不够。法律对投资者的保护越强,越能遏制大股东侵占中小股东利益的行为;倘若法律对投资者的保护很弱,掏空行为便更加猖獗。

掏空行为不仅对中小投资者和上市公司不利,而且影响整个宏观金融市场的健康发展。从微观层面来看,掏空对企业的会计信息和财务状况也有非常不利的影响。掏空行为降低了整个经济的透明度,歪曲了会计收益数据,恶化了投资者与上市公司之间的信息不对称。

同业竞争关系会引发上市公司控股股东与中小股东的代理问题:控股股东利用其控制力,影响上市公司与其关联企业之间的"竞争",从而导致上市公司与其关联企业之间的利益转移。与关联交易不同,同业竞争关系引发的利益转移发生在"竞争"过程之中,监管机构难以判定,更难以量化,这使得同业竞争关系更可能成为控股股东侵占中小股东利益的手段。

在掏空动机下,控股股东利用同业竞争关系影响上市公司与其关联企业之间的"竞争",侵占上市公司的发展机会,从而导致上市公司与其关联企业之间的利益转移。控股股东通过同业竞争关系对上市公司的发展机会进行侵占从而掏空上市公司的资源有多种操作方式:人力资源的侵占可以通过调动研发人员、销售人员等途径实现;如果在非竞争市场的情况下,提高原产品或者服务的价格,或者通过控股股东的直接协调,则可以实现客户资源的转移;产品资源的转移可以通过集团对研发出来的新产品进行定向授权生产与销售来实现。这些利益侵占方式可以改变上市公司的产品结构或者直接将客户资源输送给控股股东或者其关联的同行业的其他公司,从而最终把上市公司的发展机会转移给控股股东。市场被侵占导致销售增长下降,盈利能力与销售现金流也受到影响,从而导致固定资产投资增长也放缓。因此,存在同业竞争关系的上市公司被控股股东侵占

发展机会,从而导致上市公司销售收入增长率、销售现金流增长率、净利润增长率及固定资产增长率下降。过度掏空动机会加剧控股股东通过同业竞争关系对上市公司的掏空,从而导致上市公司净利润增长率更低。

14.3 集团企业现金分布与代理成本[①]

14.3.1 引言

在考察企业集团内部资本市场的资金配置效率时,以往研究多关注控股股东对上市公司的掏空,并发现企业集团的内部资本市场部分地被异化为向控股股东输送利益的渠道,而很少关注上市公司与其下属子公司之间的代理问题。哪些因素作用和影响了资金在上市公司及其子公司之间的分配?哪些力量推动和制约了子公司管理层在资本配置中的寻租行为?本节将对此进行讨论。

事实上,中国上市公司除了面临控股股东的资金侵占,还面临较为严重的来自子公司对上市公司资金的低效或无效占用。也就是说,我国上市公司下级控制链上的资本配置效率同样堪忧。下面以大东南(002263)为例进行分析。

大东南是在深圳证券交易所上市的一家浙江省民营企业,控股股东为浙江大东南集团有限公司(持股比例为52.8%),下属6家子公司均为非上市企业。2009年2月,按照证监会的相关要求,该公司发布了经立信会计师事务所审计后的《关于公司与关联方资金往来情况专项说明》的文件,并在中国证监会指定信息披露网站——巨潮资讯网上予以披露[②]。上述披露文件中的核查结果显示,2008年度,该公司大股东及其附属企业非经营性占用上市公司资金的发生额为2.44亿元,期末占用余额为-0.15亿元,经营性占用资金发生额为0.18亿元,期末余额为0.06亿元;6家下属子公司无一例外地均存在对上市公司资金的非经营性占用,总计发生额为1.19亿元,期末余额为1.19亿元,占期末所有关联方占用上市公司资金总额的95.2%。

大东南2008年财务报告显示,母公司期末持有现金0.37亿元(资产负债表中的货币资金与交易性金融资产之和),合并报表的现金总量为1.37亿元,意味着子公司整体合计持有现金约为1亿元(1.37-0.37),约占合并报表现金的73.0%。而子公司整体的资产规模和营业规模大约只占合并报表的25.3%和37.7%(不考虑母、子公司间的内部交易抵销额的影响)。

在大东南案例中,子公司大量占用上市公司资金用于非经营性目的的同时,子公司

[①] 本节主要参考了以下论文:陆正飞、张会丽,《所有权安排、寻租空间与现金分布》,《管理世界》,2010年第5期。

[②] 根据证监会和国资委《关于规范上市公司与关联方资金往来及上市公司对外担保若干问题的通知》(证监发〔2003〕56号文),每家上市公司要披露经事务所审计后的关联方占用上市公司资金情况汇总表,披露包括控股股东及其附属企业、子公司及其附属企业对上市公司资金的占用情况,内容主要涉及占用金额、占用途径(其他应收款、委托贷款、往来款项等)、占用性质(经营性占用或非经营性占用)、期初末余额等。

管理层却在内部囤积了大量的现金。这种现象在我国的资本市场并不少见。① 如何加强对上市公司下属子公司的治理与控制,是我国上市公司面临的一个亟待解决的问题。②

从理论上讲,作为独立的法人实体,子公司管理层拥有相对独立的经营与财务决策权,他们通常比上市公司(母公司)管理层更了解子公司的核心能力、商业细节、产品或业务前景、项目潜力及实际的资金需求。这就导致上下级管理层之间严重的信息不对称。为了追求私人利益,在企业内部的资源流转与分配中,子公司管理层具有强烈的寻租③动机,即通过建立一套最便于操作的规章制度,以提高与上级管理层的谈判力,通过实施一系列非生产性活动,耗费额外的成本来包装、虚夸本公司项目的盈利性,以争取更多的内部资源。实务中,子公司通过各种方式非经营性占用上市公司资金,为子公司管理层的寻租行为提供了最为直接的证据。相应地,对子公司管理层的寻租行为进行有效的制约和监督,就成为提高我国上市公司内部资本市场配置效率的重要环节,也是事关提高上市公司资金使用效率和我国资本市场健康发展的重要课题。

现金作为一种稀缺和极易被代理人随意使用的资源,自然地成为子公司管理层寻租时的重要目标。现金在上市公司及其子公司之间的分布,可以帮助我们直观、综合地考察子公司管理层的寻租结果。④ 假如不考虑其他因素的影响,子公司持现比率⑤越高,表明子公司管理层的寻租行为越严重。本节将在考虑经营需要、公司总体战略对现金分布影响的基础上,考察上市公司及其子公司的所有权安排对子公司持现比率的影响,进而考察子公司少数股东、上市公司控股股东、上市公司管理层的持股比例对子公司管理层寻租空间所造成的影响。

14.3.2 理论与经验分析

随着我国经济改革的日益深化,出于资源整合和降低交易成本的需要,企业的范畴

---

① 我们随机抽取并翻阅了100家上市公司披露关联方占用上市公司资金的说明文件,发现下属子公司占用上市公司资金的情形非常普遍。例如,2008年年末,兖州煤业关联方占用上市公司资金的期末余额总计4.28亿元,其中4.05亿元由上市公司的子公司及其附属企业通过委托贷款、材料款或代垫款的形式用于非经营性用途。我们还发现一个有趣的现象:很多上市公司的控股股东及其附属企业占用上市公司资金年度发生额很大,但期初、期末余额却很小,甚至为0。也就是说,控股股东通常在财务年度结束前归还占用上市公司的资金,很可能的原因是,监管机构的严格监管以及学术界、资本市场对控股股东资金占用的密切关注,使得控股股东在财务年度结束时有很强的动机单纯为"避风头"而暂时归还占用的资金,待会计师事务所审计后再继续占用。而子公司在财务年度结束前偿还占用资金的情况却不普遍,表明子公司对上市公司资金的占用并未引起过多的关注,上市公司也没有动力或者没有能力在财务年度末督促回收下属子公司占用的资金。

② 近年来,媒体和学术界不断呼吁加强对上市公司下属子公司的治理。例如,南方网在报道《上市公司子公司频频出事 子不教父之过》一文中指出,我国上市公司对子公司的治理质量太差,呼吁上市公司要对子公司"严加管教",详见 http://www.southcn.com/finance/zhengquan/gongsinews/200502020713.htm,访问日期:2020年4月29日。

③ "寻租"这一概念于20世纪70年代被正式提出,并被运用于国际贸易与公共选择理论等研究领域。随着"寻租"这一概念为越来越多的研究领域所采用,"寻租行为"的界定也更加宽泛。某些或某类个体通过非生产性的方式追求经济利益的行为,均可理解为广义上的"寻租"。在我们的研究中,基于上市公司在企业集团中的核心地位,下级子公司管理层具有强烈的通过非生产性活动争取和保持自由现金流的自利动机,因此,我们研究中的"寻租"与其广义概念相一致。

④ 现金分布状况不仅反映了子公司对上市公司资金的直接占用,也概括和综合地反映了其他所有可能形式(包括子公司为持有现金而以各种托词拒不向上市公司分红)的寻租行为的结果。

⑤ 指子公司持有现金占合并报表现金的比重。

越来越突破单一法人实体的界限,多元化、集团化的金字塔式企业组织形式日益普遍。在存在融资约束的新兴市场国家(包括我国),企业集团所搭建的内部资本市场和控制链,是该组织形式产生和不断延续的重要原因。特别地,企业集团控制链中通常存在一个或多个可以从外部资本市场吸纳资金的上市公司。这些上市公司因其独有的资本市场融资功能,往往成为企业集团资金运营的枢纽和集团内部资本市场的源头。它们将资金经由集团内部资本市场向上级控股股东和下级子公司传递,最终实现集团内部的资本配置优化。①

不同于一般的事业部制企业各部门间的资源配置,企业集团内部各公司间的资金流动在一定程度上要受到法律规范的制约。② 作为不同的法人实体,在非全资控股的组织结构中,为了保护少数股东的权益,任意一方随意转移另一方的资源,都是法律所不允许的。例如,我国证监会联合国资委于2003年8月发布了《关于规范上市公司与关联方资金往来及上市公司对外担保若干问题的通知》,严禁上市公司通过不同方式将资金直接或间接地提供给控股股东和其他关联方使用,并要求每家上市公司披露经会计师事务所审计后的关联方占用上市公司资金情况汇总表。但是,这并不意味着企业集团的内部资本市场就无法运转。事实上,企业集团内部的资金流动可经由资金拆借、委托贷款、代垫款、转移定价、关联交易、现金分红等众多方式实现,甚至以"其他应收款"的名义直接实现资金的转移。

如何保证企业集团内部的资金配置效率,也是提高外部融资效率、保护上市公司外部中小投资者利益的需要。然而,资金在内部资本市场配置的过程,是内部多个利益主体竞争博弈的过程。西方的研究文献对下级分部的管理层(子公司)向总部(上级公司)寻租的行为通过构建模型进行了理论上的阐述,却少有实证研究关注下级控制链中子公司中存在的代理成本和交易摩擦对企业集团内部资金配置效率的影响。究其原因,主要在于数据获取方面的条件制约。西方相关文献在研究"联合大企业"内部资本市场分部经理的寻租行为时,一般仅限于通过理论模型进行论证。不同于"联合大企业",在企业集团内部各成员公司间的资本转移会产生更大的摩擦,特别地,我国上市公司的下属子公司大多地域分散、不公开上市、信息获取成本高,由此导致的下游代理链上的寻租行为对内部资本市场资金配置效率的影响更是不容忽视。如何通过有效的组织设计或所有权安排,有效制约下属子公司的寻租行为,对于提高企业集团内部资本市场的资金配置效率和外部资本市场的持久发展无疑具有重要意义。由于集团内部资本市场中复杂的股权结构将导致管理层的利益侵占,因此,我们从所有权安排的角度,考察子公司少数股东、上市公司控股股东、高管所拥有的产权对子公司管理层寻租空间的影响。

子公司管理层的寻租行为受到其所在企业内部寻租空间的直接影响。而子公司内部寻租空间的大小,又直接受到所有权结构尤其是少数股东权益所占比重的影响。原因在于:一方面,我国上市公司的子公司绝大多数为非上市企业,该类企业中的股权转让承受更多的法律监管。基于股权自由转让方面的限制,不同于上市公司的中小投资者,非上市企业中的少数股东一般是积极投资者,他们会在内部资本市场的资金配置过程中,

---

① 在该过程中,掌握主导权的是控制链的最终控制人。
② 不同于西方传统研究中的事业部制的"联合大企业"(M型组织),我国企业集团通常是指通过控股关系形成的、由多个独立法人组成的经济实体(H型组织)。

即在与上级控股股东和上市公司高管的谈判中发挥较强的作用力,为所在企业的项目争取更多的资金。这样,在争取资金方面,少数股东与子公司管理层的寻租力量作用方向一致,但是,他们在监控资金的日常使用效率方面,却因持股比例较低而缺乏充分的权力和能力,从而客观上给子公司管理层留下很大的寻租空间。另一方面,相对于全资控股的子公司,少数股东的存在使得子公司管理层的经营不再完全受制于控股股东,或者说子公司管理层在大股东和少数股东之间有了更大的周旋余地。也就是说,相对分散的所有权结构使子公司管理层的寻租成本更加低廉。基于上述分析,我们作出这样的推论:子公司中少数股权占比越高,子公司管理层的寻租空间越大,子公司持现比率越高。

根据自由现金流理论,当管理层掌握较多的闲置资金时,他们会倾向于以牺牲股东的利益为代价而增加自己的财富。当上市公司的子公司持有较多现金时,子公司管理层就相应地掌握了对现金的控制权,由此可能带来的代理成本将有损上市公司股东尤其是控股股东的利益。对上市公司的控股股东而言,控股股东—上市公司管理层—子公司管理层的管理模式导致双层代理成本,即代理链的进一步拉长,加大了他们对上市公司子公司现金使用效率的监控难度。相应地,严格控制现金资源在母、子公司间的分散程度,亦即加强母公司对现金的直接持有,是实现股东财富最大化目标的需要。因此,当上市公司的控股股东力量越强大时,即便不考虑自身掏空便利性的目的,出于降低代理成本的需要,控股股东也会对子公司持现具有越强的抑制动机。基于此,我们作出这样的推论:上市公司的第一大股东持股比例越高,子公司管理层的寻租空间越小,子公司持现比率越低。

从一定意义上讲,上市公司高管人员与子公司管理层也是企业经营中的一种委托-代理关系。然而,与普通的委托-代理问题不同的是,上市公司高管作为委托人,一般不享有资源的最终产权,由此导致监控收益与成本的不匹配,这客观上会降低他们在资源配置中对下属代理人进行监控的激励。但是,在现代公司治理机制中,所有者通过授予经营者一定的股权,将一部分产权转移给经营者,从而提高他们监控下级代理人的收益与成本的匹配度。基于上述分析,上市公司高管所拥有的股权将激励他们对子公司寻租行为的监控。由此,我们作出这样的推论:上市公司的高管持股比例越高,子公司管理层的寻租空间越小,子公司持现比率越低。

14.3.3 实证研究发现

我们利用我国资本市场上市公司财务信息披露的"双重披露制"这一便利条件,以合并报表与母公司报表之间的差额度量子公司整体财务状况。[①] 我们将子公司年度资产负债表中的现金余额占合并报表现金的比例,即子公司持现比率作为现金分布的代理变量。其中,现金以上市公司年度财务报告中的货币资金与短期投资净额之和计算。现金在上市公司母、子公司间的分布,首先要受到经营需要或公司总体战略的影响。因此,

---

① 本节中的"子公司"是指合并范围内除上市公司(母公司)之外的子公司整体。在设定变量时,我们不考虑合并抵销事项的影响,将合并报表与母公司报表相应财务指标的差额作为反映整体子公司相应财务特征综合水平的代理变量。当然,所有子公司信息的综合,有可能会导致我们的研究对所考察问题真实水平的低估。

我们在研究现金分布的影响因素并设定检验模型时,首先对纳入合并报表的全体子公司的资产规模占比、营业规模占比加以控制;考虑到资金来源可能影响集团对资金的控制力度,我们同时对母、子公司总体的资产负债率加以控制;另外,考虑到公司的重大战略决策,如现金分红或配股融资等因素,会在客观上造成资金在上市公司(母公司)一方的集中,我们在设定所有权安排对现金分布影响的 OLS 回归模型时对上述因素一并加以控制。

我们选取我国证券市场中 1999—2006 年的上市公司作为研究样本,并对数据作了常规的统计处理。样本观测的现金分布的年度变化趋势如表 14-7 所示。1999—2006 年,我国上市公司的子公司持现比率的均值在逐年增加,从 1999 年的 27.9% 稳步增加至 2006 年的 46.5%,子公司持现比率的中位数也保持同步的增长趋势。

表 14-7 现金分布的年度特征

年度	观测数	均值	中位数	最小值	最大值	标准偏差
1999	463	0.279	0.196	0.001	0.991	0.257
2000	569	0.312	0.247	0.001	0.978	0.268
2001	572	0.329	0.274	0.002	0.976	0.270
2002	580	0.358	0.319	0.002	0.978	0.277
2003	608	0.379	0.339	0.003	0.988	0.276
2004	644	0.404	0.367	0.004	0.994	0.284
2005	651	0.435	0.401	0.006	0.996	0.294
2006	574	0.465	0.454	0.008	0.999	0.286

注:表中统计的变量为子公司持现比率,等于 1 − 母公司报表现金/合并报表现金。

表 14-8 报告了子公司持现比率的行业特征。木材、家具业(52.9%),综合类(51.0%),房地产业(49.6%)三个行业的子公司持现比率居前三位;而采掘业(23.3%),金属、非金属(28.2%),电子(28.3%)三个行业的子公司持现比率居后三位。

表 14-8 现金分布的行业特征

行业名称	观测数	均值	中位数	最小值	最大值	标准偏差
农、林、牧、渔业(A)	133	0.333	0.225	0.001	0.995	0.298
采掘业(B)	18	0.233	0.148	0.002	0.617	0.208
食品、饮料(C0)	220	0.376	0.347	0.001	0.996	0.275
纺织、服装、皮毛(C1)	211	0.439	0.396	0.001	0.999	0.299
木材、家具(C2)	7	0.529	0.529	0.151	0.996	0.304
造纸、印刷(C3)	89	0.400	0.332	0.002	0.999	0.318
石油、化学、塑胶、塑料(C4)	513	0.315	0.230	0.001	0.999	0.271
电子(C5)	135	0.283	0.224	0.002	0.823	0.228
金属、非金属(C6)	308	0.282	0.196	0.001	0.978	0.247
机械、设备、仪表(C7)	695	0.304	0.222	0.001	0.999	0.270
医药、生物制品(C8)	316	0.359	0.295	0.002	0.997	0.281
其他制造业(C9)	58	0.465	0.455	0.024	0.961	0.297

(续表)

行业名称	观测数	均值	中位数	最小值	最大值	标准偏差
电力、煤气及水的生产和供应业(D)	199	0.431	0.399	0.002	0.978	0.295
建筑业(E)	80	0.385	0.328	0.004	0.871	0.266
交通运输、仓储业(F)	164	0.317	0.302	0.007	0.973	0.214
信息技术业(G)	278	0.406	0.365	0.002	0.997	0.263
批发和零售贸易(H)	483	0.402	0.351	0.001	0.996	0.271
房地产业(J)	172	0.496	0.515	0.009	0.993	0.305
社会服务业(K)	154	0.430	0.402	0.002	0.970	0.291
传播与文化产业(L)	28	0.405	0.421	0.008	0.773	0.210
综合类(M)	400	0.510	0.515	0.004	0.994	0.290

表 14-9 报告了研究所涉及的变量的描述性统计结果。可以看出，子公司持现比率的最小值为 0.1%，最大值高达 99.9%，均值、中位数分别为 37.4% 和 31.9%；少数股权占比的均值、中位数分别为 8.5% 和 5.5%，总体来看，在我国上市公司的子公司中少数股权占比较低；第一大股东持股比例从 8.5% 至 78.8% 不等，均值为 39.8%；高管持股比例虽然最大值可高达 58.9%，但均值为 1.2%，中位数不到 0.1%，表明在我国，高管持股比例总体较低。

表 14-9 相关变量描述性统计结果

变量	观测数	均值	中位数	最小值	最大值	标准偏差
Cashdis	4 661	0.374	0.319	0.001	0.999	0.283
Assetdis	4 661	0.202	0.160	0.001	0.818	0.171
Salesdis	4 661	0.471	0.430	0.001	1.000	0.338
Lev	4 661	0.483	0.489	0.086	0.937	0.174
Mino	4 661	0.085	0.055	0.000	0.593	0.093
Oneratio	4 661	0.398	0.380	0.085	0.788	0.162
Stockratio	4 661	0.012	0.000	0.000	0.589	0.065

注：Cashdis 为子公司持现比率，等于 1 - 母公司报表现金/合并报表现金；Assetdis 为子公司资产规模占比，等于 1 - 母公司报表总资产/合并报表总资产；Salesdis 为子公司营业规模占比，等于 1 - 母公司报表主营业务收入/合并报表主营业务收入；Lev 为总体负债率；Mino 为少数股权占比，等于少数股东权益/合并报表所有者权益；Oneratio 为第一大股东持股比例；Stockratio 为高管持股比例，等于董事会、监事会、经理持股数占总股数的比例。

表 14-10 报告了研究中涉及的主要变量按中位数进行分组后的高、低两组公司的现金分布对比。可以看出，少数股权占比低的公司组的子公司持现比率均值和中位数均明显小于少数股权占比高的公司组；相对于第一大股东持股比例低的公司组而言，第一大股东持股比例高的公司组的子公司持现比率均值和中位数均明显较小；高管持股比例高的公司组的子公司持现比率均值和中位数均小于高管持股比例低的公司组。统计 t 检验的结果显示，上述对比在统计意义上存在显著差异。

表 14-10　主要变量分组后的现金分布对比

特征变量	组别	观测数	均值	中位数	最小值	最大值	标准偏差	t 检验
Mino	0	2 330	0.261	0.174	0.001	0.999	0.251	-29.88***
	1	2 331	0.488	0.472	0.001	0.999	0.267	
Oneratio	0	2 330	0.425	0.398	0.001	0.999	0.290	-12.50***
	1	2 331	0.323	0.252	0.001	0.999	0.266	
Stockratio	0	2 330	0.396	0.340	0.001	0.999	0.297	5.36***
	1	2 331	0.352	0.302	0.001	0.997	0.266	

注:Mino 为少数股权占比;Oneratio 为第一大股东持股比例;Stockratio 为高管持股比例。以上所有变量均按中位数分组,0 表示小于中位数的组,1 表示大于分位数的组。括号内为 t 值;*** 表示在 1% 的统计水平上显著,** 表示在 5% 的统计水平上显著,* 表示在 10% 的统计水平上显著。

为了更为直观地考察我们所关注的主要变量对子公司持现比率的影响,我们将上述变量按十分位数分组,考察了从最低分位数组至最高分位数组子公司持现比率均值的变化趋势,如图 14-3 所示。

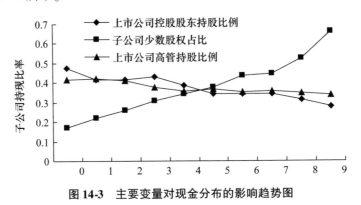

图 14-3　主要变量对现金分布的影响趋势图

图 14-3 中的趋势图较为直观地显示,三条线的走势均与我们前文的推论一致。尤其是,从少数股权占比的最低分位数组至最高分位数组,子公司持现比率的均值由 18% 稳步升至 68%,表明子公司中少数股权的配置对子公司持现比率具有很强的影响力。

多元回归结果表明,在控制其他因素的影响后,就所有权安排来看,少数股权占比越高,子公司管理层的寻租空间越大,子公司持现比率越高;第一大股东持股比例越高,也即控股股东对上市公司的控制力越强,子公司管理层的寻租空间相应越小,从而子公司的持现比率越低;上市公司高管持股比例越高,他们对子公司管理层寻租行为的监控激励越强,子公司持现比率越低。

为进一步考察控制权性质的影响,即考察上述结论在国有、民营上市公司之间是否有显著差异,我们将全部样本细分为国有和民营上市公司子样本分别进行回归。结果表明,在不同控制权性质的样本中,少数股权占比、第一大股东持股比例、上市公司高管持股比例对现金分布的影响并不存在显著差异,进而表明少数股权、控股股东以及持股高管对子公司寻租空间的影响在国有、民营上市公司中具有一致性。

在考察所有权安排对现金分布的影响时,我们控制了经营需要和公司整体战略的影响,但是,由于难以观测或找到合适的代理变量控制子公司潜在、真实的投资需要,因此上述计量方面的控制处理仍然无法完全排除子公司持现比率高反而带来高效投资的可能。针对该问题,我们专门通过考察理性的投资者对现金分布的预期反应,即现金分布对现金持有价值的影响,来对子公司持现比率高的公司的现金使用效率加以补充讨论。结果表明,子公司持现比率高的公司的现金价值(比子公司持现比率低的公司)存在显著的折价,这意味着子公司高持现更多地源于寻租的结果,而非高效投资的需要。

14.4 集团企业的过度投资[①]

14.4.1 引言

集团企业的投资效率问题是影响我国经济总体发展态势的重要课题。其中,过度投资是当前最值得关注的问题。国际货币基金组织驻华首席代表在2013年4月15日发布其研究报告称,若以投资占国内生产总值的比例来看,中国的投资水平已超出均衡水平12—20个百分点。值得注意的是,近年来,世界各国企业的现金持有水平均在不断提高(Dittmar and Mahrt-Smith,2007;Bates et al.,2009)。Bates et al.(2009)指出,美国2006年企业的现金持有水平已接近公司权益市值的1/10,现金占账面资产的比例也高达23.2%,这一数字比20世纪80年代翻了一番。据笔者统计,近年来,就中国A股上市公司而言,现金占账面资产的比例均值在20%上下,这意味着在我国企业中,约1/5的账面资产以现金形式存在。更值得注意的是,我国资本市场上的上市公司多数还拥有上级集团母公司,且上市公司自身绝大部分不是以单体企业形式存在,而是控制着下级数十甚至上百家子公司。在高达95.3%的上市公司以企业集团形式运营的制度背景下,上市公司平均有44.7%的现金并非由母公司直接调度和持有,而是由其下级子公司分散持有。基于此,对于我国上市公司过度投资问题的考察,有必要考虑其集团成员企业身份和自身控制若干子公司的集团制(非单体)企业身份。

统计结果表明,截至2012年年末,我国资本市场上隶属于企业集团[②]的上市公司比例达到70.4%,从而表明企业集团在我国资本市场和国民经济发展中扮演着举足轻重的角色。集团总部通过内部资本市场运作将内部资金在成员企业间进行统一调配,从而有效缓解来自外部资本市场的融资约束,是企业集团在新兴市场国家盛行的重要原因之一。然而,集团内部资金的调配机制能否确保成员企业对资金的使用效率?上市公司的集团成员企业身份对其过度投资水平有无影响?这将是本节考察的问题之一。

同时,企业内部的代理成本是影响企业自由现金流投资效率的重要根源。[③] 根据传

[①] 本节主要参考了下述论文:张会丽、陆正飞,《现金分布、公司治理与过度投资》,《管理世界》,2012年第3期;窦欢、张会丽、陆正飞,《企业集团、大股东监督与过度投资》,《管理世界》,2014年第7期。
[②] 如果上市公司的上级母公司拥有除该上市公司之外的其他实体企业,则上市公司隶属于企业集团。
[③] 已有研究回答了影响企业现金持有水平的以下几种动机假说:(1)谨慎性假说;(2)代理成本假说;(3)其他企业内部特征,如税收、工会力量、多元化等;(4)宏观环境影响假说。

统的自由现金流代理成本假说,经理人为构建自己的企业帝国,常常具有强烈的投资扩张冲动,进而导致企业的投资超出最优水平,并严重损害了股东利益(Jensen,1986)。相应地,企业内部自由现金流的投资效率或现金持有效率成为世界各国学术界关注的焦点问题之一。受财务报告披露条件的限制,现有文献在实证研究中通常以母子公司的汇总财务数字——合并报表现金余额,来考察集团内部所有法人主体的现金持有总量对总体投资效率的影响。其隐含的假定是,现金在企业控制链上下游的分布状况对总体使用效率的影响无显著差异,亦即假定在母、子公司制的企业集团中,现金由母公司或子公司持有对总体投资效率具有同质影响。然而,在现实世界里,上述假定是否成立?现金在集团制上市公司母公司和下级子公司间的分布状况如何影响企业总体的投资效率?这将是本节考察的另一话题。

另外,企业投资效率的提高,离不开有效的公司治理。相应地,本节同样关注企业整体的治理水平和企业内部的董事类型(如非执行董事)对于上市公司过度投资的监督作用。

14.4.2 集团成员企业与过度投资

根据企业集团研究方面的已有文献,在外部市场不完备的条件下,集团内部市场可以替代缺失的外部市场,从而提高企业价值。经验证据表明,企业集团确实能为企业带来更多的资金支持。但是,集团内部的资金使用效率究竟如何呢?这是一个非常值得关注的问题。

根据自由现金流理论,当管理层掌握较多的闲置资金时,他们会倾向于以牺牲股东利益为代价增加自身利益,如使用自由现金流进行符合其自身最大利益的负 NPV 项目,从控制更多资产中获得私人利益等。在企业集团中,由于集团总部首席执行官无法观测到成员企业的真实经营状况,可能会导致集团内部的代理问题,这种代理问题的存在可能会加剧子公司的过度投资行为。因此,我们作出这样的推论:与独立公司相比,隶属于企业集团的上市公司的过度投资程度会更加严重。

在我们的研究中,如果上市公司的母公司拥有除子公司之外的其他经济业务实体,则定义为企业集团(Group = 1);如果第一大股东为各级国资委、国有资产经营公司、财政局或者其他政府机构,或者其他自身不从事任何实业经营、只从事投资控股业务的公司或个人,则认为上市公司是独立企业(Group = 0)。自由现金流(Fcf)用经营活动现金流量净值减去估计的正常投资水平后除以总资产来衡量。

为了检验企业集团的存在对其下属上市公司中自由现金流过度投资的影响,我们借鉴研究过度投资的同类文献设定研究模型,被解释变量 $Overinv_{i,t}$ 表示公司 i 第 t 年的过度投资[①];解释变量为集团成员哑变量(Group)、自由现金流(Fcf)及两者的交互项(Group × Fcf)。我们还加入了公司回报率(Roa)、管理费用率(Exp)、大股东占款比例(Tunnel)、

---

① 将公司的正常投资水平表示为公司规模、杠杆、成长性、市场业绩、公司年龄、现金持有水平以及上一期投资水平的函数,实际投资水平与估计值之间的差额即公司的过度投资水平。

高管薪酬(Salary)①及少数股权占比(Mino)等控制变量。为检验企业集团内部治理的作用,我们进一步考察在企业集团背景下,大股东监督力强弱对上市公司过度投资问题的影响。

表14-11的描述性统计结果显示,我国存在显著的过度投资问题(Overinv的均值为0.051,中位数为0.036),我国资本市场上隶属于企业集团的上市公司比例非常高(Group的均值为0.705)。其余控制变量的描述性统计结果与以往研究基本一致。

表14-11 主要变量描述性统计结果

变量	N	均值	中位数	标准偏差	最小值	最大值
Overinv	5 120	0.051	0.036	0.048	0.000	0.258
Group	5 120	0.705	1.000	0.456	0.000	1.000
Fcf	5 120	0.009	0.006	0.073	−0.265	0.297
Roa	5 120	0.043	0.038	0.050	−0.202	0.226
Exp	5 120	0.087	0.070	0.071	0.004	0.680
Tunnel	5 120	0.023	0.010	0.038	0.000	0.435
Salary	5 120	13.640	13.670	0.831	10.780	16.000
Mino	5 120	0.082	0.045	0.099	−0.006	0.544

多元回归结果表明,集团成员企业的身份与公司的过度投资水平显著正相关。这说明企业集团的存在为上市公司提供了更多的自由现金流,加重了上市公司的过度投资。而且,当上市公司面临外部融资约束时,隶属于企业集团的上市公司比独立公司的过度投资程度更为严重,其可能的原因在于集团内部的资金调配和担保缓解了成员企业的融资约束,即隶属于企业集团的上市公司能比独立公司获得更多的资金。进一步的结果显示,控股股东对下属上市公司的监督力越强,其对下属上市公司的过度投资行为的抑制作用越强。②

14.4.3 现金分布、公司治理与过度投资

根据代理理论,管理层作为外部股东的代理人,为了获取更多的私人利益,他们宁愿将企业内部的自由现金流投向净现值为负的项目,也不愿通过分红将现金返还给股东。在新兴市场国家,代理成本更为严重。受财务报告披露制度的限制,尤其在美、英等发达市场国家,学术界惯常采用合并报表数据,仅限于从总体上考察现金状况对投资效率的影响,这其实隐含的假定是母、子公司所持现金具有相同的投资效率。然而,企业集团在新兴市场国家的普遍存在,使得母、子公司制的集团企业成为经济发展的支柱力量。经

---

① 高管薪酬(Salary)的计算方式为:经行业中位数调整后的前三位高管人员薪酬的自然对数。
② 大股东监督力指标的定义:我们将上市公司中在控股股东公司兼职并领薪的董事、监事、高管视为控股股东派遣到上市公司的人员。原因在于以上人员在上市公司中担任要职,并且由于其薪酬来自控股股东公司,与上市公司之间的利益关系较弱,能够更加客观地对上市公司进行有效的监督。因此,我们首先计算在控股股东公司兼职并领薪的董事、监事、高管人数占上市公司董事、监事、高管总人数的比例,然后在企业集团子样本中按照中位数进行分组,大于中位数的组别定义为大股东监督力强组,否则定义为大股东监督力弱组。

济实体内部多个法人主体的存在为企业运营带来更多的交易摩擦,因此,加强企业集团内部的资源配置与管理控制就显得尤为重要。

作为一种稀缺和极易被代理人随意使用的资源,现金成为企业集团内部资源配置中各级代理方的重要寻租目标。企业集团的金字塔层级越多,因内部人控制而引发的代理问题就越严重。这意味着,在控股形式的集团企业中,下级企业可能存在更高的代理成本。如上所述,多个独立法人主体和内部上下级企业间多层委托-代理关系的存在,使得集团企业往往面临更高的代理成本。就集团企业投资决策而言,无论母公司实施集权还是分权的投资战略,作为次级代理人,子公司管理层难免通过各种方式追求扩张自己的"商业帝国",以尽可能谋求自身利益最大化。比如,当子公司产生现金流能力较强或拥有较多闲置资金时,即便不存在净现值为正的投资项目,他们也有动机利用各种借口或游说活动向母公司管理层夸大投资需求,进而从中谋取显性或隐性福利。

基于上述分析,我们作出这样的推论:企业内部的现金在母、子公司间越为分散,企业内部的过度投资行为就越为严重,亦即,企业内部的现金越分散在下级子公司,集团整体的投资水平就越可能过度。

公司内部的治理机制是督促、制约和监督代理人行动与股东财富最大化目标相一致的一系列机制。公司治理的主要目的,是在维持公司所有参与主体利益基本平衡或不失衡的前提下追求股东利益最大化。通过在委托-代理方之间建立一系列激励兼容的制度安排,良好的公司治理机制可以有效地监督公司的运营效率,并激励利益相关者为公司的整体利益而一致努力。健全的公司治理机制不仅是管理层与外部股东利益一致性的保证,也是企业内部监管与控制的保证。广义的公司治理机制,不仅在于制约代理人自身谋取私人利益,也应具备减少企业内部各个级别代理链上效率损失的能力。因此,公司治理机制越好,企业内部的现金分散程度对企业投资效率损失的影响就越低。具体而言,当公司治理机制较为完善时,管理层与外部股东之间以及集团内部上下级企业之间存在良好的激励相容机制,这一方面将促使母公司管理层对集团的整体运作效率实施更加严格的监控和管理,进而确保集团内部资本市场资源配置效率和投资效率的提高;另一方面将使各级管理层有足够的激励去努力工作、注重受托责任的真实达成情况和长远业绩的提高,从而客观上降低现金在下级企业中的分布对投资效率的负向影响。由此我们作出这样的推论:公司治理机制的完善能够显著降低子公司高现金持有水平对企业整体过度投资的不利影响。

我们选取我国证券市场中2001—2009年的上市公司作为研究样本,并对数据作了常规的统计处理。表14-12列示了主要变量的描述性统计结果。总体来看,我国上市公司的子公司持现比率由0至1不等,平均而言,约44.7%的现金分布在子公司。上述结果表明,在我国上市公司持有的现金中接近一半由下级子公司分散持有,学术界以合并报表现金作为企业现金持有水平的度量可能忽略了现金结构的影响,这进一步凸显了我们对现金在母、子公司间分布状况的经济后果予以关注的重要意义。

表 14-12 描述性统计结果

变量	均值	中位数	最小值	四分之一分位数	四分之三分位数	最大值	标准偏差
Inv	0.054	0.037	-0.365	0.012	0.078	0.297	0.059
Cashdis	0.447	0.403	0.000	0.154	0.715	1.000	0.324
Adcash	-0.541	-0.414	-3.000	-0.723	-0.210	0.314	0.511
Fcf	0.054	0.052	-0.543	0.011	0.096	1.019	0.083
Salary	13.164	13.218	9.952	12.582	13.775	15.575	0.878
Otac	0.049	0.020	0.000	0.007	0.055	0.547	0.076
Exp	0.107	0.074	-0.024	0.044	0.118	1.421	0.132
Mino	0.085	0.049	-0.008	0.009	0.121	0.593	0.104

注:Inv 为总体投资水平,Inv = (构建固定资产、无形资产和其他长期资产支付的现金 - 处置固定资产、无形资产和其他长期资产收回的现金净额)/总资产;Adcash 为超额现金持有水平,用经当期经营性现金支出调整后的现金持有水平衡量;Cashdis 为子公司持现比率,计算方式为(合并报表现金 - 母公司报表现金)/合并报表现金;Salary 为高管薪酬,用经行业中位数调整后的前三位高管人员薪酬的自然对数衡量;Otac 为大股东占款比例;Exp 为管理费用率;Mino 为少数股权占比。

表 14-13 给出了我们所要考察的主要变量之间的相关系数。过度投资水平(Overinv)与子公司持现比率(Cashdis)在统计意义上呈现显著正相关的关系,初步验证了我们的理论,即子公司对现金的过度持有与企业的过度投资水平显著正相关。过度投资水平与自由现金流显著正相关,这与传统的自由现金流的代理成本假说相一致。另外,Salary、Otac、Exp、Mino 等变量与过度投资水平之间的相关系数均十分显著,表明我们在研究中控制上述因素影响的必要性。

表 14-13 主要变量相关系数

	Overinv1	Inv	Cashdis1	Adcash	Salary	Fcf	Otac	Exp	Mino
Overinv1	1.000								
Inv	0.801***	1.000							
Cashdis1	0.061***	0.069***	1.000						
Adcash	0.021*	0.073***	-0.015	1.000					
Salary	0.037***	0.095***	0.000	-0.168***	1.000				
Fcf	0.132***	-0.035***	-0.007	-0.105***	0.084***	1.000			
Otac	-0.095***	-0.241***	-0.005	0.062***	-0.238***	-0.081***	1.000		
Exp	0.037***	0.095***	0.001	-0.168***	1.000***	0.084***	-0.239***	1.000	
Mino	0.045***	0.020*	0.035***	-0.058***	0.099***	0.024**	0.055***	0.099***	1.000

注:Overinv1 以使用 Richardson(2006)模型估计得到的残差值直接衡量企业过度投资水平的高低;Cashdis1 为调整后的子公司持现比率,用子公司实际持现比率与其经营性现金需求比例的差额衡量子公司超额持现比率的高低。

我们用不同的过度投资水平衡量指标以及多元回归模型考察了现金分布对过度投资的影响。结果表明,子公司持现比率(现金持有水平)越高,集团型上市公司整体越可能过度投资,从而验证了我们的理论推论。从公司治理的角度看,公司治理好的公司组的子公司超额现金持有水平对企业整体过度投资水平的影响大大降低,亦即表明公司治理机制的改善能够显著降低子公司高现金持有水平对企业投资效率的负向影响。

专业词汇

单一披露制(Single Disclosure System)
双重披露制(Double Disclosure System)
同业竞争(Horizontal Competition)
盈余管理(Earnings Management)
利益输送(Tunneling and Propping)
盈余持续性(Earnings Persistence)
现金分布(Cash Distribution)
代理成本(Agency Cost)
过度投资(Over-investment)
寻租(Rent-seeking)

思考题

1. 合并报表净利润与母公司报表净利润差异产生的原因有哪些?分析集团企业财务状况时,是否需要区分不同原因导致的差异?为什么?

2. 同业竞争与一般意义上的关联交易有何不同?如果我们分析的公司面临同业竞争问题,那么其财务报表可能受到怎样的影响?

3. 集团企业现金过度分布于子公司而更少分布于母公司,可能带来怎样的问题?为什么?

教学案例

案例1:中船防务:合并与母公司净利润差异及其对信贷决策的影响*

中船海洋与防务装备股份有限公司的前身是广州广船国际股份有限公司。广州广船国际股份有限公司是1993年经国家体改生〔1993〕83号文批准,由广州造船厂独家发起设立的股份有限公司,并于1993年7月5日经国家体改生〔1993〕110号文批准,转为社会公开募集的股份有限公司。该公司于1993年9月22日公开发行33 727.96万股A股,并于1993年10月28日在上海证券交易所上市交易;于1993年7月21日公开发行15 739.80万股H股,并于1993年8月6日在香港联合交易所有限公司上市交易。2015年5月,公司名称由广州广船国际股份有限公司变更为中船海洋与防务装备股份有限公司(以下简称"中船防务"),英文名称由 Guangzhou Shipyard International Company Limited 变更为 CSSC Offshore & Marine Engineering (Group) Company Limited,公司实际控制人的股权结构如图1所示。

一、中船防务母公司报表及合并报表净利润情况

根据中船防务2015年季报和年报,表1列示出2015年母公司报表净利润和合并报表净利润的相应数据。从表1可见,母公司报表净利润一直处于亏损状态,年末母公司

---

* 本案例根据相关网络报道进行改编,并参考了中船海洋与防务装备股份有限公司2015年年度报告及季度报告。

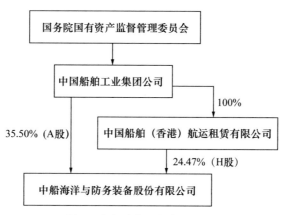

图 1　中船防务股权控制关系

报表净利润为 -18.1 亿元;合并报表净利润则在第四季度扭亏为盈,年末达到 9 832.07 万元,与母公司报表净利润金额存在较大差异。同时,从公司季报来看,各季度母公司报表净利润与合并报表净利润也存在差异。

表 1　中船防务 2015 年母公司报表净利润和合并报表净利润　　　单位:元

时间	母公司报表净利润	合并报表净利润
2015 年 1—3 月	-97 704 219.83	-203 676 106.34
2015 年 1—6 月	-587 844 529.70	-524 993 554.11
2015 年 1—9 月	-1 077 154 707.12	-947 086 292.96
2015 年 1—12 月	-1 810 384 298.20	98 320 709.38

在现行企业会计准则下,母公司报表净利润与合并报表净利润的差异来源于两方面:① 集团内部抵销事项对合并报表净利润的影响;② 由于母公司按成本法核算对子公司的长期股权投资,母公司只有在子公司发放红利时才确认投资收益,因此母公司报表净利润不再包括归属于母公司股东的、子公司当期已实现而未分配的利润;合并报表时会将母公司对子公司的长期股权投资调整为权益法基础,因此合并报表净利润包含归属于母公司股东的、子公司当期已实现而未分配的利润。尽管中船防务 2015 年年报中并未披露母公司报表净利润与合并报表净利润差异的具体来源,但是披露了合并范围内 25 家子公司的净利润,如表 2 所示。利用这一数据可以得到子公司归属于中船防务的净利润,并初步分析母公司报表净利润与合并报表净利润差异的来源。

表 2　中船防务 2015 年子公司净利润

序号	子公司名称	控股比例(%)	净利润(万元)
1	广船国际有限公司	100.00	169 633.00
2	中船黄埔文冲船舶有限公司	100.00	52 223.00
3	广船国际扬州有限公司	100.00	15.00
4	中山广船国际船舶及海洋工程有限公司	100.00	-5 408.00
5	广东广船国际电梯有限公司	100.00	230.00
6	广州市广利船舶人力资源服务有限公司	100.00	23.00

(续表)

序号	子公司名称	控股比例(%)	净利润(万元)
7	广州红帆电脑科技有限公司	51.00	503.00
8	广州兴顺船舶服务有限公司	100.00	-379.00
9	广州万达船舶工程有限公司	100.00	381.00
10	广州广船大型机械设备有限公司	100.00	106.00
11	广州永联钢结构有限公司	100.00	1 036.00
12	荣广发展有限公司	100.00	631.00
13	泛广发展有限公司	80.00	1 021.00
14	泛广(澳门)发展一人有限公司	80.00	112.00
15	广州广船国际海洋工程有限公司	100.00	50.00
16	广州市红帆酒店有限公司	100.00	9.00
17	广州文冲船厂有限责任公司	100.00	-22 996.00
18	广州黄船海洋工程有限公司	100.00	46.00
19	广州新航人力资源服务有限公司	75.00	15.00
20	广州星际海洋工程设计有限公司	75.00	0.37
21	广州龙穴置业有限公司	66.67	0.27
22	湛江南海舰船高新技术服务有限公司	80.50	22.00
23	广州文船重工有限公司	100.00	48.00
24	广州中船文冲兵神设备有限公司	60.00	-37.00
25	广州龙穴管业有限公司	42.86	167.00

二、中船防务对外借款情况

企业集团对外借款方式大致分为两种：① 母公司与子公司各自对外借款；② 子公司不对外借款，母公司通过"统借统还"的方式向子公司划拨款项。财税〔2000〕7号文规定的统借统还模式为：企业集团自金融机构取得借款，然后按支付给金融机构的借款利率水平借给集团其他企业，集团其他企业收取利息后统一归还给金融机构。国税发〔2002〕13号文规定的统借统还模式为：企业集团从金融机构取得借款，然后由集团所属财务公司与集团下属企业签订统借统还贷款合同并分拨借款，按支付给金融机构的借款利率向集团下属企业收取用于归还金融机构借款的利息，再转付企业集团，由企业集团统一归还金融机构。

我们无法取得中船防务的银行借款详细数据，但是根据年报中短期借款与长期借款数据可以初步了解其借款信息。表3列示了2015年年末母公司报表及合并报表中短期借款与长期借款的相关数据。其中，合并报表短期借款和长期借款均高于母公司报表相应数额，说明母公司和子公司均存在对外借款情况。并且，母公司短期借款与长期借款都是通过信用方式获取，不存在质押和担保借款；而合并报表中短期借款存在质押借款，长期借款存在担保借款，说明子公司对外借款时除通过信用方式获取外，部分借款还需依赖质押或担保。

表3　中船防务2015年年末短期借款与长期借款情况　　　　　　　　单位:元

借款类别	短期借款		长期借款	
	母公司	合并报表	母公司	合并报表
质押借款	—	3 740 518 000.00	—	—
信用借款	1 117 000 000.00	3 006 153 403.20	3 269 500 000.00	6 179 000 000.00
担保借款	—	—	—	2 289 067 600.00
减:一年内到期的部分			549 000 000.00	1 777 500 000.00
合计	1 117 000 000.00	6 746 671 403.20	2 720 500 000.00	6 690 567 600.00

注:年末,合并报表短期借款3 740 518 000.00元以集团的人民币定期存单376 099 510.00元及美元定期存单499 000 000.00元作质押;合并报表长期借款500 000 000.00元由母公司提供担保;长期借款500 000 000.00元由广州文冲船厂有限责任公司担保;长期借款中1 104 000 000.00元人民币借款及28 500 000.00元美元借款由中船黄埔文冲船舶有限公司担保。

就长期借款而言,中船防务对子公司担保或互保是子公司取得借款的重要途径。2015年7月29日,经中船防务第八届董事会第二十二次会议决议同意2015年度在56.35亿元的额度范围内对子公司提供担保或互保。其中,将为全资子公司广船国际有限公司提供不超过25亿元的担保;为控股子公司泛广发展有限公司提供不超过3.67亿元的担保;为全资子公司广州永联钢结构有限公司提供不超过1.84亿元的担保;公司全资子公司中船黄埔文冲船舶有限公司、广州文冲船厂有限责任公司之间及广州文冲船厂有限责任公司为其参股合营公司(白银三峰文船环保发电有限公司)提供不超过25.84亿元的担保。2015年集团范围内的担保情况如表4所示。

表4　集团范围内的担保情况

担保方名称	被担保方名称	担保方式	担保金额(元)	担保起始日	担保到期日	担保是否已经履行完毕
中船海洋与防务装备股份有限公司	广船国际有限公司	一般保证	500 000 000.00	2015/11/20	2019/07/15	否
中船黄埔文冲船舶有限公司	广州文冲船厂有限责任公司	一般保证	500 000 000.00	2012/07/18	2019/07/15	否
中船黄埔文冲船舶有限公司	广州文冲船厂有限责任公司	一般保证	7 400 000.00	2014/07/03	2016/10/26	否
中船黄埔文冲船舶有限公司	广州文冲船厂有限责任公司	一般保证	7 400 000.00	2014/07/03	2016/12/25	否
中船黄埔文冲船舶有限公司	广州文冲船厂有限责任公司	一般保证	436 000 000.00	2014/12/17	2017/05/31	否
中船黄埔文冲船舶有限公司	广州文冲船厂有限责任公司	一般保证	28 500 000.00	2015/04/13	2017/04/13	否
中船黄埔文冲船舶有限公司	广州文冲船厂有限责任公司	一般保证	446 120 000.00	2015/07/06	2016/07/15	否

(续表)

担保方名称	被担保方名称	担保方式	担保金额（元）	担保起始日	担保到期日	担保是否已经履行完毕
中船黄埔文冲船舶有限公司	广州文冲船厂有限责任公司	一般保证	168 000 000.00	2015/12/24	2017/06/30	否
广州文冲船厂有限责任公司	中船黄埔文冲船舶有限公司	互相担保	500 000 000.00	2012/07/18	2019/07/15	否

除了向母公司寻求担保以获取外部借款,子公司也可以通过母公司统借统还方式获取外部借款。2015 年中船防务年报在"母公司财务报表主要项目注释"中注明"长期应收款——对子公司统借统还借款"期末余额为 66.75 亿元。对比统借统还余额和短期/长期借款金额可知,统借统还方式也是子公司获取外部借款的重要途径。

讨论题：

1. 计算 2015 年各季度母公司报表净利润和合并报表净利润差异,并初步分析差异来源。

2. 银行该如何理解母公司报表净利润和合并报表净利润差异？考虑到这一差异,银行会倾向于将贷款集中提供给母公司还是分别提供给母、子公司？您认为中船防务现有的贷款方式是否合理？

3. 若集团母公司不允许子公司自行对外借贷,银行该如何与中船防务（母公司）订立债务契约？（参考资料：中国人民银行令 1996 年第 2 号《贷款通则》）

4. 当合并报表净利润与母公司报表净利润差异较大时,银行等债权人为了分析和判断企业的偿债能力,应该更关注合并报表净利润还是母公司报表净利润？

附表 1　母公司与子公司关联交易——购买商品和接受劳务　　　　　　　单位:元

关联方	关联交易内容	本年发生额	上年发生额
广东广船大型机械设备有限公司	购买商品及接受劳务	52 111 484.82	31 393 126.77
广东广船国际电梯有限公司	购买商品及接受劳务	2 270 038.44	2 402 364.78
广州市广利船舶人力资源服务有限公司	接受劳务	304 760 191.87	296 597 172.10
广州广船国际海洋工程有限公司	接受劳务及技术服务		26 166 468.54
广州红帆电脑科技有限公司	购买商品及接受劳务	10 096 993.56	4 192 314.86
广州龙穴管业有限公司	购买商品及接受劳务	6 725 694.98	6 235 090.26
广州中船龙穴造船有限公司	购买商品及接受劳务	3 561 359 131.90	1 657 264 306.00
广州万达船舶工程有限公司	购买商品及接受劳务	65 066 217.55	43 585 043.86
广州兴顺船舶服务有限公司	购买商品及接受劳务	112 017 321.39	148 101 303.46
广州永联钢结构有限公司	购买商品及接受劳务	7 909 557.93	10 602 711.36
中山广船国际船舶海及海洋工程有限公司	购买商品及接受劳务	311 356 887.58	125 061 342.10
荣广发展有限公司	购买商品	230 257 582.22	129 190 972.83
广州文船重工有限公司	购买商品及接受劳务	2 452 751.18	
中船黄埔文冲船舶有限公司	劳务技术服务		161 745.28
合计		4 666 383 853.42	2 480 953 962.20

注：从子公司采购商品或接受劳务的定价原则:有市场价的,按市场价定价;无市场价的,按成本加成 8%—10% 定价或内部考核结算价定价。

附表2　母公司与子公司关联交易——销售商品及劳务

单位:元

关联方	关联交易内容	本年发生额	上年发生额
广东广船大型机械设备有限公司	销售商品及租赁资产	1 539 994.20	1 573 951.71
广东广船国际电梯有限公司	销售商品	2 457 167.10	824 383.77
广州市广利船舶人力资源服务有限公司	销售商品	188 051.01	206 520.52
广州广船国际海洋工程有限公司	销售商品及租赁资产	16 985 466.71	162 086 320.29
广州红帆电脑科技有限公司	销售商品	4 005.82	10 735.65
广州龙穴管业有限公司	销售商品	2 518 868.35	1 731 601.77
广州中船龙穴造船有限公司	销售商品及租赁资产	49 670 267.64	17 932 459.89
广州万达船舶工程有限公司	销售商品	71 865.55	41 867.33
广州兴顺船舶服务有限公司	销售商品	3 025 998.77	17 093 401.53
广州永联钢结构有限公司	销售商品及租赁资产	8 899 863.52	9 176 217.82
中山广船国际船舶海及海洋工程有限公司	销售商品及租赁资产	130 909 426.51	3 489 212.69
中船黄埔文冲船舶有限公司	销售商品及提供劳务	144 403.96	26 736 450.84
广州黄船海洋工程有限公司	销售商品及提供劳务	296 196.23	36 649 096.49
广州文冲船厂有限责任公司	销售商品及提供劳务	3 207 379.42	8 709 111.56
广州文船重工有限公司	销售商品及提供劳务	85 940.83	358 974.36
合计		220 004 895.62	286 620 306.22

注:向子公司销售商品的定价原则:按成本加成8%定价。

案例2:大唐集团——来自审计署的审计公告*

一、公司简介

中国大唐集团公司(以下简称"大唐集团")是2002年12月29日在原国家电力公司部分企事业单位基础上组建而成的特大型发电企业集团,是中央直接管理的国有独资公司,是国务院批准的国家授权投资的机构和国家控股公司试点。

大唐集团主要经营范围为:经营集团公司及有关企业中由国家投资形成并由集团公司拥有的全部国有资产;从事电力能源的开发、投资、建设、经营和管理;组织电力(热力)生产和销售;电力设备制造、设备检修与调试;电力技术开发、咨询;电力工程、电力环保工程承包与咨询;新能源开发;与电力有关的煤炭资源开发生产;自营和代理各类商品及技术的进出口;承包境外工程和境内国际招标工程;上述境外工程所需的设备、材料出口;对外派遣实施上述境外工程所需的劳务人员。

二、来自审计署的审计公告

2014年6月20日,审计署发布了11家国有企业2012年度财务收支审计结果公告,

---

* 本案例根据审计署《2014年第16号公告:中国大唐集团公司2012年度财务收支审计结果》和大唐集团《关于2012年度财务收支审计结果整改情况的公告(2014年6月20日)》改编。

其中在《2014年第16号公告：中国大唐集团公司2012年度财务收支审计结果》中，大唐集团被公开点名，其违规资金高达近千亿元。公告主要内容如下：

（一）基本情况及审计评价意见

大唐集团成立于2002年12月，注册资本180亿元，拥有二级全资和控股子公司、分公司29家，主要从事电力能源的开发、投资、建设、经营和管理，组织电力(热力)生产和销售及新能源开发等。

据大唐集团合并财务报表反映，其2012年年底资产总额6 559.36亿元，负债总额5 729.28亿元，所有者权益总额830.08亿元；当年实现营业收入1 917.98亿元，净利润37.02亿元，资产负债率87.35%，净资产收益率4.83%。

天职国际会计师事务所审计了该集团2012年度合并财务报表，并出具了标准无保留意见的审计报告。

审计署审计结果表明，大唐集团能够认真贯彻执行国家宏观经济政策和决策部署，积极推进节能减排，加强内部管理，2012年度财务报表总体上比较真实地反映了企业财务状况和经营成果。审计也发现，大唐集团会计核算、经营决策、内部管理等方面还存在一些不规范的问题。

（二）审计发现的主要问题

1. 会计核算和财务管理存在的问题

（1）2012年，大唐集团所属中国大唐集团科技工程有限公司等5家单位存在将应计入递延收益的财政补贴资金一次性计入营业外收入、未及时对已投产的固定资产计提折旧等问题，合计多计收入0.75亿元，少计成本费用1.15亿元，导致多计利润1.9亿元。

（2）2012年，大唐集团合并财务报表编制不规范，多计收入25.98亿元，多计成本26.04亿元，导致少计利润0.06亿元。

（3）2011—2012年，所属大唐湘潭发电有限责任公司等3家单位存在工程建设剩余物资未及时入账，合并财务报表编制不规范等问题，多计资产0.34亿元，多计负债0.48亿元。

（4）2011—2012年，所属大唐同舟科技有限公司和大唐国际燃料公司通过虚列派遣劳务人员费用套取211.40万元现金设立"小金库"，全部用于向领导班子成员及中层管理人员发放奖金。

（5）2012年，大唐集团及所属中国大唐集团科技工程有限公司在工资总额之外，为职工发放通信费和交通费补贴788.62万元。

2. 执行国家经济政策和企业重大经济决策中存在的问题

（1）2011年6月至2012年7月，所属四川川汇水电投资有限责任公司违规向高耗能企业低价供电，使其获得电费优惠3 016.18万元。

（2）至2012年年底，大唐集团7个煤化工等非主业投资项目未上报国资委审核批准，累计完成投资304.04亿元。

（3）2011年12月以来，所属大唐国际发电股份有限公司(以下简称"大唐国际")违规扩大非主业商业性房地产投资项目，至2013年7月未有实质进展。

（4）2010年,所属大唐国际计划总投资14.23亿元的河北丰宁万胜永风电场在发展改革委核准前即开工建设,2011年7月才获准。

（5）2012年,所属大唐国际先以信托方式为民营企业购买煤矿提供资金20亿元,2013年又与民营企业合作发行40亿元矿产投资基金拟高价回购其所购煤矿。对此事项,大唐国际未按规定向大唐集团报告。

（6）2010年,所属大唐国际在收购内蒙古宝利煤炭有限公司的过程中,未认真审核中介机构提供的评估报告等资料,多支付1.3亿元。

（7）2012年,所属大唐国际擅自改变52.5亿元债权投资资金用途,存在资金被提前收回及承担违约金等风险。

（8）2012—2013年,所属大唐国际燃料公司通过签发无真实贸易背景的银行承兑汇票套取信贷资金7.85亿元。

（9）至2012年年底,所属大唐吉林发电有限责任公司长山热电厂1号机组建成后才获核准,且由于未配套建设发电送出工程造成资产闲置,增加财务费用约4.79亿元。

（10）2012年,所属顺兴煤矿实际生产煤炭165.24万吨,超主管部门核准产能105.24万吨。

3. 内部管理存在的问题

（1）至2012年年底,所属四川分公司未报经大唐集团同意,超出合同约定,增加收购12个小水电项目投资3.86亿元;收购的15个水电项目实际投资额超设计概算9.99亿元,已投产的14个项目中仅3个实现盈利。

（2）至2012年年底,所属大唐国际的铝硅钛示范项目一期工程、大唐煤业公司的刘园子煤矿和大唐四川分公司的干溪坡水电站3个项目,已完成投资额合计超概算9亿元,未按规定报发展改革部门备案或核准。

（3）至2012年年底,所属大唐国际投资的多伦煤化工项目实际投资额超概算61.79亿元,未按规定报发展改革部门备案和大唐集团审批,项目延期投产后未达预期指标;该项目火炬因设计缺陷不能满足生产要求且存在安全隐患,重新设计建造增加投资1 899.86万元;该项目所占3 962.7亩土地未取得建设用地审批手续,其中耕地1 736.4亩。该项目2012年有81份合同未按规定进行公开招标,涉及合同金额4.32亿元。

（4）至2013年7月,所属大唐国际为多伦煤化工项目采购的2 735.22万元催化剂一直未用,已超过保质期两年;内蒙古大唐国际锡林郭勒盟煤化工项目筹备处为该项目采购的1.7亿元催化剂闲置3年多,增加资金成本2 903.03万元。

（5）2012年1月至2013年6月,所属大唐国际违规让职工持股、企业参股同业优质发电资产,使其获利1.6亿元。

（6）2012年,所属中国大唐集团财务有限公司和大唐国际燃料公司5辆公务用车超出大唐集团规定标准。

（7）大唐集团在信息化建设和运行方面缺乏统一规划及管控机制,信息系统建设分散,部分建成后即闲置。其中,中国水利电力物资有限公司5个信息系统由于建成后不能有效发挥作用,使用不满3年即关停。

（8）大唐集团纳入合并范围的子公司有641户,管理层级达六级;所属各发电公司、上市公司和专业公司之间区域划分、功能定位和专业分工不够清晰合理,部分业务交叉重复。

三、来自大唐集团的整改公告

大唐集团当日快速作出回应,并发布《关于2012年度财务收支审计结果整改情况的公告(2014年6月20日)》。主要内容如下:

2013年审计署派出审计组对大唐集团2012年度财务收支情况进行了审计,并对审计范围内涉及的重大事项进行了必要的延伸和追溯。大唐集团已正式收到审计署送达的《审计报告》和下达的《审计决定》。

《审计报告》充分肯定了大唐集团3年来在加快结构调整、推进转型升级以提高集团发展质量,完善规章制度、推进管理提升以夯实发展基础,开源节流、降本增效以降低资产负债率等方面取得的主要成果。审计表明,大唐集团财务报表基本真实地反映了企业的财务状况、经营成果和现金流量,3年来主要经济指标有一定增长,经济效益有一定提高。但《审计报告》也站在国家治理和推动央企科学发展的高度,指出了大唐集团在经营管理中存在的一些问题,并提出了许多准确、中肯、宝贵的意见及建议。通过审计,大唐集团进一步增强了集团上下认真贯彻落实党和国家方针政策,依法治企、合规经营的意识,在加强管控、提高经营管理水平和质量方面取得了长足的进步。

大唐集团高度重视此次审计及审计整改工作,领导班子多次召开会议研究整改事项,明确要求集团各单位认真彻底整改、规范管理。按照"边审边改、立审立改"的原则,在审计过程中,针对具体问题及时整改,专门召开集团所有单位参加的审计整改工作会议,对各单位审计整改工作进行全面部署,制定了详细的整改措施和处理意见,明确了整改责任及整改时限,要求在全面彻底整改的基础上,进一步剖析原因、举一反三,健全管控体系和制度标准,规范管理流程,构建依法规范运作的长效机制。经过集团各有关单位和部门的积极努力,大唐集团已基本完成审计整改任务,整改情况已按要求报告审计署并得到审计署的充分肯定。现将整改结果公告如下:

（一）会计核算和财务管理存在的问题

1. 关于多计利润的问题。相关单位已按规定调整相关会计账目。

2. 关于合并财务报表编制不规范的问题。大唐集团已在2013年对合并财务报表期初数进行了调整。

3. 关于部分所属单位多计资产及负债的问题。相关单位已按规定调整相关会计账目。

4. 关于虚列劳务费的问题。相关人员已将资金原渠道退还,大唐集团对有关责任人员进行了党纪政纪处分和经济处罚。

5. 关于所属公司在工资总额外发放补贴的问题。相关单位已停止发放补贴,大唐集团将严格执行工资总额管理的相关规定并规范费用支出行为。

(二)执行国家经济政策和企业重大经济决策中存在的问题

1. 关于川汇水电公司向高耗能企业低价供电的问题。川汇水电公司在送出主网恢复后,已终止低价供电。

2. 关于煤化工等7个非主业投资项目未报国资委审核批准的问题。对2008—2010年列入投资计划的煤化工、煤干燥等7个非主业投资项目中处于前期阶段的项目尽快报国资委审批,已开工或投产的项目拟采取资产重组、停止推进等方式进行处置。

3. 关于大唐国际违规扩大非主业商业性房地产投资项目,至2013年7月未有实质性进展的问题。该项目为远景规划,尚未签署正式协议,也未支付前期费用;大唐国际已全部退出房地产开发业务。

4. 关于大唐国际河北丰宁万胜永风电场核准前即开工的问题。万胜永风电项目核准文件已取得,大唐集团将不断加大相关制度文件的执行力度,坚决杜绝类似问题再次出现。

5. 关于大唐国际设立信托基金购买煤矿的问题。大唐国际已于2013年4月提前终止了20亿元信托计划,并收回全部资金及相应收益,并于2013年9月底提前终止了40亿元矿产投资基金及其回购承诺。大唐集团责成大唐国际对此问题作出深刻检查,在集团全系统内予以通报批评。

6. 关于大唐国际在收购宝利公司过程中未认真审核中介机构提供的评估报告等资料多支付资金的问题。多付资金已由原股东以煤炭抵偿。大唐集团给予有关责任人党纪政纪处分和经济处罚。

7. 关于大唐国际擅自改变债权投资资金用途,资金存在被提前收回及承担违约金等风险的问题。有关资金用途的安排已向债权人报告,取得债权人理解,不会对大唐国际造成实质性的资金风险或损失。

8. 关于大唐国际燃料公司签发无真实贸易背景的银行承兑汇票套取信贷资金的问题。大唐国际已对相关责任人进行了组织处理,并安排专人进行清理,防控资金风险。

9. 关于大唐吉林发电公司长山热电厂1号机组建成后才获核准且由于未配套建设发电送出工程造成资产闲置,增加财务费用的问题。长山热电厂1号机组已取得国家核批,机组已并网发电。

10. 关于顺兴煤矿超核准产能生产的问题。已经严格按照核准产能组织生产,确保安全。

(三)内部管理存在的问题

1. 关于所属四川分公司未报经大唐集团同意,超出合同约定增加收购水电站项目投资;收购的15个水电项目实际投资额超设计概算,已投产的14个项目仅3个实现盈利的问题。责成四川分公司严格执行大唐集团相关制度,规范决策和审批程序;目前,14个项目已完成概算调整并取得审批机关的批复,1个项目正在开展概算调整工作,大唐集团将通过优化运行、加强管理,不断降低成本,尽快实现盈利。

2. 关于部分所属公司3个项目投资额超概算,未按规定报发展改革部门备案或核准的问题。已补办相关手续。目前,1个项目的概算调整已完成,另外2个项目的概算调整正在审批过程中。

3. 关于多伦煤化工项目投资额超概算,未按规定报发展改革部门备案和大唐集团审批,延期投产后未达到预期指标;该项目火炬因设计缺陷不能满足生产要求且存在安全隐患,重新设计建造增加投资;该项目所占3 962.7亩土地未取得建设用地审批手续;该项目2012年有81份合同未按规定进行公开招标的问题。多伦公司正在完善工艺系统,概算调整正在补办相关手续;已联系原制造厂家和其他用户,设法将换下的设备进行利用或回收,减少经济损失;正在向地方政府土地管理部门履行用地审批手续;大唐集团已责成大唐国际严格执行招投标法,完善相关制度,加强执行监督。

4. 关于多伦项目采购的2 735.22万元催化剂已超过保质期;采购的1.7亿元催化剂闲置3年多,增加资金成本的问题。多伦公司已联系催化剂生产厂商,确认了催化剂存货的有效性,且部分已被使用,大唐国际已下发相关制度规范催化剂管理,提高资金使用效率。

5. 关于大唐国际违规让职工持股、企业参股同业优质发电资产使其获利的问题。大唐国际参与股权投资的职工已全部退出投资持股,大唐集团已责成大唐国际党组作出深刻检查,并在集团全系统内进行通报批评。

6. 关于所属2家公司5辆公务用车超出大唐集团规定标准的问题。相关单位已将该5辆公务用车上交大唐集团,大唐集团将按照相关规定和要求整改。

7. 关于大唐集团信息系统建设和运行的问题。大唐集团积极采取措施加强信息系统建设和运行管理,制定了信息化总体规划和实施行动方案,加强了信息化顶层设计;正按照规划进行信息系统的建设;加强了信息化管控体系建设,规范信息化项目管理。

8. 关于大唐集团管理层级达六级,二级单位区域划分、功能定位和专业分工不够清晰合理,部分业务交叉重复的问题。大唐集团已积极采取措施,进一步规范和加强组织机构管理,进一步优化产业和区域布局,尽量压缩管理层级。

大唐集团将深入贯彻落实党的十八大和十八届三中全会精神,以此次审计整改为契机,进一步提高经营决策风险意识,不断加强内部控制体系建设,推动管理水平和管控能力提升,自觉接受社会监督,确保大唐集团依法合规运作,更好地履行中央企业的经济责任和社会责任。

讨论题:
1. 请评价大唐集团的组织结构。
2. 您如何看待大唐集团子公司投资失控的现象?
3. 试讨论集团企业控制子公司的有效途径。

第 15 章　财务报告分析：其他专题

15.1 现金流量分析

现金流量分析主要是通过分析经营现金流量对于负债偿还和股利支付的保障能力，来说明企业财务的流动性和安全性。现金流量分析的常用财务比率如下：

1. 流动负债现金流保障倍数

$$流动负债现金流保障倍数 = 经营现金净流量/流动负债$$

该比率反映用经营现金净流量偿还本期到期债务(一年内到期的长期负债及流动负债)的能力。比率越高，说明企业财务的流动性越强。由于该比率的分子仅仅是经营现金净流量，不包括融资与投资活动产生的现金流量，故该比率事实上旨在说明企业通过业务经营产生的净现金流量对于本期到期债务偿还的保障程度。

2. 总债务现金流保障倍数

$$总债务现金流保障倍数 = 经营现金净流量/债务总额$$

该比率反映用经营现金净流量偿还所有债务的能力。比率越高，说明企业的偿债能力越强。该比率的分母为债务总额，在乐观分析的情况下，可以只包括短期借款、长期借款、应付债券以及各类预收及应付款项等债务；但在悲观分析的情况下，还可以包括诸如递延所得税负债等所有负债项目。

3. 每股经营现金净流量

$$每股经营现金净流量 = (经营现金净流量 - 优先股股利)/流通在外的普通股股数$$

该比率反映企业经营活动为每股普通股创造的净现金流量。通常，每股经营现金净流量会大于每股收益，其基本原因是固定资产折旧会减少利润但不会减少经营现金流。重资产企业尤其如此。

上式中，分母"流通在外的普通股股数"，与每股收益计算中的口径相同。该比率是衡量企业股利支付能力的一个重要指标。

4. 股利现金流保障倍数

$$股利现金流保障倍数 = 经营现金净流量/现金股利$$

该比率反映企业用年度经营活动产生的现金净流量支付现金股利的能力。比率越高，表明企业支付现金股利的能力越强。

5. 销售创现率

$$销售创现率 = 经营现金流入量/营业收入$$

该比率反映企业年度经营活动实现的营业收入是否能够为企业带来相应的现金流入量。如果该比率等于1，说明企业期末应收账款较期初没有增加，但也没有减少；如果该比率大于1，说明企业期末应收账款较期初减少了；如果该比率小于1，说明企业期末应收账款较期初增加了。实践中，该比率小于1的情况比较多见，其原因是，只要应收账款随营业收入同比例增长，就意味着应收账款期末数会大于期初数。何况还有不少企业应收账款较营业收入增长得更快。

6. 净利润现金含量

净利润现金含量 = 经营现金净流量/净利润

该比率反映企业年度经营现金净流量与年度净利润之间的比例关系。由于折旧和摊销会减少利润,但不影响经营现金流,因此,在通常情况下,经营现金净流量会大于净利润。也就是说,净利润现金含量大于1是常见情形。重资产企业尤其如此。如果该比率小于1,往往是由于应收款项和存货的过度增长,导致企业形成账面利润却不能带来相应的现金流入。

7. 本息保障倍数

本息保障倍数 = 经营现金净流量/(当期应付利息 + 当期应付本金)

该比率反映企业年度经营现金净流量与年度应偿付债务本息之间的比例关系。如果该比率小于1,则说明经营现金净流量不能满足本期还本付息之需,因而有必要通过外部融资加以弥补;如果外部融资受阻,企业经营周转和投资发展就可能面临资金困难。

15.2 财务分析与财务危机预测

15.2.1 单变量模型

该模型由威廉·比弗(William Beaver)于1968年提出。其基本特点是,用一个财务比率(变量)预测财务危机。

威廉·比弗定义的财务危机包括破产、拖欠偿还债券、透支银行账户或无力支付优先股股利。威廉·比弗从《MOOD行业手册》中抽取了79家失败企业和79家成功企业进行比较研究。在进行配对研究时,为每一家失败企业找一家具有相同资产规模的成功企业。

研究发现,下列财务比率有助于预测财务危机。按预测能力由强到弱依次为:① 现金流量/债务总额;② 净利润/资产总额;③ 债务总额/资产总额。这三个财务比率均为反映企业长期财务状况而非短期财务状况的指标。威廉·比弗所作的解释是:由于企业失败对于所有利害关系人来讲都代价高昂,因此决定一家企业是否"宣告"失败的因素主要是长期因素,而不是短期因素。此外,威廉·比弗还强调,关注这些财务比率水平值的同时,更要关注其变化趋势。

威廉·比弗的研究还指出,失败企业在三个主要流动资产项目分布上具有下列特点:① 失败企业有较少的现金,但有较多的应收账款;② 失败企业的存货一般较少;③ 当把现金和应收账款加在一起列入速动资产和流动资产中时,失败企业与成功企业之间的差异就被掩盖了。

15.2.2 多变量模型——Z 分值模型

该模型由爱德华·奥尔特曼(Edward Altman)于 1968 年提出,故简称奥尔特曼模型。其研究方法是:

(1) 最初的研究样本取自 1946—1965 年间依破产法申请破产的制造业企业,样本总数为 33 家,资产规模从 100 万美元到 2 500 万美元不等。

(2) 为这 33 家倒闭企业分别找了 1 家产业及资产规模类似的未倒闭企业。

(3) 初选了 22 个财务比率(选择依据是该指标在文献上的流行程度和对该项研究的潜在相关性),并将这 22 个比率分为五类:流动性、盈利性、杠杆、偿债能力、营运能力,然后从每一类中选择一个代表性比率加入模型。这五个比率是:$X_1 =$ 营运资金/总资产;$X_2 =$ 留存收益/总资产;$X_3 =$ 息税前利润/总资产;$X_4 =$ 权益市价/债务总额账面价值;$X_5 =$ 销售额/总资产。

上述五个财务比率分别从不同侧面反映了企业的财务状况。X_1(营运资金/总资产)反映企业资产的流动性状况,该比率越大,说明企业资产的流动性越好;X_2(留存收益/总资产)反映企业累积的留存收益程度,该比率越大,说明企业历史上实现的利润及其留存越多;X_3(息税前利润/总资产)反映企业本期的盈利水平,该比率越大,说明企业当前盈利能力越强;X_4(权益市价/债务总额账面价值)反映企业投资者对企业未来成长的信心,该比率越大,说明投资者对企业的估值越高,也就说明投资者对企业未来成长越有信心;X_5(销售额/总资产)反映企业本期的资产周转效率,该比率越大,说明企业当前资产周转效率越高。

在奥尔特曼(Altman,1968)的研究报告中,在倒闭前一年,倒闭企业及配对未倒闭企业的财务比率均值如表 15-1 所示。

表 15-1 财务比率均值

比率	倒闭企业	未倒闭企业
X_1	-0.610	0.414
X_2	-0.626	0.355
X_3	-0.318	0.153
X_4	0.401	2.477
X_5	1.500	1.900

奥尔特曼运用判别分析法,得到的财务危机预测模型如下:

$$Z = 0.012X_1 + 0.014X_2 + 0.033X_3 + 0.006X_4 + 0.010X_5$$

在 Z 分值计算中,所有比率均以绝对百分率表示,如销售额/总资产为 200%,则取值即为 200。Z 分值越低,企业遭遇财务危机的可能性越大。具体判断标准如表 15-2 所示。

表 15-2　Z 分值的判断标准

Z 分值	财务状况
Z≥3.0	出现财务危机的可能性很小(财务不失败组)
2.8≤Z≤2.9	有出现财务危机的可能
1.81≤Z≤2.7	出现财务危机的可能性比较大
Z≤1.8	出现财务危机的可能性非常大(财务危机组)

15.2.3　多变量模型——F 分值模型

由于 Z 分值模型中使用的五个指标并不包含现金流量类财务指标,因而具有一定的局限性。F 分值模型是在 Z 分值模型的基础上进行适当改造而形成的。其重要变化在于引入现金流量类财务指标。F 分值模型如下:

$$F = -0.1774 + 1.1091X_1 + 0.1074X_2 + 1.9271X_3 + 0.0302X_4 + 0.4961X_5$$

其中,X_1、X_2、X_4 与 Z 分值模型中的 X_1、X_2、X_4 相同,X_3、X_5 则有所变化。在 F 分值模型中,X_3、X_5 分别为:

$$X_3 = (税后净利润 + 折旧)/平均总负债$$

$$X_5 = (税后净利润 + 利息 + 折旧)/平均总资产$$

X_3、X_5 都是现金流量指标。X_3 用来衡量企业在一定期间内创造的经营现金流用于偿还债务的能力。X_5 用来反映企业全部资产在一定期间内创造经营现金流的能力。

F 分值的临界点为 0.0274。也就是说,如果某一企业年度的 F 分值低于 0.0274,则其被预测为会面临财务危机;反之,如果某一企业年度的 F 分值高于 0.0274,则意味着其财务是安全的。

15.3　业绩评价模式

纵观业绩评价模式的演进历史,随着企业经营环境和经营方式的变迁,企业业绩评价从财务评价模式逐步演进到价值评价模式和平衡评价模式。

15.3.1　财务评价模式

财务评价模式是指以财务指标为中心进行的业绩评价模式。在财务评价模式下,具体以什么或哪些财务指标为主进行业绩评价,也是随时代发展而不断变化的。

在 18 世纪中后期工厂制度建立之初,企业财务管理的核心是成本控制。因此,当时企业的业绩评价多以成本指标为核心。19 世纪中后期,随着市场竞争的加剧和企业生产规模的扩大,以成本指标为中心进行业绩评价越发不能满足有效控制成本的需要,标准成本制度便应运而生了。标准成本及差异分析制度的广泛应用,使企业的成本评价指标更为完善。

进入20世纪,随着企业经营的多元化、综合化和集团化,业绩评价体系也需要作相应调整。1903年,美国杜邦公司率先实行以投资报酬率为核心的企业业绩评价体系。杜邦公司的财务主管唐纳森·布朗(Donaldson Brown)提出了著名的杜邦分析模型,其核心关系式为:

$$权益报酬率 = 投资报酬率 \times 权益乘数$$
$$投资报酬率 = 资产周转率 \times 销售利润率$$

根据杜邦分析模型,权益报酬率、投资报酬率和销售利润率这三个指标共同构成评价企业及其所属各部门业绩的重要依据,这标志着现代财务评价体系的初步形成。

总的看来,权益报酬率、投资报酬率和销售利润率等业绩评价指标,主要是依据财务报表中的相关数据计算而得的,这些数据来自依照企业会计准则加工并经过审计的财务报表,具有较强的可靠性和可比性。但是,随着企业经营环境的变化,财务评价模式逐渐暴露出自身的问题和不足。首先,财务评价指标多为相对数形式的财务比率,有助于促进企业提高效率,但不利于鼓励企业追求规模扩张;其次,财务指标反映的主要是企业的短期业绩,难以反映长期业绩,因而有可能助长企业的短期行为。

15.3.2 价值评价模式——EVA

财务评价模式依赖于财务报表数据,未必能确切反映企业的价值增值。为了克服财务评价模式的这一缺陷,价值评价模式便应运而生了。1986年,艾尔弗雷德·拉帕波特(Alfred Rappaport)在《股东创造财富》一书中,提出了一种从股东价值创造角度进行企业业绩评价的方法。1991年,思腾思特(Stern Stewart)公司提出了经济增加值指标。1997年,杰弗里·伯斯多雷(Jeffrey Bacidore)等人创建了修正的经济增加值指标,从而逐步形成了价值评价模式的理论和方法体系。

1. 经济增加值

所谓经济增加值(Economic Value Added,EVA),是指企业调整后的税后净营业利润(NOPAT)减去企业现有资产经济价值的机会成本后的余额。

经济增加值的计算公式为:

$$EVA = NOPAT - K_w \times NA$$

其中,K_w表示企业加权平均的资本成本;NA表示企业资产的经济价值。

运用经济增加值衡量企业业绩的基本思路是:企业投资者可以通过股票市场,自由变现其投资于企业的资本,进而转作其他投资。因此,投资者至少应从企业获得投资的机会成本。这就形成了企业加权平均的资本成本。

事实上,经济增加值是在20世纪50年代美国杜邦公司使用的剩余收益(Residual Income,RI)概念基础上发展起来的。经济增加值与剩余收益的基本区别有两个:① 经济增加值运用资本资产定价模型(CAPM)确定资本成本,从而使其可以针对特定的被评价单位的市场风险来确定资本成本;② 经济增加值采用资产的经济价值概念,从而减少了会计方法对业绩评价的影响。从西方国家企业的使用情况来看,用经济增加值进行业绩评价,主要是为了消除盲目投资和免费使用权益资本之痼疾,从而有助于促进资源配置效率的提高。

2. 修正的经济增加值

修正的经济增加值(Refined Economic Value Added,REVA),是由杰弗里·伯斯多雷等人于1997年在《关于最佳财务业绩衡量研究》一文中提出的。其计算公式如下:

$$REVA_t = NOPAT_t - K_w \times MV_{t-1}$$

其中,$NOPAT_t$表示第t期期末企业调整后的税后净营业利润;MV_{t-1}表示第$t-1$期期末企业资产的市场价值,它等于企业所有者权益的市场价值加上经调整的企业负债价值(总负债减去非计息负债)。

3. 对经济增加值和修正的经济增加值的评价

尽管经济增加值和修正的经济增加值指标的应用还有不少争议,它们与企业价值的相关性也尚未得到强有力的实证支持,但是与传统的业绩评价模式相比,它们有着一些共同的优点:第一,它们都考虑了资本成本,从而真正地以股东财富增值来衡量企业的经营业绩;第二,它们在不同程度上将业绩评价由内部推向市场;第三,它们将利润和资产占用以机会成本的方式联系起来,以一种较易理解的方式增强了经营者对投资效益和资产充分利用的关注,并且有助于沟通具体投资项目决策和股东财富最大化之间的联系,促进经营战略和经营决策的协调。

它们的缺陷主要体现在两方面:其一,它们不能根据财务报表数据直接计算得出,而是需要加以调整计算,在数据收集和计算方面有一定困难和主观性;其二,经营利润及资产价值的调整都因企业而异,在一定程度上增加了指标计算的工作量,影响了它们在不同企业间的可比性。

15.3.3 平衡评价模式

价值评价模式较财务评价模式有了显著的改进,但它依然侧重于从财务的角度进行业绩评价。随着竞争的不断加剧,企业在关注以财务指标反映的短期业绩的同时,更需要以战略的眼光关注财务指标所不能反映的,但对于企业长远发展和股东价值创造十分重要的非财务指标。这就催生了平衡评价模式。平衡计分卡(Balanced Score Card,BSC)是平衡评价模式的核心工具。

平衡计分卡是由美国哈佛大学的罗伯特·卡普兰(Robert Kaplan)教授和戴维·诺顿(David Norton)教授率先提出的。针对传统的以财务指标为主的业绩评价系统,它强调了非财务指标的重要性。通过对财务、客户、内部经营过程、学习与成长等既各有侧重又互相影响的四个方面业绩的评价,来沟通目标、战略和企业经营活动的关系,实现短期利益与长期利益、局部利益与整体利益的均衡,如图15-1所示。

从图15-1可以看出,平衡计分卡是由一个中心和四个侧面构成的。

平衡计分卡的中心,就是企业的目标与战略。平衡计分卡所考察的四个侧面,并非孤立的四个方面内容的简单拼凑,而是围绕企业的目标与战略这一核心而展开的、具有

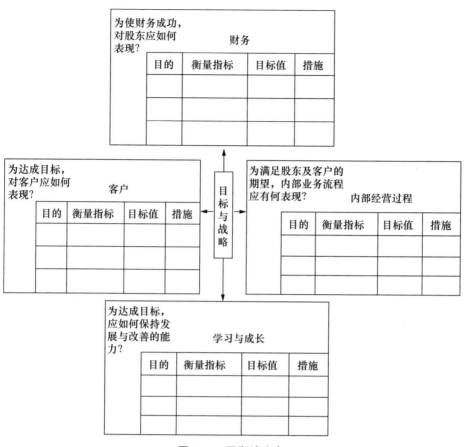

图 15-1 平衡计分卡

逻辑联系的四个侧面。因此,企业如果要采用平衡计分卡进行业绩评价,则首先必须形成明确且切实可行的目标与战略。清晰的目标与战略是建立平衡计分卡业绩评价体系的前提和基础,而目标与战略则需要通过平衡计分卡加以分解和落实。

如前所述,平衡计分卡所涉及四个方面的基本内容是:财务、客户、内部经营过程、学习与成长。这四个方面各有侧重,相互影响,共同构成了企业业绩评价的指标体系。它们沟通了企业的目标与战略,平衡了企业发展中的短期利益与长期利益、局部利益与整体利益。

1. 财务方面

财务方面的业绩评价指标,旨在衡量企业本期为出资人实现的财务成果。尽管单纯地以财务指标来评价企业经营业绩存在一定的局限性,但不可否认财务指标所反映的企业业绩是股东、债权人等企业出资人十分关心的一个方面。并且,企业财务数据易于采集,也较为齐全和可靠。这些都决定了业绩评价无论如何也离不开财务指标。

平衡计分卡中使用的财务方面的业绩评价指标,通常包括权益报酬率、投资报酬率、经营现金流量和经济增加值等。

2. 客户方面

客户方面的业绩评价指标,主要反映企业为客户创造的价值。随着企业之间竞争的日趋激烈,企业经营战略的价值取向逐步转向以客户需求为导向。提供高质量的产品和服务,树立良好的品牌形象,是企业实现长远战略目标的一个必备条件。

平衡计分卡中使用的客户方面的业绩评价指标,通常包括客户满意程度、客户保持程度、获取新客户的能力及市场份额等。

3. 内部经营过程方面

内部经营过程方面的业绩评价指标,主要反映企业为了向客户提供高质量的产品和服务而进行的业务流程的建立与完善。

平衡计分卡中使用的内部经营过程方面的业绩评价指标,通常包括新产品推出能力、新产品设计能力、订单完成率、成本报酬率、生产能力利用率、设备完好率、产品合格率、售后服务的反应时间及处理时间等。

4. 学习与成长方面

学习与成长方面的业绩评价指标,主要反映企业为确保创造长期的成长及价值增值而进行的学习和创新。在激烈的市场竞争中,企业必须不断地增强其学习和创新能力。学习和创新体现着公司与员工素质的提高,是企业的核心竞争力之一。

平衡计分卡中使用的学习与成长方面的业绩评价指标,通常包括员工满意程度、员工流动率、员工培训次数、新产品研发周期和员工有效建议年平均数量等。

与传统业绩评价方法相比,以平衡计分卡为代表的平衡评价模式的特点和进步之处主要体现在以下方面:第一,它将目标与战略具体化,加强了内部沟通;第二,以客户为尊,重视竞争优势的获取和保持;第三,重视非财务业绩计量,促进了结果考核和过程控制的结合;第四,利用多方面考核所具有的综合性,促进了短期利益和长期利益的平衡。

当然,以平衡计分卡为代表的平衡评价模式也并非完美无缺。其主要不足之处在于:第一,业绩指标覆盖面广,计算过程复杂,制约了企业业绩评价工作效率的提高;第二,忽略了政府、供应商等利益相关者的诉求;第三,这种模式更适用于企业内部不同时期经营状况的比较,不利于不同企业同期经营状况的横向比较;第四,很难理清其所考察的四个侧面相互之间的逻辑关系,从而导致综合评价结果是否代表企业总体业绩状况具有一定的不确定性。

专业词汇

财务危机(Financial Crisis)
单变量模型(Single-variable Model)
多变量模型(Mult-variable Model)
杜邦分析/杜邦模型(DuPont System)
经济增加值(Economic Value Added)
股权资本成本(Cost of Stock)
债务资本成本(Cost of Debt)
资本资产定价模型(Capital Asset Pricing Model)
平衡计分卡(Balanced Score Card)

思考题

1. 现金流量分析为什么主要关注经营现金流量而不是全部现金流量?
2. 财务比率用于预测财务危机具有哪些局限性?为什么?
3. 财务指标用于业绩评价的局限性是什么?经济增加值和平衡计分卡为什么能够

弥补财务指标评价的不足？它们各自的局限性又有哪些？

教学案例

海尔 EVA 分析[①]

一、基本背景

海尔集团于20世纪90年代在上海证券交易所以青岛海尔股份有限公司的名义挂牌上市，证券简称"青岛海尔"。2019年6月5日，青岛海尔股份有限公司更名为"海尔智家股份有限公司"，证券简称"海尔智家"。海尔秉承锐意进取的海尔文化，不拘泥于现有的家电行业的产品与服务形式，在工作中不断求新求变，积极拓展业务新领域，开辟现代生活解决方案的新思路、新技术、新产品、新服务，引领现代生活方式的新潮流，以创新独到的方式全面优化生活和环境质量。海尔已成功构建物联网时代的生态系统，成为BrandZ全球百强品牌中第一个且唯一一个物联网生态品牌；成功孵化上市公司4家、独角兽企业2家、准独角兽及瞪羚企业12家，在全球设立10个研发中心、25个工业园、122个制造中心，拥有多个智能家电品牌、服务品牌和海尔兄弟等文化创意品牌。

家电行业作为中国企业的标杆行业，很有代表性。海尔作为家电行业的领导者，在1999—2018年的19年间，其经营业绩几经沉浮，此时对经营业绩的评价显得尤为重要。传统的业绩评价指标，如净利润等，缺乏对企业真实业绩的全面反映。作为近年来最重要的财务衡量指标，EVA被越来越多的公司采用进行业绩评价。

二、海尔经营业绩的阶段性变化

2003—2018年，海尔的EVA和净利润整体来看呈现出波动上升的趋势（见图1）：2003—2005年都有所下降，2006—2007年缓慢回升，2008—2013年加速上涨，2014—2015年有所回落，2016年后又继续上涨。具体而言，可将其分为以下五个阶段：

1. 助力奥运，EVA筑底（2003—2005年）

自中国加入世界贸易组织后，中国的家电竞争日趋激烈。原材料的价格上涨加上洋品牌的竞争，使得中国的家电企业陷入价格战的恶性竞争。双重压力使得国内家电行业内重组和整合加剧。2003年4月"非典"疫情在中国迅速展开，这使得本就如履薄冰的中国家电行业只能独自面对冷清的家电卖场。这些不利因素给中国的家电行业带来了严峻的挑战。对于家电企业来说，在未来的竞争中必须具备快速反应能力，这种能力具体表现为对需求的快速把握，把需求快速变为产品，快速制造，快速销售。然而，我国家电行业中绝大部分企业仍处于按照库存生产的模式之中，难以迅速对市场作出反应。同时，企业对消费信息的收集能力还很差。因此，在需求发生转化的瞬间，中国的家电企业是拿不出应对新需求的新产品的。

面对以上这些问题，海尔很早就意识到变革的重要性。海尔进行了业务流程再造，

[①] 研究案例作者：白桦，指导教师：陆正飞。教学案例改编者：陆正飞、王鹏、白桦。

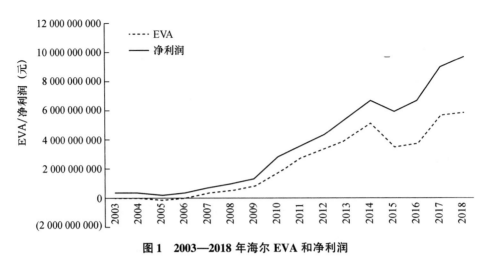

图 1　2003—2018 年海尔 EVA 和净利润

加快了原有的信息化、网络化的建设速度,并利用集团搭建的物流、商流平台,加快了订单的执行速度,缩短了与用户的距离。面对中国的"非典"疫情,海尔快速反应,迅速推出了以除菌、净化为卖点的空调设备。另外,海尔还成功推出了复式冰箱、变频系列冰箱;为了适应当时的市场需求,推出了氧吧空调、除菌光氧吧空调等。这些新品的推出,引领了行业的新潮流,有力提升了海尔产品的市场竞争力。2004 年,海尔取得了较好的成绩,保持了国内、国外市场的持续领先。然而,2005 年的数据却并不让人乐观。

2003—2005 年,净利润持续下滑,而 EVA 先有一个小幅上升,在 2005 年有所下滑,可见 EVA 的走势与净利润不完全相同。

2. 奥运东风,EVA 大幅反弹(2006—2007 年)

从 2006 年开始,海尔进入品牌战略的全球化阶段。海尔意识到要想在国际上具有影响力,提升品牌形象是十分必要的。在产品出口中,海尔坚持使用自主品牌,不断提高营销和创新能力,使海尔品牌在全球市场的美誉度和竞争力不断提高,从而拉动了公司出口创汇的快速增长。2005 年支持"奥运"、2006 年牵手 NBA(美国职业篮球联赛),在香港竖起大型广告牌,表明在"走出去、走进去、走上去"的战略指导下,海尔正在加快成为全球主流品牌的步伐。2006 年,在美国《福布斯》杂志评选的全球最受尊敬 200 强中海尔居第 25 位;在德国,海尔多款冰箱取得了良好的销售业绩,成为各大网站的主推品牌;在韩国,海尔与当地电视购物频道合作,使得海尔品牌的酒柜和空调在当地电视购物中取得了巨大成功。在这些国际化战略中,尤以奥运战略影响最为广泛。2007 年,正是海尔奥运战略全面执行的一年。为了扩大品牌影响力、提升品牌知名度、提高销售业绩,海尔开启了全方位的奥运营销策略执行。

在该阶段,海尔的净利润从 2005 年的 2.3 亿元人民币增至 2006 年的 3.1 亿元人民币,2007 年更是猛增至 6.4 亿元人民币。净利润如此大幅度的增加,EVA 也应该会大幅度增加。从图 1 可以发现,EVA 几乎是直线上升的,说明在 2006 年和 2007 年海尔的经营非常出色。结合图 1,从 EVA 能够很好地看出海尔业绩的上升或者下降趋势,这也与其净利润走势相同。

3. 奥运后战略，EVA加速上升（2008—2013年）

在经历2008年奥运年的辉煌业绩后，由于2008年后期全球性的经济衰退出现，国外市场需求疲软，国内市场竞争日趋白热化，两方面的压力对海尔的业绩提升提出了严峻考验。海尔很好地抓住了家电下乡这个契机，并在家电下乡中占据最多的市场份额。另外，海尔还积极响应国家节能减排的号召，坚持自主研发，加大对高能效空调、无氟变频空调的研发力度。优质产品的出现有力地支撑了销售，为主营业务的增长奠定了坚实的基础。海尔在2010年深入洞察全球消费者市场需求变化，通过整合全球一流的专家资源团队，打造具备全球第一竞争力与创新能力的产品。海尔的净利润从2009年的11.4亿元人民币猛增至2010年的20.3亿元人民币。

2011年，虽然政府取消了"家电下乡、以旧换新及节能惠民"等政策，海尔仍采取了继续狠抓产品与技术创新力度、实施引领发展的战略，以应对这一严峻形势。这使得海尔的主营产品继续保持行业龙头地位。在2012年全球宏观经济持续不景气的情况下，海尔及时调整政策，深耕国内市场。在互联网时代的大背景下，海尔制定了坚持成为互联网时代全球白色家电行业引领者与规则制定者的战略方向，持续推进产品引领、虚实网融合、即需即供，深入实践人单合一双赢商业模式，实现公司业绩有质量、可持续的发展。经营活动产生的现金流量净额达到55.19亿元，保持了良好的盈利质量。2013年，国内家电市场受益于房地产市场回暖释放需求、节能政策翘尾刺激、消费升级以及2012年行业低基数等因素的影响，呈现温和复苏态势。公司主营业务表现良好：冰箱、洗衣机业务依托产品技术的不断创新实现行业引领，进一步巩固了行业龙头地位；空调业务通过推出差异化产品，发挥协同效应、提升运营效率，实现恢复性增长；热水器业务强化消费趋势的研究与把握，推出行业领先产品，保持稳健增长。渠道综合服务业务以海尔电器为平台，加大分销网、物流网和服务网三个实体网的基础投入与有效整合，结合虚拟网，线上线下虚实融合的运营模式，通过管理输出提升加盟店运营能力与效率，加大非海尔品牌家电的网络拓展及品牌引入，持续改善了业务的营运效率。

图1显示的2008—2013年EVA和净利润的变化曲线基本相同。海尔的净利润从2008年到2013年不断上涨，EVA也随着净利润的增加而不断上涨。

4. 行业高库存和价格战时期，EVA逐步下滑（2014—2015年）

2014—2015年，受宏观经济增速趋缓、房地产市场低迷、凉夏拖累空调销售等因素的影响，国内家电市场整体低迷。在2015年整个经济"去库存"的时代背景下，行业高库存和价格战的情况愈演愈烈，导致行业销售整体呈现下滑态势。为应对经济形势的变化，海尔立足于引领技术，创造差异化的消费体验，打造差异化的核心竞争力，聚焦高效、健康、智能的新产品上市。在产品结构高端化、差异化升级方面，海尔围绕家电向健康智慧互联、节能环保时尚及个性化升级的趋势，研发多项领先技术，力争使公司持续占据行业引领地位，稳步推进海外市场发展，坚持自有品牌战略。同时，2014年海尔首次正式推进电器网器化，内建智慧互联工厂，外搭U+智慧生活平台，初步形成智慧生活生态圈布局。但受制于整体宏观经济形势和行业状况，2015年海尔实现收入897亿元，同比下降7.41%。这与图1所呈现的趋势一致，2014—2015年，随着海尔净利润的下滑，EVA加速下滑。

5. 智能化转型升级，EVA持续上升(2016—2018年)

自2015年后，海尔加速推进智能制造建设。2016年，海尔逐渐形成以用户为中心的智能制造核心竞争力，由大规模制造向大规模定制转型，实现用户的终身价值；海尔铺设的渠道网络和物流网络实现了国内各级市场的全覆盖；品牌布局与全球化运营初见成效。而在经济形势上，这一阶段全球经济增速较之前呈现复苏态势，发达经济体增长格局出现分化，新兴市场和发展中经济体整体增速逐渐企稳，国内外白色家电市场均持续复苏。2016年海尔积极把握消费升级趋势，抓住全球并购机会，推进品牌高端化与全球化布局，践行人单合一双赢商业模式，保持并扩大了全球市场的领先优势，2016年收入突破千亿元，达到1 190.66亿元，增长32.59%，整体业绩迈上新台阶。2017年，海尔聚焦技术创新与产品引领、深化企业零售转型、坚持全球创牌与三位一体的本土化布局，实现有质量的业绩增长，收入、净利润、经营活动产生的现金流量净额均创历史新高。2018年，海尔以智慧家庭引领为主轴，在人单合一双赢商业模式的驱动下，坚持产品技术创新、零售转型与全球创牌，深化"研发、制造、营销"三位一体的海外市场本土化运营；面对物联网时代的机遇，聚焦用户最佳体验的持续迭代，与利益攸关方建立共赢增值的生态圈，为用户提供美好生活解决方案，创物联网时代的生态品牌，培育生态收入。在多项战略的引领下，海尔2018年实现收入1 833亿元，增长12.2%，再创历史新高。

在本阶段，海尔的EVA和利润均呈现逐年递增趋势。

EVA是一个评价企业运营的指标，而EVA的变化和净利润的变化具有相关性。基本可以确定，EVA和净利润是同方向变化的。但是否会存在一种情况，使得净利润和EVA反方向变化呢？通过观察公式我们可以看到，EVA等于税后营业净利减去全部的资本成本，在本案例的计算中，资本成本这一项假设平均资本成本是不变的。事实上，由于外部环境的变化，平均资本成本很难保持长期不变。在市场货币紧缺的情况下，货币成本会大幅上升，即平均资本成本上升。平均资本成本的不断上升会造成EVA随着净利润的上升而下降。

三、其他相关信息

EVA是指经过调整的税后净营业利润扣除企业现有资产经济价值的机会成本后的余额。在EVA的计算中，税后净营业利润和资本投入额都是需要将报表中的数据进行适当调整后才能用于计算的。相关的调整项目如下：

(1) 资本化的费用。例如研发支出和市场开拓费用，这些费用发挥效应的期限并不限于支出的当期，其受益期往往会持续若干年。因此，应当将这些费用资本化，并在受益期内(这里假定受益期限为5年)摊销。

(2) 营业外收支。资产处置带来的收益或损失，以及不可抗力造成的损失等，不属于公司正常经营所得，应当把它排除在公司税后净营业利润之外。

(3) 财务费用。汇兑损益不属于公司正常经营所得，而附息债务产生的利息支出由于要被作为资本成本扣除，故均应当调增税后净营业利润。

(4) 资产减值损失。八项资产损失准备，由于是按企业会计准则的要求计提的，而不是公司经营实际发生的损失，因此在计算公司当年创造的价值时应把超出实际发生金额而多提的部分加回税后净营业利润中。

(5) 无息流动负债。它是指短期借款和一年内到期的长期负债之外的所有流动负债。这部分债务由于不需要支付利息,故在计算资本成本时,要将其从资产总额中扣除。

为了计算 EVA,还需要使用以下参数:

(1) 资本成本。它是一种机会成本,是指投资者将资本投入其他具有同等风险的投资组合所期望获得的报酬。

(2) 债务的资本成本率。与国外上市公司大量发行短期票据和长期债券的做法不同,我国上市公司的负债主要是银行贷款,因此本案例以一年期流动资金贷款利率作为单位债务资本成本。所得税税率设定为 15%①。我国一年期流动资金贷款的利率在 2003 年为 5.31%。②

(3) 无风险收益率。它是指假设投资于无任何违约风险的证券或有价证券的投资组合能够获得的回报率。国外一般以国债收益率作为无风险收益率。我国流通国债市场规模较小,而且也不完善,投资者的无风险投资多为银行存款,因此将银行 5 年期存款的内部收益率近似作为我国市场的无风险利率。

(4) β 系数。它是反映该公司股票相对于整个市场(一般用股票市场指数来代替)的系统风险。β 系数越大,说明该公司股票相对于整个市场而言风险越高、波动越大。β 值可通过公司股票收益率对同期股票市场指数(上证综指)的收益率回归计算而得。

(5) 市场组合的风险溢价。相对于无风险收益而言,市场组合的风险溢价是一种基于无风险市场的更高的期望收益,即一种相对于无风险收益率的溢价。在本案例的计算中将市场组合风险溢价设定为 4%③。

讨论题:

1. 分别计算 1999—2018 年各年经过调整的税后净营业利润。
2. 利用 CAPM 模型分别估算 1999—2018 年各年的资本成本。
3. 根据讨论题 1 和 2 的计算结果,分别估算 1999—2018 年各年的 EVA,并对比上述几个阶段 EVA 的变化与盈利能力指标的变化,说明 EVA 分析的价值。
4. 结合本案例的具体情况,分析说明 EVA 的局限性。

---

① 我国绝大多数上市公司的所得税税率为 15%,见深圳证券交易所综合研究所:《研究报告:深交所上市公司壳资源利用问题研究》,课题主持人:胡继之,课题研究员:王文立,1998 年 10 月 8 日,深证综研字第 0006 号。
② 国家统计局:《中国统计摘要 2004》,中国统计出版社 2004 年版,第 84 页。
③ 见深圳证券交易所综合研究所:《研究报告:经济附加值指标(EVA)在中国证券市场实践中的应用》,课题主持人:胡继之,课题研究员:吕一凡,2000 年 2 月 21 日,深证综研字第 0018 号。

主要参考书目

［1］〔美〕财务会计准则委员会:《论财务会计概念》,娄尔行译,中国财政经济出版社1992年版。

［2］陈信元主编:《财务会计》(第二版),高等教育出版社2005年版。

［3］财政部会计司编写组:《企业会计准则讲解(2010)》,人民出版社2010年版。

［4］〔美〕戴维·马歇尔、韦恩·麦克马纳斯、丹尼尔·维勒著:《会计学——数字意味着什么》(第8版),沈洁、刘祖基译,人民邮电出版社2013年版。

［5］葛家澍、刘峰著:《会计理论——关于财务会计概念结构的研究》,中国财政经济出版社1998年版。

［6］国务院国有资产监督管理委员会业绩考核局、毕博管理咨询有限公司编著:《企业价值创造之路——经济增加值业绩考核操作实务》,经济科学出版社2005年版。

［7］刘燕著:《会计法》,北京大学出版社2001年版。

［8］陆正飞编著:《财务报表分析》,中信出版社2006年版。

［9］陆正飞著:《比较会计》,南京大学出版社1992年版。

［10］陆正飞、黄慧馨、李琦编著:《会计学》(第四版),北京大学出版社2018年版。

［11］陆正飞、朱凯、童盼编著:《高级财务管理》(第三版),北京大学出版社2018年版。

［12］〔美〕罗伯特·N.安东尼、大卫·F.霍金斯、肯尼斯·A.麦钱特著:《会计学:教程与案例》,王立彦、杜美杰译注,机械工业出版社2007年版。

［13］〔美〕美国注册会计师协会财务报告特别委员会著:《论改进企业报告》,陈毓圭译,中国财政经济出版社1997年版。

［14］企业会计准则研究组编著:《企业会计准则讲解:金融工具和财务报表分册》,东北财经大学出版社2006年版。

［15］企业会计准则研究组编著:《企业会计准则讲解:特殊业务分册》,东北财经大学出版社2006年版。

［16］企业会计准则编审委员会著:《企业会计准则讲解与运用》(修订本),立信会计出版社2006年版。

［17］〔美〕斯蒂芬·佩茵曼著:《财务报表分析与证券定价》,刘力、陆正飞译,中国财政经济出版社2002年版。

［18］王化成主编:《财务报表分析》(第二版),北京大学出版社2014年版。

［19］〔加〕威廉·R.斯科特著:《财务会计理论》,陈汉文译,机械工业出版社2000年版。

［20］夏冬林主编:《会计学》,清华大学出版社2003年版。

［21］余恕莲编著:《高级财务会计》,对外经济贸易大学出版社2002年版。

［22］中华人民共和国财政部制定:《企业会计准则》(2006),经济科学出版社2006年版。

［23］中华人民共和国财政部制定:《企业会计准则——应用指南》,中国财政经济出版社2006年版。

[24] 中国注册会计师协会组织编写:《财务成本管理》,中国财政经济出版社2019年版。

[25] 中国注册会计师协会组织编写:《会计》,中国财政经济出版社2019年版。

[26] George Foster, *Financial Statement Analysis*, Prentice-Hall, 1986.

[27] Peter M. Bergevin, *Financial Statement Analysis*, Pearson Education, Inc., 2002.

货币时间价值计算系数表

表1 复利终值系数表

$$FV_{r,n} = (1+r)^n$$

n	1%	2%	3%	4%	5%	6%	7%	8%	9%	10%
1	1.0100	1.0200	1.0300	1.0400	1.0500	1.0600	1.0700	1.0800	1.0900	1.1000
2	1.0201	1.0404	1.0609	1.0816	1.1025	1.1236	1.1449	1.1664	1.1881	1.2100
3	1.0303	1.0612	1.0927	1.1249	1.1576	1.1910	1.2250	1.2597	1.2950	1.3310
4	1.0406	1.0824	1.1255	1.1699	1.2155	1.2625	1.3108	1.3605	1.4116	1.4641
5	1.0510	1.1041	1.1593	1.2167	1.2763	1.3382	1.4026	1.4693	1.5386	1.6105
6	1.0615	1.1262	1.1941	1.2653	1.3401	1.4185	1.5007	1.5869	1.6771	1.7716
7	1.0721	1.1487	1.2299	1.3159	1.4071	1.5036	1.6058	1.7138	1.8280	1.9487
8	1.0829	1.1717	1.2668	1.3686	1.4775	1.5938	1.7182	1.8509	1.9926	2.1436
9	1.0937	1.1951	1.3048	1.4233	1.5513	1.6895	1.8385	1.9990	2.1719	2.3579
10	1.1046	1.2190	1.3439	1.4802	1.6289	1.7908	1.9672	2.1589	2.3674	2.5937
11	1.1157	1.2434	1.3842	1.5395	1.7103	1.8983	2.1049	2.3316	2.5804	2.8531
12	1.1268	1.2682	1.4258	1.6010	1.7959	2.0122	2.2522	2.5182	2.8127	3.1384
13	1.1381	1.2936	1.4685	1.6651	1.8856	2.1329	2.4098	2.7196	3.0658	3.4523
14	1.1495	1.3195	1.5126	1.7317	1.9799	2.2609	2.5785	2.9372	3.3417	3.7975
15	1.1610	1.3459	1.5580	1.8009	2.0789	2.3966	2.7590	3.1722	3.6425	4.1772
16	1.1726	1.3728	1.6047	1.8730	2.1829	2.5404	2.9522	3.4259	3.9703	4.5950
17	1.1843	1.4002	1.6528	1.9479	2.2920	2.6928	3.1588	3.7000	4.3276	5.0545
18	1.1961	1.4282	1.7024	2.0258	2.4066	2.8543	3.3799	3.9960	4.7171	5.5599
19	1.2081	1.4568	1.7535	2.1068	2.5270	3.0256	3.6165	4.3157	5.1417	6.1159
20	1.2202	1.4859	1.8061	2.1911	2.6533	3.2071	3.8697	4.6610	5.6044	6.7275
21	1.2324	1.5157	1.8603	2.2788	2.7860	3.3996	4.1406	5.0338	6.1088	7.4002
22	1.2447	1.5460	1.9161	2.3699	2.9253	3.6035	4.4304	5.4365	6.6586	8.1403
23	1.2572	1.5769	1.9736	2.4647	3.0715	3.8197	4.7405	5.8715	7.2579	8.9543
24	1.2697	1.6084	2.0328	2.5633	3.2251	4.0489	5.0724	6.3412	7.9111	9.8497
25	1.2824	1.6406	2.0938	2.6658	3.3864	4.2919	5.4274	6.8485	8.6231	10.835
26	1.2953	1.6734	2.1566	2.7725	3.5557	4.5494	5.8074	7.3964	9.3992	11.918
27	1.3082	1.7069	2.2213	2.8834	3.7335	4.8223	6.2139	7.9881	10.245	13.110
28	1.3213	1.7410	2.2879	2.9987	3.9201	5.1117	6.6488	8.6271	11.167	14.421
29	1.3345	1.7758	2.3566	3.1187	4.1161	5.4184	7.1143	9.3173	12.172	15.863
30	1.3478	1.8114	2.4273	3.2434	4.3219	5.7435	7.6123	10.063	13.268	17.449
40	1.4889	2.2080	3.2620	4.8010	7.0400	10.286	14.794	21.725	31.409	45.259
50	1.6446	2.6916	4.3839	7.1067	11.467	18.420	29.457	46.902	74.358	117.39
60	1.8167	3.2810	5.8916	10.520	18.679	32.988	57.946	101.26	176.03	304.48

(续表)

n	12%	14%	15%	16%	18%	20%	24%	28%	32%	36%
1	1.1200	1.1400	1.1500	1.1600	1.1800	1.2000	1.2400	1.2800	1.3200	1.3600
2	1.2544	1.2996	1.3225	1.3456	1.3924	1.4400	1.5376	1.6384	1.7424	1.8496
3	1.4049	1.4815	1.5209	1.5609	1.6430	1.7280	1.9066	2.0972	2.3000	2.5155
4	1.5735	1.6890	1.7490	1.8106	1.9388	2.0736	2.3642	2.6844	3.0360	3.4210
5	1.7623	1.9254	2.0114	2.1003	2.2878	2.4883	2.9316	3.4360	4.0075	4.6526
6	1.9738	2.1950	2.3131	2.4364	2.6996	2.9860	3.6352	4.3980	5.2899	6.3275
7	2.2107	2.5023	2.6600	2.8262	3.1855	3.5832	4.5077	5.6295	6.9826	8.6054
8	2.4760	2.8526	3.0590	3.2784	3.7589	4.2998	5.5895	7.2058	9.2170	11.703
9	2.7731	3.2519	3.5179	3.8030	4.4355	5.1598	6.9310	9.2234	12.166	15.917
10	3.1058	3.7072	4.0456	4.4114	5.2338	6.1917	8.5944	11.806	16.060	21.647
11	3.4785	4.2262	4.6524	5.1173	6.1759	7.4301	10.657	15.112	21.199	29.439
12	3.8960	4.8179	5.3503	5.9360	7.2876	8.9161	13.215	19.343	27.983	40.037
13	4.3635	5.4924	6.1528	6.8858	8.5994	10.699	16.386	24.759	36.937	54.451
14	4.8871	6.2613	7.0757	7.9875	10.147	12.839	20.319	31.691	48.757	74.053
15	5.4736	7.1379	8.1371	9.2655	11.974	15.407	25.196	40.565	64.359	100.71
16	6.1304	8.1372	9.3576	10.748	14.129	18.488	31.243	51.923	84.954	136.97
17	6.8660	9.2765	10.761	12.468	16.672	22.186	38.741	66.461	112.14	186.28
18	7.6900	10.575	12.375	14.463	19.673	26.623	48.039	85.071	148.02	253.34
19	8.6128	12.056	14.232	16.777	23.214	31.948	59.568	108.89	195.39	344.54
20	9.6463	13.743	16.367	19.461	27.393	38.338	73.864	139.38	257.92	468.57
21	10.804	15.668	18.822	22.574	32.324	46.005	91.592	178.41	340.45	637.26
22	12.100	17.861	21.645	26.186	38.142	55.206	113.57	228.36	449.39	866.67
23	13.552	20.362	24.891	30.376	45.008	66.247	140.83	292.30	593.20	1 178.7
24	15.179	23.212	28.625	35.236	53.109	79.497	174.63	374.14	783.02	1 603.0
25	17.000	26.462	32.919	40.874	62.669	95.396	216.54	478.90	1 033.6	2 180.1
26	19.040	30.167	37.857	47.414	73.949	114.48	268.51	613.00	1 364.3	2 964.9
27	21.325	34.390	43.535	55.000	87.260	137.37	332.95	784.64	1 800.9	4 032.3
28	23.884	39.204	50.066	63.800	102.97	164.84	412.86	1 004.3	2 377.2	5 483.9
29	26.750	44.693	57.575	74.009	121.50	197.81	511.95	1 285.6	3 137.9	7 458.1
30	29.960	50.950	66.212	85.850	143.37	237.38	634.82	1 645.5	4 142.1	10 143
40	93.051	188.88	267.86	378.72	750.38	1 469.8	5 455.9	19 427	66 521	*
50	289.00	700.23	1 083.7	1 670.7	3 927.4	9 100.4	46 890	*	*	*
60	897.60	2 595.9	4 384.0	7 370.2	20 555	56 348	*	*	*	*

* >99 999

表2　复利现值系数表

$$PV_{r,n} = \frac{1}{(1+r)^n}$$

n	1%	2%	3%	4%	5%	6%	7%	8%	9%	10%
1	0.9901	0.9804	0.9709	0.9615	0.9524	0.9434	0.9346	0.9259	0.9174	0.9091
2	0.9803	0.9612	0.9426	0.9246	0.9070	0.8900	0.8734	0.8573	0.8417	0.8264
3	0.9706	0.9423	0.9151	0.8890	0.8638	0.8396	0.8163	0.7938	0.7722	0.7513
4	0.9610	0.9238	0.8885	0.8548	0.8227	0.7921	0.7629	0.7350	0.7084	0.6830
5	0.9515	0.9057	0.8626	0.8219	0.7835	0.7473	0.7130	0.6806	0.6499	0.6209
6	0.9420	0.8880	0.8375	0.7903	0.7462	0.7050	0.6663	0.6302	0.5963	0.5645
7	0.9327	0.8706	0.8131	0.7599	0.7107	0.6651	0.6227	0.5835	0.5470	0.5132
8	0.9235	0.8535	0.7894	0.7307	0.6768	0.6274	0.5820	0.5403	0.5019	0.4665
9	0.9143	0.8368	0.7664	0.7026	0.6446	0.5919	0.5439	0.5002	0.4604	0.4241
10	0.9053	0.8203	0.7441	0.6756	0.6139	0.5584	0.5083	0.4632	0.4224	0.3855
11	0.8963	0.8043	0.7224	0.6496	0.5847	0.5268	0.4751	0.4289	0.3875	0.3505
12	0.8874	0.7885	0.7014	0.6246	0.5568	0.4970	0.4440	0.3971	0.3555	0.3186
13	0.8787	0.7730	0.6810	0.6006	0.5303	0.4688	0.4150	0.3677	0.3262	0.2897
14	0.8700	0.7579	0.6611	0.5775	0.5051	0.4423	0.3878	0.3405	0.2992	0.2633
15	0.8613	0.7430	0.6419	0.5553	0.4810	0.4173	0.3624	0.3152	0.2745	0.2394
16	0.8528	0.7284	0.6232	0.5339	0.4581	0.3936	0.3387	0.2919	0.2519	0.2176
17	0.8444	0.7142	0.6050	0.5134	0.4363	0.3714	0.3166	0.2703	0.2311	0.1978
18	0.8360	0.7002	0.5874	0.4936	0.4155	0.3503	0.2959	0.2502	0.2120	0.1799
19	0.8277	0.6864	0.5703	0.4746	0.3957	0.3305	0.2765	0.2317	0.1945	0.1635
20	0.8195	0.6730	0.5537	0.4564	0.3769	0.3118	0.2584	0.2145	0.1784	0.1486
21	0.8114	0.6598	0.5375	0.4388	0.3589	0.2942	0.2415	0.1987	0.1637	0.1351
22	0.8034	0.6468	0.5219	0.4220	0.3418	0.2775	0.2257	0.1839	0.1502	0.1228
23	0.7954	0.6342	0.5067	0.4057	0.3256	0.2618	0.2109	0.1703	0.1378	0.1117
24	0.7876	0.6217	0.4919	0.3901	0.3101	0.2470	0.1971	0.1577	0.1264	0.1015
25	0.7798	0.6095	0.4776	0.3751	0.2953	0.2330	0.1842	0.1460	0.1160	0.0923
26	0.7720	0.5976	0.4637	0.3604	0.2812	0.2198	0.1722	0.1352	0.1064	0.0839
27	0.7644	0.5859	0.4502	0.3468	0.2678	0.2074	0.1609	0.1252	0.0976	0.0763
28	0.7568	0.5744	0.4371	0.3335	0.2551	0.1956	0.1504	0.1159	0.0895	0.0693
29	0.7493	0.5631	0.4243	0.3207	0.2429	0.1846	0.1406	0.1073	0.0822	0.0630
30	0.7419	0.5521	0.4120	0.3083	0.2314	0.1741	0.1314	0.0994	0.0754	0.0573
35	0.7059	0.5000	0.3554	0.2534	0.1813	0.1301	0.0937	0.0676	0.0490	0.0356
40	0.6717	0.4529	0.3066	0.2083	0.1420	0.0972	0.0668	0.0460	0.0318	0.0221
45	0.6391	0.4102	0.2644	0.1712	0.1113	0.0727	0.0476	0.0313	0.0207	0.0137
50	0.6080	0.3715	0.2281	0.1407	0.0872	0.0543	0.0339	0.0213	0.0134	0.0085
55	0.5785	0.3365	0.1968	0.1157	0.0683	0.0406	0.0242	0.0145	0.0087	0.0053

(续表)

n	12%	14%	15%	16%	18%	20%	24%	28%	32%	36%
1	0.8929	0.8772	0.8696	0.8621	0.8475	0.8333	0.8065	0.7813	0.7576	0.7353
2	0.7972	0.7695	0.7561	0.7432	0.7182	0.6944	0.6504	0.6104	0.5739	0.5407
3	0.7118	0.6750	0.6575	0.6407	0.6086	0.5787	0.5245	0.4768	0.4348	0.3975
4	0.6355	0.5921	0.5718	0.5523	0.5158	0.4823	0.4230	0.3725	0.3294	0.2923
5	0.5674	0.5194	0.4972	0.4761	0.4371	0.4019	0.3411	0.2910	0.2495	0.2149
6	0.5066	0.4556	0.4323	0.4104	0.3704	0.3349	0.2751	0.2274	0.1890	0.1580
7	0.4523	0.3996	0.3759	0.3538	0.3139	0.2791	0.2218	0.1776	0.1432	0.1162
8	0.4039	0.3506	0.3269	0.3050	0.2660	0.2326	0.1789	0.1388	0.1085	0.0854
9	0.3606	0.3075	0.2843	0.2630	0.2255	0.1938	0.1443	0.1084	0.0822	0.0628
10	0.3220	0.2697	0.2472	0.2267	0.1911	0.1615	0.1164	0.0847	0.0623	0.0462
11	0.2875	0.2366	0.2149	0.1954	0.1619	0.1346	0.0938	0.0662	0.0472	0.0340
12	0.2567	0.2076	0.1869	0.1685	0.1373	0.1122	0.0757	0.0517	0.0357	0.0250
13	0.2292	0.1821	0.1625	0.1452	0.1163	0.0935	0.0610	0.0404	0.0271	0.0184
14	0.2046	0.1597	0.1413	0.1252	0.0985	0.0779	0.0492	0.0316	0.0205	0.0135
15	0.1827	0.1401	0.1229	0.1079	0.0835	0.0649	0.0397	0.0247	0.0155	0.0099
16	0.1631	0.1229	0.1069	0.0980	0.0708	0.0541	0.0320	0.0193	0.0118	0.0073
17	0.1456	0.1078	0.0929	0.0802	0.0600	0.0451	0.0258	0.0150	0.0089	0.0054
18	0.1300	0.0946	0.0808	0.0691	0.0508	0.0376	0.0208	0.0118	0.0068	0.0039
19	0.1161	0.0829	0.0703	0.0596	0.0431	0.0313	0.0168	0.0092	0.0051	0.0029
20	0.1037	0.0728	0.0611	0.0514	0.0365	0.0261	0.0135	0.0072	0.0039	0.0021
21	0.0926	0.0638	0.0531	0.0443	0.0309	0.0217	0.0109	0.0056	0.0029	0.0016
22	0.0826	0.0560	0.0462	0.0382	0.0262	0.0181	0.0088	0.0044	0.0022	0.0012
23	0.0738	0.0491	0.0402	0.0329	0.0222	0.0151	0.0071	0.0034	0.0017	0.0008
24	0.0659	0.0431	0.0349	0.0284	0.0188	0.0126	0.0057	0.0027	0.0013	0.0006
25	0.0588	0.0378	0.0304	0.0245	0.0160	0.0105	0.0046	0.0021	0.0010	0.0005
26	0.0525	0.0331	0.0264	0.0211	0.0135	0.0087	0.0037	0.0016	0.0007	0.0003
27	0.0469	0.0291	0.0230	0.0182	0.0115	0.0073	0.0030	0.0013	0.0006	0.0002
28	0.0419	0.0255	0.0200	0.0157	0.0097	0.0061	0.0024	0.0010	0.0004	0.0002
29	0.0374	0.0224	0.0174	0.0135	0.0082	0.0051	0.0020	0.0008	0.0003	0.0001
30	0.0334	0.0196	0.0151	0.0116	0.0070	0.0042	0.0016	0.0006	0.0002	0.0001
35	0.0189	0.0102	0.0075	0.0055	0.0030	0.0017	0.0005	0.0002	0.0001	*
40	0.0107	0.0053	0.0037	0.0026	0.0013	0.0007	0.0002	0.0001	*	*
45	0.0061	0.0027	0.0019	0.0013	0.0006	0.0003	0.0001	*	*	*
50	0.0035	0.0014	0.0009	0.0006	0.0003	0.0001	*	*	*	*
55	0.0020	0.0007	0.0005	0.0003	0.0001	*	*	*	*	*

* < 0.0001

表3　年金终值系数表

$$\mathrm{FVA}_{r,n} = \sum_{t=1}^{n}(1+r)^{t-1} = \frac{(1+r)^n - 1}{r}$$

n	1%	2%	3%	4%	5%	6%	7%	8%	9%	10%
1	1.0000	1.0000	1.0000	1.0000	1.0000	1.0000	1.0000	1.0000	1.0000	1.0000
2	2.0100	2.0200	2.0300	2.0400	2.0500	2.0600	2.0700	2.0800	2.0900	2.1000
3	3.0301	3.0604	3.0909	3.1216	3.1525	3.1836	3.2149	3.2464	3.2781	3.3100
4	4.0604	4.1216	4.1836	4.2465	4.3101	4.3746	4.4399	4.5061	4.5731	4.6410
5	5.1010	5.2040	5.3091	5.4163	5.5256	5.6371	5.7507	5.8666	5.9847	6.1051
6	6.1520	6.3081	6.4684	6.6330	6.8019	6.9753	7.1533	7.3359	7.5233	7.7156
7	7.2135	7.4343	7.6625	7.8983	8.1420	8.3938	8.6540	8.9228	9.2004	9.4872
8	8.2857	8.5830	8.8923	9.2142	9.5491	9.8975	10.260	10.637	11.028	11.436
9	9.3685	9.7546	10.159	10.583	11.027	11.491	11.978	12.488	13.021	13.579
10	10.462	10.950	11.464	12.006	12.578	13.181	13.816	14.487	15.193	15.937
11	11.567	12.169	12.808	13.486	14.207	14.972	15.784	16.645	17.560	18.531
12	12.683	13.412	14.192	15.026	15.917	16.870	17.888	18.977	20.141	21.384
13	13.809	14.680	15.618	16.627	17.713	18.882	20.141	21.495	22.953	24.523
14	14.947	15.974	17.086	18.292	19.599	21.015	22.550	24.215	26.019	27.975
15	16.097	17.293	18.599	20.024	21.579	23.276	25.129	27.152	29.361	31.772
16	17.258	18.639	20.157	21.825	23.657	25.673	27.888	30.324	33.003	35.950
17	18.430	20.012	21.762	23.698	25.840	28.213	30.840	33.750	36.974	40.545
18	19.615	21.412	23.414	25.645	28.132	30.906	33.999	37.450	41.301	45.599
19	20.811	22.841	25.117	27.671	30.539	33.760	37.379	41.446	46.018	51.159
20	22.019	24.297	26.870	27.778	33.066	36.786	40.995	45.752	51.160	57.275
21	23.239	25.783	28.676	31.969	35.719	39.993	44.865	50.423	56.765	64.002
22	24.472	27.299	30.537	34.248	38.505	43.392	49.006	55.457	62.873	71.403
23	25.716	28.845	32.453	36.618	41.430	46.996	53.436	60.893	69.532	79.543
24	26.973	30.422	34.426	39.083	44.502	50.816	58.177	66.765	76.790	88.497
25	28.243	32.030	36.459	41.646	47.727	54.865	63.249	73.106	84.701	98.347
26	29.526	33.671	38.553	44.312	51.113	59.156	68.676	79.954	93.324	109.18
27	30.821	35.344	40.710	47.084	54.669	63.706	74.484	87.351	102.72	121.10
28	32.129	37.051	42.931	49.968	58.403	68.528	80.698	95.339	112.97	134.21
29	33.450	38.792	45.219	52.966	62.323	73.640	87.347	103.97	124.14	148.63
30	34.785	40.568	47.575	56.085	66.439	79.058	94.461	113.28	136.31	164.49
40	48.886	60.402	75.401	95.026	120.80	154.76	199.64	259.06	337.88	442.59
50	64.463	84.579	112.80	152.67	209.35	290.34	406.53	573.77	815.08	1 163.9
60	81.670	114.05	163.05	237.99	353.58	533.13	813.52	1 253.2	1 944.8	3 034.8

(续表)

n	12%	14%	15%	16%	18%	20%	24%	28%	32%	36%
1	1.0000	1.0000	1.0000	1.0000	1.0000	1.0000	1.0000	1.0000	1.0000	1.0000
2	2.1200	2.1400	2.1500	2.1600	2.1800	2.2000	2.2400	2.2800	2.3200	2.3600
3	3.3744	3.4396	3.4725	3.5056	3.5724	3.6400	3.7776	3.9184	4.0624	4.2096
4	4.7793	4.9211	4.9934	5.0665	5.2154	5.3680	5.6842	6.0156	6.3624	6.7251
5	6.3528	6.6101	6.7424	6.8771	7.1542	7.4416	8.0484	8.6999	9.3983	10.146
6	8.1152	8.5355	8.7537	8.9775	9.4420	9.9299	10.980	12.136	13.406	14.799
7	10.089	10.730	11.067	11.414	12.142	12.916	14.615	16.534	18.696	21.126
8	12.300	13.233	13.727	14.240	15.327	16.499	19.123	22.163	25.678	29.732
9	14.776	16.085	16.786	17.519	19.086	20.799	24.712	29.369	34.895	41.435
10	17.549	19.337	20.304	21.321	23.521	25.959	31.643	38.593	47.062	57.352
11	20.655	23.045	24.349	25.733	28.755	32.150	40.238	50.398	63.122	78.998
12	24.133	27.271	29.002	30.850	34.931	39.581	50.895	65.510	84.320	108.44
13	28.029	32.089	34.352	36.786	42.219	48.497	64.110	84.853	112.30	148.47
14	32.393	37.581	40.505	43.672	50.818	59.196	80.496	109.61	149.24	202.93
15	37.280	43.842	47.580	51.660	60.965	72.035	100.82	141.30	198.00	276.98
16	42.753	50.980	55.717	60.925	72.939	87.442	126.01	181.87	262.36	377.69
17	48.884	59.118	65.075	71.673	87.068	105.93	157.25	233.79	347.31	514.66
18	55.750	68.394	75.836	84.141	103.74	128.12	195.99	300.25	459.45	700.94
19	63.440	78.969	88.212	98.603	123.41	154.74	244.03	385.32	607.47	954.28
20	72.052	91.025	102.44	115.38	146.63	186.69	303.60	494.21	802.86	1 298.8
21	81.699	104.77	118.81	134.84	174.02	225.03	377.46	633.59	1 060.8	1 767.4
22	92.503	120.44	137.63	157.41	206.34	271.03	469.06	812.00	1 401.2	2 404.7
23	104.60	138.30	159.28	183.60	244.49	326.24	582.63	1 040.4	1 850.6	3 271.3
24	118.16	158.66	184.17	213.98	289.49	392.48	723.46	1 332.7	2 443.8	4 450.0
25	133.33	181.87	212.79	249.21	342.60	471.98	898.09	1 706.8	3 226.8	6 053.0
26	150.33	208.33	245.71	290.09	405.27	567.38	1 114.6	2 185.7	4 260.4	8 233.1
27	169.37	238.50	283.57	337.50	479.22	681.85	1 383.1	2 798.7	5 624.8	11 198.0
28	190.70	272.89	327.10	392.50	566.48	819.22	1 716.1	3 583.3	7 425.7	15 230.3
29	214.58	312.09	377.17	456.30	669.45	984.07	2 129.0	4 587.7	9 802.9	20 714.2
30	241.33	356.79	434.75	530.31	790.95	1 181.9	2 640.9	5 873.2	12 941	28 172.3
40	767.09	1 342.0	1 779.1	2 360.8	4 163.2	7 343.9	22 729	69 377	*	*
50	2 400.0	4 994.5	7 217.7	10 436	21 813	4 597	*	*	*	*
60	7 471.6	18 535	29 220	46 058	*	*	*	*	*	*

* >99 999

表4　年金现值系数表

$$\text{PVA}_{r,n} = \sum_{t=1}^{n} \frac{1}{(1+r)^t} = \frac{1 - \frac{1}{(1+r)^n}}{r} = \frac{1}{r} - \frac{1}{r(1+r)^n}$$

n	1%	2%	3%	4%	5%	6%	7%	8%	9%
1	0.9901	0.9804	0.9709	0.9615	0.9524	0.9434	0.9346	0.9259	0.9174
2	1.9704	1.9416	1.9135	1.8861	1.8594	1.8334	1.8080	1.7833	1.7591
3	2.9410	2.8839	2.8286	2.7751	2.7232	2.6730	2.6243	2.5771	2.5313
4	3.9020	3.8077	3.7171	3.6299	3.5460	3.4651	3.3872	3.3121	3.2397
5	4.8534	4.7135	4.5797	4.4518	4.3295	4.2124	4.1002	3.9927	3.8897
6	5.7955	5.6014	5.4172	5.2421	5.0757	4.9173	4.7665	4.6229	4.4859
7	6.7282	6.4720	6.2303	6.0021	5.7864	5.5824	5.3893	5.2064	5.0330
8	7.6517	7.3255	7.0197	6.7327	6.4632	6.2098	5.9713	5.7466	5.5348
9	8.5660	8.1622	7.7861	7.4353	7.1078	6.8017	6.5152	6.2469	5.9952
10	9.4713	8.9826	8.5302	8.1109	7.7217	7.3601	7.0236	6.7101	6.4177
11	10.3676	9.7868	9.2526	8.7605	8.3064	7.8869	7.4987	7.1390	6.8052
12	11.2551	10.5753	9.9540	9.3851	8.8633	8.3838	7.9427	7.5361	7.1607
13	12.1337	11.3484	10.6350	9.9856	9.3936	8.8527	8.3577	7.9038	7.4869
14	13.0037	12.1062	11.2961	10.5631	9.8986	9.2950	8.7455	8.2442	7.7862
15	13.8651	12.8493	11.9379	11.1184	10.3797	9.7122	9.1079	8.5595	8.0607
16	14.7179	13.5777	12.5611	11.6523	10.8378	10.1059	9.4466	8.8514	8.3126
17	15.5623	14.2919	13.1661	12.1657	11.2741	10.4773	9.7632	9.1216	8.5436
18	16.3983	14.9920	13.7535	12.6593	11.6896	10.8276	10.0591	9.3719	8.7556
19	17.2260	15.6785	14.3238	13.1339	12.0853	11.1581	10.3356	9.6036	8.9501
20	18.0456	16.3514	14.8775	13.5903	12.4622	11.4699	10.5940	9.8181	9.1285
21	18.8570	17.0112	15.4150	14.0292	12.8212	11.7641	10.8355	10.0168	9.2922
22	19.6604	17.6580	15.9369	14.4511	13.1630	12.0416	11.0612	10.2007	9.4424
23	20.4558	18.2922	16.4436	14.8568	13.4886	12.3034	11.2722	10.3711	9.5802
24	21.2434	18.9139	16.9355	15.2470	13.7986	12.5504	11.4693	10.5288	9.7066
25	22.0232	19.5235	17.4131	15.6221	14.0939	12.7834	11.6536	10.6748	9.8226
26	22.7952	20.1210	17.8768	15.9828	14.3752	13.0032	11.8258	10.8100	9.9290
27	23.5596	20.7069	18.3270	16.3296	14.6430	13.2105	11.9867	10.9352	10.0266
28	24.3164	21.2813	18.7641	16.6631	14.8981	13.4062	12.1371	11.0511	10.1161
29	25.0658	21.8444	19.1885	16.9837	15.1411	13.5907	12.2777	11.1584	10.1983
30	25.8077	22.3965	19.6004	17.2920	15.3725	13.7648	12.4090	11.2578	10.2737
35	29.4086	24.9986	21.4872	18.6646	16.3742	14.4982	12.9477	11.6546	10.5668
40	32.8347	27.3555	23.1148	19.7928	17.1591	15.0463	13.3317	11.9246	10.7574
45	36.0945	29.4902	24.5187	20.7200	17.7741	15.4558	13.6055	12.1084	10.8812
50	39.1961	31.4236	25.7298	21.4822	18.2559	15.7619	13.8007	12.2335	10.9617
55	42.1472	33.1748	26.7744	22.1086	18.6335	15.9905	13.9399	12.3186	11.0140

(续表)

n	10%	12%	14%	15%	16%	18%	20%	24%	28%	32%
1	0.9091	0.8929	0.8772	0.8696	0.8621	0.8475	0.8333	0.8065	0.7813	0.7576
2	1.7355	1.6901	1.6467	1.6257	1.6052	1.5656	1.5278	1.4568	1.3916	1.3315
3	2.4869	2.4018	2.3216	2.2832	2.2459	2.1743	2.1065	1.9813	1.8684	1.7663
4	3.1699	3.0373	2.9137	2.8550	2.7982	2.6901	2.5887	2.4043	2.2410	2.0957
5	3.7908	3.6048	3.4331	3.3522	3.2743	3.1272	2.9906	2.7454	2.5320	2.3452
6	4.3553	4.1114	3.8887	3.7845	3.6847	3.4976	3.3255	3.0205	2.7594	2.5342
7	4.8684	4.5638	4.2882	4.1604	4.0386	3.8115	3.6046	3.2423	2.9370	2.6775
8	5.3349	4.9676	4.6389	4.4873	4.3436	4.0776	3.8372	3.4212	3.0758	2.7860
9	5.7590	5.3282	4.9464	4.7716	4.6065	4.3030	4.0310	3.5655	3.1842	2.8681
10	6.1446	5.6502	5.2161	5.0188	4.8332	4.4941	4.1925	3.6819	3.2689	2.9304
11	6.4951	5.9377	5.4527	5.2337	5.0286	4.6560	4.3271	3.7757	3.3351	2.9776
12	6.8137	6.1944	5.6603	5.4206	5.1971	4.7932	4.4392	3.8514	3.3868	3.0133
13	7.1034	6.4235	5.8424	5.5831	5.3423	4.9095	4.5327	3.9124	3.4272	3.0404
14	7.3667	6.6282	6.0021	5.7245	5.4675	5.0081	4.6106	3.9616	3.4587	3.0609
15	7.6061	6.8109	6.1422	5.8474	5.5755	5.0916	4.6755	4.0013	3.4834	3.0764
16	7.8237	6.9740	6.2651	5.9542	5.6685	5.1624	4.7296	4.0333	3.5026	3.0882
17	8.0216	7.1196	6.3729	6.0472	5.7487	5.2223	4.7746	4.0591	3.5177	3.0971
18	8.2014	7.2497	6.4674	6.1280	5.8178	5.2732	4.8122	4.0799	3.5294	3.1039
19	8.3649	7.3658	6.5504	6.1982	5.8775	5.3162	4.8435	4.0967	3.5386	3.1090
20	8.5136	7.4694	6.6231	6.2593	5.9288	5.3527	4.8696	4.1103	3.5458	3.1129
21	8.6487	7.5620	6.6870	6.3125	5.9731	5.3837	4.8913	4.1212	3.5514	3.1158
22	8.7715	7.6446	6.7429	6.3587	6.0113	5.4099	4.9094	4.1300	3.5558	3.1180
23	8.8832	7.7184	6.7921	6.3988	6.0442	5.4321	4.9245	4.1371	3.5592	3.1197
24	8.9847	7.7843	6.8351	6.4338	6.0726	5.4509	4.9371	4.1428	3.5619	3.1210
25	9.0770	7.8431	6.8729	6.4641	6.0971	5.4669	4.9476	4.1474	3.5640	3.1220
26	9.1609	7.8957	6.9061	6.4906	6.1182	5.4804	4.9563	4.1511	3.5656	3.1227
27	9.2372	7.9426	6.9352	6.5135	6.1364	5.4919	4.9636	5.1542	3.5669	3.1233
28	9.3066	7.9844	6.9607	6.5335	6.1520	5.5016	4.9697	4.1566	3.5679	3.1237
29	9.3696	8.0218	6.9830	6.5509	6.1656	5.5098	4.9747	4.1585	3.5687	3.1240
30	9.4269	8.0552	7.0027	6.5660	6.1772	5.5168	4.9789	4.1601	3.5693	3.1242
35	9.6442	8.1755	7.0700	6.6166	6.2153	5.5386	4.9915	1.1644	3.5708	3.1248
40	9.7791	8.2438	7.1050	6.6418	6.2335	5.5482	4.9966	4.1659	3.5712	3.1250
45	9.8628	8.2825	7.1232	6.6543	6.2421	5.5523	4.9986	4.1664	3.5714	3.1250
50	9.9148	8.3045	7.1327	6.6605	6.2463	5.5541	4.9995	4.1666	3.5714	3.1250
55	9.9471	8.3170	7.1376	6.6636	6.2482	5.5549	4.9998	4.1666	3.5714	3.1250

教辅申请说明

北京大学出版社本着"教材优先、学术为本"的出版宗旨,竭诚为广大高等院校师生服务。为更有针对性地提供服务,请您按照以下步骤通过**微信**提交教辅申请,我们会在 1~2 个工作日内将配套教辅资料发送到您的邮箱。

◎扫描下方二维码,或直接微信搜索公众号"北京大学经管书苑",进行关注;

◎点击菜单栏"在线申请"—"教辅申请",出现如右下界面:

◎将表格上的信息填写准确、完整后,点击提交;

◎信息核对无误后,教辅资源会及时发送给您;
如果填写有问题,工作人员会同您联系。

温馨提示:如果您不使用微信,则可以通过以下联系方式(任选其一),将您的姓名、院校、邮箱及教材使用信息反馈给我们,工作人员会同您进一步联系。

联系方式:

北京大学出版社经济与管理图书事业部
通信地址: 北京市海淀区成府路 205 号,100871
电子邮箱: em@pup.cn
电　　话: 010-62767312 /62757146
微　　信: 北京大学经管书苑(pupembook)
网　　址: www.pup.cn